科学出版社“十三五”普通高等教育本科规划教材

果树栽培

曹锦丽　主编

科学出版社
北　京

内 容 简 介

本教材是“教育部、财政部职业院校教师素质提高计划——‘园艺’本科专业职教师资培养标准、培养方案、核心课程和特色教材开发”项目（项目编号：VTNE056）的成果之一。本教材以“做中学”为特色，展示了“做中学”的教学模式与方法。各个学习任务的框架由任务目的与任务的实施步骤构成，方便“做中学”和“集约化学习”，通过将实践放在首位和对相关内容进行整合，提高了教学效率。

本教材适用于职教师资培养院校、应用型本科院校的园艺及相关专业，也可作为园艺类职教师资培养培训基地、园艺生产人员、新型职业农民的培训教材，还可作为广大园艺工作者和园艺企业技术人员的参考用书。

图书在版编目（CIP）数据

果树栽培 / 曹锦丽主编. —北京：科学出版社，2016
科学出版社“十三五”普通高等教育本科规划教材
ISBN 978-7-03-048961-6

Ⅰ. ①果… Ⅱ. ①曹… Ⅲ. ①果树园艺－高等学校－教材
Ⅳ. ① S66

中国版本图书馆CIP数据核字（2016）第139176号

责任编辑：刘 畅 丛 楠 / 责任校对：彭珍珍
责任印制：赵 博 / 封面设计：黄华斌

科学出版社出版
北京东黄城根北街16号
邮政编码：100717
http://www.sciencep.com

保定市中画美凯印刷有限公司印刷
科学出版社发行 各地新华书店经销

*

2016年9月第 一 版 开本：787×1092 1/16
2025年1月第九次印刷 印张：15 1/2
字数：367 000

定价：59.00 元

（如有印装质量问题，我社负责调换）

《果树栽培》编写委员会名单

主　　编　曹锦丽

副 主 编　刘金泉　李保卫

编写人员　（按姓氏笔画排序）

王学峰（内蒙古农业大学职业技术学院）

王雪玉（内蒙古农业大学职业技术学院）

付崇毅（内蒙古自治区农牧业科学院）

刘金泉（内蒙古农业大学职业技术学院）

孙晓华（内蒙古农业大学农学院）

李保卫（包头师范学院）

曹锦丽（内蒙古农业大学职业技术学院）

主　　审　葛茂悦（内蒙古农业大学职业技术学院）

丛 书 序

没有一流的教师，就没有一流的教育；没有一流的教育，就培养不出一流的人才。近年来，国家把大力发展职业教育作为繁荣经济、促进就业、消除贫困、保障公平、维护稳定的一项重要举措。要实现新形势下职业教育的使命和发展目标，就必须以一支高素质的教师队伍为保障，进一步突出教师队伍建设的基础性、先导性、战略性。

为全面落实全国教育工作会议精神和《国家中长期教育改革和发展规划纲要（2010—2020年）》，适应职业教育、加强内涵建设、提高办学质量的迫切需要，建设一支高素质专业化“双师型”教师队伍，是当前职业教育发展的迫切要求。教育部、财政部于2011年11月颁发了《关于实施职业院校教师素质提高计划的意见》（教职成〔2011〕14号），根据职业院校教师素质提高计划，2013～2015年，中央财政投入了1.5亿元，支持43个全国重点建设职教师资培养培训基地作为项目牵头单位，组织职业院校、行业企业等各方面的研究力量，共同开发了100个职教师资本科专业的培养标准、培养方案、核心课程和特色教材（简称“职教师资培养资源开发项目”）。职教师资培养资源开发项目是完善职教师资培养体系建设、确保职教师资培养质量的基础性工程。通过项目的实施，进一步规范职教师资培养过程，开发形成一批职教师资优质资源，不断提高职教师资培养质量，更好地满足加快发展现代职业教育对高素质专业化“双师型”职业教师的需要，加强职业教育师资培养体系的内涵建设。

内蒙古农业大学职业技术学院有幸承担了“‘园艺’本科专业职教师资培养标准、培养方案、核心课程和特色教材开发”项目（项目编号：VTNE056），3年来，项目组全体成员“走遍千校万企、历经千辛万苦、道破千言万语、想尽千方百计”，高质量、创新性地完成了包括“调研报告”、“专业教师标准”、“专业教师培养标准”、“培养质量评价方案”、“课程资源”（专业课程大纲、主干课程教材、数字化资源）等系列成果，其中，主干课程教材是该项目的核心成果。根据专业教师培养标准，结合专业教师标准和调研报告，我们确定和开发了《园艺植物生产环境》、《果树栽培》、《蔬菜栽培》、《花卉栽培》、《果蔬花卉生产技术专业教学法》和《园艺技能实训教程》6门主干课程的特色教材。

该系列教材体现如下特点：一是内容上聚焦服务于中等职业学校果蔬花卉生产技术专业教师的培养，围绕培养职教师范生的“专业实践能力”、“专业实践问题的解决能力”等进行开发，且在内容的选取上体现学科的专业要求，并尽可能体现已应用于实际的园艺学科前沿成果、同时融入与国家职业技能证书相关的知识和标准。二是创新了编写体例。打破传统的学科化、单纯的学术知识呈现的模式，以园艺生产任务为驱动，采用工作过程系统化的设计思想，设计了“模块、任务”等体例，将理论知识与实践技能进行有机结合，合理地选择工作任务；编写形式上有较大创新，实现了知识上与本科对接，技能上与中等职业学校对接，突出专业性、职业性、师范性的“三性”融合，强化了实践教学。三是编写形式体现多样性，并不固化于工作过程系统化教材。例如，《园艺植物生产环境》教材，有机整合原学科体系下“土壤与施肥”、“农业气象”、“农业微生物”等课程内容，按照园艺植物生产所需的光、温、水、土、肥、气、微生物等环境因子展开编写，既重视基础知识的教授，又突出技能训练；《果树栽培》教材，设计了“任务目的、实践操作、引导思考、知识链接、考核评价”等形式，要求学生明白为了完成任务，需要学习哪些知识内容，从而做到做中学；《花卉栽培》教材以任务目的、任务分析、基础知识、任务流程、栽培实践、园林应用、知识拓展、考核评价 8 个板块展开，突出了理实一体化的要求；《园艺技能实训教程》首次采用表格的形式进行编写，细化了“操作步骤”，重点突出了“操作方法及要求”，体现了简洁、实用、易懂、可操作性强的特点。四是简洁明了、直观易学，如设计了内容概括图、任务分析图、任务工作过程图（栽培技术流程图）、思维导图等，力求给学生营造一个更加直观的认知环境，便于学生学习和使用，体现职业教育的实用性、操作性、做中学等特点。

在历时 3 年的项目开发过程中，项目开发全体成员付出了巨大的努力，教育部专家指导委员会、项目组顾问委员会、项目管理办公室全体成员均投入了大量心血，项目第三组（农林牧渔、土木类）全体专家、参与本项目咨询论证的专家对项目内容进行了严格的把关并给予了诚恳的建议，被调研单位及调研访谈的专家、教师、技术人员、学生及为本项目提供帮助的所有相关人员给予了方便和热情的配合，承担教材出版任务的科学出版社也给予了大力支持。在此，我们一并表示衷心的感谢！

项目主持人：葛茂悦

2016 年 3 月

前　　言

为贯彻落实全国教育工作会议精神和《国家中长期教育改革和发展规划纲要（2010—2020年）》，教育部、财政部于2011年11月颁发了《关于实施职业院校教师素质提高计划的意见》（教职成〔2011〕14号，以下简称《意见》），《意见》在实施“职教师资培养培训体系建设项目”中提出：2013～2015年，支持职教师资培养工作基础好、具有相关学科优势的本科层次国家级职业教育师资基地等有关机构，牵头组织职业院校、行业企业等方面的研究力量，共同开发100个职教师资本科专业的培养标准、培养方案、核心课程和特色教材（简称“职教师资培养资源开发项目”）。内蒙古农业大学承担了“‘园艺’本科专业职教师资培养标准、培养方案、核心课程和特色教材开发”项目。主干课程教材是该项目的核心成果，《果树栽培》教材是其中之一。

本教材具有明显的特色和创新，是一本真正意义上的“做中学”（理实一体化）教材。教材明确地提示了“做中学”的教学思路、方法和步骤。

教材总体设计思路为：在思考知识系统性设计的同时，通过把实践放在首位、有代表性的实践操作任务，整合相关内容，方便教学实施，提高教学效率。

各个任务的设计思路为：围绕“做什么”→“如何做”→“为什么”→“如何做更好”的逻辑顺序，步步深入，由浅入深，由直接到间接；通过“做”让学生获得直接经验，具有初级管理水平，再通过理论探讨和考核评价，达到高级水平；内容框架由任务目的、实践操作、引导思考、知识链接和考核评价5个部分组成。

任务下面各个知识链接，其设计思路为：标题必须具体明确，内容必须精干，这样才能够克服学生自学中的畏难情绪，促进自学。

使用本教材教师应注意的问题是：各个任务的实践操作必须按照季节的要求安排，各个任务的知识链接的学习与考核评价，可以穿插进行。各个任务的教学步骤为：教师现场讲解示范→学生操作→教师引导思考→确立问题→教师布置学生自学任务→学生自学→教师检查评价学生自学情况并讲解疑难问题。必须突出教师的主导作用与学生的主体位置。

本教材主要讲述的是北方苹果、梨、桃、李、杏、樱桃、葡萄、草莓栽培管理技术。全书共设计7个项目：项目1认识果树及其生长发育规律；项目2果园规划与灾害防治；项目3果树苗木培育；项目4果树土肥水管理；项目5果树整形修剪；项目6果树花果管理；项目7果树周年管理技术（露地与设施）。项目1由王雪玉编写；项目2的任务1由孙晓华编写，项目2的任务2由付崇毅编写；项目3由刘金泉编写；项目4由王学峰编写；项目5由李保卫编写；项目6、项目7由曹锦丽编写；全书由葛茂悦审稿。

为了查阅方便，教材目录详尽列出有关内容。书中部分内容参考了同行学者的文献，在此致以衷心的感谢。由于项目开发时间紧、任务重，编者水平有限，书中定有不当之处，恳请读者批评指正。

编　者
2016年8月

前言

目　　录

项目1 认识果树及其生长发育规律

【项目目标】 能够现场指认果树的树体结构和各个部位；能够正确描述不同种与品种果树的叶片、枝条、芽、花、果实的形态特征；能够于春、夏、秋、冬各个时期现场指认果树种与品种。熟悉果树生长与结果习性、果树花芽分化规律、年生长发育规律及果树生命周期规律。

任务1　果树根系调查

【任务目的】 了解果树根系的形态结构，能够进行根系分布的调查，熟悉根系在土壤中的分布特点与根系的生长规律。

【实践操作】

材料：当地生长正常的苹果、梨、桃、李、杏等果树。

用具：铁锹、坐标纸、钢卷尺、卡尺、量角器、铅笔、绘图板、根框、记录本。

一、果树根系分布调查

1. 苗木根系的观察　方法：将苗木先用水浇透，带土挖出，尽量保持根系完整，然后用水轻轻冲洗干净，即可观察。

2. 成年树根系的观察　方法：壕沟法（奥斯坎普法）。以树干为中心向外引出一直线，垂直此线每隔1m开沟，大树一般5～6条，沟长1m，沟宽60cm，以能容一人工作为准。沟深至根系最深处以下。通常采用10cm×10cm方格尺（用铁丝框做成），观察记录不同部位壕沟剖面根系的根数和根粗，并用不同符号画出根系分布图（图1-1），判断根系的分布。一般根系标记的符号如下：“.”代表2mm粗以下的细根；“。”代表2～5mm的根；“⊙”代表5～10mm的根；“◎”代表10mm以上的大根；“⊕”代表死根。

作业：绘制当地不同果树根系分布图。

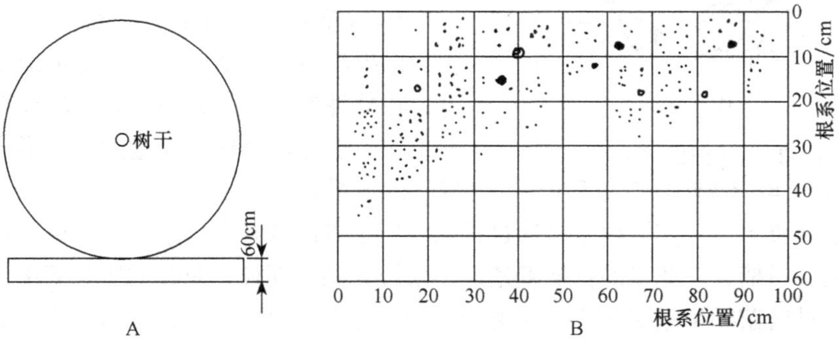

图1-1　壕沟法观察根系

A．壕沟的挖掘位置；B．用壕沟法观察根系所得根系分布图

二、果树根系生长动态调查

调查方法：定期取根法，即每隔一定时间，取样测定根系的数量和质量。果树用方块取样，即在树冠下内缘，划出一定的取根带，每次取出定量的土块（20cm×20cm×20cm）或用铁锹挖出整块土壤。取出的样本要放入水箱中，或放在细筛内经水洗去土壤、露出根后，即可记载各类根的长度、数量和比例。根系体积测定，一般用容积测定仪，将测定的根系投入带有刻度的量筒或容积测定仪中，用水位和排水方法测定计算。如此可以根据不同时期的新根数量来分析根的生长动态。

作业：观察比较各种果树根系分布状况，并填写表1-1，讨论根系生长与施肥、灌水、土壤条件的关系。

表1-1　根系的分布调查表

树种品种	树势树龄	栽植密度	土层厚度质地	肥力情况	根系分布（水平范围）	根系分布（垂直范围）

【引导思考】

1．对比各种果树的根系分布及生长规律，说明共同之处与不同之处。

2．总结和比较各果树根系的水平和垂直分布范围、根系集中分布区。

【知识链接】

知识链接1——果树根系类型、结构与分布

1．果树根系类型　根据果树根系的发生及来源，可分为实生根系、茎源根系和根蘖根系3种类型（图1-2）。

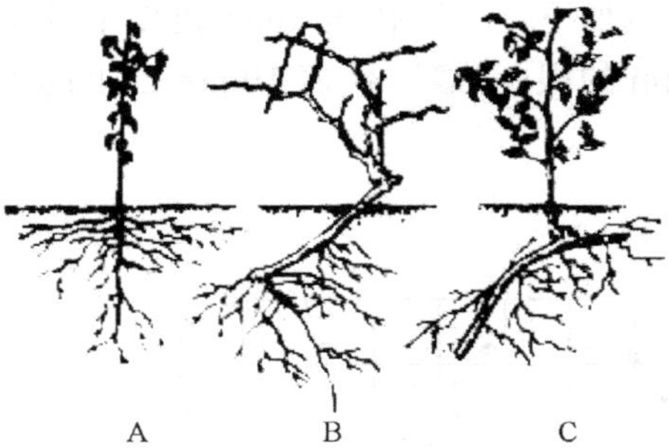

A　B　C

图1-2　果树根系类型

A．实生根系；B．茎源根系；C．根蘖根系

（1）实生根系　实生根系是由种子的胚根发育而成的根系，如实生繁殖的核桃、板栗的根系及嫁接繁殖的砧木（苹果、梨和柑橘实生砧木）根系。该类根系的特点是主根发达，分布较深，但侧根较少。实生根系生活力和适应性强，但个体间差异大。为了促进实生根系侧根的发生，以提高栽植成活率，进而促进地上部生长发育，在播种前，可将胚根根尖掐断或在苗圃中切断主根，这样可以促生大量侧根，形成分枝多而发达的根系。

（2）茎源根系　茎源根系是通过扦插、压条等由枝条上发生的不定根发育形成的根系，如葡萄、石榴、无花果的扦插繁殖，苹果矮化砧、荔枝、龙眼的压条繁殖，草莓的匍匐茎繁殖及试管苗的生根繁殖等。该类根系的特点是主根不发达，分布较浅，能保持母体性状，个体间比较一致，但生活力相对较弱。在定植前后应注意深翻，以加深根系分布，提高抗逆力。

（3）根蘖根系　根蘖根系是果树根上发生不定芽所形成的根蘖苗，经与母体分离

后成为独立个体所形成的根系，如用分株繁殖的山楂、枣、石榴、樱桃等的分株繁殖的个体。根蘖根系的特点与茎源根系相似。

2. 根系的结构　果树根系通常由主根、侧根和须根组成。主根是由种子的胚根垂直向下生长形成的，为初生根。侧根是主根上产生的各级较粗的分枝。主根和各级侧根构成根系的骨架，称为骨干根。骨干根粗而长，色泽深，寿命长，主要起固定、输导和贮藏作用。须根是指主根和各级侧根上着生的细小根（一般直径小于2.5mm）。须根细而短，大多数在营养末期死亡，而未死亡的可发育成骨干根。须根起吸收、合成与输导作用。不同种类须根的差异较大，苹果为褐色或淡褐色，李为暗红色，石榴、柿为黑褐色，枳壳为淡褐色。须根根据功能和构造，又可分为3类：生长根、吸收根和输导根（图1-3）。

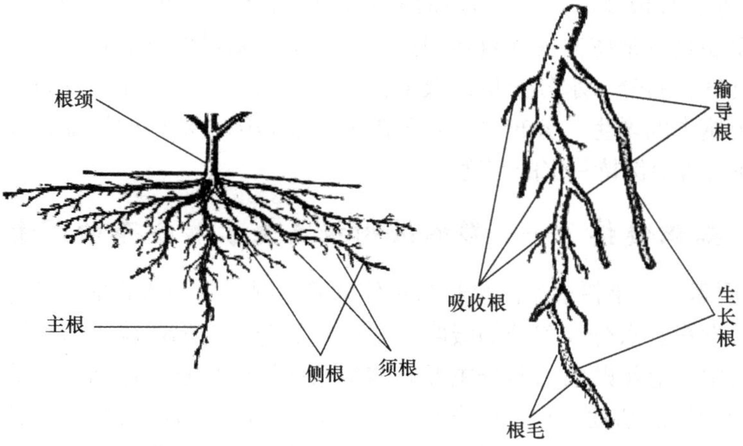

图1-3　根的类型

生长根又称轴根或延伸根，是初生结构的根，白色，生长较快，分生新根的能力强，也有吸收能力，如苹果生长根的直径平均为1.25mm，长度为2～20cm。生长根的主要功能是向土壤内延伸和分生新的生长根和吸收根。生长根都可以分为根冠、生长点、延长区、根毛区、木栓化区、初生皮层脱落区和输导根区。吸收根也是初生结构的根，着生有大量根毛，能从土壤中吸收水分和营养物质，能将有机营养转化为无机营养。吸收根长度小于2cm，白色，寿命一般为7～25d，在根系生长旺季，可达总根量的90%以上，吸收根一般不能发育为次生结构。苹果的吸收根平均直径为0.62mm，主要功能是吸收，也具有根冠、生长点、延长区和根毛区，但不产生次生组织。生长根和吸收根先端密生根毛，可吸收水分和营养。输导根由生长根发育而成，浅褐至深褐色，加粗生长后形成骨干根，其主要功能是输导水分和养分，并使果树固定于土壤中。

一般用无性繁殖的果树植株没有主根，即使种子繁殖的砧木经过移栽主根已被切断，或由于自然更新与土壤影响，也不能一直沿主根方向垂直向下生长。

3. 根系的分布　实生根系在土壤中呈倒圆锥形，可分为2～3层。与地上部相对应，上层根群角（侧根与主根所成的角）较大，分枝性强，土壤耕作及施肥对其影响较大；而下层根系分布则正好相反。按照根在土壤中分布的状况，根可分为水平根和垂直根。水平根是指与地面近于平行生长的根，相当于根系结构中的侧根；垂直根是指与地面近于垂直生长的根，相当于根系结构中的主根。水平根和垂直根综合构成根系外貌。

根系在土壤中的分布深度和范围取决于树种、砧木、土壤、栽培管理技术等因素。桃、杏、李、樱桃、梅等根系分布较浅，多在40cm的土层内；梨、柿、核桃等分布较深，苹果等介于其间。草莓是草本果树，其根系由不定根组成，在新茎及根状茎上产生，根分布较浅，集中分布在地表20cm的土层内。矮化砧的水平根发达，而乔化砧的垂直根发达。根系水平分布一般为树冠冠幅的1.5～3倍，且以树冠外缘附近较为集中，约有60%的根系分布在树冠正投影之内，尤以粗根表现最为明显。成年果树垂直根的分布深度一般小于树高，多分布在10～80cm的土层内，10～40cm为根系集中分布层。果树大量的须根分布在土壤中含氮和矿物盐最多、微生物活动最旺盛的土层中。一般都分布在树冠外缘20～60cm深的土层中，而以20～40cm土层中须根数量最多。在土层深厚肥沃或经常施肥的果园，水平根分布距离小，细根多；在干旱贫瘠的土壤条件下，根延伸远，而细根小。

根系分布还具有某些向性和自疏现象。向性是指果树根系的发展总是向土壤理化性状好，通气良好，养分、水分充足，微生物活跃的范围伸长，而且分布也多。自疏现象是指根系在土壤中的增生、分布也不是无限的，而是随着新根的增加，部分老根随之枯死，使新根在土壤中保持一定的密度。

知识链接2——影响果树根系生长和分布的因素

1. 内部因素 果树根系的生长与树体营养状况、内源激素的平衡等因素有密切关系。根系生长发育、水分和养分的吸收、有机物的合成，都依赖于植株地上部碳水化合物的供应。其中，上年贮藏的养分主要影响根系前期的生长，而当年制造的碳水化合物则影响根系中后期的活动。在田间条件下，超过50%的光合产物用于果树根系的生长、发育和吸收。新梢产生的生长素对新根的发生有重要的刺激作用。在结果过多或枝叶受到损害的情况下，即使加强肥水管理，也难以改变全树的生长状况。砧穗组合可改变植株地上部与根系间营养与激素的平衡，影响根系的分布、形态及年生长周期。

2. 外部因素

（1）温度 果树根系开始活动和停止生长与土壤温度密切相关。树种不同，对土壤温度的要求也不同。主要树种开始发根的温度由低到高的顺序是：苹果＜梨＜桃＜葡萄＜枣＜柿。一般北方落叶果树在土温达3～7℃可发生新根，12～26℃时旺盛生长，＞30℃或＜0℃停止生长。

（2）水分 最适于果树根系生长的土壤水分是土壤田间最大持水量的60%～80%。土壤水分降至一定程度时，即使其他条件适合，根系也要停止生长。根系细胞的渗透压比叶片低，严重缺水时叶片蒸腾仍在进行，叶片就会夺取根内水分，使根系停止生长、吸收，甚至死亡。土壤水分过多时，则土壤通气性差，影响根系呼吸，削弱根的生长和吸收，严重时根系会窒息死亡。

（3）空气 根系要正常生长和吸收，土壤通气状况必须良好。大多数果树根系正常活动要求土壤含氧量在10%以上，发生新根则要求12%以上；含氧量在5%时，根系的生长缓慢；含氧量在2%～3%时，根系生长停止。为保证根的正常呼吸，使根系正常生长和吸收，增加根量，提高根的功能，必须保证土壤通气良好。对通气差的果园，要进行土壤改良。

（4）土壤营养状况 主要通过土壤中有机质和生物来加以体现。最适合果树根系生长的土壤有机质含量在1%以上。有机质可改善土壤理化性质，协调水、气、热的关系和矿质营养的供应。土壤中的生物如蚯蚓、蚂蚁、昆虫幼虫、微生物影响土壤物质的转化、营养的供应和土壤肥力，从而影响根系的生长。大多数果树都有菌根，它是根系与真菌的共生体。柑橘、杨梅、荔枝、龙眼、苹果、梨、葡萄、柿、板栗、枣、核桃、草莓等都有菌根。菌根的菌丝体能在土壤含水量低于萎蔫系数时，从土中吸收水分，分解腐殖质，并分泌和提供生长素与酶等，促进根系活动，活化果树生理机能。同时，真菌也要从果树根中吸取生活所需的有机养分和其他营养物质。二者可互惠共赢，进而增强根系吸收养分和水分的能力，提高果树代谢水平和抗病能力。

知识链接3——果树根系的生长特点

1. 无自然休眠期 果树根系在年周期中没有自然休眠现象，只要条件适合，可周年生长。落叶果树在落叶后根系还有少量的生长，随着土温下降，根系生长越来越弱，至12月下旬土温降至0℃时停止生长，被迫进入休眠。果树根系在不同时期生长强度不同。

2. 一年中呈波浪式生长

（1）*幼年树发根高峰* 幼年树一年内有3次发根高峰，即三峰曲线。第一次发根高峰在春季，随着土温上升，根系开始活动，当达到适宜温度时，出现第一次发根高峰。其特点是发根较多，但时间较短，主要依靠上一年树体贮藏的养分。第二次发根高峰是当新梢生长缓慢，果实又未达到加速生长时，养分主要集中供给根系，此时出现第二次发根高峰。其特点是生长时间较长，生长势强，发根数量多，为全年发根最多的时期，主要依靠当年叶片光合作用制造的养分。第三次发根高峰是进入秋季后，花芽分化减慢，果实已经采收，叶片制造的养分回流，根系得到的养分增加，又出现第三次生长高峰。其特点是持续时间长，但生长势较弱。

（2）*成龄树发根高峰* 由于树种、品种、砧穗组合、树龄、产量、生长发育状况等内部因素及土壤管理措施等外部条件的影响，一年中根系的生长表现出周期性的变化，即表现出生长高峰与低潮交替的现象。常见的有3种类型：单峰曲线、双峰曲线和三峰曲线。

（3）*地上部与根系生长呈现一定的先后顺序* 在根系生长年周期中，地上部与根系开始生长的先后顺序，因树种、枝芽和根系生长对环境条件的要求不同而异。苹果、梨根系活动对地温要求低，根系先开始活动，后萌芽。柑橘根系活动要求地温较高，在地温较低地区，先萌芽，后发根；在地温较高地区，先发根，后发芽。

（4）*不同深度土层根系有交替生长现象* 不同深度土层中的根系生长有交替生长现象，这与温度、湿度和通气状况有关。苹果吸收根60%～80%发生在表层，0～20cm表层土中最多，称为“表层效应”。因此，创造最适宜的土壤表层环境对根系生长至关重要。

（5）*根系生长主要在夜间* 根系昼夜不停地进行着物质的吸收、运输、合成、贮藏和转化。根系主要在夜间生长，其发生数量和生长量夜间均多于白天。

知识链接4——不同果树的根系分布及年生长动态

1. 苹果根系 苹果根系分布主要取决于所用砧木类型和土壤理化性质。乔化砧根系深，主要根群多集中在20～60cm的土层中；矮化砧根系浅，以15～40cm的土层中最多。水分分布范围都大于树冠，可超过树冠的2～3倍，但主要吸收根群多集中在树冠外缘附近。苹果根系活动略早于地上部，土温达到 3～4℃时即能发生新根，7℃以上生长加快，超过 30℃停止生长。生长的高峰期常与地上部器官相互交错，一年中最多有 2～3 次生长高峰（图 1-4）。部分结果过多的成年大树，果实消耗营养多，有时第二次生长高峰表现不明显。

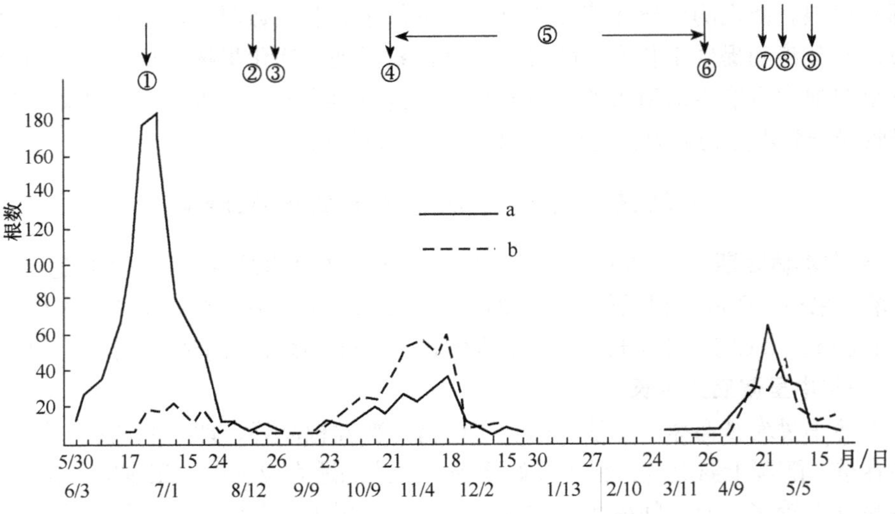

图 1-4　‘金冠’苹果根系周年生长动态

a. 新根生长；b. 土深 50～100cm 新根生长；①秋梢生长，花芽分化；②长梢停长；③采收；④落叶；⑤休眠；⑥萌芽；⑦初花；⑧枝条开始生长；⑨果实发育

2. 梨根系　梨树根分布较苹果深，栽植初期垂直根生长快，水平根伸展慢。根据相关资料显示，以杜梨为砧的成年梨树，根系的水平分布大于树冠 3～4 倍，深约为 200cm；在树冠下根基本与地面平行，集中分布层也浅；树冠外的根逐渐向深处生长，沙地可达 360cm。当土壤温度达到 0.5℃时，根系开始活动（比苹果要早）。成年梨树的根系一年中有两次生长高峰，第一次在 5 月下旬至 6 月中旬，是生长最快的时期；第二次在 9 月下旬至 10 月上旬，11 月中旬停止生长。幼年树的根系在萌芽前还有一次小的高峰生长。

3. 桃根系　桃为浅根性植物，垂直根不发达，垂直分布主要在 10～40cm 的土层中，水平根较发达，分布范围为冠径的 2～3 倍，但主要分布在树冠外围附近。毛桃砧根系发育好，分布较深；山桃砧须根少，根系分布较深。

在年周期中，桃根在早春生长较早，低温在 0℃以上，根就能顺利地吸收并同化氮素，5℃左右就有新根开始生长，在 7.2℃时营养物质可向上运输。一年中，根有两次生长高峰。桃耐涝性差，因为桃根系呼吸旺盛，需氧量比其他果树多，土壤含氧量保持在 10% 以上，根才能正常生长，土壤水多则易造成缺氧窒息而死。

4. 李根系　李树根系分布较广而浅，须根发达，主要吸收根分布在 20～40cm 的土层，水分分布范围常为冠径的 1～2 倍。具体分布范围与品种、环境条件关系较大，如在土层深厚的沙土地，垂直根系可达 6m 以上。

5. 杏根系　在核果类果树中，杏树的树冠大，根系深，寿命长。在一般管理条件下，盛果期树冠高达 6m 以上，冠径在 7m 以上。寿命为 40～100 年，甚至更长。杏树根系强大，能深入土壤深层，水平分布可超过冠径的 2 倍。年生长动态与梨近似。

6. 樱桃根系 樱桃根系因种类、繁殖方式、土壤类型的不同有所差异。中国樱桃的实生苗在种子萌发后有明显的主根存在，但当幼苗长到5～10片真叶时，主根发育减弱，由2～3条发育较粗的侧根代替，因此中国樱桃实生苗无明显主根，整个根系分布较浅。甜樱桃实生苗在第一年的前半期要发育主根，主根发育到一定长度时发生侧根，根系分布深而比较发达。欧洲酸樱桃和库尔岛山樱桃的实生苗根系比较发达，可发育3～5个粗壮的侧根。扦插、分株和压条等无性繁殖苗木的范围广，且有两层以上的根系，这是樱桃与其他果树的不同之处。

7. 葡萄根系 葡萄是深根性果树，其根系在土壤中的分布情况与土壤类型、地下水位、气候、栽培管理方法有很大关系。一般情况下，根系垂直分布最集中的范围是20～100cm的深度，水平分布受土壤和栽培条件的影响，如土壤条件差，根系主要分布在定植沟内。

葡萄根系活动与土壤温度密切相关。葡萄根系在土壤温度4.5～5.2℃时开始活动，吸收水分和养分，土壤温度在12℃以上时开始生长及发生新根。北方葡萄一年中根系有两次生长高峰：第一次从5月下旬开始，6月下旬至7月达到一年中的生长高峰，这是一年中生长最旺盛、发生新根最多的时期；9月中下旬出现第二次弱的生长高峰。

8. 枣根系 枣根生长力强，水平根较发达，一般超过树冠径3～6倍，以深15～40cm的土层内最多，50cm以下很少有水平根。垂直根比水平根生长弱。小枣根较浅，大枣根较深。侧根多沿水平方向生长，有的斜生或下垂，很少向上生长。

枣树容易生长根蘖。嫁接树和生长较弱的树，根蘖发生少；分株繁殖树和生长强壮的枝株，根蘖发生多。根蘖苗可用来繁殖新植株。

9. 草莓根系 草莓为须根系，发生于新茎基部和根状茎上，寿命为1年，分布浅，集中在20cm以内的土层中，随植株年龄增长，新茎上移，发根部位逐年提高，甚至露出地面，应注意培土。草莓植株根系一年内有2～3次生长高峰期。早春，当气温上升到2～5℃或10cm深的土层地温稳定在1～2℃时，根系开始生长，此时主要是上一年秋季发出的白色越冬根进行延长生长。当10cm地温稳定在13～15℃时，根系生长达到第一次高峰。随着草莓植株开花和幼果膨大，根的生长缓慢。有些新根从顶部开始枯萎，变褐色，甚至死亡。直到7月上旬，正值高温长日照，此时有利于草莓的营养生长，在草莓腋芽处萌发大量的匍匐茎，新茎基部也会生出许多新根系，根系生长进入二次高峰。9月下旬至越冬前，由于叶片养分回流运转及土温降低，营养大量积累并贮藏于根状茎内，根系生长形成3次高峰。在有些地区，由于7～8月地温过高，根系只有4～6月和9～10月两次生长高峰。

【考核评价】

本任务具体考核评价见表1-2。

表1-2 果树根系调查任务考核评价表

考核项目	分数
通过实践操作完成表1-1的填写（树种不少于2种）	20
通过实践操作完成表1-2的填写（树种不少于2种）	20
熟悉果树根系类型、结构与分布的影响因素	20

续表

考核项目	分数
熟悉果树根系的生长特点与生长动态	20
熟悉果树根系生长与地上部的关系	20
总分	100

任务2 早春现场指认和识别果树

【任务目的】能够现场指认树体各部分，指认枝芽类型，识别果树不同品种。能够正确描述果树枝条、芽形态和特性，熟悉果树春季生长发育动态与规律。

【实践操作】

材料：当地主要果树。

用具：钢卷尺、卡尺、计数器、放大镜、记载和绘图用具。

一、现场指认果树树体各部位

1. 木本果树

主干：从地面到第一主枝的树干部分（图1-5）。

树冠：主干以上部分的总称。

中央领导干（中心干）：主干以上的树干部分。

主枝：中心干上的永久性大枝。

侧枝：主枝上的永久性分枝。

骨干枝：组成树冠骨架的永久性枝的统称，主要包括主干、中心干、主枝、侧枝等。

延长枝：各级骨干枝先端的延长部分。

结果枝组：由结果枝和营养枝组成的一组枝条（图1-6）。

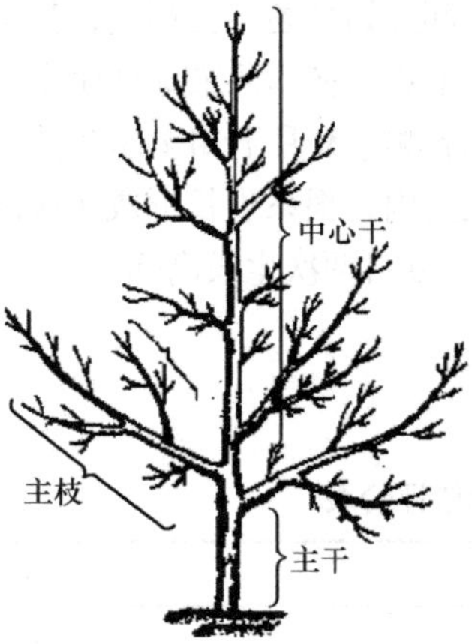

图1-5 主干和中心干

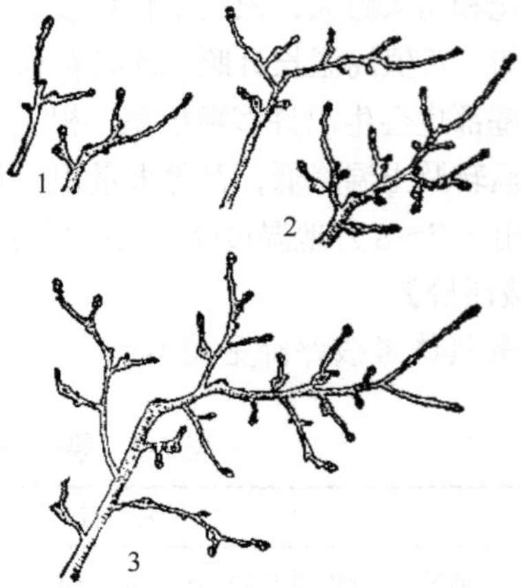

图1-6 大型、中型、小型结果枝组

1. 小型枝组；2. 中型枝组；3. 大型枝组

芽鳞痕：芽萌发后芽鳞片脱落留下的痕迹（图1-7）。苹果和梨利用芽鳞痕的数量判断枝条年龄和树龄。

多年生枝条：生长多年的枝条。

一年生枝条：生长一年的枝条。

新梢：当年生带叶的枝条。

2. 葡萄

主干：地面至茎分枝之间的粗大部分。

主蔓：主干分生出来的永久性大枝（图 1-8）。

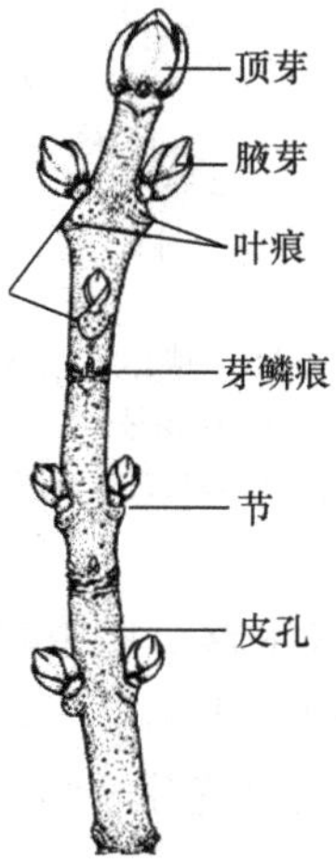

图 1-7　果树枝条及芽鳞痕

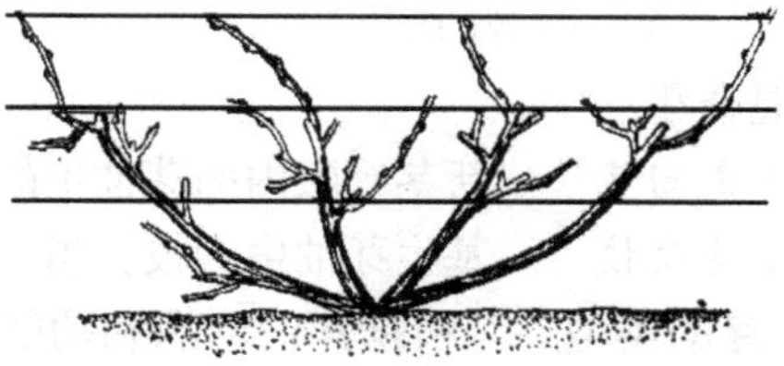

图 1-8　葡萄无主干的 4 种主蔓式

侧蔓：主蔓上分生出来的永久性枝。

结果母枝：一年生有花芽的枝条。

结果枝：当年生且着生有果穗的枝条。

营养枝：当年生但不着生果穗的枝条。

3. 小浆果类（如穗醋栗）　穗醋栗盛果期地上部是由 16～20 个不同年龄的基生枝组成，有一年生基生枝、二年生基生枝、三年生基生枝和四年生基生枝。在二年生基生枝、三年生基生枝、四年生基生枝上着生各级分枝，一年生基生枝基部有基生芽。

二、现场指认枝芽类型

1. 枝的类型

（1）徒长性果枝　长度 60cm 以上（核果类）。

（2）长果枝　长度 30～60cm（核果类）。

（3）中果枝　长度 15～30cm（核果类）。

（4）短果枝　长度 5～15cm（核果类）。

仁果类、核果类果树的长、中、短果枝划分标准不同，见图 1-9、图 1-10。仁果类长、中、短果枝的长度分别为 15cm 以上、5～15cm、5cm 以下。

（5）花束状果枝　长度 5cm 以下，节间明显可见。

（6）花簇状果枝　长度在 3cm 以下，节间极短而不可分，花芽长成一簇。

（7）新茎　草莓当年生的茎，为新茎。新茎短，其上密生长柄叶片，顶芽秋季可

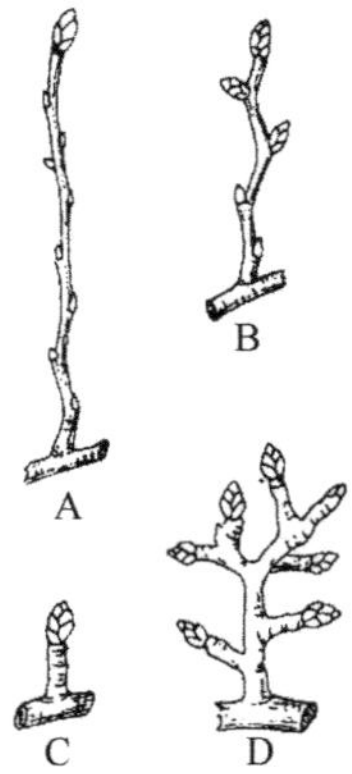

图 1-9　苹果各种结果枝

A. 长果枝；B. 中果枝；

C. 短果枝；D. 短果枝群

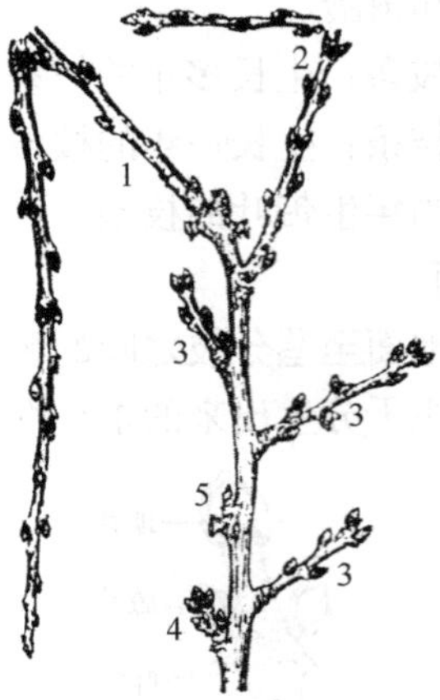

图 1-10　桃的结果枝

1. 长果枝；2. 中果枝；3. 短果枝；

4. 花束状果枝；5. 叶丛枝

分化成混合芽。

（8）匍匐茎　　新茎叶腋内的芽抽生的匍匐于地面生长的茎。用于草莓的营养繁殖。

（9）基生枝　　基生芽抽生的枝，当年可形成花芽，第二年见果（如树莓）。

2. 芽的类型　　根据芽的形态和功能，分为花芽（混合花芽、纯花芽）、叶芽、顶芽、腋芽、单芽、复芽、冬芽、夏芽、潜伏芽和基生芽等。

（1）花芽　　芽萌发后，能够开花结果的芽。

（2）叶芽　　萌发后抽生枝叶的芽（图 1-11，图 1-12）。

图 1-11　顶芽与侧芽

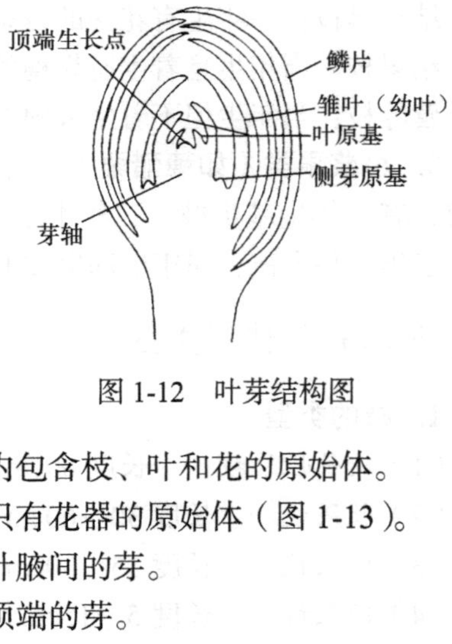

图 1-12　叶芽结构图

图 1-13　樱桃的纯花芽

（3）混合花芽　　一个芽内包含枝、叶和花的原始体。

（4）纯花芽　　一个芽内只有花器的原始体（图 1-13）。

（5）腋芽　　着生在枝条叶腋间的芽。

（6）顶芽　　着生在枝条顶端的芽。

（7）单芽　　在一个节位上只着生一个芽。

（8）复芽　　在一个节位上至少着生 2 个芽，见图 1-14。

（9）潜伏芽　　当年形成的，第二年或连续几年不萌发的芽。

（10）基生芽　　基生芽是在基生枝基部形成的芽，冬天在土内越冬，翌年春天萌发抽成基生枝，如树莓、穗醋栗等。

（11）冬芽（葡萄）　冬芽是着生在叶腋内的芽，芽大，外被鳞片，内含1个主芽和2～3个副芽（图1-15）。

（12）夏芽（葡萄）　夏芽小，没有鳞片包被，为裸芽。

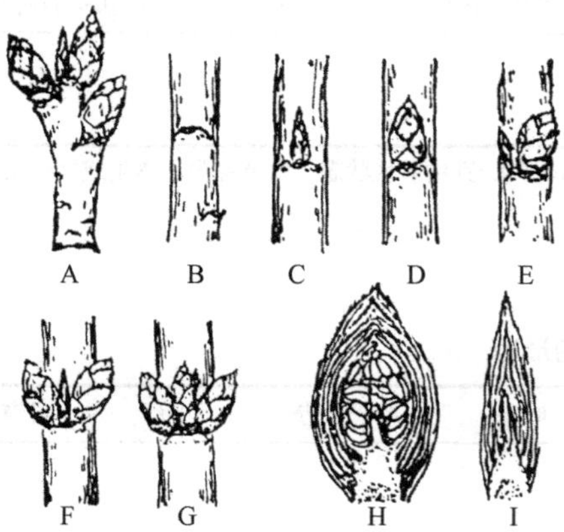

图1-14　芽的排列

A. 短枝上的单芽；B. 潜伏芽；C. 单叶芽；D. 单花芽；E～G. 复芽；H. 花芽剖面；I. 叶芽剖面

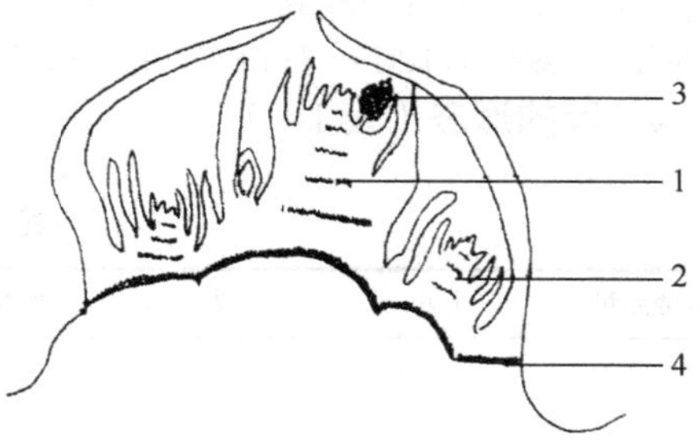

图1-15　葡萄的冬芽

1. 主芽；2. 预备芽（副芽）；3. 花序原始体；4. 芽垫层

三、识别不同树种品种

1. 生长特性（表1-3）

表1-3　树体生长特性调查表

树种品种	树势	树形	树姿	干性	分枝角度	层性	萌芽力	成枝力

注：树势（强健、中庸、衰落）；树形（杯状形、漏斗形、半圆形）；树姿（直立、半开张）；干性（强、较强、弱）；分枝角度（大小开张）；层性（较强、教弱）；萌芽力和成枝力，一年分枝次数，枝条极性（强弱），观察不同树龄植株的发枝情况和更新规律

2. 枝的形态（表1-4）

表1-4　枝的形态识别表

树种品种	当年生枝				一年生枝						多年生枝		
	颜色	茸毛	皮孔	有无棱	颜色	茸毛	皮孔	硬度	花芽着生部位	主要结果枝类型	有无棱	颜色	裂纹

注：一年生枝的颜色（红、褐、灰褐、黄、黄绿、灰等）；茸毛（多、中、少、无）；皮孔（大、中、小、多、少、凹、凸）；硬度（软、硬）；多年生枝颜色（红、褐、紫褐、棕黄、灰褐、黄、黄绿、灰等）；裂纹（丝状裂、块状裂、光滑不裂）

3. 芽的形态与特性（表 1-5）

表 1-5 芽的形态与特性

树种品种	树龄	花芽形态	叶芽形态	芽着生状态	芽的排列	潜伏芽的萌发能力

注：芽的形状（球形、尖卵形、卵形、圆卵形、三角形、纺锤形）；芽的着生状态（每节芽数、离生或贴生）；花芽的着生部位（顶端、叶腋间）；芽的排列（单芽与复芽）

4. 叶的形态（表 1-6）

表 1-6 叶的形态

树种品种	大小	形状	叶尖	叶基	叶缘锯齿	叶面	叶背茸毛

注：形状（卵形、倒卵形、椭圆形、纺锤形、圆形、心脏形）；叶尖（急尖、渐尖、长急尖、长渐尖、圆钝、凹入）；叶基（圆形、楔形、截形、心形）；叶缘锯齿（钝、锐、单、重、齿长、短、无、叶全缘）；叶面（平滑、粗、皱、有无光泽、蜡质多少）；叶背茸毛（多少、颜色、茸毛、绒毛）

5. 生长动态（表 1-7～表 1-9）

表 1-7 萌芽、新梢生长物候期对比

品种	地点条件	树龄	叶芽膨大期	叶芽开绽期	展叶期	新梢开始生长期

注：叶芽膨大期，同花芽标准；叶芽开绽期，同花芽标准；展叶期，全树萌发的叶芽中有 25% 第一叶展开；新梢开始生长期，从叶芽萌发长出 1cm 新梢时算起

表 1-8 仁核果树萌芽物候期对比

树种品种	树龄	仁果类				核果类	
		花芽膨大期	花芽开绽期	花絮露出期	花蕾分离期	露萼期	露瓣期

表 1-9 葡萄物候期的记载

品种	地点	葡萄的伤流期	花芽膨大期	花芽开绽期	花蕾分离期

注：葡萄的伤流期，伤流开始到结束，葡萄的伤流见图 1-16；花芽膨大期，花芽开始膨大，鳞片错开，以全树有 25% 左右为准；花芽开绽期（开放期），鳞片裂开，露出绿色叶尖；花絮露出期，花芽外层鳞片脱落，中部出现卷曲状莲座叶，花序已可看见；花蕾分离期，花梗明显伸长，花蕾彼此分离

【引导思考】

1. 当地果树主要种类和优良品种有哪些？
2. 如何进行果树分类？果树有哪些类型？
3. 春季你能够识别多少种果树与品种？
4. 春季不同果树及品种的器官形态与结构有何不同？
5. 春季不同果树物候期进程与生长动态有何不同？
6. 如何判断枝条年龄？
7. 果树枝条和芽的类型有哪些？

图 1-16 葡萄的伤流期

【知识链接】

知识链接 1——果树的分类

果树种类繁多，分布广泛，全世界大约有 2792 种果树，分布在 132 科、659 属中，我国有 670 余种，分布在 59 科、158 属中。

果树的分类有两种方法，一种是植物学分类法，另一种是园艺学分类法。

（一）植物学分类法

植物界
  门
    纲
      目
        科
          属
            种
              品种

果树种是植物学分类的基本单位。一个树种是指形态结构基本相同，个体间能够进行有性生殖，遗传特性相对稳定，在一定的生态环境条件下生存的一群果树亲体的总称，如苹果、桃、葡萄、香蕉、菠萝、荔枝等。

果树的拉丁名由三部分组成，第一部分是属名，第一个字母要大写；第二部分是种名，第一个字母小写，属名和种名要斜体；第三部分是命名人的姓，可缩写，正体。

1. 裸子植物纲 Gymnospermae 裸子植物纲的果树包括银杏、香榧、果松等。

松科 Pinaceae，松属 *Pinus* L.，有果松。

银杏科 Ginkgoaceae，银杏属 *Ginkgo* L.，有银杏 *Ginkgo biloba* L.。

紫杉科 Taxaceae，榧属 *Torreya* Arn，有香榧 *Torreya grandis* Fort.。

2. 被子植物纲 Angiospermae

（1）单子叶植物果树（monocotyledoneae） 芭蕉科 Musaceae，芭蕉属 *Musa* L.，有香蕉。凤梨科 Bromeliaceae，凤梨属 *Ananas* L.，有菠萝 *A.comosus* Merr. 。

棕榈科 Palmae，椰子属 *Cocos* L.，有椰子 *C. nucifera* L.。

（2）双子叶植物果树（dicotyledoneae） 蔷薇科 Rosaceae，苹果属 *Malus* Mill.，有苹果、海棠等；梨属 *Pyrus* L. 有梨。

山毛榉科 Fagaceae，栗属 *Cestaneae* Mill.，有板栗。

柿科 Ebenaceae，柿属 *Diospyros* L.，有柿子。

（二）园艺学分类

1. 野生果树和栽培果树

（1）野生果树（wild fruit tree） 指仍然在自然环境下生长，未经人类驯化改良栽培的果树植物，如酸枣、君迁子、山定子。

野生果树可以作为种质资源用于培育新品种，也可作为砧木。

（2）栽培果树（cultivated fruit tree） 指经过人类驯化，具有一定经济价值和相对稳定遗传性状，并在生产上广泛栽培的果树植物，如苹果、梨等。

2. 落叶果树和常绿果树

（1）落叶果树（deciduous fruit tree） 指每年秋季和冬季叶片全部脱落的果树，如苹果、梨、桃等。

（2）常绿果树（evergreen fruit tree） 指终年具绿叶的果树。特点是老叶在新叶长出之后脱落，如柑橘、荔枝等。

3. 水果果树和坚果果树

（1）水果果树（fleshy fruit tree） 按果实结构进一步分为以下几类。

1）仁果类果树：如苹果、梨、山楂、枇杷等，绝大多数为子房下位花，其果实由花托及萼筒等部分膨大发育而成，其子房壁与心室则形成果心。因人们食用的部分非子房而是花托，故又称假果。

2）核果类果树：多为子房上位花，食用部分由子房中果皮发育而成，内果皮则硬化为坚硬的核，故为核果，包括桃、李、杏、樱桃、枣等。

3）浆果类果树：果实具有丰富的浆液，种子小，藏于果实内，如葡萄、柿子、猕猴桃等。

4）柑橘果类果树：包括橘、甜橙、柚、柠檬等。

5）荔枝果类果树：包括荔枝、龙眼等。

6）聚复果类果树：包括菠萝、桑葚、草莓、番荔枝等。

（2）坚果果树（nut fruit tree） 包括核桃、板栗、椰子等。

4. 多年生草本果树和木本果树

（1）多年生草本果树（perennial herbaceous fruit plant） 茎内本质部不发达，一般地上部在生长季结束后死亡，包括草莓、香蕉、菠萝等。

（2）木本果树（woody fruit tree）

1）乔木果树：主干明显而直立，如苹果、梨等。

2）灌木果树：主干矮小不明显，枝干丛生，如醋栗。

3）藤本果树：茎具缠绕攀缘特性，如葡萄、猕猴桃等。

5. 寒带果树、温带果树、亚热带果树和热带果树

（1）寒带果树（cold-area fruit tree） 指能耐 −40℃以下的低温，适宜在寒带地区栽培的果树，如树莓、榛子、秋子梨、山葡萄等。

（2）温带果树（temperate-zone fruit tree） 适宜在温带地区栽培，一般秋冬落叶，如苹果、梨、桃等。

（3）亚热带果树（sub-tropical fruit tree） 通常需要短时间的冷凉气候（10～13℃，1～2 个月）以促进开花结果。适宜在亚热带地区栽培的常绿果树，如柑橘、荔枝等。

（4）热带果树（tropical fruit tree） 适宜在热带地区栽培的常绿果树，如香蕉、菠萝等。

从以上可以看出，一种果树可以分在几个类群内，如苹果，属于温带落叶乔木仁果类果树。

知识链接 2——苹果和梨的形态与生长习性

（一）苹果

苹果，乔木，高达 15m。小枝幼嫩时密被绒毛，老枝紫褐色，无毛。叶互生，叶柄长 1.5～3cm，被短柔毛；托叶披针形，全缘，早落；叶片椭圆形、卵形至宽椭圆形，长 4.5～10cm，宽 3～5.5cm，边缘有圆钝锯齿，幼时两面有短柔毛。

春季当日平均温度达 10℃左右时，叶芽萌动，新梢生长开始。随温度升高，生长加快，5 月上中旬进入高峰期，以后长势减缓，到 6 月中下旬逐渐停长形成顶芽，称为春梢。在此期间，中短枝基本长成，部分新梢往往继续生长或稍微缓长后又加速生长或已形成的顶芽又继续萌发、继续生长，显现第 2～3 次加长生长，形成秋梢或夏秋梢。秋梢的旺长期主要在 7～8 月，幼年树和部分旺树、旺枝可能持续的时间更长一些。

果台是指当年的结果新梢结果后膨大，果台大者其上果实也大；果台上有芽，其萌发抽生的枝称为果台枝。抽生果台枝的数量和长短主要决定于品种特性，果台枝如果生长过旺也会导致幼果脱落。

（二）梨

梨树主干在幼树期树皮光滑，树龄增大后树皮变粗，纵裂或剥落。嫩枝无毛或具有茸毛，后梨树脱落；二年生以上枝灰黄色乃至紫褐色。冬芽具有覆瓦状鳞片，一般为 11～18 个，花芽较肥圆，呈棕红色或红褐色，稍有亮光，一般为混合芽；叶芽小而尖，褐色。单叶，互生，叶缘有锯齿，托叶早落，嫩叶绿色或红色，展叶后转为绿色；叶形多数为卵或长卵圆形，叶柄长短不一。

1. 芽的生长习性 梨芽的分化程度较苹果要深，在夏季休眠后部分芽会出现短暂的二次鳞片分化，并再次处于生理活跃状态，以后转入冬前雏梢分化。在外观上表现为鳞片数量多、芽体大、离生、成花比较容易。

2. 叶芽的特点 梨树与苹果树叶芽比较，梨树的叶芽具有下述特点。

1）萌芽力强，成枝力较弱。不同品种的萌芽力和成枝力不同：一般白梨系统各品种萌芽力和成枝力中等；秋子梨系统各品种萌芽力强，成枝力弱；砂梨系统中的日本梨萌芽力很强，成枝力很弱；西洋梨系统的大多数品种萌芽力强，成枝力中等。

2）潜伏芽寿命长，易更新。尤其新梢基部两侧副芽明显，是梨树更新的主要来源。

3）中国梨新梢基部只有鳞片，无叶原基分化，称为盲节。

4）再生能力较差，茎尖组织培养时不如苹果容易。

5）芽早熟性较差，当年很少二次生长。

3. 枝的生长习性 梨树的中枝、短枝都是在芽内分化完成的，只有长枝在萌芽后继续分化。新梢多数只有一次加长生长，无明显秋梢或者秋梢很短且成熟不好。新梢停止生长远比苹果要早。长梢绝大多数在 7 月中旬封顶，生长节奏快，叶幕形成早，结束生长也早。梨的干性、层性和直立性都比苹果强，尤其在幼树期间，长枝梢分枝角度小，极易抱合生长。但是枝条比较嫩翠，负荷力弱，结果负重后易自然开张，也易劈折，而且基部数节无腋芽。

知识链接 3——桃、李、杏和樱桃生长习性

（一）桃

桃属于落叶小乔木，高 4～8m。叶卵状披针形或圆状披针形，长 8～12cm，宽 3～4cm，边缘具细密锯齿，两边无毛或下面脉腋间有鬓毛。

桃叶芽萌芽展叶后，经过约 1 周的缓慢生长期，随气温上升，进入迅速生长期。生长弱的枝停止生长；生长中庸的枝有 1～2 次生长高峰；生长强旺的枝可有 2～3 次生长高峰。同时，旺长枝的部分侧芽萌发形成副梢，早期副梢也形成花芽。

桃芽当年形成。当年萌发的现象称为芽的早熟性，这是桃树一年发生多次副梢的基础。桃萌发率强，潜伏芽少，且寿命短。桃枝生长前期形成的芽，多盲芽、弱芽、单芽，中期多复芽，后期多单芽。

（二）李

李幼树期生长旺盛，一年可抽生新梢 2～3 次，年生长量达 1m 以上。李树枝条顶端均为叶芽，上下两端多为单叶芽，中部为复芽。复芽中花芽、叶芽数目和排列规律与桃相似。萌发率高，成枝力中等。李潜伏芽寿命较长，极易萌发，衰老期更为明显。花束状结果枝是李特有的枝条类型。

（三）杏

在核果类果树中，杏树的树冠大，根系深，寿命长。在一般管理条件下，盛果期树冠高达 6m 以上，冠径在 7m 以上。寿命为 40～100 年，甚至更长。杏树根系强大，能深入土壤深层，水分分布可超过冠径的 2 倍。杏树生长势次于桃，但在幼树期生长也很快，新梢年生长量可达 2m，随着树龄的增长，生长势减弱，一般新梢生长量为 30～60cm。在年生长期内，新梢可出现 2～3 次生长高峰。

杏树与桃树一样，芽具有早熟性。在芽形成后，如果条件适宜，特别是幼树或高接枝上的芽，很容易萌发抽生副梢，甚至形成二次、三次副梢。副梢上也可形成花芽。

杏树的新梢有自枯现象，顶芽为伪顶芽。每节叶腋有侧芽 1～4 个，为并列复芽。杏树的萌发率和成枝率比较低。一般剪口下仅抽生 1～2 个长枝。

（四）樱桃

樱桃的芽按其性质可分为花芽和叶芽两类。甜樱桃的顶芽都是叶芽；侧芽有的是叶芽，有的是花芽，因树龄和枝条的生长势不同而异。幼树或旺树上的侧芽多为叶芽，成龄树和生长中庸或偏弱枝上的侧芽多为花芽。一般中果枝、短果枝的下部 5～10 个芽多为花芽，上部侧芽多为叶芽。在休眠期侧花芽的形态表现比较肥圆，呈尖卵形；侧生叶芽瘦长，呈尖圆形，容易识别。

知识链接 4——枣树的形态与生长结果习性

枣树，落叶乔木，高可达 10m，树冠卵形。树皮灰褐色，条裂。枝有长枝、短枝与

脱落性小枝之分。长枝红褐色，呈“之”字形弯曲，光滑，有托叶刺或托叶刺不明显；短枝在二年生以上的长枝上互生；脱落性小枝较纤细，无芽，簇生于短枝上，秋后与叶俱落。叶卵形至卵状长椭圆形，先端钝尖，边缘有细锯齿，基生三出脉，叶面有光泽，两面无毛。

（一）芽的特性

枣树的芽为复芽，由一个主芽和一个副芽组成，副芽生在主芽的侧上方。主芽形成后一般当年不萌发，为晚熟性芽。主芽萌发后有两种情况：一种是萌发后生长量大，长成枣头（图1-17）；另一种是生长量很小，形成枣股。副芽随枝条生长萌芽，为早熟性芽，萌发后形成二次枝、枣吊和花序。

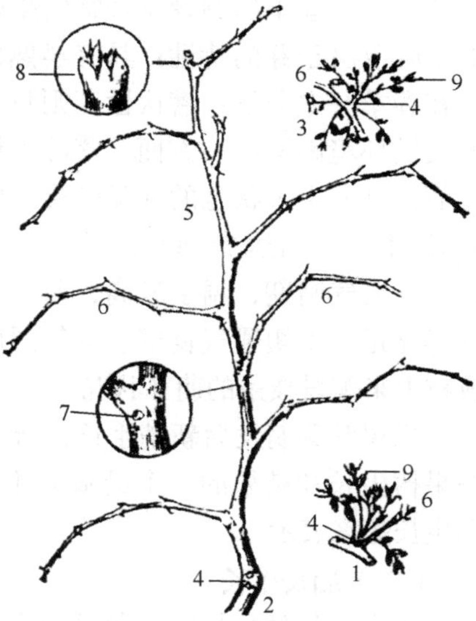

图1-17　枣头和主芽形态

1. 由枝腋主芽萌发的初生枣头；2. 由顶生主芽萌发的枣头；3. 由枣股主芽萌发的初枣头；4. 主芽萌发处；5. 枣头一次枝；6. 永久性二次枝；7. 枣头枝腋间主芽；8. 枣头顶生主芽；9. 枣吊

（二）枝的特性

枝分为枣头、枣股和枣吊三种。

1. 枣头　枣头由主芽萌发形成。枣头中间的枝轴称枣头一次枝，当年生枣头一次枝基部1～3节一般着生枣吊，其余各节着生二次枝。枣头二次枝由一次枝上的副芽当年萌发形成。一次枝基部的二次枝常发育较差，当年冬季易脱落，称为脱落性二次枝，其余各节二次枝发育健壮不脱落，称为永久性二次枝。永久性二次枝是着生枣股的主要部位。

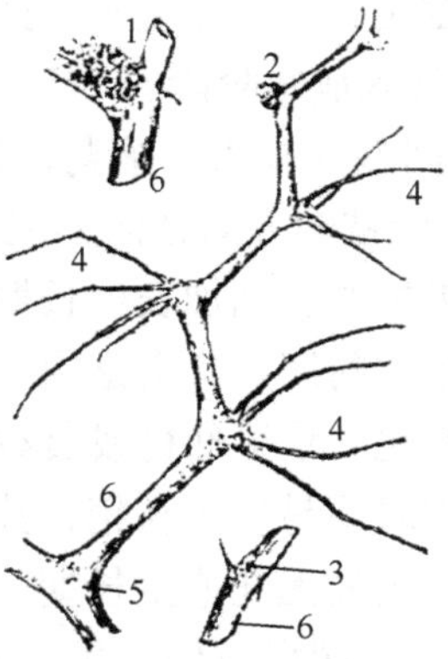

图1-18　二次枝及枣股形态

1. 老年枣股；2. 中年枣股；3. 一年生枣股；4. 枣吊（落叶后）；5. 枣头一次枝叶腋间主芽；6. 多年生二次枝

2. 枣股　由主芽萌发而形成的短缩状枝，枣股上的副芽萌发形成枣吊。枣股的生长很慢，一年只有1～2mm。每枣股一般抽生2～5个枣吊。健壮的枣股抽生的枣吊数量多，结实能力强。枣股上抽生的枣吊的结果能力与枣股着生的部位、股龄及栽培管理水平有关，以3～8年生的枣股结实能力强。枣股上的主芽也可萌发形成枣头（图1-18）。

3. 枣吊　由副芽萌发而来，为枣树的结果枝，当年脱落，故名脱落性枝。主要着生在枣股上，当年生枣头一次枝、二次枝各节也有。枣吊一边生长，叶腋间花序一边形成，开花、坐果交叉重叠进行。枣吊一般为10～18节，长12～25cm，最长可达40cm以上。在同一枣吊上以3～8节叶面积最大，4～7节坐果较多。

知识链接5——果树萌芽与枝条的加长和加粗生长

（一）萌芽

萌芽标志着果树由休眠期转入生长期，此期主要利用贮藏养分，萌芽后抗寒力显著降低。北方春季的倒春寒经常给果树生产造成较大的损失就是由于此种原因。果树萌芽的早晚取决于芽的特性：具有早熟性的芽一年可多次萌发，落叶果树晚熟性的芽主要集中在春季一次萌发；潜伏性芽则只在受到刺激时才萌发。温度是决定果树春季萌芽早晚的关键环境因素。一方面，落叶果树需要一定的低温量才能通过休眠进入生长期；另一方面，进入生长状态的芽又需要一定的积温才能萌芽。多数落叶果树要求日平均气温达5℃以上，土温达7～8℃，经过10～15d后才能萌芽。但枣和柿则要求平均气温在10℃以上。天气晴朗，温度较高，萌芽整齐；天气湿润冷凉时，萌芽持续时间长。树体贮藏营养充足、土壤通气良好、空气湿度适当偏小，都有利于萌芽。果树上通常用萌芽力和成枝力来衡量枝条的萌芽状况。

果树叶芽萌发后新梢生长，新梢生长使树冠扩大，叶幕形成，并与根的活动相配合，是果树生长和结果的一个最基本环节。枝的生长包括加长生长和加粗生长，常用生长量和生长势来表示。

（二）加长生长

新梢加长生长从叶芽萌发后露出芽外的幼叶彼此分离后开始，至新梢顶芽形成或停止生长为止。加长生长是枝条顶端分生组织的细胞分裂伸长的结果。细胞分裂发生在新梢的顶端，伸长则延续到顶端以下几节。随着枝条的伸长，进一步分化出侧生叶和芽，枝条形成表皮、皮层、木质部、韧皮部、形成层、髓和中柱鞘等各种组织。加长生长经过3个时期：开始生长期、旺盛生长期和缓慢生长期。从展叶开始到迅速生长前为开始生长期。此期内第一批簇生叶片增大，而新梢无明显的伸长。生长主要依赖上年的贮藏营养。该期长短主要取决于气温高低。晴朗高温，持续时间短；阴雨低温，则持续时间长。旺盛生长期从开始加快生长到缓慢下来为止。此期节间加长，新梢明显伸长，幼叶迅速分离，叶片数量和面积快速增加。缓慢生长期从生长变缓直至停止生长。此时形成的节间短，进而形成顶芽，停止生长，持续一段时间后枝条转入成熟阶段。

新梢加长生长动态受多种因素影响。首先是不同树种间差异较大。葡萄、桃、杏、猕猴桃等果树一年多次抽生新梢。苹果、梨等果树的新梢只沿枝轴方向延伸1～2次，很少发生分枝，梨的二次枝又比苹果少。核桃、板栗、柿等果树的新梢加长生长期短，一般无二次生长，常在6月停止生长，整个生长过程明显集中于前期。其次是同一树种也会因品种、树龄、树姿、负载量、环境等因素影响而有所变化。苹果幼树或负载量较小的树或夏秋季高温多雨时易发生秋梢，而成年果树负载量大时不易发生秋梢，甚至不发生二次生长。最后是不同类型枝条的生长动态也存在差异。短枝无旺盛生长期，旺盛营养枝可持续生长到秋季。苹果生长中庸的营养枝，中间有一个缓慢或停止生长的阶段，形成瘪芽或盲节（又称环痕，在春梢、夏梢、秋梢或一二年生枝交界处一般无明显的芽），7～8月又旺盛生长，形成秋梢。

新梢旺长期是果树叶幕形成期，其生长强度及持续时间对树体全年营养状况影响较大。新梢旺长期也是树体营养转换期，由利用贮藏营养逐步过渡到利用当年制造的营养。除此之外，新梢旺长期还是果树全年需肥水的临界期，生产上必须采取综合措施（如充分供应肥水、夏季修剪及定果等技术措施）满足新梢旺长期的需要。

（三）加粗生长

加粗生长晚于加长生长，是形成层细胞分裂、分化和增大的结果，而形成层细胞的活动则依赖于新梢生长点所产生的生长素在向下运输过程中的刺激，需要新梢叶片制造的营养物质。加粗生长的开始时间和生长强度取决于加粗部位距离生长点的远近，也取决于加粗部位以上生长点和枝叶的数量。果树加粗生长的起止顺序是自上而下，春季新梢最先开始，依次是一年生枝、二年生枝、多年生枝、侧枝、主枝、主干、根颈，秋季则按此顺序依次停止；多数果树每年有 2 次加粗生长高峰，且出现在新梢生长高峰之后，一年中最明显的生长期在 8～9 月。多年生枝干的加粗开始生长期比新梢加长生长期晚 1 个月左右，其停止期比新梢加长生长停止期晚 2～3 个月。当叶面积达到最大面积的 70% 时，叶片制造的养分即可外运供加粗生长。枝干加粗的年间差异，表现为木质部的年轮。枝在加粗生长时，使树皮不断木栓化并出现裂痕，多年生枝只有加粗生长，而无加长生长。

知识链接 6——果树单叶与叶幕的形成

（一）单叶生长

果树单叶的叶面积开始增长很慢，以后迅速加强，当达到一定值后又逐渐变慢，呈现 Logistic 曲线。不同种类、不同枝条和枝条上不同部位的叶片，从展叶到停止生长所需天数不一样，梨需 16～28d，苹果需 20～30d，猕猴桃需 20～35d，葡萄需 15～30d。新梢基部和上部叶片停止生长早，叶面积小；中部晚，叶面积大。上部叶片主要受环境（低温、干燥）影响，基部受贮藏养分影响较大。

生长初期，叶片净光合往往为负值，以后随叶片增长，净光合逐渐增高。当叶面积达到最大时，净光合最大，并维持一段时间。以后随着叶片的衰老和温度下降，净光合也逐渐下降，直至落叶休眠。

常绿果树与落叶果树叶片生长不完全相同。前者叶片形成和落叶同时进行，老叶的脱落主要集中在新梢抽生之后。落叶果树叶片形成和落叶是分开进行的。

叶片衰老主要受细胞分裂素的控制，生长素和赤霉素也有类似的作用。细胞分裂素可能促进核酸或蛋白质的合成，叶片的衰老首先表现为蛋白质分解为氨基酸，叶绿素也随之解体。脱落酸可加速叶片的衰老，环境条件可影响衰老过程。

果树叶面积和净光合速率在年周期中的变化与单叶变化相似，春季逐渐增大，生长季达到高峰，夏末至秋季逐渐下降。在生命周期中，盛果期之前单株叶面积总是不断增加，结果后期逐渐下降。

（二）叶幕形成

果树叶幕是枝芽在树冠中生长的直接结果，而树体的有机营养来源于叶片光合作用产生的碳水化合物。叶幕的结构及其在年周期内的动态是衡量果树丰产的重要指标。落叶果树的叶幕，在春季萌芽后，随着新梢生长、叶片的不断增加而形成。叶幕在年周期中随枝叶的生长而变化。为保持叶幕较长时间的生产状态，在年周期中要求叶幕前期增长快，中期相对稳定，后期保持时间长。叶幕形成速度取决于树种、品种、树龄、树体营养、环境条件和栽培技术。苹果成年树以短枝为主，树冠叶面积在短枝停长时增长最快，5 月下旬中枝、长枝停长时，已形成全树最大叶面积的 80% 以上。桃树以长枝为主，叶面积形成较慢，增长最快的时间是在长枝旺盛生长之后，约在 5 月下旬。叶幕中后期的稳定可通过栽培技术如夏季修剪、病虫害防治、肥水管理等实现。

叶面积是衡量叶幕结构及其动态的主要指标。果树叶面积的大小用叶面积系数表示。叶面积系数也称叶面积指数，是指单位面积上所有果树叶面积总和与土地面积的比值（叶面积系数=叶面积 / 土地面积）。叶面积系数高表明叶片多，光合面积大，光合产物多。但随着叶面积系数的增加，叶片之间的遮阴加重，获得直射光叶片的比率降低。多数落叶果树当叶片获得光照强度减弱至 30% 以下时，叶片的消耗大于合成，变成寄生叶。生产上一般采用调整树冠形状、适当分层及错落配置各类结果枝组等措施解决上述矛盾，提高叶面积系数。多数果树叶面积系数以 4～5 较为合适。

落叶果树理想叶幕是在较短时间内迅速形成最大叶面积，结构合理而相互遮阴少，并保持较长时间的稳定。

知识链接 7——物候期及其观察方法

（一）物候期的概念

落叶果树从每年春季萌芽到翌年春季萌芽的小周期称为年生长周期。

果树树体每年都有与外界环境条件相适应的形态和生理机能的变化，呈现一定的生长发育规律，称为年生长周期。与季节性气候变化相应的果树器官变化动态时期，称为生物气候学时期，简称物候期。落叶果树可明显地分为生长期和休眠期。

生长期是指从春季萌芽到秋季落叶。在生长期中，可明显看出外部形态的变化，果树生命活动相对较强，如萌芽、开花、枝叶生长、芽的形成与分化、果实发育和成熟、落叶等。而常绿果树则无集中的落叶期，大多数也无明显的休眠期。

果树物候期由器官的动态变化反映出来，是与季节性气候变化相适应的果树器官动态变化的时期。果树器官动态变化的时期可以是范围较大的时期，也可以是范围较小的时期，完全根据需要而定。果树物候期有大物候期和小物候期之分，一个大物候期可分为几个小物候期，如开花期可分为初花期、盛花始期、盛花期、盛花末期、落花期等若干个小物候期。在进行具体物候期观察时，可根据需要和研究条件来确定物候期的大小。

（二）物候期进程、表现与选择

各种果树的物候期及其进程是不同的，这与树种、品种的遗传性有关。落叶果树有明显的休眠期，而常绿果树无明显的休眠期；桃、李等核果类果树先开花后展叶，而梨、苹果等仁果类果树多为先展叶后开花。

果树物候期的表现都对环境条件有一定的要求，如果环境条件发生改变，果树物候期的进程就要发生改变。同一树种、品种在同样一个地区，可因各年的气候条件改变而出现物候期的提前或推后。同一树种、品种栽种在不同地方，它们的物候期会因各地气候和地理条件不同而不同。地理条件通过气候条件起作用。例如，纬度越高，温度越低，春季物候期越晚；海拔低，温度高，春季物候期早；受海洋气候影响的地区，春季气温变化缓慢，相应的物候期也来得较晚。

果树物候期一般选择在形态上有明显标志的阶段，如萌芽期、新梢生长期、开花期、果实成熟期、花芽分化期、落叶休眠期等。

（三）物候期特点

果树物候期特点表现为顺序性、重叠性和重演性 3 个特点。顺序性是指同一种果树的各个物候期呈现一定的顺序，如开花期是在萌芽的基础上进行的，同时又为果实发育做准备。重叠性是指同一树上同时出现多个物候期的现象，如落叶果树新梢生长、果实发育、花芽分化、根系活动等物候期均交错进行，而重叠性又会导致营养的竞争。重演性是指同一物候期在一年中多次重复出现的现象，如新梢可多次生长，形成春梢、夏梢、秋梢，葡萄一年可多次开花结果等。

物候期标志着果树与外界环境条件的统一。果树物候期的变化既反映果树在年生长周期中的进程，又在树体上体现出一年中气候的变化。各地开展主要果树物候期观测，累积历史物候期资料，对各地果树物候期预报及制订适合物候期变化的农业措施具有重要意义，对果树生产是一项十分有益的活动。

（四）物候期观察应注意的事项

1）物候期观察记载项目的繁简，应根据具体要求确定。专题物候期研究需详细调查，一般只记载主要物候期。

2）根据物候的进程速度和记载的繁简确定观察间隔时间。萌芽至开花期一般每隔2～3d观察一次，生长季的其他时间，则可5～7d或更长时间观察一次。开花期进程较快，在有些地区需每天观察。

3）在详细的物候期观察中，有些项目的完成，必须配合定期测量。例如，枝条的加长生长、加粗生长，果实体积的增加，叶片生长等应每隔3～7d测量一次，画出曲线图，才能看出生长高峰的节奏。有些项目的完成需定期取样观察，如花芽分化期应每3～7d取样切片观察一次。还有的项目需要统计数字，如落果期调查，除目测外，还应配合开花期和落花后的定期统计。

4）物候期观测取样要注意地点、树龄、生长状况等方面的代表性，一般应选生长健壮的结果树，植株在果园中的位置能代表全国情况。观察株数可根据具体情况确定，一般每品种3～5株。进行测定和统计的内容，应选择典型部位，挂牌标记，定期进行。

5）物候期观察的同时，最好记录气候条件的变化。

6）由于外界气候条件（主要是温度条件）的变化对物候期的进展具有重要影响，因此物候期观察的同时，要记录气候条件（保护地种植时，需要记录保护地的温度条件），必要时，还要记录管理方法。

7）同一个地区，不同年份的气候条件不尽相同，其差异不会太大，作为一个农业技术员，至少对当地的物候期连续观测3年，才可基本掌握当地植物物候期的进展规律。

8）选择参照物，可以从甲的物候情况推断乙的物候。比如葡萄越冬中，因为枝条埋入土中，无法观察其芽的萌发情况，但葡萄的伤流期是山桃的盛花期，因而在生产上，可以根据山桃的物候期进展情况推断葡萄的物候期，确定葡萄的出土时期。

知识链接8——我国果树砧木及其形态特性

（一）果树常用的砧木

苹果常用的砧木：山定子、楸子、花红、河南海棠、湖北海棠、海棠花、西府海棠、新疆野苹果等。

梨常用的砧木：秋子梨、杜梨、褐梨、麻梨、沙梨、豆梨等。

桃常用的砧木：杏、扁桃、山桃、梅、毛桃等。

葡萄常用的砧木：山葡萄、贝达。

樱桃常用的砧木：山樱桃、青肤樱、莱阳矮樱桃、马哈利樱桃等。

柿常用的砧木：君迁子。

枣常用的砧木：酸枣。

核桃常用的砧木：核桃、核桃楸。

板栗常用的砧木：普通板栗、茅栗。

（二）果树常用砧木植株形态特征

（1）山定子　新梢红褐色，光滑无茸毛。叶片椭圆形或卵圆形，嫩叶黄褐色，成叶淡绿色，边缘有细锐锯齿，叶片基部楔形，尖端渐尖，稍有茸毛。果实较小，果梗细长，脱萼。不耐盐碱，苗圃内有黄化现象。

（2）海棠果　新梢紫褐色，密生茸毛。叶宽圆形或椭圆形，边缘有细尖复锯齿，嫩叶密生茸毛，老叶近无毛。果实较大，萼洼凸出，萼片宿存。

（3）西府海棠　小枝紫色或暗褐色，幼嫩时有短柔毛，老时脱落。叶阔椭圆形，急尖，基部圆形，边缘有粗尖锯齿，幼时背面有茸毛，后脱落。果较小，果梗较长，萼洼凹入，萼片易脱落，少数宿存。

（4）河南海棠　新梢黄褐色，稍有茸毛，不久脱落。叶片三裂，边缘有细锯齿，有茸毛。果实较小，呈圆形，萼片宿存。

（5）湖北海棠　枝条紫色或紫褐色，新稍幼时有短柔毛，不久脱落。叶片卵圆形至孵状椭圆形，边缘有细锐锯齿，嫩时具有稀疏短柔毛，不久脱落无毛，常呈紫红色。果实较小，脱萼。

（6）花红（沙果）　枝暗紫褐色，无毛，嫩时有柔毛，叶卵形或椭圆形，尖端急尖或渐尖，基部圆形或宽楔形，边缘有细锐锯齿，叶背有短柔毛。果实较大，呈圆球形。

（7）Ma　新梢赤褐色，皮孔较大，呈圆形或广椭圆形，较多，分布不均。节间短，多茸毛。叶较大，窄卵圆形，尖端渐尖，基部楔形，边缘有复锯齿、较钝，叶前有纯毛。果实圆形或扁圆，黄白色，可食。

（8）M4　新梢红褐或青褐色，皮孔圆形，较少，多茸毛。叶片较小，厚而粗糙，呈现广卵圆形，先端急尖，基部心脏形，叶缘有重锯齿，两侧略内折，茸毛较多。果实较小，扁圆形，黄白色，不能食用。

（9）M7　新梢红褐色，直立细软，很少生副梢，枝条上生少许茸毛，叶片小而薄，稍有光泽，叶近于卵圆形，较平展，先端急尖，基部圆形，有的叶片呈裂叶状，边缘有重锯齿，较尖。果实稍大，圆形，黄白色，可食用。

（10）M8　新梢短粗，节间短，节上有疣状突起，木质次脆，枝上皮孔较大，椭圆或圆形，少而显，多茸毛。叶较大，较厚，有光泽，长卵形，叶缘向内折，先端急尖，基部圆形，边缘有大而较钝的重锯齿，叶背茸毛较多。果实较大，圆球形，黄白色，可食用。

（11）Me　新梢红褐色，较硬，皮孔小而稀少，较突出。叶片中大，卵圆形或长卵圆形无端渐尖，向背面反卷，基部阔楔形，边缘有波状锯齿，稍内折，叶背生少许茸毛。

（12）Ma7　新梢赤褐色，较粗壮，节间短，节膨大，能发生针刺状二次枝，皮孔稀少，多茸毛，叶卵圆或椭圆形，先端渐尖，基部圆形，叶背多茸毛，边缘有钝圆锯齿，两侧微上卷。

（13）渥太华3号　新梢黄褐色，粗壮，枝条基部有针刺状二次枝，多白色短毛，皮孔较多而明显，圆形或卵形，叶大，卵形，先端渐尖，基部圆形，有时向下反卷，边缘有细锯齿，叶片平滑，稍有光泽，叶背有茸毛。

（14）崂山柰子　一年生枝紫褐色，有茸毛，节间较长，叶片椭圆形，平展，先端渐尖，基部广楔形，边缘锯齿较小而钝，叶背面有茸毛，果实近圆形，黄白色，萼洼平浅，萼片宿存。

（15）武乡海棠　新梢黄褐色，较细，叶为掌状裂叶，叶背有茸毛。果实小，橙红色圆形，宿萼。

（16）杜梨　枝条具针刺，新稍密生灰白色茸毛，叶长卵圆形或菱形，边缘有尖锐锯齿，先端渐尖，基部宽楔形，幼叶两面均被灰白色纯毛，老叶叶面无毛，有光泽，果实小，圆形，褐色，萼片脱落。

（17）秋子梨　幼树多刺，嫩梢无毛或微具毛，多年生枝黄褐色，叶广卵形或卵圆形，先端渐尖，基部圆形或近心脏形，边缘有刺芒状尖锐锯齿，刺芒直出，果实近球形，黄色，果梗短，萼片宿存。

（18）山桃　新梢细长，无毛，褐色，多年生枝呈现紫红色。叶长披针形，先端长而渐尖，基部宽楔形，边缘有细密锯齿，叶两而均无毛，果实小，圆形，成熟时干裂，不能食用。

（19）毛桃　新梢红褐色或青绿色，无毛，多年生枝暗红褐色，叶卵状披针形或长披针形，边缘具细锯齿，两面均无毛或叶背脉间有毛。果实少，品质差。

（20）山杏　新梢紫褐色，无毛。叶卵形或近圆形，先端长而渐尖，基部圆形或近心脏形，边缘有细锯齿，两面均无毛或背面沿叶脉有短柔毛，果实较少，球形，成熟后浅黄色，可食用。

（21）毛樱桃　新梢青绿色，叶较小，倒卵形或椭圆形，叶面有皱纹或毛，边缘有精锯齿，果实小，圆形或椭圆形，鲜红色、黄色、黄白色及白色，有短柔毛，果梗极短，可食用。

（22）山葡萄　新梢黄绿色，先端微红，密被灰白色长毛，成熟枝褐色或黄褐色，卷须间歇性。叶多裂，少数五裂，叶面光滑或有稀疏长毛，叶肉凸凹不平，叶背有稀疏白色短毛。果穗多圆柱形，果小，紫黑色，被有浓厚果粉。

（23）酸枣　新梢黄褐色，光滑无毛，具刺，叶小，叶片长椭圆形至卵状披针形，边缘有细锯齿，基生三出叶脉，果实较小，圆球形或长圆形，成熟后暗红或橙红色。果核先端圆钝。

（24）君迁子　新梢灰褐色，有短毛，多年生枝暗黑色，树干皮层呈现方块形深裂。叶较大，椭圆形，有光泽，幼时有柔毛，成长后脱落，果实小，圆形或长圆形，初为黄色，成熟后呈现黑色。

知识链接9——我国主要的优良鲜食果树品种及其特征

（一）苹果

1. ‘富士’　果实大型，平均单果重220g，最大果重650g；果形扁圆至近圆形，偏斜肩，果形指数0.8。果面光滑，无锈，果粉多，蜡质层厚，果皮中厚而韧；底色黄绿，着色片红或鲜艳条纹红；果点中多，黄白色，较小，圆形，锈色果点大，不规则凸出明显。果肉黄白色，致密细脆，多汁，酸甜适度，食之芳香爽口，可溶性固形物含量14.5%～15.5%，品质极上，果实极耐贮藏，在半地下窖可藏至翌年5月，在冷风库可藏至翌年7月。

2.‘金冠’ 美国品种，又名‘金帅’、‘黄香蕉’。果实大，一般单果重200g以上，圆锥形，顶部稍有棱突；果梗细长，果皮薄，较无光泽，稍粗糙，色绿黄，稍贮藏后变为金黄，采收晚时阳面偶有淡红色晕；果肉黄白色，肉质细密；刚采收时脆而多汁，贮后则稍变软，味浓甜，稍有酸味，芳香清远，生食品质上佳。果实生育期140d，9月中下旬成熟；充分成熟后也不落果，晚采果实果肉淡黄色，生食风味极佳。

3.‘红星（蛇果）’ 原产美国，又名‘红元帅’，为‘红香蕉’（‘元帅’）的浓条红型芽变，是世界主要栽培品种之一。果实大，圆锥形，单果重250g以上，最大可达到500g左右；果顶有五棱状凸起，果桩高，果形美；果实初上色时出现明显的断续红条纹，随后出现红色霞，充分着色后全果浓红，并有明显的紫红粗条纹。

4.‘澳洲青苹’ 澳大利亚品种，为世界上知名的绿色品种。果实大，扁圆形或近圆形，单果重210g，最大240g。果面光滑，全部为翠绿色，有的果实阳面稍有红褐色晕，果点黄白色。果肉绿白色，肉质细脆，硬度为7.8kg/cm^2，果汁多，风味酸甜，含可溶性固形物13.5%，品质中上等。

5.‘嘎啦’ 新西兰品种，20世纪80年代初引入我国。果实近圆形或圆锥形，大小较整齐。果个中大，平均单果重180g。成熟时，果皮底色黄，果皮红色，有深红色条纹；果皮薄，有光泽，洁净美观。果肉乳黄色，肉质松脆，汁中多，酸甜味淡，有香气，品质极上。

（二）梨

1.‘早酥’ 中国农业大学科学院果树研究所育成。我国北方各省均有栽培。果大，重200～250g。倒卵形。顶部突出，常具明显棱沟，绿黄色。果肉白色，质细酥脆，汁多，味甜而爽口，品质中上。8月中旬成熟，不耐贮藏。

2.‘锦丰’ 中国农业科学院果树研究所育成。我国北方各省均有栽培。果大，平均重30g。不整齐扁圆形或圆球形。黄绿色。果点大而显。果肉细，稍脆，汁多，味酸甜，微香，品质上。9月下旬成熟，耐贮藏。

3.‘晋酥梨’ 山西省果树研究所育成。果大，重200～250g。不整齐椭圆形。黄绿色，皮薄，洁净，蜡质明显。果肉白色，质细而脆，汁多，有香气。果心小，甜酸适度，品质中上。

4.‘黄冠’ 河北省农林科学院石家庄果树研究所育成。天津、江苏、北京、湖南、浙江、青海等省（市）已引种试栽。果实椭圆形。果大，平均单果重235g。果皮绿黄色，贮后变为黄色，果面光洁无锈，果点小而密，美观。萼片脱落，果心小，果皮薄，果肉白色，肉质细而松脆，汁液多，酸甜适口，有蜜香，石细胞少。

5.‘硕丰’ 山西省农业科学院果树研究所育成。果实大，平均重250g，近圆形或阔倒卵形，底色绿黄具红晕。肉白色，质细松脆，味甜至酸甜，汁多，品质上。山西晋中地区9月初成熟，耐贮藏。

（三）桃

1. 普通桃

（1）‘春艳’ 青岛农业科学研究所以‘早香玉’为母本、‘仓方早生’为父本杂交育成，属特早熟普通桃品种。果实大，平均单果重150g，最大单果重250g。果皮底色乳白至黄色，彩色鲜红。

（2）‘北农早艳’ 原北京农业大学育成，亲本不详。果实近圆形，平均单果重134g，最大单果重250g。果皮底色浅绿色，果面70%～80%覆鲜红霞，着色深处为暗红色。果肉绿白色，肉质致密，成熟后柔软多汁，有香气，品质上等。

（3）‘百岁红’ 早熟普通桃品种。果实近圆形，平均单果重242g，最大单果重552g。果皮底色黄白色，成熟时着色达89%，果实浓红。果肉红色，果实硬度大，甜脆可口，品质上等。

2. 油桃

（1）‘千年红’ 中国农业科学院郑州果树研究所选育。平均单果重100g，果形圆整，色泽鲜艳，肉色橙黄，硬溶质，风味浓甜。

（2）‘曙光’ 中国农业科学院郑州果树研究所于1989年用‘Legand’×‘瑞光2号’育成的极早熟甜油桃品种。果实近圆形，平均单果重100g，最大单果重200g。果皮底色浅黄，果面彩色鲜红色至紫红色。果肉黄色，硬溶质，汁液中多，风味甜香，品质优良。

（3）‘中油桃4号’ 中国农业科学院郑州果树研究所育成。果实短椭圆形，平均单果重148g，最大单果重206g。果皮底色黄色，全面着鲜红色。果肉橙黄色，硬溶质，肉质较细，风味浓甜，品质特优。

3. 蟠桃

（1）‘早露蟠桃’ 北京农林科学院林业果树研究所于1989年用‘撒花红蟠桃’与‘早香玉’杂交育成的特早熟蟠桃品种。果实扁圆形，平均单果重120g，最大单果重190g，果皮底色黄白色，果实阳面1/2以上着生玫瑰红色晕。果肉乳白色，近核处红色，硬溶质，肉质细，风味甜。

（2）‘瑞潘8号’ 北京农林科学院林业果树研究所用晚熟大蟠桃与早露蟠桃杂交，于1997年育成的早熟蟠桃品种。果实扁圆形，玫瑰红色，果皮底色黄白。果个大，平均单果重125g，最大180g。果肉黄白色，黏核，硬溶质，风味甜。

（3）‘中油蟠2号’ 中国农业科学院郑州果树研究所选育。单果重100g，果形扁平，两半部对称，果顶圆平，微凹。果皮橙黄色，60%以上着红色。果肉橙黄色，硬溶质，风味浓甜、浓香，黏核。

（四）李

1.‘安哥诺李’ 引自美国，晚熟布郎黑李品种。果实扁圆形，平均单果重105g，最大单果重183g。果顶平，果核极小，半黏核，可溶性固形物15.2%，总糖13.1%，可滴酸0.73%，9月下旬成熟，栽后第二年见果，第三年丰产，果实耐贮运，丰产性好，适应性广。

2.‘秋姬李’ 日本大果型李品种，单果重200～300g，果面黄色底着紫红色。果肉黄色多汁，甜酸味浓，收获后数日食用，口感优良，9月中旬成熟。

（五）杏

1.‘骆驼黄杏’ 原产于北京市门头沟区龙泉务村。果实6月初成熟，发育期55～60d；圆形，果顶平圆，微凹，缝合线明显，片肉对称；平均单果重50g，最大的达78g，果皮底色橙黄，阳面暗红晕；果肉橙黄色，肉质软，纤维稍多，汁液多，甜酸适口；含可溶性固形物11.5%、糖6.99%、酸2.04%、维生素C 5.8mg/100g，品质上乘；半黏核，甜仁。该品种为优良的丰产、极早熟鲜食杏。

2.‘金玉杏’ 又名山黄杏。产于北京市昌平县十三陵乡果庄、德胜口村，附近其他区县山区也有少量种植。果实6月中旬成熟，发育期65d左右；圆形，平均果重60g，最大的达到80g；果顶平，微凹，缝合线明显且深，两侧片肉对称或稍不对称；果皮底色橙黄，阳面具鲜红晕，果肉橙黄色，肉厚，肉质细韧，汁多，纤维少，酸甜适口，风味浓；含可溶性固形物14.5%、糖9.46%、酸1.65%、维生素C 17.35mg/100g，品质上乘；半离核，苦仁。

（六）樱桃

1.‘意大利早红’ 法国优良品种，适应性强，抗旱抗寒，在山丘砾质土壤和沙壤土上生长良好，定植3年即可结果，产量高（亩[①]产1000kg以上）。果皮紫红，果实大，单果重10g，果肉厚、细嫩多汁、风味酸甜，品质佳，不裂果。

2.‘大紫’ 目前我国栽培面积较大的早熟优良品种，商品性高，又是优良的授粉树种。该品种树势强健，幼树期枝条直立生长，随着树龄的增长逐渐开张；萌芽力高，成枝力强，节间长树冠大而疏松；当年生小枝红渴色，较细；叶片大，长卵圆形，平均长11～18cm，宽6.5～8cm，故有“大叶子”之称；叶柄具黑紫色蜜腺2个；花白色，花期一周；果实中等大小，平均单果重5.5～7.5g，最大可达11g，心形，稍扁；果梗中长而细，易脱落；果度成熟后紫红色，较薄，具光泽，不易裂果；果肉浅红色或红色，细嫩多汁，味甜，具芳香，可食率高达97%，品质佳，不耐贮运。

（七）枣

1.‘冬枣’ 别名苹果枣。果实近圆形，果面平整光滑，平均单果重13～15g，大小较整齐。果肉绿白色，细嫩多汁，甜味浓，略酸。白熟期含糖量27%，着色期34%～38%，完全成熟前40%～42%，每100g鲜枣含维生素C 352mg，可食率97.1%。

2.‘蛤蟆枣’ 为山西永济仁阳的主栽品种。果实特大，平均单果重34g，柱形或长圆形，因果面凹凸不平，且有深色斑纹，似蛤蟆背部皮纹，故称蛤蟆枣。果皮厚，果肉厚，绿白色，质地松脆，汁液中多，味甜。

3.‘蜂蜜罐’ 分布于陕西大荔县官池乡北丁、中草。果实近圆形，平均单果重7.7g，大小整齐。果皮薄，果肉绿白色，质地细脆，较致密，汁液较多，含糖量25%～28%，品质上乘，糖分积累较早，果实白熟期味甜可食。8月底着色成熟。

【考核评价】

本任务考核评价见表1-10。

表1-10 当地果树春季指认与识别任务考核评价表

考核项目	分数
早春能够指认树体各部位	20
能够指认芽类型	30
能够识别种与品种	30
熟悉生长动态与规律	20
总分	100

① 1亩≈666.7m²

任务3 开花前后果树的识别

【任务目的】能够正确识别果树种与品种，能够描述不同种与品种果树的叶片、枝条、芽、花序与小花的形态。熟悉不同果树生长结果特性与规律。

【实践操作】

材料：当地苹果、梨、桃、李、杏、葡萄的主要品种的幼树和结果树。

用具：钢卷尺、计数器、放大镜、记载和绘图用具。

一、不同果树叶片与花的识别

1. 叶片识别 参照表1-6，葡萄叶的形态调查见表1-11。

表1-11 葡萄叶的形态

树种品种	大小	形状	叶尖	叶基	叶缘锯齿	叶裂刻深	叶背茸毛

注：葡萄叶片识别说明（图1-19～图1-21）：裂缝（有无、三裂或五裂、裂刻深浅）；叶缘锯齿（粗短、细长）；叶基形状（“V”形、“U”形等）；叶背茸毛（多少、颜色、茸毛、绒毛）

图1-19 葡萄的叶形

A. 肾形；B. 心脏形；C. 近圆形

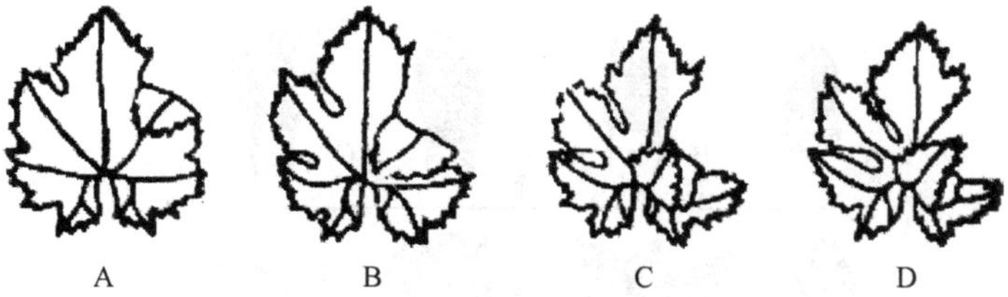

图1-20 葡萄叶裂刻深度

A. 浅；B. 中；C. 深；D. 极深

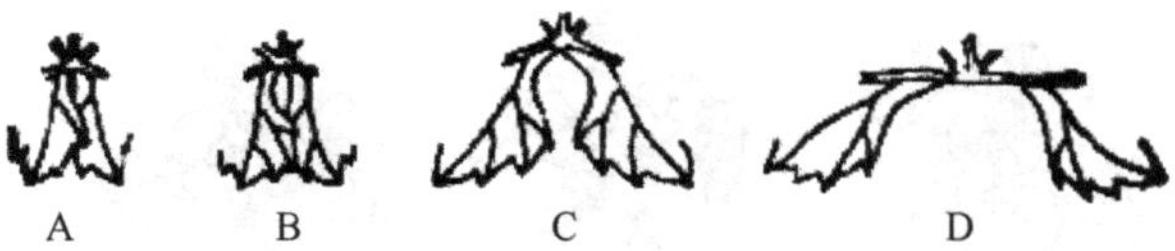

图1-21 葡萄叶柄洼形态

A. 闭合裂缝形；B. 闭合椭圆形；C. 开张椭圆形；D. 宽拱形

2. 花序与小花识别（表 1-12）

表 1-12 花的形态

树种品种	花序		花						
	类型	小花数	类型	大小	颜色	雄蕊数	雌蕊数	花梗长	花粉多少

作业：制作各种果树开花照片，并保存。

二、不同果树生长结果特性与规律

1. 果树开花、坐果物候期调查（表 1-13，图 1-22）

表 1-13 苹果、梨开花、坐果物候期记载项目表

项目 日期 树种品种	花芽膨大期	花芽开绽期	花絮露出期	花蕾分离期	初花期	盛花期	落花期	坐果期	生理落果期	果实着色期	果实成熟期

注：开花、结果物候期的标准：花芽膨大期，花芽开始膨大，鳞片错开，以全树有 25% 左右为准；花芽开绽期（开放期），鳞片裂开，露出绿色叶尖；花絮露出期，花芽外层鳞片脱落，中部出现卷曲状莲座叶，花序已可看见；花蕾分离期，花梗明显伸长，花蕾彼此分离；初花期，全树 5% 的花开放；盛花期，全树 25% 的花开放为盛花始期，50% 花开放为盛花期，75% 的花开放为盛花末期；落花期，全树有 5% 的花正常脱落花瓣为落花始期，95% 的花脱落为落花终期；坐果期，正常受精的果实直径约 0.8cm 时为坐果期；生理落果期，幼果开始膨大后出现较多数量幼果变黄脱落时为生理落果期；果实着色期，果实开始出现该品种应有的色泽，无色品种由绿色开始变浅；果实成熟期，全树有 50% 果实在色泽、品质等方面具备了该品种成熟的特征，采摘时果梗容易分离

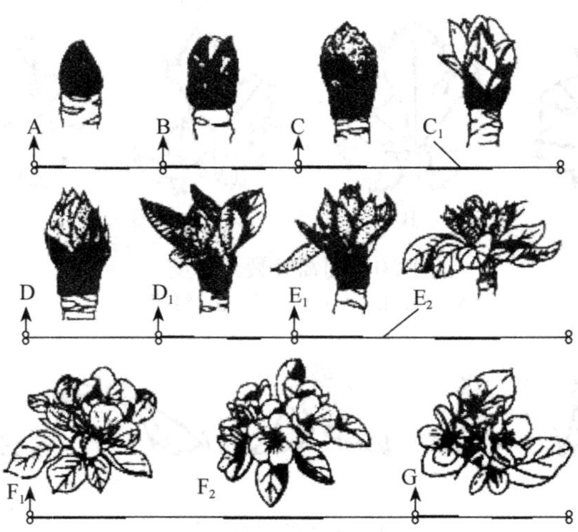

图 1-22 苹果开花物候期

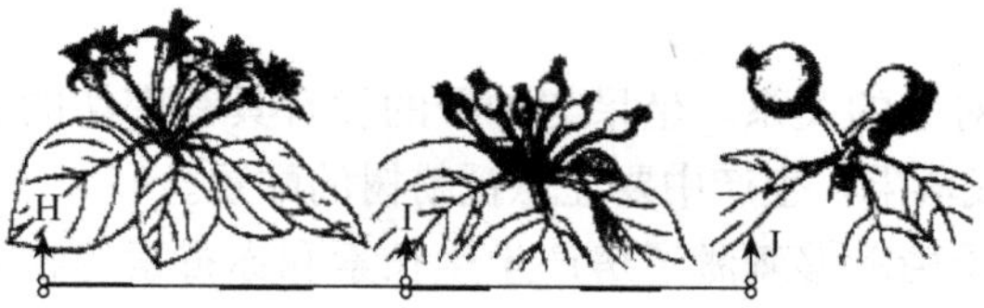

图 1-22　苹果开花物候期（续）

A．萌芽期；B．开绽期；C．花序伸出期；C_1．花序伸出后期；D．花序分离期；E_1．露瓣期；E_2．露瓣后期；F_1．开花期；F_2．开花后期；G．落瓣期；H．终花期；I，J．果实发育期

2．果树落花落果规律的调查（表 1-14）

表 1-14　不同果树及品种落花落果规律

树种品种	落花落果的时期与数量		
	第一次	第二次	第三次

【引导思考】

1．夏季你能够识别多少种果树与品种？
2．夏季不同果树及品种的器官形态与结构有何不同？
3．如何提高坐果率？哪些因素影响坐果？
4．如何使果实发育良好？哪些因素影响果实的发育？
5．夏季不同果树物候期进程与生长动态有何不同？

【知识链接】

知识链接 1——落花落果和坐果规律

果树花果脱落的原因包括内在因素和外在条件两种。其中，由于树体内在因素造成的落花落果统称为生理落果。生理落果具有一定的规律性。

苹果、梨等的生理落果集中时期一般有 3～4 次。

第一次是落花，在盛花后期部分花开始脱落，直至谢花。导致落花的主要原因是花器发育不完全，如雌蕊、胚珠退化，或虽然花器发育完全但未能授粉受精，缺乏激素调动营养。

第二次是落果，也称早期生理落果，出现在谢花后 2 周左右，多数是受精不完全的幼果，其原因主要是授粉受精不充分和树体贮藏营养不足。

第三次生理落果，出现在谢花后 4～6 周，仁果类果树约在 6 月上中旬，又称“6 月落果”，其原因主要是新梢生长和果实的营养竞争。

第四次也称采前落果，部分品种发生。其原因主要是生长后期胚产生生长素的能力下降，致使形成离层而脱落。例如，‘元帅’系苹果从成熟前 30～40d 起开始少量脱落，15～20d 大量脱落，成熟前最严重。

不同树种，落花落果情况也不相同。枣的落蕾量很高，为 20%～60%，葡萄、杏则落花量很高。雌雄异花果树的雄花，一般在开放、散粉后脱落。葡萄落花落果比较集中，常于盛花后 2 周内一次脱落。具有单性结实的树种或品种，其落果次数不明显。

外部因素，如干旱、低温、大风、冰雹、药害、污染及其他人为因素等也可以造成落花落果。

坐果与落花落果是对立的关系。坐果与种子的发育具有密切的关系。授粉受精不良或种子发育不良常常造成落果。生产中要注意授粉树的配置。

坐果的机制是授粉受精能够刺激子房产生生长素和赤霉素等物质，提高其调运水分和养分的能力，保证了蛋白质的合成和细胞迅速分裂。

知识链接 2——果树授粉与结实类型

（一）果树授粉类型

（1）自花授粉　果树同一品种（或无性系）内授粉属于自花授粉。

（2）异花授粉　果树不同品种间的授粉，称为异花授粉。

（二）果树结实类型

（1）自花结实　自花授粉后能得到满足生产要求的产量的称为自花结实，如葡萄、柑橘、龙眼等。

（2）异花结实　自花不结实是自花授粉后不能达到经济栽培上丰产的结实率。自花不实的果树栽培时必须配置授粉树。

（3）单性结实　不经授粉，或虽经授粉而未完成受精过程而形成果实的现象称为单性结实。不经授粉，子房发育不受外来刺激，完全是自身生理活动造成的单性结实，称为“自发性单性结实”，如柿、香蕉、菠萝、无花果等。经过授粉但未完成受精过程而形成果实称为“刺激性单性结实”。

知识链接 3——仁果类、核果类果树的结果习性

（一）苹果的结果习性

苹果一般栽植后第 5～6 年结果。通过早春刻芽和涂抹发枝素、夏季拉枝等措施，可以于栽植后第 3 年结果。苹果的结果枝分为长果枝、中果枝和短果枝 3 种类型。以短果枝结果为主，其所结果品质也好，进入盛果期后尤其如此（图 1-23）。

苹果花序为伞形花序，有小花 5～6 朵，其中心花先开，坐果也好。花序集生于小枝顶端；花梗长 1～2.5cm，密被绒毛；花白色或带粉红色，直径 3～4cm；雄蕊 20；花柱 5。果实扁球形，直径在 2cm 以上，先端常有隆起，萼柱下陷，萼裂片宿存，果梗粗短。果实构造如图 1-24 所示。花期 5 月，果期 7～10 月。

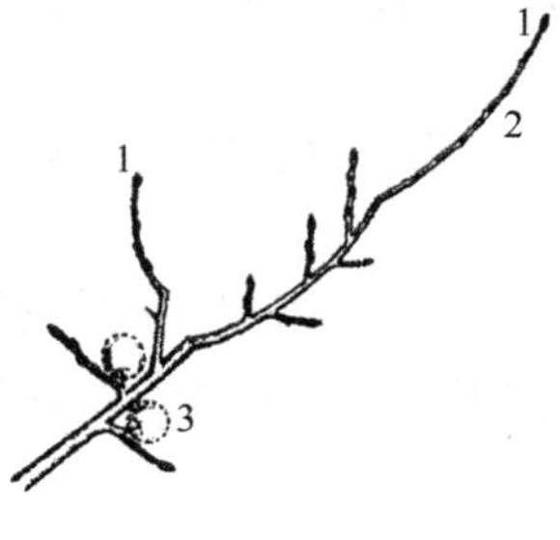

图 1-23　苹果结果习性

1．花芽；2．叶芽；3．前一年结果

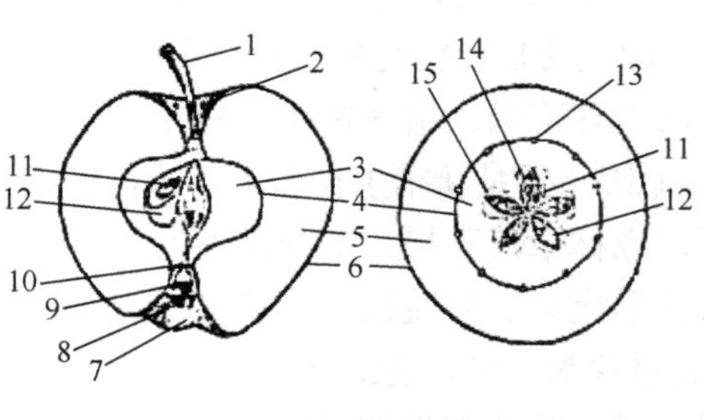

图 1-24　苹果果实构造图

1．果梗；2．梗洼；3．果心（花托的髓部）；4．果心线；5．果肉（花托皮层）；6．果皮；7．萼洼；8．萼片；9．雄蕊；10．萼筒；11．种子；12．心室；13．维管束；14．内果皮；15．中果皮、外果皮

（二）梨的结果习性

梨栽植后一般第5～6年结果。通过早春刻芽、涂抹发枝素、夏季拉枝等措施，可以于栽植后第3年结果。

梨树与苹果一样，其花芽是混合花芽，主要由顶芽发育而成。

梨树的花序与苹果不同，是伞房花序，一般有小花6～12朵，如图1-25所示。其中边花先开结果好。两性花，花瓣近圆形或宽椭圆形，栽培种花柱3～5，子房下位，3～5室，每室有2胚珠。

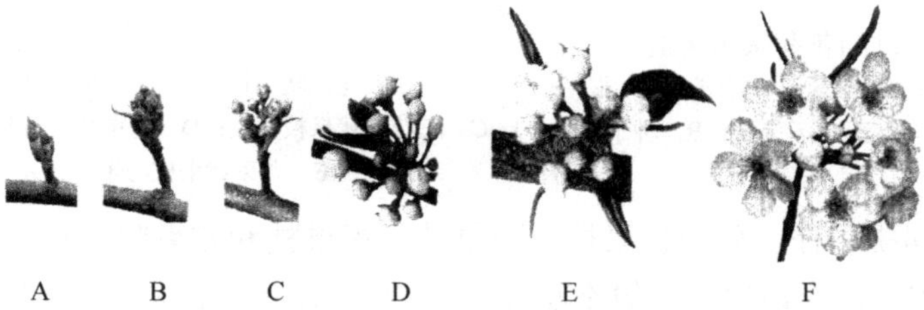

图1-25 梨花芽萌芽、开花过程

A．花膨大期；B．现蕾期；C．花序分离期；D．露冠期；
E．初开花期；F．盛开花期

与苹果相比，梨树开花量大、落花重、落果轻、坐果率比较高。据观察，梨树只有一次落果高峰期，多发生在5月中下旬至6月上旬，即花后的30～40d。梨果由花托、果心和种子3部分组成。其中，种子的发育直接影响其他两部分的发育。受精后的花，胚乳先开始发育，细胞大量增殖，同时花托和果心部分的细胞进行迅速分裂，幼果体积明显增长。5月下旬到6月上旬胚乳细胞增殖减缓或停止，胚的发育加快，并吸收胚乳而逐渐占据种皮内胚乳的全部空间，时间可持续到7月中下旬。

（三）桃的结果习性

桃树栽后2～3年开始结果，4～5年进入盛果期，经济寿命15～25年。桃的花和果实构造如图1-26所示。花单生，先叶开放，近无柄；萼筒钟形，有短绒毛，裂叶卵形；花瓣粉红色，倒卵形或矩圆状卵形；果球形或卵形，径5～7cm，根据果实表皮毛的有无，分为油桃和毛桃。

（四）李的结果习性

幼树生长迅速，3～4年开始结果，6～8年进入盛果期。丰产栽培3年结果，5年进入盛果期。李花芽内多为3朵花，春季萌芽开花较早，有时易遭霜冻危害。结果枝类型同桃，但长果枝、中果枝较少，结果能力也低，短果枝和花束状果枝较多。李以花束状果枝和短果枝结果为主，花束状果枝结果当年，顶芽向前延伸很短，长度仅为1～2cm，形成新的花束状果枝，如此可连续结果4～6年，因此结果部位外移较慢，也不易隔年结果，如图1-27所示。

（五）杏的结果习性

杏树定植或高接后2～4年开始结果，6～8年进入盛果期。杏花芽为纯花芽，单生或2～3芽并生成复芽。每花芽开一朵花。复芽的花芽和叶芽排列与桃相似，中间多为叶芽，两边为花芽，这种复芽坐果率高而可靠。

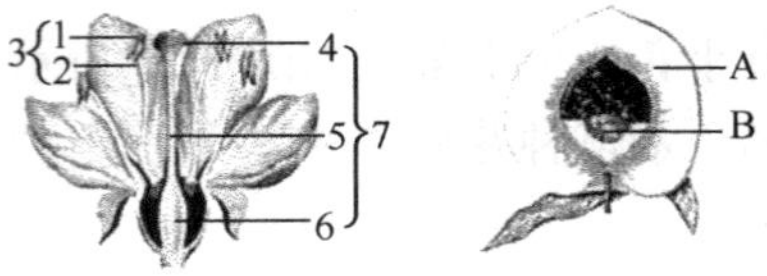

图 1-26　桃的花和果实构造

1. 花药；2. 花丝；3. 雄蕊；4. 柱头；5. 花柱；6. 子房；7. 雌蕊；A. 果皮；B. 种子

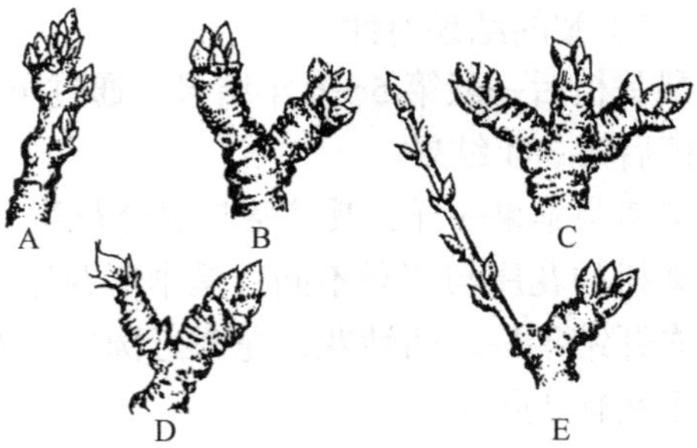

图 1-27　花束状果枝

A. 花束状果枝；B. 二花束状果枝并生；C. 三花束状果枝并生；D. 花束状果枝与叶丛枝并生；E. 花束状果枝与短果枝并生

杏树结果枝同桃一样，分为长果枝、中果枝、短果枝和花束状果枝。以短果枝和花束状果枝结果为主，但寿命短，一般不超过 5～6 年。由于花束状较短，且节间短，因此结果部位外移比桃慢。

知识链接 4——葡萄与草莓的形态与生长结果习性

（一）葡萄的结果习性

葡萄栽植后一般第 2～3 年结果。葡萄树体结构、枝条与花果的结构如图 1-28～图 1-34 所示。葡萄圆锥花序大而长，与叶对生；花序柄无卷须；葡萄花的构造，萼极小，杯状，全缘或不明显的 5 齿裂；花瓣 5，黄绿色，先端黏合不展开，基部分离，开花时呈帽状整块脱落；雄蕊 5；花盘隆起，由 5 个腺体组成，基部与子房合生；子房 2 室，每室有胚珠 2，花柱短，圆锥形。浆果卵圆形至卵状矩圆形，富汁液，熟时紫黑色或红而带青色，外被蜡粉。

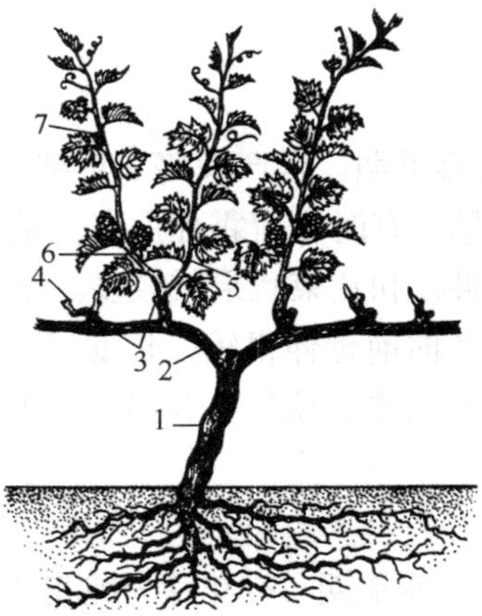

图 1-28　葡萄植株各部分的名称

1. 主干；2. 主蔓；3. 结果枝组；4. 结果母枝；5. 新梢（生长枝）；6. 新梢（结果枝）；7. 副梢

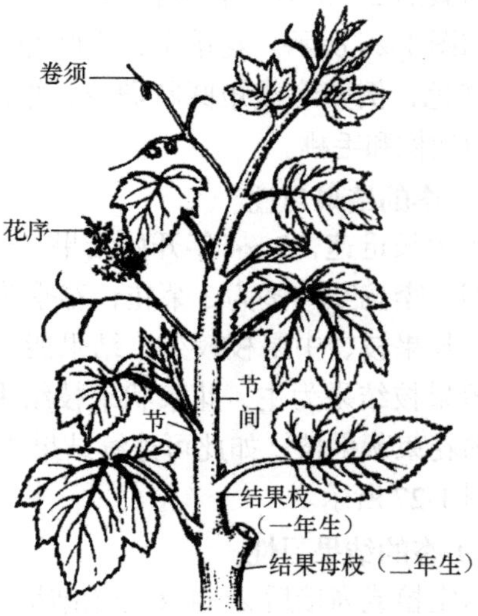

图 1-29　葡萄结果母枝及结果枝

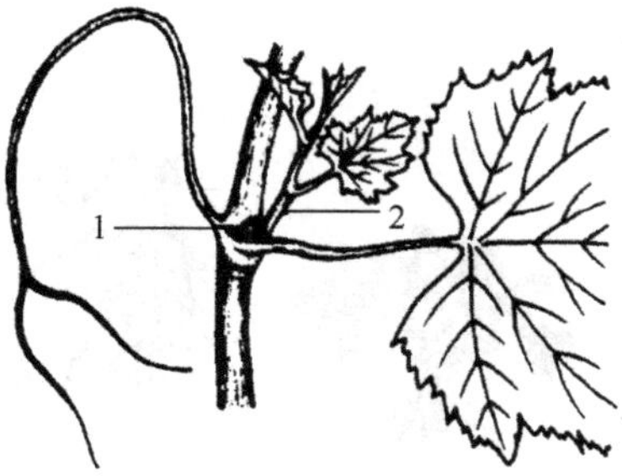

图 1-30 葡萄冬芽与夏芽

1. 冬芽；2. 夏芽

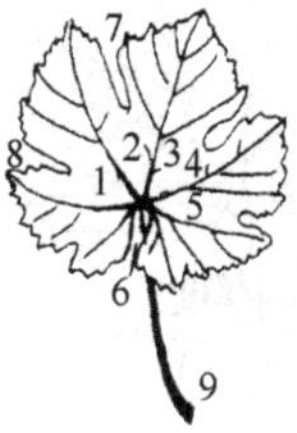

图 1-31 葡萄叶图

1～5. 主脉；6. 叶柄洼；

7. 上侧裂刻；8. 下侧裂刻；9. 叶柄

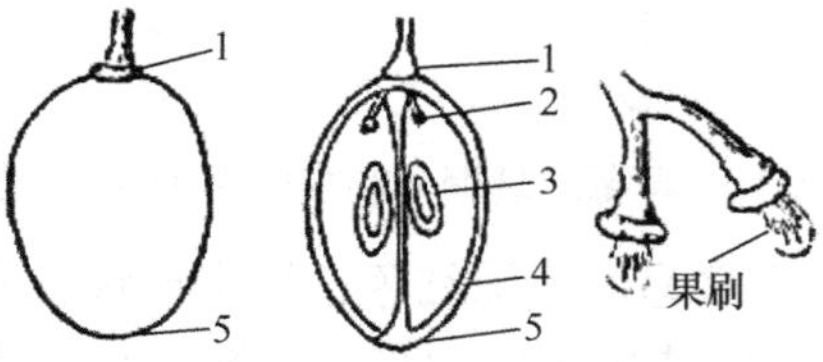

图 1-32 葡萄果实结构图

1. 果蒂；2. 果刷；3. 种子；

4. 外果皮；5. 果脐

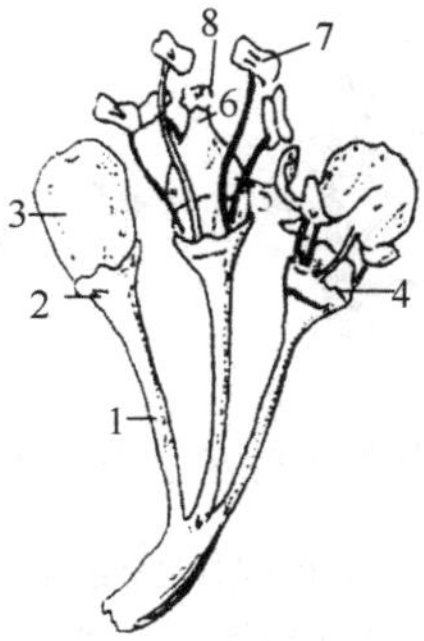

图 1-33 葡萄花的构造

1. 花梗；2. 花萼；3. 花冠；4. 蜜腺；

5. 子房；6. 雌蕊；7. 花药；8. 柱头

（二）草莓生长结果习性

草莓的形态如图 1-35～图 1-38 所示。草莓的茎根据形成时间及功能、形态可分为新茎、根状茎和匍匐茎 3 类。草莓植株的中心生长轴为短缩茎，当年萌发的短缩茎称为新茎，呈弓背形，花序均匀发生在弓背方向，栽植时根据这一特性确定定植方向。根草莓多年生的缩短茎称为根状茎，是贮藏营养物质的器官。匍匐茎是由新茎腋芽当年萌发抽生的一种特殊的地上茎，偶数节产生小叶和不定根，用于繁殖。草莓叶片常绿，为三出复叶。

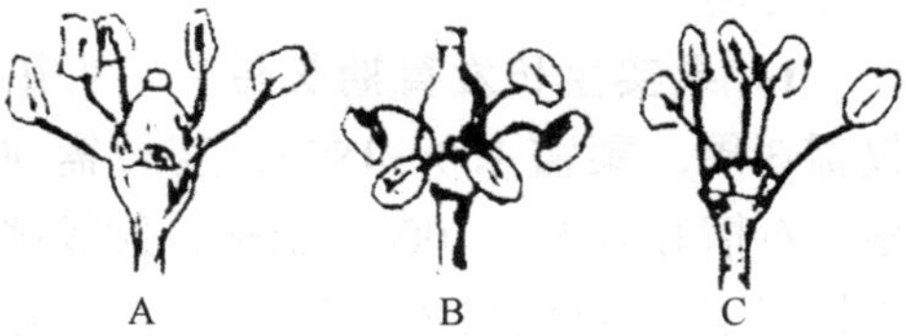

图 1-34 葡萄花的类型

A. 两性花；B. 雌花；C. 雄花

草莓当年结果。草莓的花序为多歧无限聚伞花序型，小花数多少因品种和栽培条件而异，一般为 7～15 朵，多者达 60 朵以上。两性花，可自花结实，也有少数花没有雄蕊或雄蕊发育不完全，称雌能花。草莓顶芽和腋芽都可形成混合芽，顶芽次年萌发抽生新茎并在其上抽生花序结果。腋芽在高温、长日照条件下（夏秋）萌生匍匐茎；低温、短日照条件下（早春、晚秋）萌生新茎分枝；腋芽也能形成混合芽，次年开花结果。

人们通常食用的部分是由花托膨大形成的肉质假果，因其柔软多汁，栽培学上又称浆果。草莓真正的果实是花托上聚生的小瘦果，俗称“种子”，植物学上称为聚合果。表

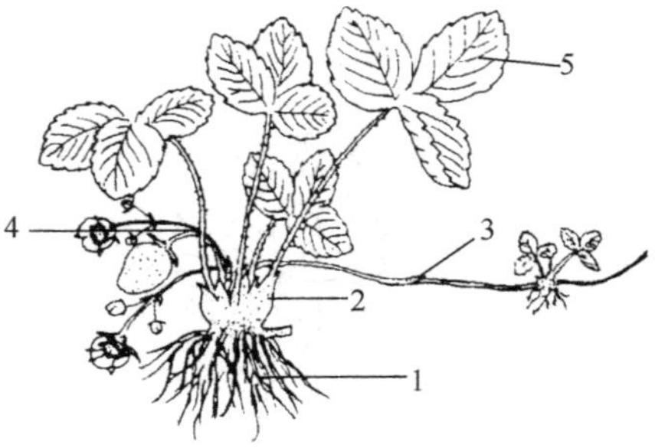

图 1-35　草莓的植株组成

1. 根；2. 根茎；3. 匍匐茎苗；4. 果；5. 叶

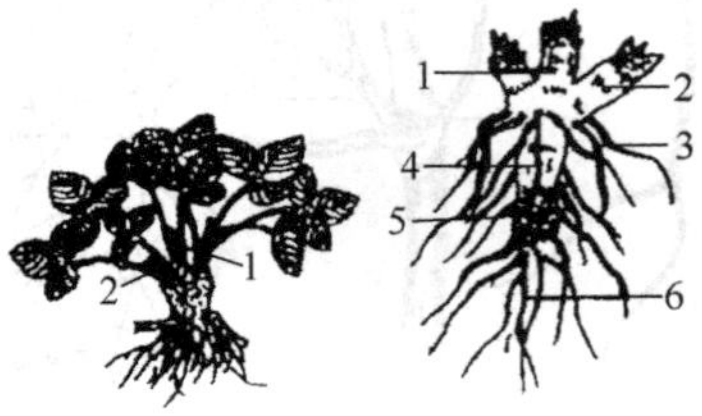

图 1-36　草莓茎和根系

1. 新茎；2. 新茎分枝；3. 新根；
4. 二年生根茎；5. 三年生根茎；6. 老根

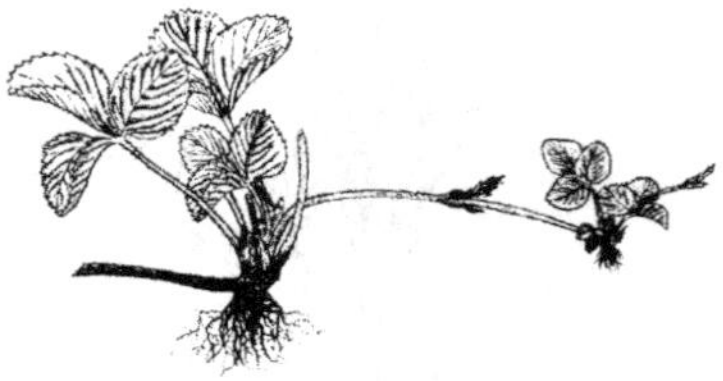

图 1-37　匍匐茎上叶丛生根形成匍匐茎苗

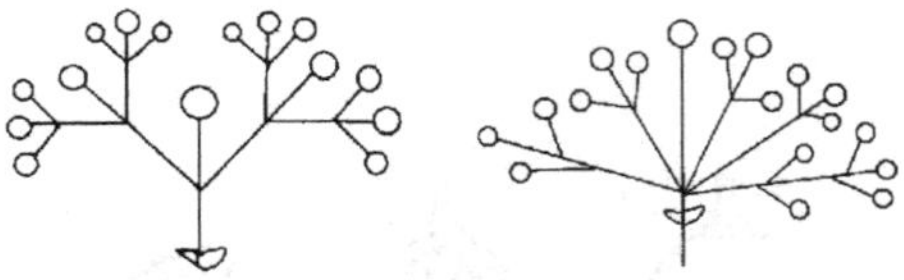

图 1-38　草莓二歧聚伞和多歧聚伞花序模式图

面有许多离生子房形成的褐色种子（瘦果）。果面多呈红或深红色，果实形状、大小因品种而异。在同一花序中，一级花序所结果最大，随花序级次增高而逐渐变小。草莓的果实由果柄、萼片、花托、瘦果组成。

知识链接 5——果实的生长发育规律

果树果实发育物候期是指从授粉受精后、子房开始膨大起，到果实完全成熟为止的一段时期。

1. 果实生长发育期长短　从开花到果实成熟，不同树种历时不同。草莓最短，仅需 3 周，梨需 100～180d，荔枝需 90～100d，柑橘需 150～300d，杏、无花果、梅、枣、石榴等需 50～100d，山楂、猕猴桃、银杏、核桃、山核桃、榛和柿等需 100～200d。不同品种差异也很大，苹果、梨、桃等树种的早熟、中熟、晚熟品种历时不同，为 60～200d，李、扁桃和葡萄等为 50～140d。同一品种也因栽培地点、生态和栽培条件的不同，其果实发育期经历的时间也不同。

2. 果实生长图形　果实生长图形是指果实自受精到果实成熟的发育过程中，按体积、直径或鲜重在各个时期的积累值画成的增长曲线。果实生长图形主要有两种：单“S”形和双“S”形（表 1-15，图 1-39）。

表 1-15　不同种类果实生长图形

生长图形	种类
单“S”形	苹果、梨、枇杷、柑橘、草莓、荔枝、龙眼、菠萝、香蕉、油梨、甜瓜、椰枣、核桃、板栗
双“S”形	桃、李、杏、樱桃、枣、葡萄、树莓、醋栗、越橘、柿、山楂、猕猴桃、无花果、番荔枝、油橄榄

此外，一些特殊树种如猕猴桃和“金光”杏梅（河南科技学院与新乡市农业局培育

的杏梅新品种）果实生长图形为3“S”形（图1-40），而“金光”杏梅果核的生长图形则为近“厂”形（图1-41）。

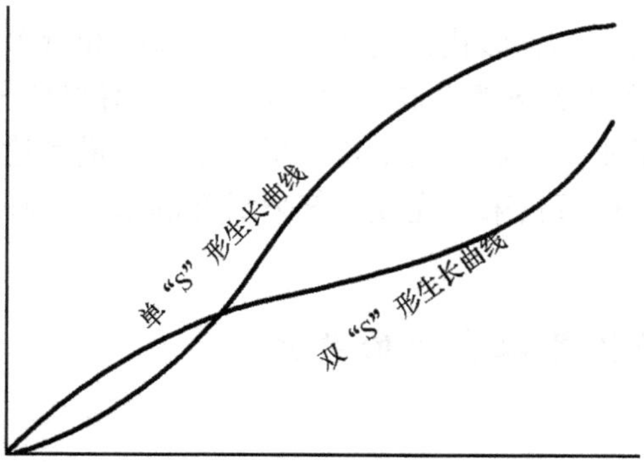

图1-39 果实生长图形

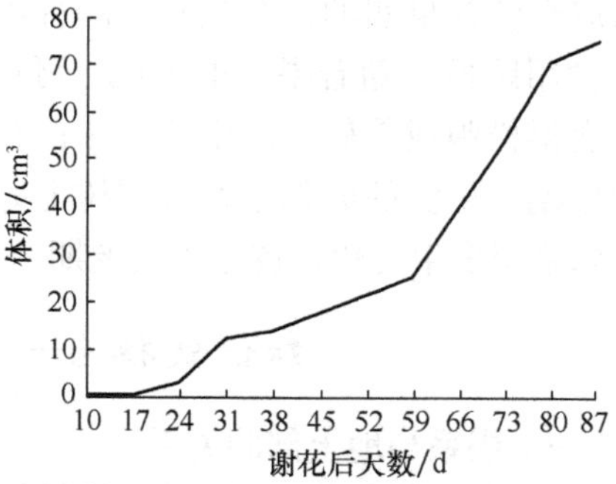

图1-40 “金光”杏梅果实生长曲线

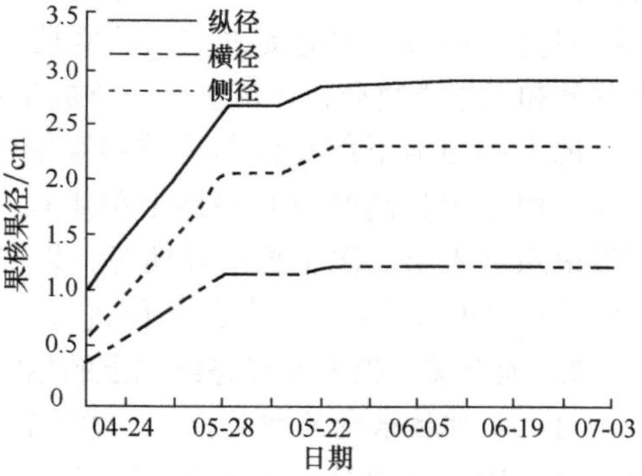

图1-41 “金光”杏梅果核生长曲线

单“S”形果实生长的特点是只有一个速长期。从研究需要出发，可把果实个体发育划分为3个时期：缓慢增重期、快速增重期和果实生长缓慢期。缓慢增重期主要以细胞分裂为主；快速增重期以细胞膨大为主；果实生长缓慢期主要与果实品质变化有关。双“S”形果实生长的特点是有两个速长期，在两个速长期之间有一个缓慢生长期。两个速长期是指初始迅速生长期和成熟期的迅速增大期。初始迅速生长期整个果实细胞分裂很快，部分细胞膨大；成熟期的迅速增大期主要表现为果肉细胞膨大。一个缓慢生长期是指细胞停止分裂与膨大，主要表现为种子的发育。3“S”形果实生长发育动态图形呈“慢—快—慢—快—慢”趋势，整个发育过程可分为5个时期：幼果缓慢生长期、果实第一次迅速生长期、果实第二次缓慢生长期、果实第二次迅速生长期和果实熟前缓慢生长期。果实第二次缓慢生长期与果实硬核期相吻合，果实第一、第二次迅速生长期是果实增长的两个关键时期。果实纵径、横径、侧径、果肉厚度与果实鲜重、体积变化曲线极为相似，是同步增长的。近“厂”形果核的生长发育动态呈“快—慢—停”趋势，谢花后31d前是迅速生长期；31d后进入缓慢生长期并开始硬化、变色；至59d达到固有大小和颜色，硬化结束；59d后停止生长。

3. 果实发育具体过程

（1）细胞分裂期　从受精到胚乳停止增殖。由于细胞分裂，胚乳与果肉增长。苹果受精后细胞分裂一般延续3～4周。双“S”形的果实同时出现细胞增大。

（2）组织分化期　从胚乳停止增殖到种子硬化。苹果细胞停止分裂后主要进行细胞分化和膨大，胚迅速发育并吸收胚乳。核果类称为硬核期，果核内种皮硬化，胚迅速增长，子房壁增长缓慢。早熟、中熟、晚熟品种由此期长短决定。

（3）细胞膨大期　从果实明显增大到基本达到本品种大小。由于细胞体积、细胞间隙增大，致使果实食用部分迅速增长，最后达到最大体积。

（4）果实成熟期　从达到品种应有大小开始进入果实成熟期，直至采收。通常所说的成熟就是果实的发育达到该品种固有的大小、形状、色泽、质地、风味和营养物质的可食用阶段。随着果实的成熟，呼吸强度开始骤然升高，含糖量增加，有机酸分解，果肉变得松脆或柔软，产生芳香味；有的果皮产生蜡质的果粉，果皮变色，最后达到最佳食用期。果实的成熟过程可在树上完成，也可在采后完成。充分成熟的果实，呼吸下降，酶系统发生变化，遂进入衰老期。

知识链接6——果树各器官间的关系

（一）根系与地上部的关系

1. 营养物质的相互依赖和相互制约　果树根系与地上部的相互关系中，最突出的特点之一是在营养物质的相互依赖上。俗语“根靠叶养，叶靠根长”就是这种关系的高度概括。一方面，地上部枝叶通过光合作用生产的碳水化合物和含氮化合物等有机营养物质回流到根系，才能促进根系的生长。另一方面，地上部则主要通过根系吸取各种矿质营养和激素类物质，才能进行正常的生长发育。

地上部与地下部在营养物质相互依赖的同时，又存在着相互竞争营养物质的问题。例如，根系生长高峰总是与地上部生长高峰错开。当枝叶生长旺盛时，根系生长缓慢，而当根系进入第二次生长高峰期时，果实的增长迅速下降。这些现象的出现主要是植物有机体自身的调节作用，使果树能进行正常的生长发育。

2. 地上部与根系间形态结构上的相关性

（1）局部枝根量的相关性　地上部大骨干枝与地下部大骨干根之间有局部的关系。主干矮的树，这种对应关系更为明显。一般表现在树冠的同一方向，如果地上部枝叶量多，则相对的根量也多。同时也形成同一方向的根系与枝叶间营养交流的对应关系，即营养交流的局限性。了解这种对应关系，为确定施肥位置提供了依据。

（2）生态上的对应关系　植物地上部与地下部之间，在生态上也有其相似的关系。因此，通过对地上部枝叶的观察，可以推测出不易观察到的地下部根系的生长状态。例如，幼龄树，生长旺，长枝比例大，地下部根系也必然是生长旺，向外扩展的延伸根多，而吸收根、须根相对较少，表现根系旺长，而密度小。当果树一侧的根系生长受到抑制，相应那一侧地上部的生长也受到影响。生产上通过修剪、花果管理等措施也可控制根系的生长。

（3）地上部与根系生长量的相关性　枝叶和根系在生长量上常保持一定的比例关系，称为冠根比（缩写为T/R）。冠根比的大小常依环境条件、树体状态和树龄等而变化。例如，苹果的冠根比，生长在沙土地上为0.7～1，生长在壤土上为2.0～2.5，黏土上为2.1或更高。因此在栽培上要维持同样大小的树冠。沙土地果园要比壤土或黏土果园的根量高2倍以上，所以沙土地栽培果树，必须加强土壤改良，提高土壤肥力，以促进根系生长，提高冠根比，减少形成过多的根所消耗的营养。

果树生产上常采用不同砧木控制树体大小、生长势及抗逆性；通过疏果、轻剪多留枝促进根系少长，最终通过根系与地上部的协调与平衡，实现丰产目标。进行较大果树移栽时，移栽后对地上部做较重的修剪，且移栽当年去除全部花朵，主要目的就是使地上地下生长平衡，保证移栽后的果树正常生长。

（二）营养生长与生殖生长的关系

果树的营养器官和生殖器官在生长发育上是相互依存、相互制约的关系，这种关系主要表现在营养物质的分配上。根、茎、叶等营养器官的生长是开花坐果、果实生长和花芽分化的基础。而果实发育对营养器官的生长发育也可产生抑制作用。例如，果树的花芽分化多在新梢生长缓慢期或停止生长以后开始。枝条健壮，单叶面积大，为果实生长和花芽分化提供了物质基础，但生长过旺反而不利于果实生长和花芽分化。

果树生产中经常采用开张角度、轻剪缓放、控制氮肥、使用生长抑制剂等来减少营养器官或增加生殖器官；对树势较弱的大树及大年树采用疏除花果、回缩短截、前期充分供应肥水的方法，减少生殖器官数量、提高质量并增加营养器官的数量。通过以上措施调节营养生长和生殖生长的关系，使生长和结果达到动态平衡，争取最大的经济效益。苹果营养转换各器官生长发育规律如图 1-42 所示。

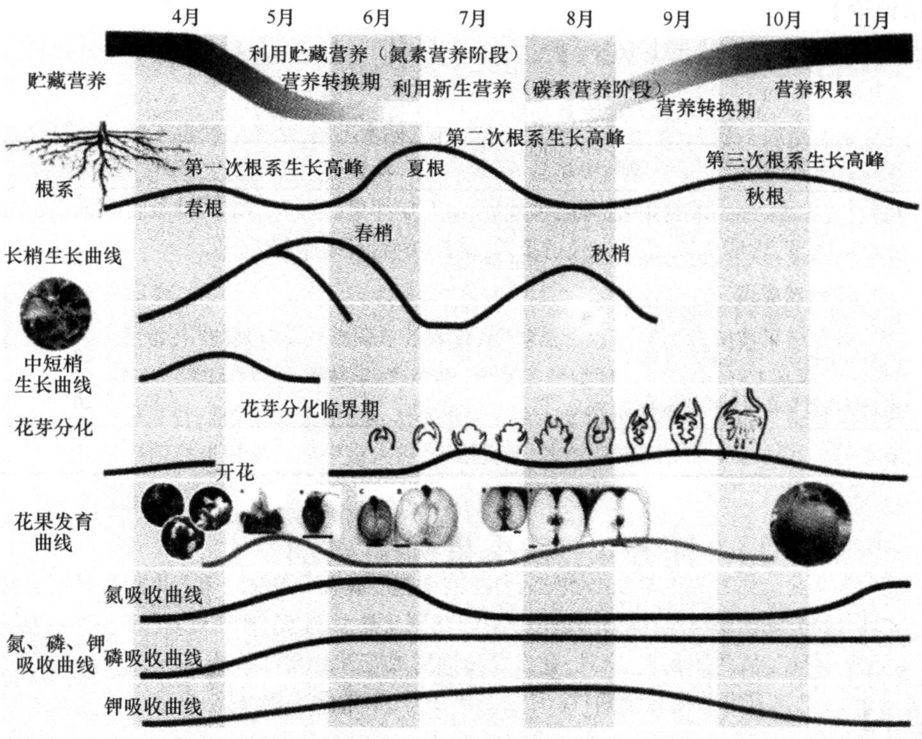

图 1-42 苹果营养转换各器官生长发育规律

（三）生殖生长间的相互关系

在开花坐果、果实发育、花芽分化间也存在着竞争制约关系。过多的开花或结果，将导致果个变小，出现严重的落花落果，而降低产量；同时抑制花芽的分化，导致果树出现“大小年”现象。仁果类果树的果实发育与花芽分化重叠的时间较长，果实对花芽分化影响较大，容易出现“大小年”现象，而核果类果树由于重叠时间较短，不易出现

“大小年”现象，如图 1-43 所示。

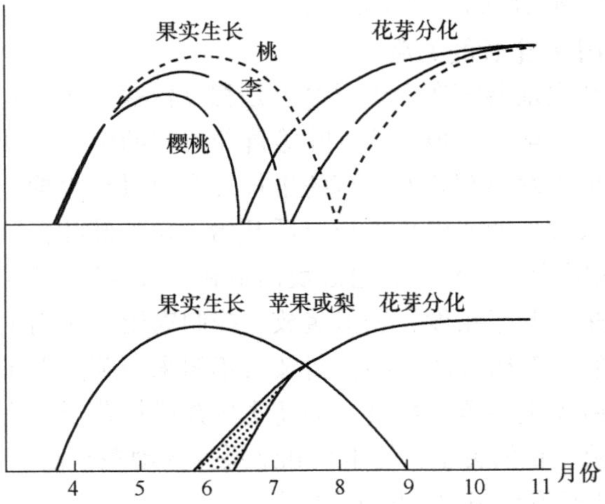

图 1-43 果实生长与花芽分化的关系

【考核评价】

本任务具体考核评价见表 1-16。

表 1-16 春末夏初果树识别任务考核评价表

考核项目	分数
能够于夏季现场指认不同树种与品种，能够完成作业	20
能够于夏季现场指认不同果树的花和叶，能正确描述花器官结构	20
能够描述果树夏季物候期与结果特性	20
熟悉坐果机制、果实的发育规律	20
熟悉果树器官之间生长的相关性	20
总分	100

任务 4 秋季果树的识别

【任务目的】能够正确描述不同种与品种果树的叶片、枝条、芽、花、果实；能够识别不同果树主要种和品种，熟悉果树果实生长动态及规律。

【实践操作】

材料：当地苹果、梨、桃、李、杏的主要种和品种，各选幼树和结果树。葡萄种群、品种群的代表种和品种。

用具：钢卷尺、计数器、放大镜、记载和绘图用具。

一、不同果树器官形态的识别

1. 叶的识别

同表 1-6。

2. 枝条的识别（表 1-17）

表 1-17 一年生枝识别表

品种	节间长短	粗度	皮色	成熟度	芽的大小与形状

3. 果实的识别（表 1-18，表 1-19）

表 1-18 不同品种桃、李、杏果实的观察与对比

树种品种	大小	果形	缝合线	果皮			果肉			果核	
				底色	色相	厚薄	颜色	红丝，红色素	肉质	形状	颜色

注：大小（平均果重、纵径、横径）；果形（圆、长圆、扁圆）；果顶（凹、凸、平）；缝合线（深、浅、明显、不明显）；果皮底色（绿、淡绿、黄、白、乳白），面色（暗红、紫红、鲜红、淡红）；果皮色相（条红、片红、点红），茸毛（多、中、少、无），果皮（厚薄）；剥离程度（难、较难、易）；果肉颜色（白、乳白、黄、淡黄、淡绿），近核处有无红丝，红色素（多、中、少、无）；肉质（粗、中、细），汁液（多、中、少）；风味（甜、酸甜、酸、有无苦味）；果核形状（圆、卵圆、椭圆）；黏离程度（黏核、半离核、离核）；果核纹络（深、较深、浅）

表 1-19 葡萄不同品种果实识别表

品种	果穗	果粒	果肉	种子	风味	可溶性固形物

注：果穗（大小、穗形、松紧、有无复穗），见图 1-44；果粒［颜色、大小、果粉多少、果粒形状（圆形、椭圆形、鸡心形等，见图 1-45）］；果肉（颜色、果肉与果皮是否易剥离）；种子（种子喙的长短、种子与果肉是否易剥离）；风味（有无芳香味或草莓香味，甜、酸、甜酸）；可溶性固形物含量（%）

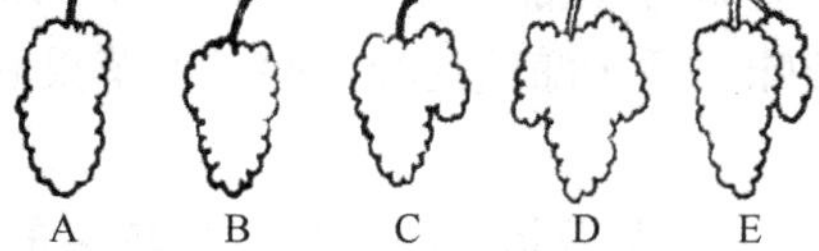

图 1-44 葡萄的穗形

A. 圆柱形；B. 圆锥形；C. 单歧肩圆锥形；D. 双歧肩圆锥形；E. 圆锥形带副穗

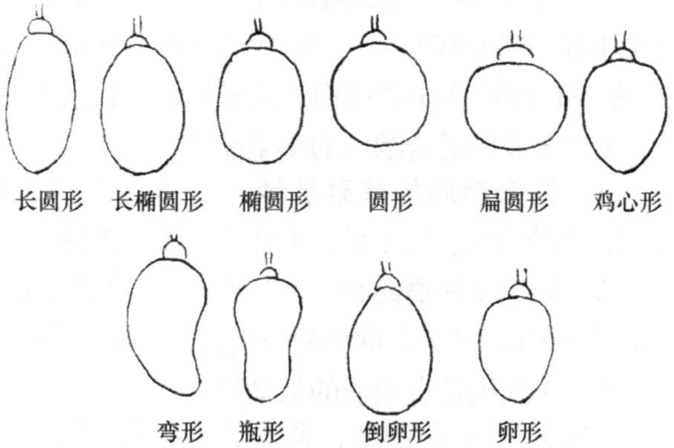

图 1-45 葡萄的果粒形状

二、不同果树果实生长动态对比

调查不同果树果实生长有几次高峰？每次的生长量是多大？

三、枝条生长动态的对比（表 1-20）

表 1-20 枝条生长动态对比

树种品种	长枝			中枝			短枝			二次枝		
	开始生长期	旺盛生长期	缓慢停止期	开始生长期	旺盛生长期	缓慢停止期	开始生长期	旺盛生长期	缓慢停止期	开始生长期	旺盛生长期	缓慢停止期

注：葡萄要记载新梢开始成熟期

【引导思考】

1. 秋季你能够识别多少种果树与品种？
2. 秋季不同果树及品种的器官形态与结构有何不同？
3. 秋季不同果树物候期进程与生长动态有何不同？

【知识链接】

知识链接 1——我国主要酿酒果树品种

（一）我国主要酿酒葡萄品种

1. ‘赤霞珠’ ‘赤霞珠’属欧亚种，别名‘解百纳’、‘解百难’、‘解百纳索维浓’、‘解百难苏味浓’，和‘蛇龙珠’、‘品丽珠’同姐妹系。生长容易，适合多种不同气候，酚类物质含量高，颜色深，单宁强，酒体强健浑厚，须经过数年才适合饮用。嫩梢黄绿色，幼叶黄绿，叶面有光泽，叶背灰白色绒毛密。成叶中等大，圆形，叶缘锯齿纯，深 5 裂，叶面光滑，叶背绒毛稀，叶柄洼圆形闭合。两性花。果穗小，平均穗重 175g，圆锥形或圆柱形，带副穗。

2. ‘品丽珠’（Cabernet Franc） 别名‘卡门耐特’、‘原种解百纳’，原产法国，为法国古老的酿酒品种，世界各地均有栽培，是‘赤霞珠’、‘蛇龙珠’的姐妹品种。我国最早在 1892 年由西欧引入山东烟台，目前各主要产区均有栽培。

（二）我国适合酿酒的苹果品种

1. 适合酿酒的苹果品种 ‘甜麦’、‘甜格力’。该品种单果重 40～70g，出汁率 65%，含糖量高，酸度低，果汁香气浓、色深。所酿酒柔和清香，一般与高单宁品种搭配。

2. 高单宁酿酒品种 ‘苦开麦’、‘苦绯甘’、‘美那’。该品种单果平均重 50～90g，出汁率 65%，单宁含量 4.4～5.1g/L，具有明显的苦涩味，适于酿造甜涩、醇厚型苹果酒。

（三）我国适合酿酒的梨品种

‘安梨’，俗称酸梨，是秋子梨系统的代表品种之一，为华北北部一带栽培较多的优良地方品种。据分析，‘安梨’果实中含糖 14%～17%，有机酸含量为 1.10%～2.27%，果胶含量为 0.8%～1.0%，维生素 C 为 17～25mg/100g，且矿物质含量丰富。

知识链接 2——适合制汁的果树品种

（一）适合制汁的葡萄品种

1. ‘玫瑰露’ 又名‘底拉洼’，欧美杂种，原产美国。该品种生长势较弱、穗、粒较小。但结实力很强，每果枝平均花序数 2.8 个，如加大栽植密度可提高产量。浆果玫瑰红色，有肉囊，味浓甜，用该品种制作的葡萄汁具浓蜂蜜香味，甜酸适口，浑浊度高，是调香、调味的制汁良种。

2.‘卡它巴’ 又名‘美洲红’，欧美杂种，原产美国。生长势中至强，产量中等，较抗日腐病。果穗小至中，果粒中等大，用该品种制作的葡萄汁具浓郁的草茵香味，滋味浓厚，酸甜适口，浑浊度好，是制汁的最优品种之一。

（二）适合制汁的草莓品种

1.‘达斯莱克特’ 休眠期短、早熟性好，抗病性强。果实为长圆锥形，一级序果平均重 30g，最大果重 80g，果个大，丰产性强，一般株产量 250g，每亩产量可达 2000～3000kg，果面为深红色，有光亮，果肉全红，质地较硬，耐贮运性强，香味浓郁，风味极佳，具备鲜食和加工高档食品的优越特性。

2.‘丰香’ 早熟、果大，植株生长势强，大果型品种，单果重 16g。果实圆锥形，果面较平整，鲜红色，有光泽，果肉细腻多汁，香味浓郁，甜酸可口，品质极佳。果实硬度中等，较耐运输，早熟品种，休眠很浅，5℃以下 50～100h 即通过休眠，适合促成栽培，一般亩产量可达 2000kg，匍匐茎抽生能力强。

3.‘全明星’ 植株生长势强，株态较直立，叶片较大，叶色深绿，叶面平展。果实圆锥形，果面鲜红色，有光泽，果个大，整齐美观，肉质细腻，风味酸甜。

知识链接 3——葡萄的年生长物候期

葡萄在一年中的生长发育是按规律分阶段进行的。每年都有营养生长期和休眠期两个时期，细分葡萄年生长周期，又可分为 8 个物候期。

1. 树液流动期 春季气温回升，当地温达到 6～7℃时，欧美杂交种根系开始吸收水分、养分；达到 7～8℃时，欧亚种葡萄根系也开始吸收水分、养分，直到萌芽。这段时期称为树液流动期。根系吸收了水分和无机盐后，树液向上流动，植株生命活动开始运转，如果此时形成伤口，易造成“伤流”，所以这个时期又称“伤流期”。

2. 萌芽期 从萌芽到开始展叶的时期称为萌芽期。萌芽期虽短，但很重要。

3. 新梢生长期 从展叶到新梢停止生长的时期称为新梢生长期。新梢的腋芽也迅速长出副梢。此时如营养条件良好，新梢健壮生长，将对当年果品产量、品质和次年花序分化起到决定性作用。

4. 开花期 从始花期到终花期止，这段时间为开花期，一般 1～2 周时间。

5. 浆果生长期 子房膨大至果实成熟的一段时期称为浆果生长期。

6. 浆果成熟期 果实变软开始成熟至充分成熟的阶段，时间为半个月至 2 个月。这时果皮褪绿，红色品种开始着色；黄绿品种的绿色变淡，逐渐呈乳黄色；白色品种果皮渐透明。果实变软有弹性，果肉变甜。种子渐变为深褐色。此时浆果完全成熟。

7. 落叶期 果实采收至叶片变黄脱落的时期称为落叶期。

8. 休眠期 从落叶到第二年春天根系活动树液开始流动为止，这段时期称为休眠期，也称冬眠期。

【考核评价】

本任务具体考核评价见表 1-21。

表 1-21　秋季果树识别任务考核评价表

考核项目	分数
能够于秋季现场指认不同树种与品种	20
能够于秋季现场指认不同品种枝条、叶和果实	20
熟悉枝条生长规律	20
完成作业表的质量高	20
熟悉果实的发育规律和果实器官结构	20
总分	100

任务 5　果树花芽分化的观察

【任务目的】 学会花芽分化镜检技术，熟悉花芽分化各时期的特征，熟悉不同果树花芽分化的进程，了解影响花芽分化的有关因子与控制果树花芽分化的措施。

【实践操作】

材料：春、夏、秋各时期的苹果、梨、桃、李、杏、葡萄等不同果树的芽，刚果红或番红。

工具：双目立体显微镜（或解剖镜）、载玻片、盖玻片、刀片、镊子、解剖针、烧杯（500ml）。

方法：制作徒手切片，镜检观察。取苹果或桃结果枝上的芽，用镊子由外及里剥去花芽的鳞片，然后用刀片从芽的左上方轻轻往左下方切割，切得越薄越好，将切好的薄片收集于培养皿中。将培养皿中的小薄片，依次排列于载玻片上，用 1% 的刚果红染色，1～5min 后，用清水洗净，加上盖玻片，即可在显微镜上观察。如无染色剂，也可直接在显微镜下观察。

1．苹果的花芽分化时期的观察　苹果的花芽分化时期大致可分为 7 个时期（图 1-46）。

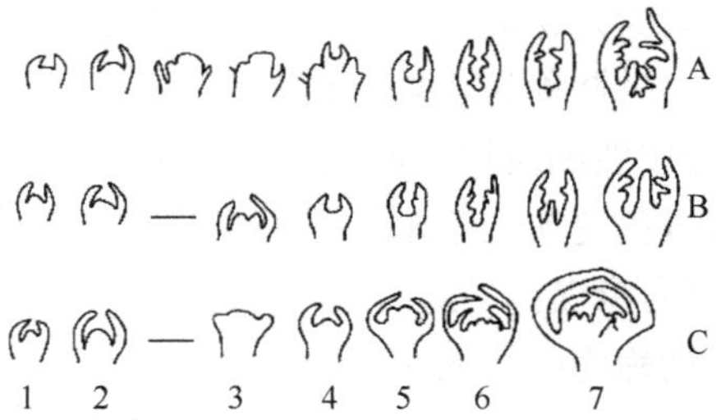

图 1-46　果树花芽分化过程的形态模式

A．苹果；B．桃；C．柑橘；

1．叶芽期；2．分化始期；3．花蕾形成；4．萼片形成期；5．花瓣形成期；6．雄蕊形成期；7．雌蕊形成期

（1）未分化的生长点（叶芽期）　生长点平滑不突出，有形态一致的原生分生组织。

（2）分化始期　形成花序原始体，生长点肥大、高起、呈半球状，出现初生髓部细胞。

（3）花原始体出现期（花蕾形成）　有突起的肥大生长点，变为不圆滑、四周有突起的状态。

（4）萼片形成期　单花原始体顶部变平坦，然后其中心部分相对凹入，向四周产生突起体，即萼片原始体。

（5）花瓣形成期　萼片内方基部发生突起体，即花瓣原始体。

（6）雄蕊形成期　花瓣内方基部发生突起体，即雄蕊原始体，排列为两层。

（7）雌蕊形成期　在花蕾原始体中心基部发生的5个突起，即雌蕊原始体（表1-22）。

表1-22　苹果树的花芽分化时期

种类	品种	生理分化日期	形态分化开始日期	分化盛期	地点，条件

2. 桃的花芽分化时期的观察

（1）未分化期　生长点平坦，四周凹陷不明显。

（2）花芽分化期　生长点突起肥大。

（3）花萼分化期　生长点四周产生突起，出现花萼原始体。

（4）花瓣分化期　萼片原始体内侧基部产生突起，出现花瓣原始体。

（5）雄蕊分化期　花瓣原始体内侧出现雄蕊原始体（表1-22）。

（6）雌蕊分化期　在中心部产生突起，出现雌蕊原始体（图1-46，表1-23）。

表1-23　桃的花芽分化时期

品种	生理分化日期	形态分化开始日期	分化盛期	地点，条件

3. 葡萄的花芽分化时期的观察（表1-24）

表1-24　葡萄的花芽分化时期

品种	生理分化日期	形态分化开始日期	分化盛期	地点，条件

【引导思考】

1. 你熟悉几种果树花芽分化的规律？
2. 对比各种果树的花芽分化规律，说明各自的不同之处。
3. 影响花芽分化的因子有哪些？如何促进幼树提早结果？
4. 为什么苹果树大小年现象比较严重？为什么大年树花芽形成少？

【知识链接】

知识链接1——果树花芽分化的过程

花芽分化是指果树芽的生长点经过生理和组织状态的变化，最终形成各种花器官原基的过程。其中，生理分化和形态分化是果树花芽分化的两个重要阶段。

1. 生理分化 生理分化是指芽生长点内进行的由营养生长状态向生殖生长状态转化的一系列的生理生化过程。

花芽类型不同，果树生理分化的情况也不一样。具有纯花芽的果树，芽在鳞片分化之后即进入生理分化期；而具有混合花芽的果树，则在雏梢分化达到一定节数之后开始这一过程。这一时期芽处于发育方向可变的状态，对内外条件具有高度的敏感性。如果具备花芽形成的条件，则改变代谢方向，完成生理分化后开始形态分化，最终形成花芽；否则形成叶芽。生理分化期是花芽和叶芽发育方向分界的时期，又称花芽分化临界期。花芽分化临界期是控制花芽分化的关键时期。生理分化期的长短取决于树种。例如，苹果的生理分化期为花芽形态分化前1～7周，板栗为3～7周。生理分化期的早晚，因树种和枝条类型而异。生理分化开始早晚及持续时间长短与品种、树龄、树势、新梢长度、芽在枝条上的着生部位、气候等因素有关。以顶芽形成花芽的树种，短枝比长枝生长停止早，生理分化期开始也早；以侧芽形成花芽的树种，生理分化期主要取决于芽发育程度。同一株树，由于枝条的生长期长短和芽形成的早晚不同，生理分化期可持续较长的时间。

2. 形态分化 形态分化是指从花原基最初形成至各种器官完全形成的过程。

果树花芽形态分化是按一定的顺序依次进行的。凡具有花序的果树，先分化花序轴，再分化花蕾。就一朵花蕾而言，是先分化下部和外部的器官，后分化上部和内部的器官。形态分化的顺序和分期：分化始期（初期）、花萼分化期、花瓣分化期、雄蕊分化期、雌蕊分化期。有的果树花萼外有苞片（山楂）或总苞（核桃雌花），则在萼片分化前增加苞片或总苞的分化。不同果树之间花芽形态分化始期有较大差异，主要体现在分化过程和形态变化两个方面。桃、杏等芽内含单花的纯花芽，分化始期的形态变化是从芽生长点变大、突起，转化为花原基为止；李、樱桃芽内含2～3朵花的纯花芽，分化始期从芽生长点变大、突起开始，到分化出2～3个花原基为止。具有花序的果树，花芽分化始期是从芽的分化部位变宽、突起开始，经过花序轴的分化到单花原基出现为止，分化过程形态变化较大。

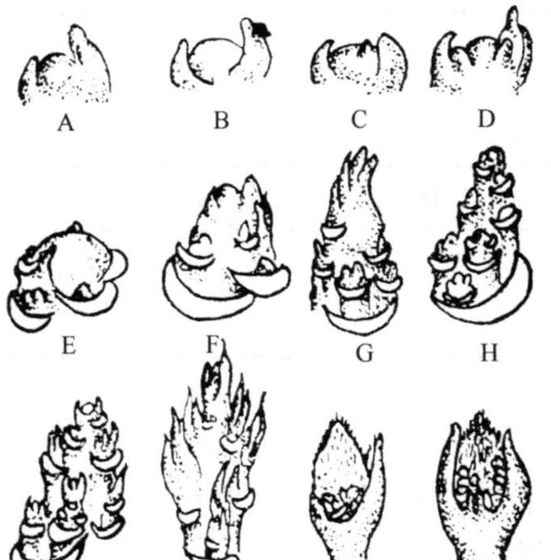

图1-47 日本梨‘长十郎’的花芽分化
A. 未分化；B. 分化第一期；C. 分化第二期；D. 分化第三期；E～H. 侧花分化期；I. 顶、侧花萼片形成期，侧花发育的早期；J. 花瓣形成期；K. 雄蕊形成期；L. 雌蕊形成期

知识链接2——不同果树花芽分化进程

1. 苹果和梨的花芽分化 苹果生理分化期最初开始的是短果枝，早在5月下旬，然后是中果枝及长果枝相继开始生理分化，即苹果的不同类型的结果枝在各个适宜条件下，开始生理分化，一直延续到9月中旬、10月中旬。在生理分化之后1～7周出现形态分化。在第二年开花前苹果的花芽从生理分化开始到花器发育完全为止。梨的花芽分化与苹果相近。日本梨‘长十郎’的花芽分化见图1-47。

北方常见果树的花芽分化期见表 1-25。

表 1-25 北方常见果树的花芽分化期

树种	品种	生理分化开始（月 / 日）	形态分化开始（月 / 日）	分化盛期（月 / 日）	研究者，年份，地点
苹果	‘早生旭’	5/20	6/17	5/27～8/20	许明宪等，陕西武功
	‘红玉’	5/29	6/26	5/29～10/3	许明宪等，陕西武功
	‘倭锦’	5/29	6/17	5/29～10/3	许明宪等，陕西武功
	‘青香蕉’	6/19	7/14	6/19～10/3	许明宪等，陕西武功
	‘国光’	6/25	7/1	7/5～9/25	许明宪等，陕西武功
梨	‘秋白’	6/10	6/10～8/26		蒲富慎，辽宁兴城
	‘鸭梨’	6 月中下旬			辽宁兴城果树研究所，河北定县
	‘长十郎’	5 月下旬			华中农学院，1962，武汉
	‘明月’	7 月下旬			华中农学院，1962，武汉
	‘苹果梨’	8 月上旬			顾模等，1954～1960，吉林
桃	‘深州水蜜’	8/10			杨文衡等，1955，河北保定
	‘肥城桃’	8 月上中旬			杨文衡等，1955，河北保定
	‘玉露’	6/26			张上隆，1962，浙江杭州
	‘小林’	7/6			张上隆，1962，浙江杭州
	‘火珠’	7/20			史幼珠，1956，江苏南京
葡萄	‘玫瑰香’	5 月中旬			崔致学，1961，河南郑州
	‘玫瑰香’	5/30			黄灰白，1963，北京
枣			4/7		曲泽洲等，1961，河北保定
柿	‘镜面柿’		6 月中旬	7 月中旬至 8 月中下旬	张耀武等，1964，河南百泉

资料来源：尚晓峰编《果树生产技术》（北方本）41 页

2. 桃、李、杏和樱桃的花芽分化 桃树形态分化开始前 5～10d 为生理分化期，此期新梢生长速度明显放慢，芽中蛋白态氮占总氮量的比率显著升高。一般于 5 月下旬至 6 月上旬开始，到 7 月中旬前后结束。生理分化开始后不久即转入形态分化，秋季落叶前，芽内逐渐分化形成萼片、花瓣、雄蕊、雌蕊原始体。不论分化开始早晚，冬前均可分化形成雌蕊原始体。随后，花芽进入冬季休眠状态。第二年早春花芽萌动期，花粉母细胞开始减数分裂，形成单核花粉。

李树花芽分化的各形态时期特征和桃十分相似，所不同的是桃每个花芽内一般只有一个生长点，分化出一个花蕾；而李在同一花芽内有 1～3 个生长点，分化出 1～3 个花蕾。李树花芽分化开始早，延续时间长。花束状果枝、短果枝上的花芽进入分化期早；而中果枝、长果枝因生长旺盛，停止生长晚，其花芽分化时期晚且不整齐，但后期分化速度快，落叶前均发育到雌蕊分化期。

杏树的花芽分化和其他核果类果树一样，杏树雌蕊发育出现了花柱的萎缩、弯曲等畸形衰退的各种形式，雌蕊退化影响坐果，坐果率低。

樱桃花束状果枝和短果枝上的花芽在硬核期就开始分化，果实采收后 10d 左右，花芽开始大量分化，整个分化期需 40～45d 完成。叶芽萌动后，长成具有 6～7 片叶簇的新梢的基部各节，其腋芽多能分化成花芽，第二年结果。而开花后长出的新梢顶部各节，一般不能成花。在进行摘心或剪梢处理的树上，二次枝基部有时也能分化成花芽，形成一条枝上两段或多段成花的现象。

3. 葡萄的花芽分化　葡萄的花芽分化一般在主梢开花时开始，终花后两周第一花序原始体形成，营养物质充足，还可产生第二花序原始体，以后分化速度逐渐减慢，直到第二年春季芽萌动时，花序原始体仍继续分化和生长，渐趋完善，直至开花。冬芽中的预备芽也可形成花芽，但分化的时间较主芽晚。夏芽的花芽分化速度快，在夏芽形成后 10d 内条件较好时，就可以达到花芽分化完整，但花序较小（图 1-48）。

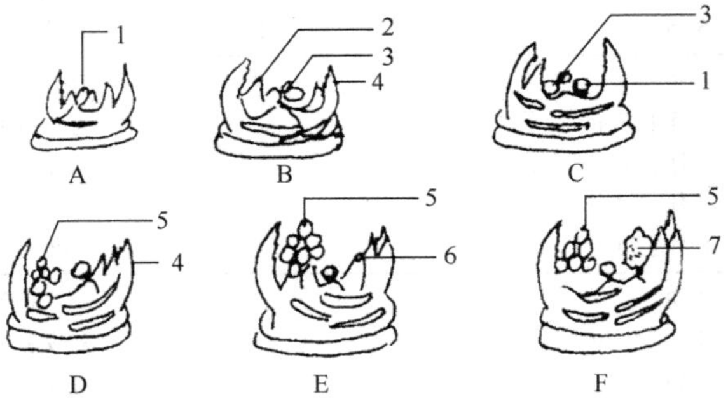

图 1-48　‘玫瑰香’葡萄冬芽花芽分化过程

A. 叶芽分化期；B，C. 花序原始体开始分化期；D. 花序原始体分枝期；E. 第二花序原始体出现期；F. 第二花序原始体分枝期；1. 生长点；2. 花序原始体原基；3. 第一花序原始体；4. 幼叶；5. 第一花序分枝；6. 第二花序原始体；7. 第二花序分枝

4. 枣的花芽分化　枣树的花芽分化不同于其他落叶果树，其花芽分化的特点是：当年分化，多次分化，随生长随分化，单花分化速度快，分化期短，全树分化持续期长。

枣树花芽为当年分化，随枣股和枣头的主芽萌发而开始。随枝条的生长陆续分化，枝条停止生长则不再分化。花芽分化与枝条生长同时进行。当枣吊生长为 2～3cm 时，在生长点侧方出现第一片幼叶时，叶腋间就有苞片突起发生，标志着花原始体即将出现。随枝条的生长，不断加深分化程度，当枣吊近 1cm 时，先分化的花芽即完成了形态分化。在一个枣吊上的花芽以先基部、后中部、再顶部的顺序分化。

一个花序中，以中心花先分化，再按一级花、二级花、多级花顺序分化。枣单花分化过程，大体可分为未分化期、分化初期、萼片期、花瓣期、雄蕊期、雌蕊期 6 个时期。枣单花分化速度快，完成单花分化仅需 6d 左右，一个花序完成分化需 4～20d，一个枣吊完成分化需 1 个月左右，单株分化完成需 2 个月以上。

5. 草莓的花芽分化　草莓的花芽分化从解剖形态上，可分为分化初期、花序分化期和花器分化期。分化初期仅需 5～6d，花序分化期约需 11d，是顶生花序侧花芽不断分生、发育至第二花序原始体形成的过程；花器分化期约 16d，是顶生花序萼片、花冠、雄雌蕊形成至第三花序原始体形成的过程。

知识链接 3——果树花芽分化的条件与促进措施

（一）果树花芽分化的条件

1. 枝芽状态　花芽分化时芽内生长点必须处于生理活跃状态，并且细胞仍处在缓慢分裂状态。多数果树是在新梢处于缓慢或停止生长时进行花芽分化，特征是新梢缓慢生长但不进行伸长或停止生长但未进入休眠。只有发育到花孕育程度的芽才能最终形成花芽，葡萄是在新梢生长的同时进行花芽分化。

2. 营养物质 花芽分化依赖碳水化合物、蛋白质、核酸、矿质元素等营养物质。营养物质的种类、含量、相互比例及物质的代谢方向都影响花芽分化。在足够的碳水化合物基础上，保证相当量的氮素营养，C/N 适宜，才有利于花芽分化。果树生产中对枝叶生长良好的果树采用抑制营养生长的措施，如喷施生长抑制剂、环剥、开张角度等，能促进花芽形成。

3. 调节物质 花芽分化是在多种激素和酶的作用下发生的，分化要求激素启动和酶的促进。来自叶和根的促花激素和来自种子、茎尖、幼叶的抑花激素的平衡才能促进花芽分化。促花激素主要是指成年叶中产生的脱落酸（ABA）和根尖产生的细胞分裂素（CTK）；抑花激素主要是指产生于种子、幼叶的赤霉素和产生于茎尖的生长素。结果过多，种子产生的赤霉素多，会抑制花芽分化，而摘心可减少生长素而促进花芽分化。

4. 环境条件

（1）*温度* 温度影响果树一系列的生理活动和激素的形成，间接影响花芽分化的时期、质量和数量。落叶果树一般在相对高的温度下分化花芽，但长期高温或低温不利于花芽分化。苹果花芽分化的适宜温度是20～27℃，低于15℃或高于30℃对花芽分化都不利。

（2）*光照* 光照是花芽形成的必要条件。强光抑制生长素的合成，特别是在紫外光下，生长素和赤霉素被分解或活化受抑制，从而抑制新梢生长，诱导产生乙烯，有利于花芽形成。大多数北方果树的花芽分化适宜长日照的环境条件。在栽培上，考虑合理的栽植密度、丰产树形和适当的修剪技术，来改善光照条件，促进花芽的形成。

（3）*水分* 花芽分化必须保持适量的水分，土壤湿度以保持在田间持水量的60%～70%为宜。在花芽分化临界期前，适度的干旱可使营养生长受抑制。碳水化合物积累多，脱落酸相对增多，有利于花芽分化。因此，在花芽分化临界期要保证水分供应。

（4）*土壤养分和矿质元素* 土壤养分的多少和各种矿质元素的比例也影响花芽分化。花芽分化过程中必须保障矿质元素供应。如在花芽分化期间适当喷氮和磷，则成花效应明显。

落叶果树花芽分化始期与分化盛期大致与一年中长日照、高温和水分大量蒸发的条件相吻合。

（二）促进果树花芽分化的措施

1. 选择适宜的繁殖方法 果树以无性繁殖为主，应选择适宜的无性繁殖方法，如嫁接繁殖、扦插繁殖等。嫁接时，因地制宜地选择矮化、半矮化砧。

2. 平衡果树各器官的生长发育关系 枝条生长、花芽分化和果实生长三者存在着密切关系，果树的花芽分化多在新梢生长缓慢期或停止生长后开始。枝条健壮、单叶面积大，为果实生长和花芽分化提供了物质基础，但生长过旺反而不利于果实生长和花芽分化。

对大年树疏花疏果，合理负载，可减少养分消耗，有利于花芽形成；幼树轻剪、长放、开张枝条角度等，以缓和生长势，促进成花；对旺长树采用拉枝、摘心、扭梢、环剥和倒贴皮、断根等措施促进花芽分化。幼树生长过旺的要少施氮肥，多施磷肥、钾肥，适当控制灌水量。

3. 控制环境条件，加强栽培管理 合理密植、合理修剪，以改善果园内及树冠内光照条件。成年树树体生长前期，多施氮肥并灌水，促进营养生长；花芽分化临界期之前，要在短期内控制水分和氮肥供应，促进花芽形成。花芽分化临界期合理增施铵态氮肥、磷肥和钾肥，并保证水分供应。果实采收前后至落叶前，采取保叶和加强肥水管理的措施，使树体有足够的贮藏养分，冬剪时调节花芽、叶芽比例。

4. 应用植物生长调节剂　在果树花芽生理分化前期喷布B9、多效唑（PP333）、矮壮素（CCC）等生长调节剂，使枝条生长势缓和，促进成花。

【考核评价】

本任务具体考核评价见表1-26。

表1-26　果树花芽分化观察任务考核评价表

考核项目	分数
能够调查果树花芽分化的规律，掌握调查方法	20
能够识别花芽分化所处的不同阶段	30
熟悉不同果树花芽分化的过程与进程	30
熟悉果树花芽分化的条件与促进措施	20
总分	100

任务6　果树休眠试验

【任务目的】 认识果树的休眠现象，熟悉果树休眠的规律与控制方法。

【实践操作】

材料：休眠期的葡萄、苹果、桃，石灰氮、水杨酸。

用具：生石灰、铁锹、塑料、小刀、纱布、烧杯、培养箱等。

一、休眠期枝条发芽试验

果树秋季落叶后，每隔一月，分别取果树的枝条，进行催芽处理，观察萌芽率。具体方法：采集着生花芽且芽体饱满充实的枝条，每品种每次采集20枝，剪去两端，枝条留30～40cm长，枝条基部留5～10cm，插入盛有经过淘洗并高温灭菌的湿沙的培养箱中，每3d剪去枝条基部少许（约2mm）露出新茬，每2d浇一次水，保持湿沙的含水量在80%左右，中转箱放入培养室，培养室的条件：昼/夜温度（25℃ ±1℃）/（15℃ ±1℃）；光/暗时数14/10h；光照强度0.1万～1万lx；相对湿度50%～65%。连续培养3周后，观察并统计花芽的萌芽率，并填入记录表中（表1-27）。萌芽标准：花芽顶端鳞片开裂，露绿。

表1-27　果树休眠期枝条发芽情况观察

树种品种	催芽时期	萌芽期（第几天）	最终萌芽率

二、石灰氮和水杨酸涂芽解除休眠试验

于果树初休眠期（12 月初）、深休眠期（1 月初）、休眠后期（2 月初）从果园随机剪取葡萄、油桃等果树一年生的芽体饱满充实、生长良好的枝条，带回实验室，用不同浓度的石灰氮和水杨酸涂芽。药液浓度：石灰氮浓度 5%、15%（分别用 C-5、C-15 表示），水杨酸 5%、15%（分别用 S-5、S-15 表示），以喷水作对照，用毛笔涂芽。叶芽花芽分别统计。放入温室中或培养室中，培养条件：昼 / 夜温度（25℃ ±1℃）/（15℃ ±1℃）；光 / 暗时数 14/10h；光照强度 0.1 万～1 万 lx，相对湿度：50%～65%，培养萌芽。观察并记录萌芽情况（表 1-28）。

表 1-28 石灰氮和水杨酸涂芽处理对萌芽的影响

树种品种	处理时期	处理时间（月 / 日）	药剂与浓度	萌芽期（第几天）	最终萌芽率
	初休眠期		C-5		
			C-15		
			CK		
	深休眠期		C-5		
			C-15		
			CK		
	休眠后期		C-5		
			C-15		
			CK		

注：C-5、C-15 分别表示石灰氮浓度 5%、15%，S-5、S-15 分别表示水杨酸浓度为 5%、15%，CK 表示用清水处理的对照组

【引导思考】

1. 果树的芽什么时候进入休眠？什么时候解除休眠？
2. 芽萌发的条件是什么？
3. 什么是自然休眠？什么是被迫休眠？
4. 不同果树需冷量是多少？有何规律？
5. 果树休眠及其控制在生产上有什么应用？
6. 初休眠期施用化学药剂对葡萄解除休眠是否有效？

【知识链接】

知识链接 1——落叶与休眠

（一）落叶

落叶是果树进入休眠的标志，是北方果树在漫长的生物进化过程中，为适应严冬低温而形成的遗传特性。

叶片脱落的早晚与树种、树龄、树势、着生部位及环境条件等因素有关。一般杏、桃、柿、枣树落叶较早；梨、葡萄次之；苹果、核桃、板栗则落叶较晚。树体及各部位的发育状况也影响落叶的时间。成龄树较幼龄树落叶早；弱树较旺树早。温度是果树落叶的主要决定因素，桃树在 15℃以下落叶，梨在 13℃以下落叶，苹果最晚，在 9℃以下开始落叶。一般温带果树在日平均气温降到 15℃以下、日照 12h 以下开始落叶。外界条件的作用是果

树非正常落叶的主要原因。土壤过分干旱、水涝或严重病虫害，则会引起早期落叶。早期落叶影响光合产物的制造和积累，使树体营养严重亏缺，有时引起二次发芽和开花，影响来年产量和损伤树势，在栽培上应引起注意。如果果树生长后期水分和氮肥过多，温度较低，新梢生长不能及时停止，则延迟落叶。延迟落叶则叶内养分来不及运往枝条而损失，而且组织成熟不充分，越冬能力降低，对来年的生长和结果都不利，应该尽量避免。

（二）休眠

休眠是果树的芽或其他器官暂时停止生长而只维持微弱生命活动的现象。休眠期从秋季落叶到翌年春季萌芽为止。果树的休眠是在进化过程中形成的，是果树对低温、高温和干旱等逆境适应的特性。进行休眠的果树看不出有生长现象，但生命活动并未停止，仍进行微弱的呼吸、蒸腾、芽的分化、根的吸收合成及养分的转化等活动。草莓植株休眠叶柄变短，叶面积变小，植株披垂，与地面平行，呈现“矮化状态”，当外界条件不适合草莓生长时，草莓被迫休眠，植株呈现“矮化状态”。

落叶果树的休眠根据休眠的状态可分为自然休眠和被迫休眠两种。果树在自然休眠期内即使给予适宜生长的环境条件，也不能正常发芽生长。自然休眠需要低温解除。不同果树休眠需要的低温数量不同，寒带果树需要冷量最大。果树需冷量一般用7.2℃以下低温的积累量来衡量，见表1-29。打破休眠所需的时间与其所处的温度环境相关，所处的温度适宜，解除自然休眠所需的时间则短，不适宜则长。一般北方落叶果树的休眠期，适宜温度为0～7.2℃。苹果和梨的休眠期为50～60d，桃、杏、李为30～40d，葡萄为70～90d。自然休眠期内，随温度升高会延长休眠期，到一定温度以上时，不能通过休眠。冬季温暖还会引起延迟发芽和发芽不整齐。冬季适当低温，有利于果树的休眠，使来年春季萌芽开花早而整齐。

表1-29　几种果树通过自然休眠的需冷量

树种	低于7.2℃的小时数/h	树种	低于7.2℃的小时数/h
苹果	250～1700	扁桃	100～400
梨	200～1500	无花果	0～300
葡萄	100～1500	草莓	200～300
桃	50～1200	柿	100～400
杏	300～900	长山核桃	300～1000

被迫休眠是由于不利的外界环境条件（低温、干旱等）限制而暂时停止生长的现象。落叶果树冬季通过自然休眠后，往往由于周围温度过低而进入被迫休眠。果树被迫休眠期，如温度回暖，再突然转寒时，树体常招致冻害。

果树落叶进入自然休眠，主要由日照变短和气温下降造成。路灯下的树落叶延迟，冬季容易受害。果树进入休眠期后，体内贮藏的大量淀粉随气温下降转化为糖，同时细胞内脂肪和单宁增加，细胞液浓度增加，原生质黏滞性提高，相应地耐寒力增强。

果树整个树体的器官进入休眠的顺序是向心式的，解除休眠的顺序是离心式的。根颈（地上、下部分连接处）最晚进入休眠，最早解除休眠。

枝条组织中，形成层较木质部和韧皮部最晚进入休眠，最早解除休眠，果树根系无自然休眠，有被迫休眠。

知识链接 2——人工低温暗光促眠技术

人工低温暗光促眠技术是促进果树休眠的方法。通常采用的方法是在外界稳定出现低于 7.2℃的温度时（辽宁南部 10 月下旬至 11 月上旬）扣棚，同时覆盖保温被或草苫。让棚室内白天不见光，降低棚内温度，并于夜间打开通风口和前底脚覆盖，尽可能创造 0～7.2℃的低温环境。这种方法简单有效，成本低，是生产上广泛采用的技术。

知识链接 3——设施栽培打破休眠的措施

（一）设施葡萄、草莓栽培需冷量与破眠措施

葡萄设施栽培，如果低温累积量不够，达不到其需冷量，没有通过自然休眠，即使扣棚保温，给予生长发育适宜的环境条件，果树也不萌芽开花；有时尽管萌芽，但往往有不整齐、时期滞长、坐果率低、生理障碍较严重等负面影响。设施葡萄需冷量见表 1-30，草莓品种需冷量见表 1-31。北方地区进行设施促早栽培时也尽量选择需冷量低的品种，进行延迟栽培时则应尽量选择需冷量高、成熟极晚的品种。

设施葡萄、草莓的休眠解除方法，生产中比较为人们所接受的是：葡萄经石灰氮处理后，可比未经处理的提前 20～25d 发芽；草莓喷施赤霉素处理打破草莓休眠。

打破葡萄休眠方法：应用浓度以 20% 为佳，10% 也有效果，超过 20% 时易发生药害。施用时可用旧毛笔或布条涂抹，涂抹时应仔细均匀涂抹枝蔓芽体，涂抹后可将葡萄枝蔓顺行放贴到地面，盖塑料薄膜保湿。涂抹时间一般在葡萄休眠进行到 2/3 时（约 12 月中旬）。处理时间不可以太早，太早无效。

表 1-30　设施葡萄需冷量

品种	需冷量（低于 7.2℃的小时数）/h
‘巨丰’	1600～1700
‘乍娜’	1300～1400
‘早生高墨’	1700～1800
‘里查吗特’	1800～1700
‘京秀’	1060～1100
‘京亚’	1100～1200
‘矢富罗莎’	1120～1200
‘8611’	1090～1120

表 1-31　草莓品种需冷量

需冷量（低于 7.2℃的小时数）/h	品种	适宜栽培形式
休眠浅 50～100	‘春香’、‘丰香’、‘静香’、‘甜查理’、‘女峰’、‘明宝’	促成栽培（冬暖棚）
休眠中等 200～500	‘宝交早生’、‘新明星’、‘戈雷拉’、‘费杰尼亚’、‘图得拉’	半促成栽培（冷棚）
休眠深 600～1000	‘盛刚 16’、‘全明星’、‘哈妮’、‘达娜’	适宜露地栽培

打破草莓休眠方法：①在花蕾抽出前喷施 10mg/kg 赤霉素 1～3 次；②于 5℃以下低温过后，喷施 10mg/kg 赤霉素 2 次。

（二）打破休眠的其他方法

1．氨基氰　实验证明，氨基氰在葡萄、猕猴桃、苹果、李和杏，某些需冷量较高的桃和梨品种，以及树莓和无花果上都表现出良好的效果。在巴西，1% 和 1.5% 的氨基氰处理‘嘎拉’苹果，侧芽和顶芽的萌发率明显提高，每株的短枝数和花序数也显著增多，树龄越大，效果越明显。但是不同的树种、品种对喷洒氨基氰的效果不同，这可能与果树芽休眠的早晚有关，因此喷布氨基氰要注意适当的时期，过早或过晚都不利打破休眠。

2．激素类物质　多数植物在其休眠和休眠解除的过程中，除形态上有明显差异外，植株体内要发生一系列的变化，其中各种内源激素的含量变化是最显著的。落叶果树开始休眠时树体内抑制物质含量增多，而生长促进物质则含量下降。许多研究表明，休眠开始时，树体内赤霉素含量的下降往往和脱落酸的积累相平衡；随着休眠的解除，脱落酸含量逐渐下降，赤霉素量则逐渐升高。运用外源赤霉素有打破果树芽休眠的能力，但其作用并不普遍有效，以 100mg/L 赤霉素处理尚未完成自然休眠的桃树芽，明显促进叶芽的萌发，但对花的影响效果较差，100mg/L 的玉米素和 6-BA 也可促进尚未完成休眠的桃树芽的萌发，但效果不如赤霉素好。此外，乙烯可打破扁桃芽的休眠。

3．锌　棚栽果树上喷施适宜浓度的锌肥，可促进芽休眠提前解除，提前了果实的上市并提高了产量。锌促进萌芽的根本原因在于锌是一些代谢酶的辅基和激活剂，对一些内源激素的代谢有显著的调控作用。

4．硝酸类物质　硝酸类物质也可促进果树萌芽，可用不同浓度的硝酸盐处理葡萄。例如，用硝酸铵处理对葡萄催芽的效果最佳，展叶要比对照提早 14～16d，另外，硝酸钾也可打破果树休眠，即使用 10% 的浓度也不会危害花芽。

5．打破休眠的物理方法　温度是影响芽休眠的重要气候参数，所以许多打破果树休眠的人工措施都是围绕温度变化的。

（1）*创造有效低温*　在自然条件下，果树必须经过一定时间的低温需求量来解除芽的休眠，不同的树种、品种之间需冷量的差异很大。但也存在最高温度、最低温度、最适温度的问题，温度高于有效低温有负作用，低于有效低温时则不起作用，在最适低温条件下打破休眠的效率则最高。

（2）*变温处理*　经研究发现变温处理对休眠有两种作用，一是可以延迟打破休眠，二是提早结束休眠，即在一定范围内的低温，比连续低温可促进结束休眠。

（3）*高温处理*　高温对打破休眠也有效。Tohbe（1998）对休眠期的葡萄枝条进行高温处理，即将葡萄枝在 45℃的温水中浸 4h，结果发现处理插条中的氨基环丙烷羧酸（ACC）含量和还原态谷胱甘肽（GSH）的水平都上升，而两者都有利于打破芽的休眠。

（4）*间歇式喷水*　间歇式喷水，是通过蒸发冷却进行田间降温的一种方法。在桃树休眠开始后，夜温低于 12℃的前提下，每天给桃树间歇喷水，每隔 40～50min 喷 1 次，可打破桃树休眠，促进桃树的萌发。

【考核评价】

本任务具体考核评价见表 1-32。

表 1-32　果树休眠试验任务考核评价表

考核项目	分数
熟悉果树落叶与休眠的机制与影响因子	30
熟悉不同果树的休眠与解除规律	30
熟悉设施栽培打破休眠的措施与方法	40
总分	100

任务 7　果树年龄的调查

【任务目的】能够判断果树生长发育状态和所处的年龄，熟悉果树一生生长发育的规律和各个年龄时期的管理方法，熟悉果树提早进入结果期的方法。

【实践操作】

材料用具：当地的不同年龄时期的各种果树，记录本、笔等。

一、果树不同年龄时期生长特性的调查（表 1-33，表 1-34）

表 1-33　果树不同年龄时期的观察比较

地点：　　　　　　　　　　　　　　树种品种：

年龄时期	发芽期	枝条停止生长期	落叶期	枝条长度	枝条成熟度
幼树期					
初果期					
盛果期					
衰老期					

表 1-34　不同树龄生长特性的变动规律调查

地点：　　　　　　　　　　　　　　树种品种：

年龄时期	一年生枝类型组成比例			芽的类型组成比例	
	长枝 /%	中枝 /%	短枝 /%	单芽 /%	复芽 /%
幼树期					
初果期					
盛果期					

二、不同年龄时期的果树结果特性调查（表 1-35）

表 1-35　果树不同年龄时期的结果特性的观察比较

地点：　　　　　　　　　　　　　　树种品种：

年龄时期	开花期	果实成熟期	果实大小	果实外观品质	果实内在品质
幼树期					
初果期					
盛果期					
衰老期					

【引导思考】

1. 不同果树的童期有何不同?

2. 如何能够使果树提早进入结果期?

3. 果树不同年龄时期生长发育规律有何不同?

4. 各个年龄时期的特点与管理特点有何不同?

【知识链接】

知识链接1——实生繁殖果树生命周期

实生繁殖就是播种繁殖。这类果树主要包括一些实生选种的育种材料、砧木树及核桃、板栗等特殊树种。实生果树的生命周期分为胚胎、幼年、成年和衰老4个阶段。从栽培实际出发，将实生果树的生命周期划分为幼年阶段、成年阶段和衰老阶段3个年龄时期。实生树到成年阶段时，只有树干上部处于成年阶段，而树干茎部仍保持在幼年阶段，其间存在一个过渡阶段。在一株树上，树冠上部的枝、芽、叶表现出栽培性状，而下部的枝、芽、叶则表现为幼年和野生状态。

1. 幼年阶段 幼年阶段也称童期，指从种子播种后萌芽起，经历一定的生长阶段，到具备开花潜能的这段时期。在实生苗的童期，任何措施均不能使其开花。童期长短是果树的一种遗传属性，各种果树从播种到开花的时间不同，通常所说的“桃三杏四梨五年，苹果结果七八年”就是其具体体现。童期长短与栽培环境和管理技术措施等因素有关。良好的栽培环境和管理技术［环状剥皮、扭梢、拉枝、摘心、应用植物生长调节剂如PP333（多效唑）、B9、乙烯利（CEPA）、矮壮素（CCC），以及合理施肥及嫁接等］均可有效缩短童期，提早结果。此外，同一树种不同品种的童期长短也有不同。果树童期的生长特点主要表现为植株只有营养生长而不开花结果；在外观形态上表现为枝条生长直立，具针刺或针枝，芽小，叶片小而薄。

2. 成年阶段 成年阶段是指实生果树进入性成熟阶段以后，在适宜的外界条件下，可随时开花结果。根据结果的状况又可分为初果期、盛果期和盛果后期3个阶段。

（1）*初果期* 初果期是从果树开始结果到大量结果前的一段时期。此时，部分枝条开始形成少量花芽，但花芽质量较差，部分花芽发育不全，坐果率低，果实品质差，皮厚、肉粗、味酸。该期特点是树冠和根系迅速扩展，叶片同化面积增大，结果部位的叶面积逐渐达到定型大小，但结果部位以下的枝条仍处于童期阶段。在初果期，树体逐渐扩大，产量增加直至盛果期。

（2）*盛果期* 盛果期是从大量结果、产量稳定、品质较好，到大小年现象明显、产量不稳、品质变差的一段时期。该期树冠分枝级次增多并达到最大限度，年生长量逐渐稳定。此时叶果比较适宜，花芽多、质量好，结果部位扩大，果实大小、形状及风味达到该品种的最佳状态，产量达到并稳定在最高水平。在正常情况下，生长、结果和花芽形成达到平衡。此期花多果多，但树冠下部仍表现出童性。

（3）*盛果后期* 地上部分枝条分枝级次渐高，先端枝条及根系开始回枯，出现自然向心更新并逐步加强。树体营养生长减弱并逐渐衰老。产量不稳，大小年现象明显。果实变小，含水量少，含糖较多。

3. 衰老阶段 衰老阶段是指盛果期后树体生命活动逐渐衰退的时期。该期树体明显衰退；大小年现象明显；树体的骨干枝、骨干根逐步衰亡；枝条生长量小，细小浅弱；结果枝或结果母枝越来越少；结果量少，果实小而品质差；树体更新复壮和抗逆能力显著下降。

知识链接 2——营养繁殖果树生命周期

营养繁殖果树是指通过压条、扦插、分株、嫁接和组织培养等方法，利用果树的营养器官繁殖获得的果树植株。这类果树在个体发育的生命周期中，没有种子萌发这一生命活动，只有生长、结实、衰老、死亡等活动内容。营养繁殖时，采集的材料已经过童期，进入成年阶段。营养繁殖的果树虽然没有童期，但是仍要经历一个以营养生长为主的阶段才能开花结果。通常把营养繁殖果树的生命周期分成幼树期、结果期（此期又分为初果期、盛果期和结果后期）和衰老期 3 个年龄时期。

1. 幼树期 幼树期也称营养生长期，是指从果树苗木定植至第一次开花结果这一段时间。幼树期树冠和根系迅速扩大，开始形成树体骨架；枝条生长势强并呈直立状态，树冠呈圆锥形；新梢生长量大，长枝多短枝少，中枝和短枝主要发生在树冠中心位置。叶片大，一年中具有二次或多次生长。该期一般不结果。冬季来临时易受冻害。根系生长快于地上部，根冠比大。幼树期长短因树种、品种而不同，与栽培技术有密切的关系。具有早熟性芽的桃等及具有腋花芽结果习性的苹果、梨等结果较早。树姿开张，萌芽力强的品种也常表现早熟性。而尽快扩大营养面积，增进营养物质的积累，是提早结果、缩短幼树期的中心措施。

此期主要栽培任务：促进生长，尽快扩大营养面积；选择培养好各级骨干枝，建立良好的树体结构；促控结合，促花早结果；加强树体保护。

为提早结果，在砧木上要使用矮化砧；进行深翻扩穴，增施有机肥，为培养强大根系创造条件；修剪上要轻剪多留枝，促使及早形成树体骨架；采用环剥、曲枝等处理树体、枝条，缓和生长势，促进成花坐果；适当使用生长抑制剂如 PP333、B9 等，利用早熟性芽，促进花芽形成，使树成形早、结果快。

2. 结果期

（1）*初果期* 初果期也称生长结果期，是指从第一次结果到大量结果前的这一时期。初果期苹果、梨为 3～5 年，葡萄、核果类树种很短，一经开花结果，很快进入盛果期。该期生长旺盛，分枝量大，继续形成树体骨架；枝类组成发生变化，中、短果枝比例增大，长果枝比例减少；根系继续扩大，须根大量发生；树体从营养生长占绝对优势向生殖生长相平衡过渡。

此期主要栽培任务：继续完成整形任务，逐步清理改造辅养枝，维持树体结构；缓和树势，增加花芽比例，促进及早转入盛果期。

初果期长短取决于树种、品种和栽培技术。该期栽培技术要点：继续深耕改土，促进根系壮大；加强肥水管理，保证树体需要；轻修剪，增加枝叶面积，使树冠尽快达到最大营养面积，同时缓和树势，为提高产量创造良好的物质基础；注意培养结果枝组，使树冠增加大量的结果部位，迅速提高产量。

（2）*盛果期* 盛果期是指从果树具有一定经济产量开始，经过多年高产稳产，到出现大小年现象为止的一段时期。该期树冠和根系达到了最大生长限度；新梢生长缓慢，发育枝减少，结果枝大量增加；全树形成大量花芽，产量达到高峰；果实大小、形状、品质完全显示出品种特性。苹果、梨、桃由长、中、短果枝结果为主逐渐转到以短果枝结果为主；柑橘夏梢显著减少，以春梢或秋梢结果为主。树冠外围上层郁闭，骨干枝下部开始出现枯枝现象。结果部位逐渐外移，内膛发生少量的徒长枝。

此期主要栽培任务：处理好生长与结果的关系，既保证树体健壮生长，又满足优质、高产、稳产的需要，尽量延长盛果期的时间。

盛果期长短与树种、品种、砧木、自然条件和栽培措施有关。该期栽培技术要点：加强肥水管理，保证果树在盛果期对肥水的需求；均衡配备营养枝、结果枝和预备枝，达到三枝配套；做好疏花疏果工作，达到合理负载，防止大小年现象过早出现；应注意枝组和骨干枝的更新。

（3）结果后期　结果后期是指从高产稳产到开始大小年现象，直至产量明显下降的时期。该期新梢生长量小，主枝先端开始先枯，骨干根生长逐步衰弱并相继死亡，根系分布范围逐渐缩小。结果量逐渐减少，果实逐渐变小，含水量少，而含糖较多。体内贮藏物质越来越少。

此期主要栽培任务：注意深耕改土，加强肥水管理，做好更新复壮工作。

此期调控措施：大年要注意疏花疏果，配合深翻改土、增施肥水更新根系，适当重剪回缩，利用更新枝条；小年促进新梢生长，控制花芽形成量，平衡树势。

3. 衰老期　衰老期是指从产量明显降低到几乎无经济产量，甚至部分植株不能正常结果以致死亡的一段时期。

此期骨干枝和骨干根衰老死亡；结果枝越来越少，结果少而且品质差，除某些柑橘类外，更新复壮的可能性很小。针对此情况，生产上采取措施是砍伐清园，重新建园。

【考核评价】

本任务具体考核评价见表 1-36。

表 1-36　果树年龄调查任务考核评价表

考核项目	分数
熟悉果树不同年龄时期生长特点，能够识别果树所处的年龄时期	30
熟悉果树提早进入结果期的方法	10
实生繁殖果树生命周期中各个阶段的特点与管理方法	30
营养繁殖果树生命周期中各个阶段的特点与管理方法	30
总分	100

项目 2　果园规划与灾害防治

【项目目标】熟悉果园（包括观赏果园）规划设计的主要内容。能够对平地、丘陵地和山地果园作出正确评价。熟悉山地果园修筑梯田、撩壕、鱼鳞坑的方法。能够进行防护林树种选择营造设计。能够正确选择树种与品种、进行授粉树的配置、进行栽植密度与栽植方式的设计。熟悉冻害、霜冻及抽条的类型，能够对冻害、霜冻、抽条和日灼进行有效防治。

任务 1　果园规划与设计

【任务目的】熟悉果园（包括观赏果园）规划设计的主要内容。能够进行防护林树种选择营造设计。能够正确选择树种与品种，能够正确进行授粉树的配置、栽植密度与栽植方式的确定。能够对平地、丘陵地和山地果园作出正确评价。

【实践操作】

材料与工具：大型果园，测风仪。

一、调查果园土地的规划（表 2-1）

表 2-1　果园土地的规划调查表

地点：　　　　　　　　果园类型：　　　　　　　　果园面积：

小区			果树			防风林			道路		灌排系统		配套设施	
数量	面积	形状	数量	面积	树种	数量	面积	树种	数量	面积	数量	面积	数量	面积

二、调查果园果树、防风林的树种品种（表 2-2）

表 2-2　果树种类与防风林树种调查表

果树种类	栽植方式	防风林树种	栽植方式

三、调查果树授粉树配置（表 2-3）

表 2-3　不同树种品种授粉树配置调查表

树种、品种	授粉树

【引导思考】

1. 果园规划设计的内容有哪些?
2. 平地、丘陵地和山地果园有哪些优缺点?
3. 山地果园如何进行水土保持?
4. 哪些树种适宜作防护林，如何营造和管理防护林?
5. 哪些果树和品种适宜当地种植?
6. 如何选择授粉树品种?
7. 如何增加果园的功能与收入?如何设计观光果园?

【知识链接】

知识链接 1——平地、山地与丘陵地建园评价

果树的建园地点分为平地、丘陵地和山地，对各类园地进行分析和评价，是科学选择园地的基础。

（一）平地果园

平地是指地势平坦、坡度小于5°的地带，可分为冲积平原和泛滥平原两类。冲积平原是大江大河长期冲击形成的地带，一般地势平坦、地面平整、土层深厚，土壤有机质含量较高，灌溉水源充足。在冲积平原建立商品化果品基地，果树生长健壮、果实大、产量高、销售便利，也便于人工和机械化管理，因而经济效益较高。但这样的果园，营养生长易旺，结果晚，果园通风、见光性差，果实甜度低，着色较困难。有时地下水位过高，不利于根系生长。

泛滥平原是指河流故道和沿河两岸的沙滩地带。黄河故道是典型的泛滥平原，中游为黄土，肥力较高；下游是粉沙或与淤泥相间，沙层深度有时达数米或数十米，形成细粒状的河岸沙荒地，故称沙荒地区。沙荒地区土壤贫瘠，且大部分盐碱化，土壤理化性状不良，加之风沙移动易造成植株埋根、埋干和偏冠现象，对果树生长发育有不良影响。但沙地导热系数高，昼夜温差较大，果实含糖量较高。沙荒地建园应注意防风固沙，增施有机肥，排碱洗盐改良土壤理化性状，并解决排灌问题。

此外，沙地果园，沙层深厚，含有机质少，保肥、水能力差，易受冻害、灼伤、风害、旱害，易得缺素症，应先改良土壤，设置防风林，采用地面种草、覆盖等措施，再种植果树。海涂、海湖滨地，地下水位、盐碱含量高，肥力差，也应土壤改良后再植树，其优点是通风透光性好、温度稳定、不易受冻害。

（二）山地果园

山地为海拔500m以上，相对起伏大于200m，坡度又较陡的高地。

山地空气流通，日照充足，昼夜温差较大，有利于糖的积累和果实着色。山地果园排水良好，果树根系发达，有利于养分的吸收。因此，山地果园有果实色泽鲜艳、含糖量高、耐贮性好、光洁度高等特点。但山地果园存在建园成本高、土壤瘠薄、水源缺乏、水土保持困难等问题；同时，山地果园果实个头较小，产量也较低，交通不便，管理困难，也不利于机械化操作。因此，北方地区在20°以下的斜坡种植果树较适合，20°以上的陡坡、峻坡宜林，不宜发展果业。

（三）丘陵果园

海拔在500m以下，相对起伏在200m以下的地带，称为丘陵。丘陵地高低起伏，坡度较缓，是介于山地和平原之间的一种地貌类型。中国的丘陵约有100万km^2，占全国总面积的1/10，其种植果树的优点和缺点也介于山地和平原之间。

我国多山地、丘陵、滩涂，计划经济时代，国家对林果发展的指导方针历来是“上山下滩，不与粮、棉争田”。虽然随着粮食单产的大幅度提高，人们的粮棉供应基本已经解决，但果树生产，一次种植长年受益，以及抗旱性较强、不适合机械化操作等特点，还是适宜在这些地方发展。

知识链接2——果园土地的规划设计

果园规划设计的基本原则是以建立标准化绿色生态果园为目标，因地制宜，充分考虑新技术、新发明、现代化机械设备的应用，规划配套设施，尽量节省土地面积，上山下滩，不与粮食争良田，为果园的科学化管理创造条件。

（一）规划设计前的准备

设计规划前，应对果园周边及园内情况做一番调查。对果园所处位置，周边道路、沟渠、地势、村庄、市场、果树种植、灌溉水来源、劳动力、果树管理水平、社会经济情况等进行调查研究。然后对园内的地形、地势、土壤质地、肥力状况等进行踏查和测量，对坡度大于10°的山地、丘陵进行等高线测量。通过调查和踏查，形成果园规划设计的初步思路和设想。

踏查测量后，应绘制不小于千分之一的果园概貌图，作为基地规划设计的依据。图纸中应体现未来果园的形状、面积，果园内及周边地势、河流、村落、道路、植被情况。还要绘制出土壤质地分布图等。资料尽量详细充分，为果园规划设计做好充分的准备。

（二）果园土地的规划

1. 果园栽植小区划分 果园栽植小区又称作业区，是果园管理的基本单位。规模大的果园都要划分成若干个小区。小区划分的基本原则是小区内的气候、土壤条件相对一致，有利于水土保持及防止风害，有利于运输和机械化作业。小区面积大小主要取决于果园立地条件和地形地貌变化程度（图2-1）。

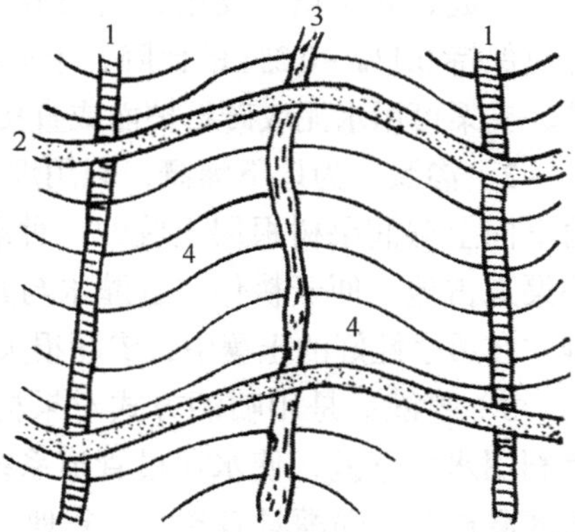

图2-1 山地果园小区的划分

1. 顺坡路；2. 横坡路；3. 总排水沟；4. 栽植区

同一小区的栽种树种、苗木规格、栽植方式等也应基本一致，使果树长势、物候期基本一致，便于采取统一的管理模式，节省时间、人力、物力，也使园貌整齐美观。

地势平坦的果园，小区面积以4～10hm^{2}为宜，小区大时，有利于提高土地利用率；山坡、丘陵地果园，每小区1～2hm^{2}即可。若果园地形地貌变化大，小区面积可相应缩小。

小区形状和方位，平原果园一般为长方形，长边为南北向，便于果树南北行向栽植；山地果园规划时，为顺其自然，小区形状多为平行四边形和梯形，其长边多和等高线一致，以利于管理及梯田、撩壕等水土保持工程的建设。

2. 道路规划 道路的布局应与栽植小区、排灌系统、防护林、贮运及生活设施等相协调。在合理便捷的前提下尽量缩短距离，以减少用地、降低投资。面积在 $8hm^2$ 以上的果园，应设置干路、支路和小路，尽可能使全园交通畅达。

干路是果园的主要通道，应在园地中央区域纵横分布，把果园分割成几个大区。外能与附近公路相接，内与支路、办公区、生活区、贮藏转运场所等相连，做到四通八达，干路路面宽 6～8m，能保证汽车或大型拖拉机对开。支路连接干路和小路，小区一般以支路为界，贯穿于各小区之间，路面宽 4m 左右，便于耕作机具或机动车通行。小路是小区内的作业小道，路面宽 1～2m，也可根据需要临时设置。科学的道路设置可节省土地，提高工作效率。

山地果园规划时，干道应选在坡度较小的地方修建，最好修成盘山道形式，其上升坡度应不超过 10°，转弯半径不小于 10m，应连通各等高行。坡度缓的地方，支路可直上直下；坡度大时，支路也应为“之”字形。路面应稍微向内倾斜，并在路内侧修排水沟，使行路安全，减少路面冲刷。小路（作业道）多沿等高行设置，多在梯田背沟边缘或两道撩壕之间。

3. 灌排系统设计 目前，大多数果园不注重果园水利系统的设置，造成果树全年水量的不均衡供应，旱无渠道送水（山地旱时无水可浇），涝无处可排，果园生态不良，严重影响果树的正常生长发育，果品质量受到很大影响。标准化建园，首先应搞好水利建设。

（1）*灌溉系统* 人工补给农田水分的措施称为灌溉。果园灌溉主要是满足果树生长发育过中对水分的需要，此外还有增肥地力、调节地温、增加果园空气湿度、淋洗土壤盐碱、改善果园小气候的作用。

目前，果园灌溉一般采取沟灌方式，此外还有更合理的灌溉方式如渗灌、喷灌和滴灌等。

1）沟灌：也称明沟灌溉。为节省土地，灌水、排水系统尽量与道路、防护林相邻组合在一起，如干渠、支渠、毛渠分别在干路、支路、小路两侧。各级之间相互贯通，渠道应保持 0.1%～0.3% 的比降，干渠应在稍高处，以利水流入田地。为防止水的渗漏，干渠、支渠可用水泥或砖石护面或直接用管道输送。

2）渗灌：为地下灌溉，利用埋设在地下的多孔管道，将水引入田间，借毛细管作用由下向上湿润果树根层土壤的一种灌溉方法。它的优点是保持表土疏松、减少蒸发、节约渠道占地、便于耕作，且灌水与其他农事操作可同时进行。不足之处是造价高、检修难，在透水性好的土壤中，渗漏损失大。

3）喷灌：是用喷洒方式对果树进行灌溉。利用动力和水泵，从水源取水加压，或者利用水的落差，使水通过管道系统，再通过喷头散射至空中成雨滴状降落田间。与地面灌溉比较，喷灌具有省水、省地、不破坏土壤结构、不受地形限制、节省劳力等优点。但达到 3～4 级以上的风时，就会喷洒不匀。

4）滴灌：是利用一套低压管道系统，以及分布在果园地面或埋入土内的滴头，将水一滴一滴地浸入果树周围土壤内。滴灌系统由首部枢纽（水泵、过滤器、肥料罐等）、管道系统（干、支、毛管）和滴头组成。水源通过加压、过滤，还可以掺入易溶于水的肥料或农药，经过系统进入田间。滴灌的优点一是节水，可比沟灌、畦灌省水 20%～60%，比喷灌省水 12%～30%；二是避免了对地表土层的冲刷，土壤中水分分布均匀，透气状况好。缺点是造价较高，滴头易堵塞。目前，在保护地果树中用得较多。还有的将滴头换为喷头，加快灌溉速度。

（2）排水系统 果园地面水分过多，可引起涝害。果树主要根系分布层内水分过多又历时过长，则引起渍害。雨后及时排水，则可消除这两种危害，增加土壤中空气含量有利于果树根系代谢（表2-4），北方在6～8月大多地区为雨季，降雨量达全年雨量的一半以上，如不及时排出积水，会导致果树特别是不抗涝树种死亡，如山东菏泽地区1957年7月降雨量达500～600mm，积水1月不退，桃树死亡率达80%～100%，柿树死亡率达47.6%。

表 2-4 土壤中水分与空气含量关系

土壤水分/%（对最大含水量）	100	80	60	40	20
含空气孔隙/%	0.6	11.7	23.3	35.1	46.7

1）明沟排水：大多数果园采用这一排水方式。挖沟时既要注意水的自然流向，又要考虑到果园的整体规划和机械作业。较深的排水沟，不仅可排出地面径流，还可兼控土壤中过多的水分。

排水系统由果园小区的小沟（或称为集水沟）与支沟、下沟相通。

山地果园的排水系统由集水沟和总排水沟组成。建有梯田的果园，集水沟修在梯田内沿，又称为背沟，比降与梯田一致。总排水沟方向与等高线相交，顺坡而下，各背沟中的水流入其中。在总排水沟流经处，可选择合适位置建造蓄水池，蓄积水分备干旱时使用。规模大的山地果园，还应在果园上方挖一条沿等高线方向较深的拦洪沟，可拦截上部的洪水并将其导入总排水沟或蓄水池中。

2）暗沟排水：在地下埋设瓦管管道或其他材料（石砾、竹筒、秸秆等），构成排水系统。此法不占地面，不影响耕作，唯造价较高。暗沟设置的深度、沟距与土壤的关系见表2-5。

表 2-5 暗沟深度和沟距与土壤的关系

土壤	沼泽土	沙壤土	黏壤土	黏土
暗沟深度/m	1.25～1.5	1.1～1.8	1.1～1.5	1.0～1.2
暗沟间距/m	15～30	15～35	10～25	8～12

4. 配套设施配备 配套设施是指果园内与果树生产有关的辅助设施。特别是在大型果园，随着产业化的发展，按果品生产标准化的要求，一些辅助建筑是必不可少的。它包括管理用房、果品存放库、机车库、农具库、农药库、包装场、晒场、机井房、配药池、积肥场等。

平地果园的果品包装场和配药池设在交通方便之处，尽可能设在果园或小区中心，四面辐射面积大、工作效率高。山地果园的包装场、贮存库应设在较低处。

配药池可与园内机井相结合，可每（100m×667m）～（200m×667m）设一个点。包装场的规模，可根据果园面积和产量的多少，以及日采收量、外运量确定。分级包装场必须保证车辆进出和装载方便。

知识链接3——山地果园建立与水土保持工程

果树是多年生经济作物，一般定植后需2～4后年才能开花结果，经济寿命长达几十年甚至上百年，而山地土壤普遍存在“旱、瘦、酸、黏、硬”的不良问题，要想达到早产、丰产、稳产和优质、低耗、高效的目的，必须认真选择园地，精心规划设计，建立高标准的现代化果园，创建适宜果树生长发育的生态环境。

（一）山地果园的选择

建立丘陵山地果园，必须注意山地坡度、坡向、坡位、土壤等问题。

（1）坡度　坡度越大，果园梯台的梯面越窄，梯壁越高，梯台之间的距离越近，这样不但管理不便，建园投资也大，而且水土保持困难，果树营养面积偏小，根部不易扩展，树势容易早衰，对果树的产量、质量和寿命都有一定的影响。较陡坡地应栽植林木作防护林，可起到防风、防曝晒和保持水土的作用。

（2）坡向　不同坡向对果树生长结果的影响很大。一般以西南偏南或东南向的坡地为好。夏季高温干旱，北坡湿度大，选择北坡种植果树也是较理想的。西坡下午日照时间长，温度较高，日灼严重，一般不宜建园。

（3）坡位　坡位一般以不超过全山相对高度的2/3为宜，坡顶的1/3作为戴帽以保持水土。以选择土层深厚、植被茂密、腐殖质丰富、土质疏松、心土结构松软、透水性好、土壤较湿润的沙质壤土为佳。

（二）山地果园的水土保持工程

山地、丘陵地果园，可通过修筑梯田、等高撩壕、挖鱼鳞坑等措施进行水土保持，尽量做到“水不下山，土不出园”。

1. 修筑梯田　梯田是在坡地上沿等高线建造，使种植面坡度消失的阶梯式农田。梯田可减少坡面水土流失，加厚土层，便于栽培管理。梯田由梯壁、梯田面、边埂、背沟组成（图2-2）。梯田面的宽度由坡度和果树种类等因素决定。坡陡，梯田面窄，可种植小株果树，如葡萄，一般每台梯田种一行；坡度小、梯田面宽可种植较大的果树（如苹果、梨等），一台田可种2～3行。梯壁可分石壁和土壁两种，石壁较土壁牢固，石壁可修成直壁式，而土壁应筑成斜壁式，土壁上可种草或灌木，增加梯壁的牢固性（图2-3）。在坡度陡的山地建梯田，为使梯壁牢固和便于攀登，梯壁下部应修成较直立的峭壁，上部是斜缓的垒壁，峭壁和垒壁之间保留一段原坡面，称壁间，也称护坡。

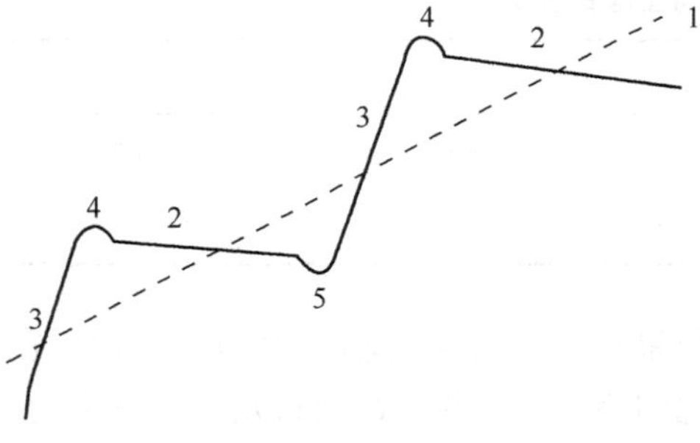

图2-2　梯田构造

1. 原坡面；2. 梯田面；3. 梯壁；4. 边埂；5. 背沟（集水沟）

2. 撩壕　撩壕适合在小于10°且土层深厚的缓坡上施行。在山坡上沿等高线挖横向的沟，沟深20～30cm，挖出的土堆在沟的下坡，使之成垄。沟内隔一段设一低于沟深的土埝拦挡流水中的土壤，即成为“壕沟”。果树栽在壕外坡，沟比降为0.3%，两端与排水系统相连接。这种做法，也称为“等高撩壕”（图2-4）。它既可削弱地表径流，又保水保土，并可以排出多余的水，还可以增加坡面的利用率。壕的密度，一般等于树的行距。

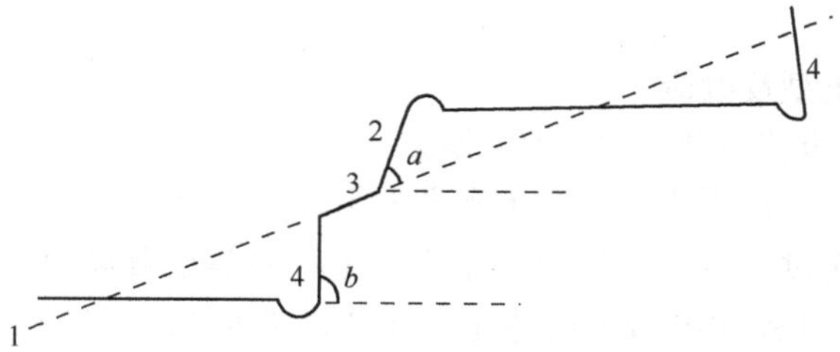

图 2-3 留有壁间的梯田构造

1．原坡面；2．垒壁；3．壁间；4．峭壁；

a．垒壁角；*b*．峭壁角

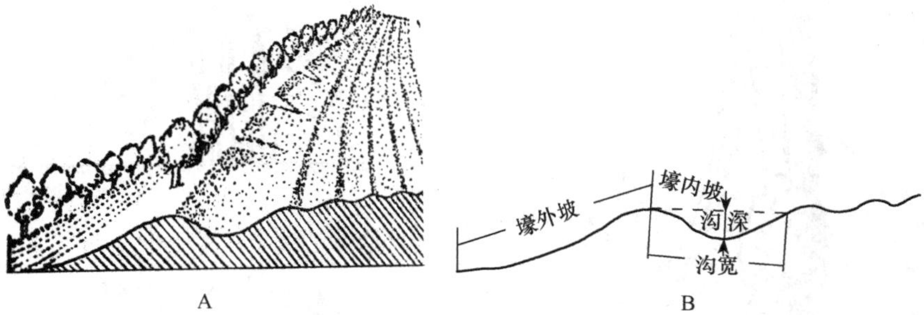

图 2-4 撩壕

A．种植外貌；B．断面示意图

果树种在壕外坡，这里土层较厚，水分、空气适当，又不易积水和冲刷，且果树的根系可以加固土壕。每年春季修理一次，随着树龄增加而逐年完成。壕间可种草或紫穗槐等小灌木，既能保水保土，又能增加肥源。

3．鱼鳞坑 在坡度较陡、地形变化复杂、乱石裸露的山地栽植果树，构建梯田有难度，可建鱼鳞坑。鱼鳞坑是在坡地上修筑的圆形小台面，一半在等高线内、一半在等高线外。台面外缘用石块或土堆砌，台面略向内倾斜，直径2～5m。其特点是，简单易行、有一定水土保持能力、投资少、见效快。秋季沿等高线挖直径为50～100cm的坑，施入底肥并以表土或客土填满坑。经过蓄积雨雪水，熟化土壤，第二年春季栽树。内侧靠山壁修中部稍深的背水沟，雨小蓄水，雨大排涝。若把坡面比作鱼身，一个个小台田远远望去如鱼身上的鳞，故名“鱼鳞坑”（图 2-5）。

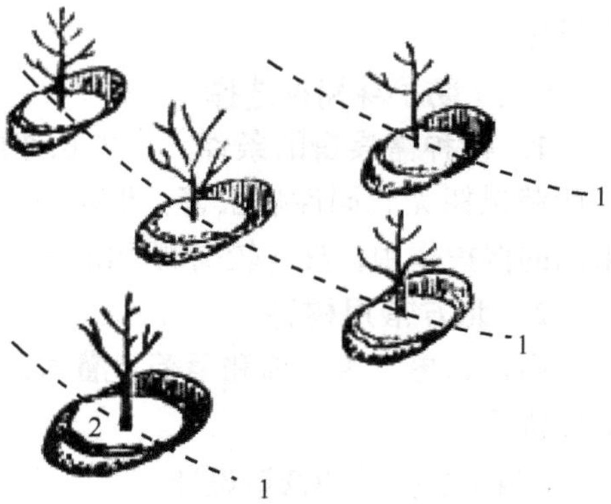

图 2-5 鱼鳞坑

1．等高线；2．小台田

知识链接 4——防护林种植规划设计

（一）防护林的作用

果园建造防护林的目的是改善果园生态状况，保护果树生产环境，提高果品品质。防护林的作用：①减低风速，防风固沙；②调节气候，增加湿度；③减轻冻害，提高坐果率；④减轻空气污染，使果面洁净；⑤保护果园不被人畜采摘、损坏。

（二）防护林的类型及效应

根据透风程度，防护林可分为 3 种类型。

1. 紧密型林带　由乔木、小乔木和灌木组成。从上到下都较紧密，透风系数小于 0.3。强风可越林带而过，并从迎风面卷尘土、雪、沙等至背风面不远处后又下窜果园，所卷之物成堆集状。这种林带的优点是局部可显著减少园内风速和水分蒸发，能有效防止水土流失。但防护距离较短，为防护林树高的 10～15 倍，并会使冷空气滞留，使果树在冬季受冻害（图 2-6，图 2-7）。

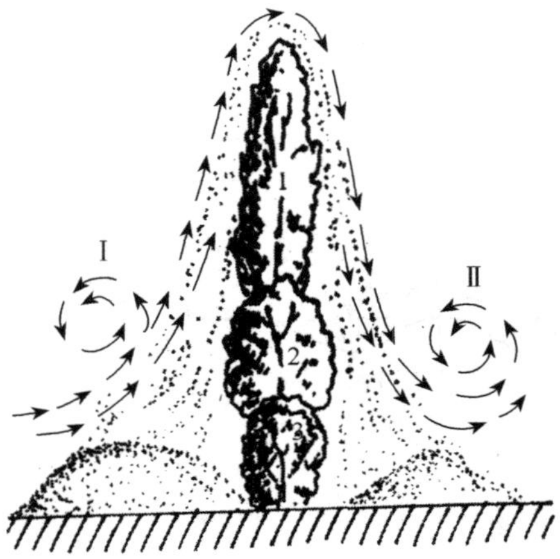

图 2-6　紧密型防护林带搬沙

Ⅰ. 迎风面（起沙）；Ⅱ. 背风面（落沙）；
1. 乔木；2. 亚乔木；3. 灌木

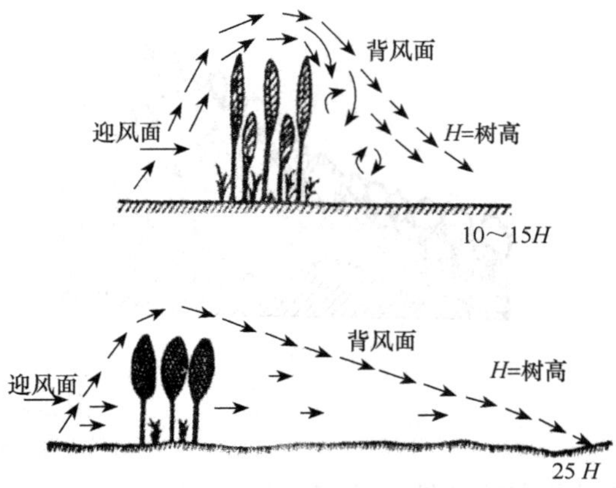

图 2-7　紧密型（上）和稀疏型（下）防护林

2. 稀疏型林带　由乔木和灌木组成，林带较稀疏，透风系数为 0.3～0.5。风穿过林带后，风速降低，危害减轻，果园通风透气，冷空气不易下沉，辐射霜冻轻，防护距离较长，为树高的 25 倍左右。但局部防护效果不如紧密型林带好。

3. 透风型林带　一般由乔木构成，林带下部空隙大易透风，透风系数为 0.5～0.7。可减缓风势，但防护效果较差。平地果园以营造稀疏型防护林为好。而山谷、坡地上部宜设紧密型林带，坡下部设稀疏或透风林带，既可降低风速，又可排出冷空气，防止冻害发生。

（三）防护林树种选择

1. 树种需具备的条件　生长速度快、枝多叶茂、树体高大；适应性与抗逆性强，与所栽果树无共同性病虫害，根蘖少，水平根短，对果树有益无害；枝叶有棘刺，加强果园的保护作用；具有较高的经济价值。

2. 北方常用树种　乔木：柳、楸、榆、刺槐、楝、椿、泡桐、黑枣、银杏、杜仲、山楂、枣、杏、柿和桑等。灌木：紫穗槐、酸枣、荆条、花椒、枳椇、杞柳、柽柳、毛樱桃等。

（四）防护林的营造设计

果园防护林可分为主林带、副林带和临时折风林带 3 种。在有地区性主干林带的情况下，果园防护林的行数与宽度可适当减少；在风沙大或风口处林带的宽度和行数应适当增加。主林带由5～7行组成，宽10～14m，其走向与当地主害风方向或常年大风方向垂直。两条主林带间距为300～400m。风沙大的地方，可采取在两条主林带间设一条由2～3行树木组成的临时折风林带，以增加主林带的防护效果。等果树长大，自身防护能力增强时，可伐去折风林带。副林带与主林带相垂直，带间距为500～800m，风沙大的地方可减缩为300～500m。副林带由3～4行组成，宽度为6～8m。各行林带最好是乔木与灌木混交。

防护林带栽植时，乔木的株行距一般为（1～1.5）m×（2～2.5）m，灌木株行距为1m×1m。

防护林建设应和果园道路、灌排水设施统筹规划，如道路两边、渠道两岸可根据位置选择栽植各种林带，其主要目的是尽量减少占用耕地、提高果园土地利用效果（图2-8）。防护林最好在果树定植前2～3年开始营造。

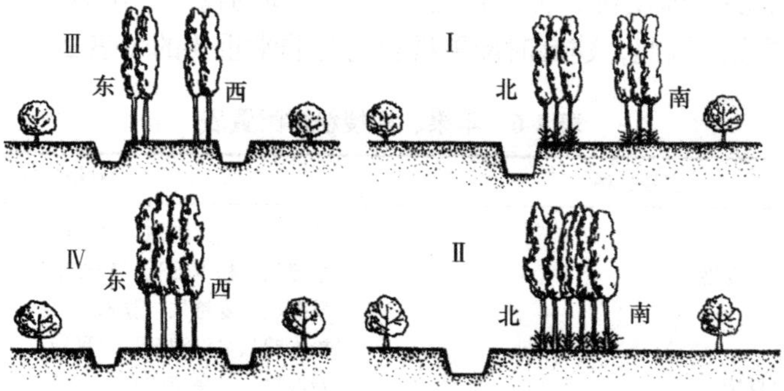

图2-8 果园路、沟、林三者结合示意图

知识链接5——品种选择、授粉树的配置与种植方式

（一）树种与品种选择

树种与品种选择的主要依据有以下几方面。

1. 生态适宜，使果品生产能够区域化 生态适宜，是指当地的光照、温度、土壤等生态因子最适宜或适宜于该树种或品种的生长发育，果品能获得优质、高产。我国一些地理性标志产品，说明了生态适宜对果品质量的重要性，如诸城核桃、莱阳梨、砀山酥梨、肥城桃、吐鲁番葡萄、青州蜜桃等。生态分布的多样性，决定了果品生产具有区域性，要适地适栽，大力发展区域性品牌树种和品种，使其形成规模化。

2. 品质优良，保证果品生产的良种化 在区域化栽培的前提下，选择外观优良，适于食用、贮藏、加工等产量高的品种，是果树栽培成功的前提。同一环境，相同的树种而品种不同，质量、产量相差很大，如中国樱桃酸又小，而欧洲甜樱桃却甜又大；中国李一般自花不育、坐果率低、果实较酸，而欧洲李子自花可育率高、坐果率高、果实较甜。因此，果园建立时一定要重视选择、引进国内外优良品种，可集中规模化生产。

3. 商品化程度高，促进果品的最大商品化 优良果品只有销售出去，才能成为商品。商品化程度高，单位价格高，可获取较高的经济利益。而区域化、良种化，是实现果品商品化、获取高价值的重要前提。此外，根据果品销售情况，了解人们的喜好，也是品种选择不忽视的方面。有些地方名、优果品，流通范围广，甚至出口国外，可扩大生产。

4. 品种合理搭配，突出重点 根据果园所处地理位置、交通状况等，合理选择搭配早、中、晚熟品种，鲜食与加工品种比例。规模化果园，一般提倡主栽1个树种，2～3个主栽品种即可，以发挥优势、突出重点、形成特色，也便于栽培管理和果品集中、规模化销售。

（二）授粉树的配置

北方果树除雌雄异株的猕猴桃、银杏必须配备授粉树外，其他大多数果树的花是两性花，或虽雌雄异花却同株，应该不需要授粉树。但由于在长期的系统发育过程中，植物为避免自花授粉对后代的不良影响，往往雌雄蕊错开成熟，或雌雄花不同时开放，或自交不育，或一方性器官退化。栽培果树种植品种单一，便缺少了授粉树，导致坐果率非常低，且畸形果多。即使桃、杏等自花坐果率较高的树种，配置授粉树后，坐果率和果实品质也大大提高。因此，建园时配置授粉树是非常重要的（表2-6）。

表2-6 苹果、梨授粉树配置表

树种	主栽品种	授粉品种
苹果	‘早捷’	‘滕木1号’、‘麦艳’、‘新红星’
	‘滕木1号’、‘麦艳’	‘早捷’、‘松本锦’、‘新红星’
	‘松本锦’	‘早捷’、‘麦艳’、‘滕木1号’
	‘美国8号’	‘松本锦’、‘红津轻’、‘夏艳’
	‘红津轻’、‘夏艳’	‘新红星’、‘皇家嘎啦’、‘富士’系
	‘皇家嘎啦’	‘红津轻’、‘红星’系、‘富士’系
	‘红乔纳金’	‘富士’系、‘红津轻’、‘皇家嘎啦’
	‘红星’系（包括‘红星’、‘首红’、‘瓦里短枝’、‘岱红’）	‘富士’系、‘红津轻’、‘王林’、‘岳金’、‘红世界一’
	‘富士’系（包括‘长富’、‘岩富’、‘青富’、‘烟富’、‘2001’）	‘红星’系、‘秦冠’、‘新世界’、王林’、‘红世界一’
	‘岱绿’、‘北斗’、‘恩派’	‘秦冠’、‘红星’系、‘岳金’
	‘岳红’、‘岳金’、‘岳’	‘红星’系、‘富士’系、‘红世界一’
	‘帅’、‘王林’、‘红世’	‘富士’系，‘岳金’、‘王林’、‘新世界’
	‘界一’、‘北海道9号’	‘红世界一’、‘富士’系、‘王林’
	‘新世界’、‘金帅’、‘陆奥’	‘秦冠’、‘富士’系、‘新红星’
梨	‘早酥’	‘七月酥’、‘新世纪’、‘砀山酥梨’
	‘七月酥’、‘早美酥’	‘早酥’、‘新吐纪’
	‘新世纪’	‘黄花’、‘早酥’
	‘金水2号’、‘湘南’	‘雪花’、‘车头’、早酥’
	‘雪花’	‘金水2号’、‘湘南’
	‘晋酥’	‘砀山酥梨’、‘早酥’
	‘金花’	‘鸭梨’、‘富源黄梨’、‘苍溪雪梨’
	‘黄花’	‘早酥’、‘新世纪’
	‘砀山酥梨’	‘晋酥’、‘早酥’
	‘富源黄梨’	‘金花’、‘苍溪雪梨’
	‘兰坪依主梨’	‘云龙麦地湾梨’、‘巍山红雪梨’
	‘云龙麦地湾梨’	‘兰坪依主梨’、‘巍山红雪梨’

1. 授粉树应具备以下基本条件

1）和主栽品种初果期、花期基本一致，与丰栽品种授粉后亲和力强、坐果率高。

2）对主栽品种的优良性状没有影响或使其更好。与主栽品种能互为授粉树。本身结果多、品质好，具有较高的经济价值。

3）抗性强，不易得病害，寿命长。

2. 授粉树配置的比例、方式 授粉树与主栽品种距离越近，则授粉效果越好。根据对果树授粉媒介的研究，认为授粉树品种与主栽品种间的距离不应超过50～60m。

授粉树在果园中配置的方式有很多。在小型果园中，常用中心式栽植方法，即保证1株授粉树周围栽植8～10株主要品种。在大型果园中配置授粉树，应采用行列式整行栽植较好。苹果、梨可4～8行栽1行授粉树，李、杏可3～7行栽1行授粉树，一般虫媒花果树，授粉品种占总株数的20%～25%比较合适。核桃、板栗等风媒花果树，花粉量大，可按5%～10%的比例中心式栽植即可。在生长条件不是很适合的情况下，如花期易出现大风、寒流的地方，最好多配置授粉树。当授粉品种与主栽品种经济价值相同时，可采取等量式配置方式。若主栽品种不能为授粉品种提供花粉，如苹果的‘乔纳金’和‘陆奥’等三倍体品种，还应增加品种，采用复合行列式，解决授粉品种的授粉问题，如图2-9所示。

A	B	C
××××××	○××××○	○×××△○
×○××○×	○××××○	○×××△○
××××××	○××××○	○×××△○
××××××	○××××○	○×××△○
×○××○×	○××××○	○×××△○
××××××	○××××○	○×××△○

图2-9 授粉树的配置方式

×为主栽品种；○、△为授粉品种；

A. 中心式；B. 行列式；C. 复合行列式

（三）果树栽植密度

确定果树的栽植密度，需综合考虑多方面的因素。主要根据果树在盛果期树时树冠的大小，确定株行距。树冠大小主要与种性遗传有关，也与环境条件和栽培技术、方式有关。

树冠大，株行距就大。一般情况下，板栗＞苹果＞梨＞桃＞葡萄；砧木种类和砧穗组合不同，树冠大小也不同，一般普通型品种/乔化砧＞短枝型品种/乔化砧；普通型品种/半矮化砧＞普通型品种/矮化砧。同一种矮化砧，用作中间砧比自根砧树冠大。

树冠大小，也受环境的影响。一般山地、高纬度、高海拔地区栽植树冠小，栽植密度应比平地大；气候温暖，雨量、水充足的地方栽植树冠高大，栽植密度要小。

管理技术水平高，如用圆柱形、纺锤形整形，按时进行人工拉枝、摘心、环剥、喷生长延缓剂等控冠制矮技术，栽植密度可大些。规模化果园，为便于机械化耕作，应放宽株行距。北方主要果树栽植密度参考值见表2-7。

表 2-7 北方主要果树栽植密度参考表

果树种类	砧木与品种组合（架式）	栽植距离 /m		株数 /667m²
		行距	株距	
苹果	普通型品种 / 乔化砧	5～6	4～5	22～33
	普通型品种 / 矮化砧 短枝型品种 / 乔化砧	4～5	2～4	33～83
	普通型品种 / 乔化砧	4～6	3～5	33～56
梨	普通型品种 / 矮化砧 短枝型 / 乔化砧	3.5～5	2～4	33～95
桃	普通型品种 / 乔化砧	4～6	3～4	28～56
杏	普通型品种 / 乔化砧	5～7	4～5	19～33
李	普通型品种 / 乔化砧	4～6	3～4	28～56
葡萄	（篱架）	2～3	1.5～2	111～222
	（棚架）	5～8	2～5	17～67
樱桃	大樱桃	4～5	3～4	33～56
枣	普通型品种	4～6	3～5	22～56
	（枣粮间作）	8～12	4～6	9～21

（四）栽植方式

好的栽植方式，在提高密度的同时，可使果园通风透光，对光利用合理，也便于人行走、操作和机械管理。目前常用栽培方式有以下 4 种。

（1）长方形、行向为南北栽植法　行距大于株距，行向南北，是生产上广泛采用的栽植方式。这种方式栽植，对光利用合理，通风透光良好。早晚光线弱，树冠正面对光，行距大、遮光少，因此受光面积大，光合产物多；中午强光下，树冠以侧面对光，受光面积小，减少了对树的伤害，呼吸消耗也少，因此对光利用合理。行间大、南北向，通风好，因生长季节风向更接近南北方向，风流通畅。人、机械可沿较宽的行间行驶，便于果园管理。

（2）正方形、行距和株距相等栽植法　植株呈正方形排列，树易郁闭，光利用率低，作业道窄，不利于人工和机械操作，规模大的果园易迷失方向。

（3）带状、宽窄行栽植法　双行成带，带距为行距的 3～4 倍。虽双带抗逆性较强，但带内管理不便，除育苗外，果园栽植一般不用。

（4）等高线栽植法　山地、丘陵地果园应用此方式。梯田栽植时，转弯处掌握“小弯取直、大弯就势”的方法安排植株定植点。

知识链接 6——观光果园的类型与设计

（一）观光果园及其类型

观光果园集产、供、销及旅游休闲服务于一体。在观光果园区，游客不仅可观光、采摘水果产品、体验水果生产过程、了解果农生活、享受乡土情趣，而且可住宿、度假、游乐。发展观光果园可以提高果农收益；通过寓教于乐的形式，可以让参与者更加珍惜农村的自然及文化资源。观光果园根据其功能不同可以划分为不同的类型。

1. 周年观光型 这种果园规模比较大，品种比较丰富，各品种均有一定的栽培面积。通过品种的搭配，实现四季有果，满足市民常年观光采摘的需求。

2. 专类品种型 这种果园突出某一品种，收集丰富资源，满足游客的好奇心。可选建桃园、李园、梨园、橘园、葡萄园、柿园、枣园等。

3. 现代栽培型 这种果园通过采用现代农业装备技术手段进行果树栽培，展示现代农业技术，延长果实采收时间，如设施栽培草莓、设施栽培葡萄等。

4. 节日烘托型 这种果园采用以各类节日营销为主的果树栽培形式，满足清明、五一、端午、国庆、中秋、元旦等节假日游客休闲观光（采摘）的需要，烘托节日气氛。可选择搭配的品种形式有：清明——草莓；五一——樱桃；端午——枇杷、桃；国庆——蜜橘、猕猴桃；中秋——石榴、柿子；元旦——椪柑、金橘。

5. 其他类型 如科普型，主要供游客，特别是青少年开阔眼界、增长知识。绿化结合观光采摘型，在垂钓园、农庄、景区（点）绿化中选用果树作为绿化树种，在美化环境的同时让游客赏花品果。例如，垂钓池埂上可以栽植樱桃，绿化可以栽植枇杷、柿子、石榴等，还可建葡萄绿荫长廊等形式，丰富赏游内容。

（二）观光果园规划设计的原则

1. 因地制宜，适地适树，以增加收入为目的 果树生产具有强烈的地域性和季节性，发展观光果园必须根据各地的果树资源、生产条件、季节特征，因地制宜地选用合适的果树品种和观光项目。为了增加收入，观光果园的地址选择要注意下面几点。

（1）*选择生态条件适宜区* 选在气候、土壤、地下水位、地势等适于栽植多种果树，灾害性天气现象不常发生的地区。

（2）*选择城镇近郊* 城市化程度高、经济状况好、交通与通信便捷，主要为市民服务。

（3）*选择靠近景点或风景区* 尽量建在名胜古迹、疗养地、度假村等高消费群体（如高尔夫球场、狩猎场、网球场、游乐设施等场所）。

（4）*选择发展前景好的地方* 按国家和地方规划，有望在近期兴建大型娱乐场所、居民区、文化体育城的地区附近，配建这类观光果园（但要有一定距离、纳入总体规划中）前景看好。

2. 市场导向和突出特色 在进行观光果园的规划设计中，要充分考虑客源市场，要在调查研究的基础上，对客源市场、目标市场进行层次划分。要根据果业区域特点，充分利用各地的果树生产习惯、果树品种资源、传统名牌产品等推出系列特色经营项目，满足游人求“特”寻“奇”的要求。

3. 保护环境，保持生物多样性 观光果园设计，要正确处理果树开发、景点建设与生态环境可持续发展的关系，切忌乱砍滥伐、大兴土木，要把对植被的破坏、对环境的污染降低到最低程度。实践证明，良好的生态环境，既是生产优质无污染绿色果品的前提和基础，又是吸引游客，获得观光收入的条件和保障。除重视景观规划之外，对果树的树种搭配、树型管理、物候配套都要尽量考虑。

4. 知识性、科学性、艺术性和趣味性相结合 观光果园要营造文化、科技信息环境，给游客进行科普教育，以增加其知识。在规划设计及建园施工中要尽可能地把果园的一草一木都变成知识的载体，并将其系统化、人性化，使游客能得到全方位的果树知识及果品文化的熏陶。在遵循果树科学管理的同时，兼顾其艺术欣赏性，使果园尽量实现其整体美感，将其形态美、色彩美及群体美、个体美有机结合，使其科学性和艺术性得到充分体现，在时间和空间上实现完美统一。

（三）观光果园园地的规划

1. 生产用地的规划　观光果园园地一般为3.33～6.67hm²（50～100亩）大小，小区是规划的基本单位，也是树种品种安排、建园施工和养护管理的基本单位。小区界线一般与分水岭、道路等自然界线相结合，其面积大小依地形地势和功能需要而定，要便于进行统一的管理和灌溉。观光果园一般按照树种分成若干小区，每个树种至少30～50株，一般行距4m，株距1.5～2m，小区间距5m；与此同时，还应规划果树苗圃、采穗圃等小区，有条件的还可建造现代化温室。这样既能保持多品种的生物多样性，又能满足生产、教学和休闲观光的多种需要。

2. 观光休闲景点和绿地的规划　观光果园除了一般的果园规划之外，规划休闲观光景点和绿地也是其主要内容。要因地制宜地规划一些亭台楼阁、小桥流水、荷池鱼塘、休闲绿地、农家小院等景点和休闲娱乐场所，满足游客观景、谈心、垂钓、烧烤的需求。观光园一般可在最高的山上规划观景亭，用来眺望农村田园风光，给人以登高望远的感受；在最低区可利用现有水面规划一定面积的荷池鱼塘和水榭，人们可以在池塘周围挂满葡萄、猕猴桃的棚架下观鱼和垂钓，还可以在池塘内侧的树林下进行野外烧烤和尝果品茶，尽情体验大自然带给人们的珍果佳肴。人们在此可以领略农村的风土人情和乡风民俗。在这样的环境中，体验住农家屋、吃农家饭、喝农家茶、品农家果、干农家活的生活。

3. 非生产用地规划　观光果园建园时要充分考虑交通运输，服务设施及办公、生活设施等非生产性规划。

（1）*道路系统规划*　道路系统规划在旅游区规划设计中占举足轻重的地位，是景区旅游规划设计的核心内容之一。观光果园的道路规划应根据果园的规模大小、地形地势和整个园地布局及旅游观光线路，设置主干道、机耕道、作业道和观光步道。主干道贯穿全园，与接待中心、办公楼、果园、观光景点连接，各区还应规划作业道和游道供游人散步、游玩。

（2）*排灌系统规划*　从实际出发，充分利用水源引水灌溉。观光果园的灌溉注重以蓄主，以引为辅，蓄引结合，要通过多种渠道拦截地表径流，引水入地，做到水少能灌、水多能排、水旱无忧、旱涝保收。对于现代观光果园，应规划喷灌、滴灌等节水灌溉设施，同时适当规划一些传统灌溉方式，营造“小桥流水人家”、“泉水叮咚响”的氛围。

（3）*防护林的规划*　果树的生长需要一个良好的生态环境，观光游客更渴望能在风景如画、绿树成荫的景观中休闲。因此，在果园中规划防护林是必不可少的，它可以起到防风、防旱、防冻的良好作用，同时还有利于园地的绿化和美化。

（4）*办公、服务、生活等设施的规划*　大门、办公室、接待中心、服务楼、食堂、商务中心等生产、生活、服务设施都要一一进行规划。这些规划应尽量选择在位置适中、交通方便、风景优美的地方，但均要尽量不占用好地。

【考核评价】

本任务具体考核评价见表2-8。

表 2-8 果园规划与设计任务考核评价表

考核项目	分数
熟悉果园规划设计的主要内容	20
能够对平地、丘陵地和山地果园作出正确评价	20
能够进行防护林树种选择营造设计	20
能够正确选择树种与品种、进行授粉树的配置、栽植方式的设计	20
了解观光果园设计原则与内容	20
总分	100

任务 2 果树灾害防治

【任务目的】 熟悉果树冻害、霜冻、抽条、日灼发生的规律与防治措施。

【实践操作】

材料：当地有代表性的果园及果树，包括苹果、梨、桃、李、杏、葡萄等不同年龄果树。

工具：记录本、笔、小刀、剪刀、铁锹等。

一、冻害类型的调查

调查苹果、梨、杏、李、葡萄、草莓等不同果树发生哪些冻害类型？

二、果树霜冻的调查

分别于晚霜和早霜霜冻发生后调查并填写表 2-9 和表 2-10。

表 2-9 杏花、果的冻害调查表

品种	开花期	晚霜发生时间	花果冻害率（%）与冻害表现

注：说明花果生长进程不同与冻害的影响

表 2-10 早霜对葡萄的影响调查表

调查地点	霜冻时间	葡萄受冻表现	葡萄落叶表现

注：说明葡萄是否为正常落叶

三、果树抽条调查

1）在前年有意对葡萄不进行埋土，次年调查枝条抽条情况。

2）在前年有意对果树苗木秋季多灌水，延长枝条生长期，延后落叶。次年清明节先后调查枝条状态。

【引导思考】

利用思维导图思考（图 2-10）以下问题。

1. 果树的自然灾害有哪些类型？

2. 分别说明苹果、梨、杏、葡萄、草莓的主要冻害类型有何不同？并比较它们的抗冻力。

3. 各种自然灾害如何防治？为什么杏易冻花果？如何防止？

4. 除了上面所述的自然灾害以外，还有哪些自然灾害？

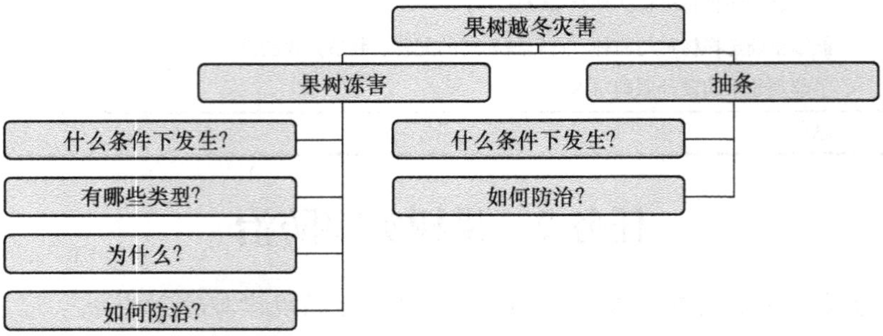

图 2-10　果树越冬灾害思维导图

【知识链接】

知识链接 1——冻害类型及其防治

（一）果树冻害的类型

1. 嫩枝冻害　停止生长较晚，发育不成熟的嫩枝，其组织不充实，保护性组织不发达，容易受冻害而干枯死亡。

2. 枝条冻害　发育正常的枝条，其耐寒力虽比嫩枝强，在温度太低时也会发生冻害。有些枝条外观看起来无变化，但发芽迟，叶片瘦小或畸形，生长不正常，剖开木质部色泽变褐，之后形成黑心，这是冻害。果树进入休眠抗冻力增强。果树整个树体的器官进入休眠的顺序是向心式的，解除休眠的顺序是离心式的。枝条组织中，形成层较木质部和韧皮部最晚进入休眠，最早解除休眠，所以，深冬与早春不同时期冻害类型不同。

3. 枝杈冻害　受冻枝杈皮层下陷或开裂，内部由褐变黑，组织死亡，严重时大枝条也相继死亡。

4. 根颈冻害　根颈是地上与地下的交界处，是干基，受冻后根茎皮层变黑死亡，轻则发生于局部，重则形成黑环，包围干周，全株死亡。由于根颈最晚进入休眠，最早解除休眠。晚秋或早春容易发生根颈冻害。

5. 根系冻害　在地下生长的根系，冻害不易被发现，但严重影响地上部的生长。表现在春季萌芽晚或不整齐，或在放叶后又出现干缩等现象。刨出根系，发现外部皮层变褐色，皮层与木质部分离，甚至脱落。

6. 花芽冻害　早春因花芽解除休眠早，当春季气温上升，而又出现霜冻时，花芽遭受冻害。严重时全部花芽受冻死亡。轻者则内部组织变褐，使花器花育迟缓或呈畸形，影响授粉和结果，造成严重减产。

（二）预防冻害的措施

果树冻害是北方果产区普遍存在的问题，要把预防冻害贯穿于果树生产管理过程的始终，切实做到预防为主，才能把果树冻害损失降到最低程度。主要技术措施如下所述。

1. 选择抗寒树种和品种　应根据当地的自然条件、气象因子和果树区划，选择与当地条件相适应的树种、品种和砧木类型，做到适地适栽。

2. 建园选择　根据不同树种、品种的生物学特性和耐寒力适地适栽。应避免在低洼地、深沟及风口处、地下水位过高、丘陵北坡处建园。此外，选择抗寒性强的基砧坐地苗建园，高接名、优、新、稀、特品种，也可提高其抗寒能力。

3. 壮树锻炼　加强果树综合管理，培养健壮树体，保证枝条充分成熟。例如，克服过量结果和“大小年”结果现象，避免后期氮肥和灌水过量，配合使用多效唑等生长调节剂防止枝条徒长，从而保证正常进入休眠，以增强抗寒力。

4. 采用抗寒栽培方式　生产中应用的抗寒栽培方式有如下几种。

（1）匍匐栽培　利用扣压方法，将枝条引成水平生长，冬季埋土防寒，抵御严重冻害。

（2）高接换种　利用抗寒性强的野生树种或品种作砧木，距地面 1m 左右处高位嫁接栽培品种，改善嫁接品种的温度环境，达到避免冻害的目的。

（3）矮密栽培　利用寒地周期冻害的间隙，进行矮化、密植栽培，达到早结果、早丰产、早收益，避免大冻害的严重损失。

（4）营造防护林　防护林既可防风，又可增加防护林内的温度，缓和气温剧变幅度，从而减轻冻害程度。

（5）加强树体越冬保护　树干和树干基部培土，树干涂白或绑缚稻草，果园冬前灌封冻水等，均可减轻冻害。

知识链接 2——霜冻类型及其防治

（一）霜冻的概念及类型

霜冻是指果树在生长期夜晚土壤和植株表面温度短时降至 0℃或 0℃以下，引起果树幼嫩部分遭伤害的现象。霜冻的实质是短时低温引起植物组织结冰的危害。当伴有结晶状霜出现时，称为“白霜”；当无结晶状霜伴随而农林作物也出现冻害时，称为“黑霜”。

根据霜冻发生时期，分为早霜冻（由温暖季节向寒冷季节过渡时期发生，也称秋霜冻）和晚霜冻（由寒冷季节向温暖季节过渡时期发生。也称春霜冻）。

根据霜冻发生的原因，霜冻的类型有以下 3 种。

（1）平流型霜冻　由于强冷空气入侵引起剧烈降温而发生的霜冻，这种霜冻发生时，时常伴有烈风，所以也有“风霜”之称。

（2）辐射型霜冻　一般多是受冷高压的控制，在晴朗无风的夜间或早晨，地面强烈辐射而发生的霜冻。朝北的坡地比朝南的坡地容易发生霜冻，洼地比平地容易发生霜冻。

（3）平流辐射型霜冻　冷空气影响与辐射同时作用下发生的霜冻。通常是先有冷空气侵入，气温明显下降，到夜间天空转晴，地面有效辐射加强，地面温度进一步下降而发生的霜冻。

（二）霜冻对果树的危害

霜冻对果树生产影响很大，特别是我国西北地区，由于温变剧烈，霜冻频繁，严重影响果树生产。例如，内蒙古、宁夏一带，因霜冻而减产的年份竟高达 40%～50% 甚至更高；东北和华北地区因霜冻而减产亦属多见。

我国北方春季随着气温上升，果树解除休眠并进入生长期。抗寒力迅速降低。此时即使短暂的 0℃以下温度，也会给幼嫩组织带来致死的伤害。因此，自萌芽至幼果期霜冻来临越晚，则受害越重。

早春萌芽时遭受霜冻，嫩芽或嫩枝变褐色。鳞片松散而干于枝上。花蕾期和花期，由于雌蕊最不耐寒，轻霜冻时只将雌蕊和花托冻死。严重时花瓣受冻变枯脱落。幼果受冻较轻时。果实中幼胚变褐，而果实仍保持绿色，萼端出现霜环，变成畸形果或逐渐脱落。受冻严重时则全果变褐很快脱落。几种果树花期和幼果霜冻害临界温度见表 2-11。

表 2-11 主要果树花期受冻临界温度 （单位：℃）

树种	花蕾期	开花期	幼果瓢
苹果	−3.8	−2.2	−1.5
洋梨	−3.8	−2.2	−1.1
桃	−3.8	−2.7	−1.1
杏	−3.9	−2.2	−0.6
李	−4.0	−2.7	−1.1
甜樱桃	−2.2	−2.2	−1.1
葡萄	−1.1	−1.1	−0.5
核桃	−1.1	−2.2	−1.1

注：以上临界温度因品种、树势及分布地区可能略有差异

（三）预防霜冻的措施

平流霜冻和混合霜冻温度下降常较剧烈，一般防霜方法常难以奏效，应注意建园地点和树种品种选择。经常出现辐射霜冻的地区，落叶果树可考虑采取下列措施。

1. 延迟发芽，减轻霜冻程度

（1）*春季灌水或喷水*　春季多次灌水或喷水降低土温和树温，延迟发芽。此外，花芽萌动前树体均匀喷施 1% 的生理盐水，可提高树体自身的抗冻能力，预防花期霜冻。

（2）*利用腋花芽结果*　腋花芽较顶花芽萌发和开花都晚，有利避开晚霜。

（3）*涂白*　春季对果树主干和主枝涂白可以减少对太阳热能的吸收，延迟发芽与开花。例如，早春用 7%～10% 石灰液喷布树冠，可使花期延迟 3～5d。

（4）*应用植物生长调节剂*　使用植物生长调节剂可延迟萌芽和开花。例如，用 250～500mg/L 的萘乙酸钾盐溶液或 500～2000mg/L 的青鲜素在花芽膨大期喷洒树冠，可以推迟花期 3～5d。

2. 改善果园的小气候

（1）*加热法*　加热防霜是现代防霜较先进而有效的方法。在果园内每隔一定距离放置一台加热器，在即将出现霜冻前点火加温，下层空气变暖而上升，而上层原来温度较高的空气下降，会在果树周厨形成一个暖气层。

（2）*吹风法*　辐射霜冻是在空气静止情况下发生的，利用大型吹风机增强空气流通，将冷气吹散，可以起到防霜作用。

（3）*熏烟法*　在最低温度高于 −1℃和无风的情况下，可在果园内熏烟。熏烟能减少土壤热量的辐射散发，同时烟粒吸收湿气，使水气凝成液体而放出热量，提高气温。一般以碎柴、杂草、锯末、糠壳等为燃料。根据当地气象预报，有霜冻危险的夜晚温度降至 3℃时即可点燃，并控制浓烟使烟雾覆盖在果园内的空间，一般每亩果树可设 4～5

个发烟点。每堆用料 15～20kg，并将其设在上风口。

（4）人工降雨、喷水　降霜前利用人工降雨或向果树体上喷水，水遇冷凝结放出潜热，并可增加湿度，减轻冻害。

知识链接 3——抽条及其防治

1. 抽条的概念和表现　抽条也称冻旱，是指枝条干枯失水的现象。主要原因是因为早春地温低，导致根系吸水困难，气候干燥枝条失水而引起，一般多在一年生枝上发生，随着枝条年龄增加，抽条率会下降。抽条发生与冬季温度太低，早春升温过猛关系极大。主要发生在我国东北、华北北部、山东北部及西北地区。苹果、梨、桃、葡萄、无花果、核桃、板栗、柿都有发生。1～5 年生幼树尤为严重。受害程度随树龄增大而减轻。抽条是当前北方干寒地区果树生产中存在的重要问题。

轻度抽条造成枝条外皮皱缩，但可随气温的升高而恢复。严重抽条主要发生在气温回升、干燥多风、地温尚低的 2～3 月，受害较重者枝干抽干，恢复困难。

2. 预防抽条的途径

1）选栽抗抽条能力强的树种和品种。

2）在土壤结冻前灌足冬水，使果树充分吸收水分，对减少抽条和缩短抽条长度大有好处。

3）控制后期施氮肥、灌水，果园避免间作秋季需肥水多的大白菜、萝卜等，促使新梢在越冬前及时停止生长，促进枝条成熟，增强其抗抽条能力。

4）营造防护林带，改善果园小气候。增加空气湿度，减少蒸发量。

5）冬前深翻耙耱、地面覆膜、树盘覆草、培土。对于新栽的幼龄果树，可在冬季将树体轻轻按倒在地面上，使根际上部一段呈弓形弯曲，然后覆盖 15～20cm 厚的湿土。这样既可以减少树体水分的蒸发，又能起到保温防寒的作用。对于较大、不能弯曲的果树，可采取培埂方法，即在树干北面培起 60cm 以上高的月牙形土埂，以改变树体周围的小气候条件，提高地温，缩短土壤结冻期，使根系及时吸收水分，减轻或防止抽条。

6）用作物秸秆或塑料薄膜等将幼龄果树的枝干包扎起来，也可以减少水分蒸发和寒风侵袭，对防止抽条有良好效果。

7）在早春对树体喷涂高脂膜、石蜡乳剂、聚乙烯醇、羧甲基纤维素等保护剂，减少枝条水分蒸发。

知识链接 4——日灼

1. 日灼的概念及其表现　日灼主要是指果树在其生长发育期间，由于强烈日光辐射增温所引起的果树器官和组织灼伤，又称日灼或灼伤。果树日灼分为夏季日灼和冬季日灼两种类型。夏季日灼常在干旱天气条件下发生，主要危害向阳的果实和枝条皮层。果实日灼处表现淡紫色或浅褐色干陷斑。严重时果皮曝裂；枝条日灼可能使皮层裂开或灼伤。夏季日灼是高温和生理干旱的综合危害所造成的。

冬季日灼多发生在寒冷地区的果树向西南面的主干和大枝上。由于冬春白天太阳照射枝干温度升高到 0℃以上，使处于休眠状态的细胞解冻，夜间温度骤然下降到 0℃以下，细胞内再冻结。如此反复冻融交替使皮层细胞受破坏。开始受害时树皮变色横裂成块斑状，危害严重时韧皮部与木质部脱离。急剧受害时，树皮凹陷，日灼部位逐渐干枯、裂开或脱落。苹果、梨、桃、葡萄等树种都易发生日灼，但品种间有较大差异。

夏季日灼与干旱和高温有关。由于温度高，水分不足，蒸腾作用减弱，致使树体温度难以调节。造成枝干的皮层或果实的表面局部温度过高而灼伤，严重者引起局部组织死亡。

2. 预防日灼的措施

（1）*涂白和保护*　树干涂白可以反射阳光，缓和树皮温度的剧变，我国北方地区普遍采用。通常在冬季进行，有的地区夏季也涂白。此外，树干缚草、涂泥及培土等也可防止日灼。

烟台果树研究所在预防苹果树枝干日灼上采用的涂白方法效果较好。具体方法是：用 100 L 水、54kg 滑石粉、1kg 石硫合剂原液和 3.2kg 玉米面配成滑石粉涂白剂，在 10 月末至 11 月上旬和 6 月中下旬用小刷子涂抹树干及其分枝主轴。通过涂白反射日光，降低枝干南面树皮温度，对防止日灼有明显效果。据观察，3～4 月涂白和不涂白的南面树皮平均温度，23 时均为 5.5℃，13 时分别为 14.5℃和 23.5℃。13 时，涂白比不涂白南面树皮均温低 9℃。而且，滑石粉涂白剂比石灰涂白剂的黏着力强而持久，不易剥落，且成本低廉，预防日灼效果更好。

（2）*注意树冠管理*　为防止枝干日灼，应降低干高、多留辅养枝、避免枝干光秃裸露。较大锯口、伤口，可涂白油漆防止失水。为防止果实日灼，应尽量在树冠内部结果，阳面果实多留在有叶片遮盖处。必要时可以套袋。对于晚红葡萄，除套袋外，还可在袋外用报纸“打伞”，以防其果实日灼。

（3）*加强综合管理*　生长季节防止干旱，避免各种原因造成叶片损伤，各旱地区应在土壤解冻前灌冻水。

知识链接 5——树干涂白技术

1. 目的　保护树体，防止树体温度发生剧烈变化，预防主干冻害和日灼。加入石硫合剂可以防止病虫害。

2. 涂白剂的配制

（1）*原料配比*

1）生石灰：水：盐：油：石硫合剂原液比例为 15：30：2：0.2：2。

2）白云灰：水：盐：油：石硫合剂原液比例为 15：15：1：0.2：1。

注意：七年生苹果树参考用灰量 95 株 /10kg 白云灰。

（2）*配制*

1）用少量的水将盐溶解，备用。

2）用少量的水将生石灰（或白云灰）化开，然后加入油，充分搅拌，加入剩余的水，制成石灰乳。

3）将石硫合剂原液和盐水加入石灰乳中，搅拌均匀，备用。也可仅用生石灰（或白云灰）、水和少的盐制成涂白剂。

3. 涂白（涂抹方法）　从树干第一主枝分叉处从上往下涂白，刷子的走向是从下向上，纵向涂抹。要求涂抹均匀、周到，有一定的厚度，并且薄厚适中。

4. 注意事项

1）涂白剂要随配随用，不得久放。

2）使用时要将涂白剂充分搅拌，以利刷匀，并使涂白剂紧贴在树干上。

3）根颈处必须涂到。

4）涂抹均匀，厚度适中。

5）涂白时，要仔细认真，不能用它嬉戏打闹，以免溅到面部。

【考核评价】

本任务具体考核评价见表2-12。

表2-12 果树灾害防治任务考核评价表

考核项目	分数
熟悉冻害类型及其防治措施	20
熟悉霜冻类型及其防治措施	20
熟悉抽条及其防治措施	20
熟悉日灼及其防治措施	20
熟悉树干涂白技术	20
总分	100

项目3　果树苗木培育

【项目目标】熟悉实生苗、扦插苗木、嫁接苗木的特点与利用，能够正确选择和规划苗圃，能独立培育和管理果树实生苗、扦插苗和嫁接苗，能够制订和实施苗木出圃技术规程。

任务1　种子生活力的测定与层积处理

【任务目的】熟悉果树种子层积的作用、层积处理的方法，能够进行种子层积处理和种子活力的鉴定，熟悉我国北方主要果树常用砧木种类及特性。

【实践操作】

材料：砧木种子，干净河沙，层积处理容器（木箱或花盆）；经过层积处理后或浸种催芽的待播果树种子。

用具：镐、锹、耙、皮尺、卷尺、水桶、喷雾器等。

一、种子活力的鉴定

（一）形态观察法

有生活力的种子特征为种子外表有光泽，耐压，无霉味。剥去种皮后，子叶呈乳白色，不透明，有弹性。

无生活力的种子与上相反。陈旧的种子，种仁呈黄色，按压易破碎。

（二）染色法

染色法的机制是细胞膜在没有受到破坏时，能阻隔染料物质进入细胞内。

将种子水浸10～24h，使种皮柔软并吸水，有核的种子可将硬壳砸碎再水浸。然后剥去种皮，将两子叶分开，做如下处理：将子叶连同胚放入染色剂中（5%红墨水或0.1%靛蓝胭脂红或0.1%曙红溶液或1%地衣红溶液中），染色2～4h，取出用清水冲洗。凡胚和子叶完全染色的，为无生活力的种子；胚或子叶部分染色的，为生活力较差的种子；胚和子叶没有染色的，为有生活力的种子。

（三）发芽试验

发芽试验多在层积处理后进行。方法是将一定数量的待测种子放在培养皿里，在室温下进行发芽试验，统计发芽种子的数量占待测种子的百分率。

二、种子的层积处理

层积处理的步骤如下。

1. 浸泡种子　层积前将种子用清水浸泡1～2d，每日换水并搅拌1～2次，使种子充分吸水。

2. 选地挖沟　选地形较高、排水良好的背阴处，挖深、宽各60～100cm的沟，长度可随种子的数量多少而定。

3. 种沙混拌　把浸泡好的种子与干净的湿河沙混拌均匀，河沙用量为种子体积的

5～10倍。沙的湿度以手握成团，但不滴水，松手一触即散为准。

4. 挖沟层积 先在沟底铺一层厚约10cm的湿沙，把混合湿沙的种子堆入沟内，堆至离地面10cm处，上覆湿沙与地面持平。盖上一层草苫后覆土30cm左右，并高出地面成土丘状，层积沟四周挖排水浅沟以利排水（图3-1）。在冬季不是很寒冷的地区也可采用地面层积方法。

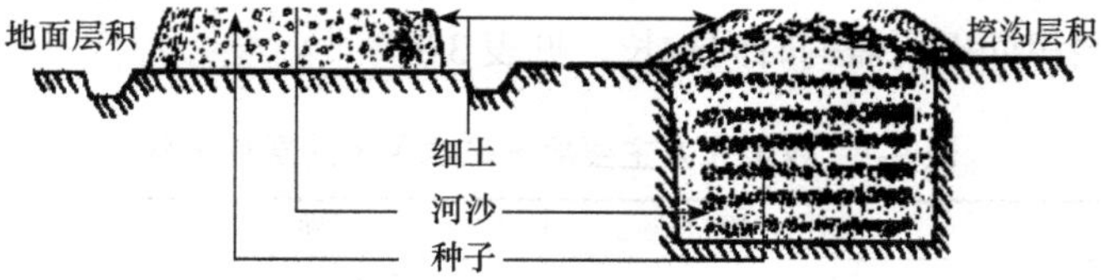

图3-1 种子的层积处理

5. 注意事项

1）层积处理最适温度为2～7℃。

2）湿沙的湿度以手握成团，但不滴水，一触即散为准。

3）层积期间，应经常检查湿度和温度，防鼠害。

4）要掌握好层积的日期，层积天数达到后，即时检查，以防长成“豆芽”。

【引导思考】

利用思维导图（图3-2，图3-3）思考以下问题。

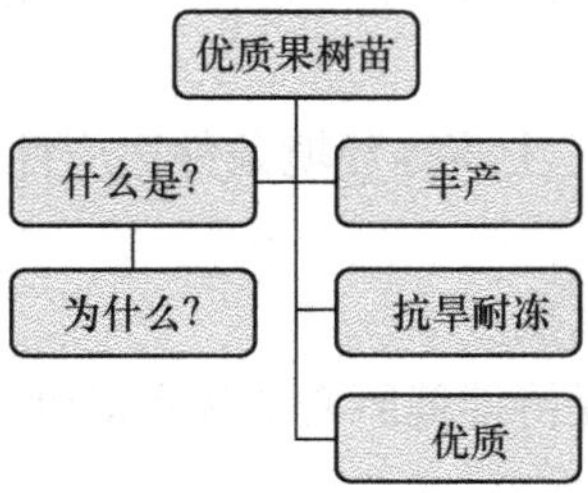

图3-2 优质果树苗思维导图

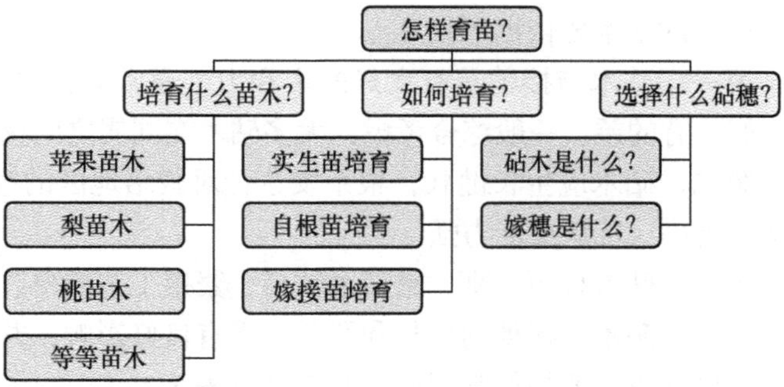

图3-3 果树育苗思维导图

1. 简述实生苗的特点与利用。
2. 你能够识别果树砧木种子吗?
3. 种子层积处理的方法?
4. 简述种子休眠的机制。
5. 不同果树层积处理时间?
6. 生产上用种子繁殖哪些果树?

【知识链接】

知识链接1——种子的休眠与解除

北方落叶果树，种子成熟时处于自然休眠，处于自然休眠的种子即使吸水并置于适宜的温度和通气条件下也不能发芽。只有种子内部发生一系列生理变化，种子才能够萌发，这一过程称为后熟。种子需要低温、湿润、通气一定时间才能完成后熟、发芽。生产上常以层积处理的方法（河沙为基质与种子分层放置），来解除种子休眠。

层积处理多在秋冬季节进行。多数落叶果树需要在 2～7℃的低温、有效最低温度 −5℃，有效最高温度 17℃。种子层积需要良好的通气条件。沙的湿度以手握成团而不滴水（约为最大持水量的 50%）为宜。层积处理时间与果树的生态适应性有关，一般抗冻力越强的果树，层积处理所需的时间越长，见表 3-1。

表 3-1 我国北方主要果树砧木种子的层积天数

树种	层积天数 /d	树种	层积天数 /d
山定子	25～90	毛樱桃	40～80
海棠果	40～50	山葡萄	90
杜梨（大粒）	80	枣	60～100
杜梨（小粒）	60	酸枣	60～100
秋子梨	40～60	板栗	100～180
山桃	80～100	核桃	60～80
山杏	45～100	山楂	一年以上

知识链接 2——北方果树砧木的选择

果树砧木种类很多，在砧木的选用上，应就地取材，适当引种。引种砧木应对其特性有充分了解或先行实验，表现良好的方能大量引进、推广。

选择砧木主要依据下列几点。

第一，砧木与接穗具有良好的亲和力，通常同种之间亲和力最高，同属之间有的亲和力好，有的差。一般综合考虑，大多砧木在同属之间选择。

第二，砧木应生长健壮，根系发达，对栽培地区的气候、土壤等环境条件适应性强，抗寒、抗旱、抗病虫能力强。

第三，砧木种源丰富、繁殖系数高、繁殖工艺简单、成本低。

第四，砧木对接穗的生长和开花结果有良好影响，并能保持接穗原有的优良品性。

我国北方主要果树常用砧木及特性见表 3-2。

表 3-2 我国北方主要果树常用砧木种类及特性

树种	砧木名称	主要特性	适用地区
苹果	山定子	抗寒力极强、根系发达、耐瘠薄、不耐盐碱	东北、华北、西北
	海棠果	抗寒、抗旱、抗涝、耐盐碱	华北、西北
	八棱海棠	较抗旱、耐涝、耐寒、耐盐碱	华北、西北
	M2、M4、M7、MM106	半矮化砧	试验中
	M9、M26、M27	矮化至极矮化	试验中
梨	杜梨	根系发达、耐旱、耐涝、抗盐碱	华北、西北
	秋子梨	抗寒、抗腐烂病、丰产、寿命长	东北、西北
桃	山桃	抗寒、抗旱、耐盐碱和瘠薄	东北、华北、西北
	杏	较抗寒、抗旱、耐瘠薄	内蒙古

续表

树种	砧木名称	主要特性	适用地区
杏	山杏	抗寒、抗旱、耐瘠薄	东北、华北、内蒙古
	杏	较抗寒、抗旱、耐瘠薄	东北、华北、内蒙古
李	山桃	抗寒、抗旱、耐盐碱和瘠薄	华北、内蒙古
	杏	较抗寒、抗旱、耐瘠薄	华北、内蒙古
	李	耐涝	华北、内蒙古
葡萄	山葡萄	极抗寒、扦插难发根	东北、内蒙古
	贝达葡萄	抗旱、抗寒、适应性强、扦插易发根	东北、内蒙古
枣	酸枣	抗旱、抗寒、耐盐碱和瘠薄、亲和力好	华北、西北
	枣	抗旱、抗寒、耐盐碱和瘠薄、亲和力好	华北、西北

知识链接 3——砧木种子采集

种子的质量关系到砧木的长势和合格率，是培养优良砧木的重要环节。采种时应采集品种纯正优质的种子，要注意以下几个方面。

1. 选择优良母本树 培育砧木所用的种子，应选择适应性强，丰产稳产，品质优良的母本树进行采种。

2. 适时采收 过早采收，种子未成熟，种胚发育不全，贮藏养分不足，生活力弱，发芽率低。生产上常在种子成熟（即形态成熟）时采收，所谓形态成熟是指种子颜色变深，种皮致密坚硬，外观上具有完全成熟的特征，见表 3-3。生产实践中多从果实和种子成熟时表现出的特征鉴定，如果实外观变成该品种固有的色泽，果肉变软，种子含水量减少，干物质增加，重量增加，充实饱满，种皮色泽加深而有光泽，说明种子已经成熟，可进行采种。

表 3-3 我国北方主要果树砧木种子采收期

树种	采收期	树种	采收期
山定子	9～10 月	毛樱桃	6 月
海棠果	9～10 月	山葡萄	8 月
杜梨（大粒）	9～10 月	枣	9 月
杜梨（小粒）	9～10 月	酸枣	9 月
秋子梨	9～10 月	板栗	9～11 月
山桃	7～8 月	核桃	9 月
山杏	6 月下至 7 月中	山楂	8～11 月

3. 选择果实 凡果实肥大，果实端正的种子也饱满。果实发育不正常，往往不正常的一边，种子发育也不好，所以采种时有必要对果实进行选择。

4. 采种方法 从果实中取种的方法应根据果实的特点而定。

凡果肉无利用价值的，如山定子、秋子梨、杜梨、山桃等，果实采收后放入缸里或堆积促使果肉软化。堆积厚度以 0.33m 为宜，且不断翻动，过厚易因果实发热和缺氧而使种子受害。果肉软化后揉碎，洗净取出种子。果肉可利用的果实，可结合加工过程取种，但必须用未经 45℃以上温度处理的有生命力的种子。

【考核评价】

本任务具体考核评价见表 3-4。

表 3-4 果树种子层积处理任务考核评价表

考核项目	分数
熟悉种子层积处理的作用，能够进行种子层积处理	20 分
能够进行种子活力的鉴定	20 分
熟悉果树种子层积时间和条件	20 分
熟悉我国北方主要果树常用砧木种类及特性	20 分
熟悉采集种子的时期与方法，能够正确采集种子	20 分
总分	100 分

任务 2 果树种子的催芽、播种与管理

【任务目的】能够正确进行果树种子催芽、播种与苗木管理。

【实践操作】

材料用具：果树种子、细沙、恒温箱、温度计、搪瓷盘、锹、耙。

一、催芽处理

催芽处理可以使苗木生长整齐一致。生产上有时不经过催芽就播种，这要根据具体情况决定。催芽处理掌握好温度和湿度。温度低，湿度小催芽时间延长，温度高，湿度大，种子易发霉腐烂，催芽最适宜温度为 25～28℃，经 1～2d 小粒种子即可发芽，大粒种子时间略长一些。

具体方法：可以将种子与湿沙放在搪瓷盘中并置于恒温箱中进行，也可以将种子放在木箱或瓦盆内，将盛有种子的容器放在温室或火炕上，待种子幼根刚突破种皮，未露白时，即可播种。厚壳种子，在催芽前仍未裂开，可先浸水 4～5d，每日换水两次，待其充分吸水后再催芽，也可以把种壳砸开，取出种仁催芽。

二、播种与管理

（一）整地

配合施肥深翻、耧平、耙细、作畦，并要浇水，待土壤不发黏时即可播种。

苗圃地在播种前先深翻 50cm，同时每公顷施入有机肥 37 500～75 000kg，过磷酸钙 375kg，草木灰 750kg。深翻施肥后灌水，水渗下后，根据需要筑垄或作畦。一般垄宽 0.6～0.7m；畦宽 1～1.2m，畦长 5～10m。筑垄或作畦时应先将土块打碎、耧平、耙细。

（二）播种

播种时期一般在 4 月上中旬。

小粒种子可用撒播、条播，大粒种子用点播。播种深度因种子大小、土壤性质和干湿

情况而异。小粒种子宜浅，大粒种子宜深；黏重土壤宜浅，疏松土壤宜深；湿度大的土壤宜浅，湿度小的土壤宜深。在土壤适宜时，播种深度一般为种子横径的1～3倍为宜。

播种后再浇水一次。如果播后覆地膜或麦秸，效果更好，有利于保持湿度和种子发芽出土。

（三）管理

播种后要注意以下几个环节。

1）要注意土壤湿度的变化，如发现表土过干，影响种子发芽出土时，要适时喷水，使表土经常保持湿润状态，为幼苗正常出土创造良好条件。但切忌漫灌，以免使表土形成硬盖，影响幼苗正常出土。

2）在畦内或垄上有覆盖物的，当种子出土时，要及时去掉覆盖物，以保证幼苗正常出土。

3）幼苗出土后要适时除草松土若干次，以保证土壤疏松无杂草，有利于幼苗的健壮生长。

4）当幼苗大部分长出两片真叶时，要及时进行间苗移栽。将过弱的、畸形的或有病的幼苗拔掉。生长正常而又过密的幼苗，可进行移栽。移栽前2～3d要灌透水，以利移苗时根系带土易于成活，移苗后要及时灌水。

5）在幼苗生长过程中，要注意灌水和施肥，发现病虫害，要及时防治。

6）当幼苗长到30cm左右时，要适时进行摘心，并除去苗干基部5～10cm处的副梢，以保证嫁接部位光滑。

播种与管理都要做好详细的记录，将各项内容填入表3-5。

表3-5 播种与管理记录表

种子类型		浇水时期	施肥数量、种类	除草时期
播种日期	第一次			
播种方法	第二次			
播种密度	第三次			
播种深度	第四次			
出苗日期	第五次			
间苗日期	第六次			

【引导思考】

1. 播种的时期和方法如何确定？
2. 如何确定播种量？
3. 何时间苗？为什么？

【知识链接】

知识链接1——播前浸种催芽与土地准备

1. 浸种催芽 浸种可以短时间内使种子大量吸水，加速种子内部的生理变化，缩短后熟过程。没有经过层积处理的种子，播前浸种可以促进种子萌发；对于已经过层积处理尚未萌芽的种子，经过浸种处理可以加速其萌芽。

不同树种浸种方法不同，如山桃、山杏、核桃等带有硬核的大粒种子，可用冷水浸种。把种子在冷水中浸泡5～6d，每天换一次水，或把种子放入草袋内，放入流水中浸泡，待充分吸水后，即可播种。若播期紧也可在开水中浸泡2～3s，捞出后在冷水中浸2～3d，待种壳裂口时即可播种。

对山定子、海棠、杜梨等小粒种子，如冬季未经沙藏，可在播前3～5d用温水浸种2～3d，取出后用湿沙混匀，在15～25℃条件下催芽，待种子露白尖时即可播种。

2. 播种地选择 播种地应选择有机质较为丰富、土地松软、排水良好的沙质壤土。播前要施足基肥，整地作畦、耙平。

知识链接2——播种时期、方法与播种量

1. 播种期 可分为秋播和春播。

秋播多在八九月，致冬初土壤封冻前为止，适宜在土质好，湿度适宜，冬季短而不严寒的地区采用。秋播种子可省去层积处理工序，能在田间通过后熟，且播种期长，翌年春出苗早，生长期长，生长快而健壮。但在秋冬风沙大、严寒、干旱、土壤黏重及鸟、鼠害严重的地区，宜进行春播。春播从土壤解冻后开始，以2～4月为宜。春播的种子必须经过层积处理或其他处理，使其经过后熟解除休眠，才能播种，以保证正常出苗和出苗整齐一致。

2. 播种方法 有撒播、点播（穴播）和条播。

（1）撒播 海棠、山定子、杜梨等小粒种子，可作畦撒播，待幼苗长到2～4片真叶时再移栽。撒播要均匀，不可过密，撒播后用耙轻耙或用筛过的土覆盖，稍埋住种子为度。此法比较省工，而且出苗量多。但出苗稀密不均，管理不便，幼苗生长细弱。

（2）点播（穴播） 多用于大粒种子，如核桃、板栗、桃、杏等。先将床地整好，开穴，每穴播种1～2粒，待出苗后根据需要确定留苗株数。该方法苗分布均匀，营养面积大，生长快，成苗质量好，但产苗量少。

（3）条播 适宜大多数种子。在苗床上按一定距离开沟，沟底宜平，沟内播种，覆土填平。条播可以克服撒播和点播的缺点。条播目前是应用最多的，特别是对如海棠、山定子、杜梨等小粒种子，可采用双行带状播种，每畦两带四行，带内距15cm，带间距50cm，边行距埂10cm，利于嫁接时操作。

3. 播种深度 播种浅，种子得不到足够和稳定的水分，影响出苗率；播种深，土温低，氧气不足，种子发芽困难，出土消耗养分多，且出苗晚，甚至出不了土。

播种深度依种子大小、气候条件和土壤性质而定，一般为种子横径的1～3倍，如核桃等大粒种子播种深度为4～6cm，海棠、杜梨2～3cm为宜，总之，在不妨碍种子发芽的前提下，以较浅为宜。土壤干燥可适当加深，秋、冬播种要比春季播种稍深，沙土比黏土要适当深播。为保持湿度，可在覆土后盖稻草、地膜等，种子发芽出土后撤除或开口使幼苗长出。

4. 播种量 单位面积内所用种子的数量称为播种量。通常用$kg/667m^2$表示。播前必须确定适宜的播种量，其计算公式为：

$$\text{播种量}（kg/667m^2）=\frac{\text{每}667m^2\text{计划育苗数}}{\text{每千克种子粒数}\times\text{种子纯净度}\times\text{种子发芽率}}\times 100\%$$

在生产实际中播种量应视土壤质地松硬、气候冷暖、病虫草害、雨量多少、种子大

小、播种方法等情况适当增加 0.5～4 倍。我国北方主要果树砧木种子采收期、层积天数、播种量及播种方法见表 3-6。

表 3-6 我国北方主要果树砧木种子千粒重与播种量

树种	每千克种子粒数	播种量 /（kg/667m²）
山定子	150 000～220 000	1～1.5
海棠果	40 000～60 000	1～1.5
杜梨（大粒）	28 000	1.5～2
杜梨（小粒）	60 000～70 000	1～1.5
秋子梨	16 000～28 000	2～6
山桃	260～600	20～50
山杏	800～1 400	15～30
毛樱桃	8 000～14 000	7.5～10
山葡萄	26 000～30 000	1.5～2.5
枣	2 000～2 600	7.5～10
酸枣	4 000～5 600	4～6
板栗	120～300	100～150
核桃	70～100	100～150
山楂	13 000～18 000	7.5～15

知识链接 3——播种后的管理

1. 出苗期的管理 种子发芽期要求充足的水分、适宜的温度，可以在播种后覆盖地膜以增温保湿，当 50% 以上幼芽出土后及时划膜或揭膜放苗。出苗前若土壤干旱，应适时喷水或渗灌。

2. 间苗移栽 幼苗长到 2～4 片真叶时，间苗、分苗或直接移入大田。移栽太晚缓苗期长，太早则成活力低。移栽前要采取通风降温、降低土壤湿度等措施炼苗。移栽前一两天要浇透水以利起苗带土，移栽最好在阴天或傍晚进行，即挖即栽，栽后浇水。

3. 断主根促进侧根发生 尤其是梨树，主根发达，侧根不容易产生，容易形成“萝卜根”，这样的苗木种植后不容易成活。通过苗圃中断主根，可以提高苗木侧根数量。一般方法是对一年生苗木落叶前后及时移植，或者不移植但是要从苗木侧面铲断主根。

4. 中耕除草 为保持育苗地土壤疏松，减少水分蒸发，并防止杂草滋生，需要勤浅耕、早除草。

5. 施肥浇水 幼苗生长过程中，要适时适量补肥、浇水。迅速生长期以追施速效氮肥（尿素、腐熟人粪尿）为主；后期增施速效磷、钾肥，以促进苗木组织充实。

【考核评价】

本任务具体考核评价见表 3-7。

表 3-7　果树播种育苗任务考核评价表

考核项目	分数
能够做好播种前准备工作	20 分
播种时期正确	20 分
播种方法和播种深度正确	20 分
能够正确间苗与移栽	20 分
苗木肥水管理正确，落叶时枝条能够成熟	20 分
总分	100 分

任务 3　果树的扦插育苗

【任务目的】熟悉扦插繁殖的理论与方法，能够进行葡萄、苹果矮化砧及丛状灌木果树的硬枝扦插和绿枝扦插。

【实践操作】

一、硬枝扦插

材料：葡萄、苹果矮化砧及丛状灌木果树。

用具：修枝剪、手锯、塑料薄膜、铁锹、肥沃园土、锯末、麻绳等。

1. 插条剪截　利用去年贮藏的一年生枝条，在露地扦插 25d 左右，先将枝条放在清水中浸泡一夜，扦插前将葡萄枝条剪成具有 2～4 个芽、长 10～15cm 的插条。上端在距芽 2cm 处平剪，下端在芽节下 1cm 处斜剪成马耳形剪口。

2. 催根处理　催根处理的方法有激素处理和温度处理，两方法可以结合一起使用。

激素处理方法：扦插前将插条基部浸于 5000mg/L 吲哚丁酸或萘乙酸的溶液中浸 2～3s，或于 50～100mg/L 吲哚乙酸或萘乙酸中泡浸 12～24h，然后取出扦插。

温度处理方法：在北方寒冷地区多用温床进行催根。在温床底部铺上新鲜马粪，马粪上铺一层沙。当床内温度上升到 25～30℃时，将准备好的插条成捆立在床上，用湿锯末添满空隙，只露上部芽眼，床外气温要控制在 10℃以下，避免发芽，约 20d 即可产生愈伤组织及根原始体，取出扦插。

3. 插床准备及基质配制　露地插床，先施足基肥，将基肥翻入土中后再整平畦面。位于保护地内的插床，其基质以用膨胀（粗 3～10mm）的蛭石效果最好，也可用珍珠岩和沙作基质，或沙质壤土与沙按 1∶2 的比例混合，泥炭土与沙按 1∶2 或 1∶3 的比例混合。营养袋的基质可采用肥泥、椰糠与河沙混合。

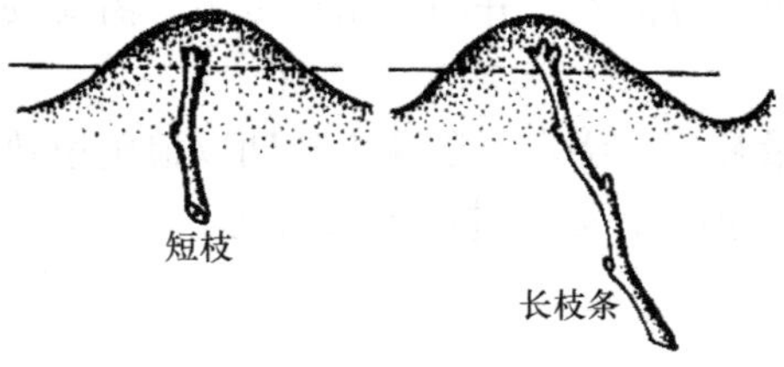

图 3-4　硬枝扦插斜插图

4. 扦插　扦插的株行距为 15cm×20cm。插条以斜插为宜（斜度约 45°），扦插深度为插条的 1/3～1/2，插条用基质压紧（图 3-4），然后灌水，待基质下沉后，顶芽与地面平。也可直插营养袋。

5. 扦插后管理　插后要加强管理，适时灌水，保持基质水分；插床用塑料薄膜覆盖，能增温保湿，有利于扦插成活，适当遮光（遮光率 40%），有利于扦插成活。

二、绿枝扦插

材料：半木质化葡萄等果树枝条。

用具：喷雾机、高锰酸钾、遮阳网、温湿度计等。

1. 插前准备

（1）品种选择　选择品种纯正、生长健壮、抗病毒、耐寒、丰产好的无毒苗新品种如‘早红提’、‘美人指’、‘京秀’等。

（2）整地作畦　葡萄属深根系作物，应疏松、富含腐殖质的土壤。扦插前对土壤表层进行深翻 25cm 以上。同时施入腐熟鸡粪 3000kg/hm^2、油渣 50kg/hm^2、过磷酸钙 25kg/hm^2、蘑菇渣、细河沙每公顷 200m^3。整地后用砖砌成宽 1.8m 的畦，铺 5cm 蛭石，按行距 10cm、株距 5cm 扦插。蛭石是绿枝扦插扦插葡萄最理想的基质，既保水又透气。

（3）土壤消毒　用 0.2%～0.4% 高锰酸钾溶液消毒处理，或将棚膜压严，连续处理 7～10d，天晴时可达 70～80℃，可杀死病菌和害虫。

（4）设备安装　葡萄采用温室扦插育苗，应在育苗温室内安装一套自动喷雾设备，在棚面覆盖遮阳网等遮光设备。

2. 扦插方法

（1）精选插穗、嫩枝扦插　扦插前一定要精选幼嫩枝条作插穗（图 3-5），该项工作一般在 3～4 月、9～10 月进行，避开夏季高温。剪取当年生长发育充实的半木质化壮枝、截成 2～3 个芽枝段，在上部 1～3 枝段上保留 1～2 片叶做插穗。做到随采条，随剪截，随扦插。如果叶片过大可剪去叶片 1/3～1/2，为了提高扦插成活率，可用 2% 萘乙酸或 1% ABT 生根粉溶液中浸泡 6～8s，然后取出立即扦插，以促进生根，多发根。

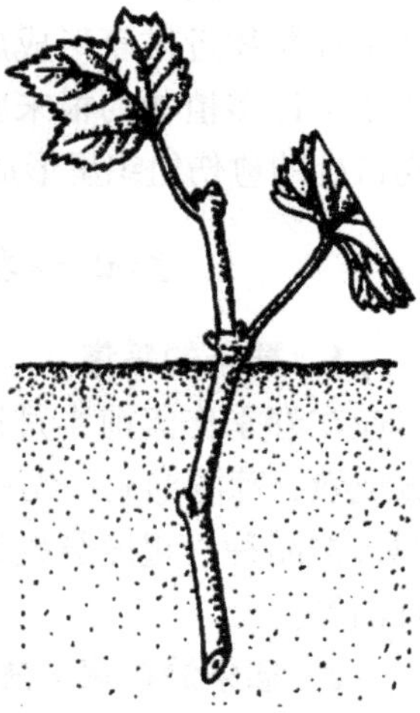
图 3-5　嫩枝扦插

（2）浅插穗条，防止萎蔫　穗条扦插的深度宜浅，一般为插穗长度的 1/3 左右，株距 3～5cm 喷足水，相对湿度保持在 80%～85%，温度保持在 20～25℃，将棚膜盖严，并用遮阳网遮光。

3. 扦插后管理

（1）温湿度控制　插穗生根后，棚内温度保持在 20～25℃，相对湿度 80%～85%。

（2）光照控制　光照时间长短与强弱对插条生根能力影响大，插条以接受散射光为好，强烈的光照对插穗成活不利，温度过高、蒸发量过大，可导致凋萎。因此，扦插初期要及时遮阳，约 15d 新根产生后，要逐渐加大光照量。

（3）喷水管理　喷水是最关键的管理措施。前期晴天，每天要喷水 6～7 次，时间要短，以喷湿地面为止，多云天气少喷，阴天不喷。既要保持棚内空气的湿度，又要避免蛭石过分潮湿，否则，容易导致插穗基部霉烂。

【引导思考】

1. 简述扦插苗的特点与利用。

2．哪些果树用扦插方法进行繁殖？
3．扦插苗培育的原理与方法？
4．影响果树绿枝扦插的因子、关键技术有哪些？
5．什么样的绿枝容易成活？
6．哪些果树容易成活？哪些较困难？
7．你能够对几种果树进行扦插繁殖？
8．不同果树的扦插繁殖方法有何不同？

【知识链接】

知识链接 1——自根苗的特点与利用

1．概念、特点与利用　扦插与压条等无性繁殖方法统称自根繁殖。由自根繁殖方法培育的苗木统称自根苗，其特点是变异性小，能保持母株的优良性状和特性；幼苗期短，结果早，投产快；繁殖方法简单，成苗迅速。自根苗可直接用来生产果实，也可作为繁殖砧木。

2．自根繁殖原理　培育自根苗的关键在于能否发生不定根和不定芽。

不定根（枝插）是由茎的内鞘、韧皮部、形成层等分生组织分化出新的根原始体后，从插穗基部的伤口断面上生长出来的。根段中（根插）潜伏的根原始体及维管束形成层部分产生不定根。

不定芽发生没有固定位置，在根、茎、叶上都可能发生，但多数发生在根上，幼根在中柱鞘靠近维管形成层的地方发生；老根从木栓形成层或射线增生的类似愈伤组织里产生。许多植物的根未脱离母体即形成不定芽，特别是根受伤后，主要在伤口面或断面伤口处的愈伤组织里形成不定芽。

知识链接 2——硬枝扦插插条的采集与贮藏方法

1．插条的采集　硬枝扦插使用的插条在休眠期采集，一般结合冬季修剪进行，最迟应在春季伤流前半月进行。在生长健壮、结果良好的幼年母树上，选择生长健壮、充分成熟、芽眼饱满、无病虫害的一年生枝。采集的插条每根按 50～60cm（5～6 个芽）剪截，按品种、粗度分别以 50～100 根捆成一捆，然后挂上标签，标明品种、数量、采集日期等。

2．插条的贮藏方法　插条采集后，为了减少水分的散失，保证插条质量，应尽快进行贮藏。贮藏方法有沟藏和窖藏两种，我国北方一般多采用沟藏。选择地势高燥、排水良好、向阳背风的地方开沟，沟宽 80～120cm，深 80～100cm，长度视插条数量而定。

贮藏时，先在沟底铺 5～10cm 厚的湿润河沙，把成捆的插条竖立或平放在沙上，在插条之间填满湿沙，再在插条上面盖 30～40cm 的湿沙或细土。沙的湿度以手握成团，一触即散为宜。最上面盖 20～40cm（寒冷地区适当增厚）的土防寒。贮藏大量枝条时，为了使贮藏沟适当通气，可在沟中每隔 3～5m 插入一个草把或秫秸。

知识链接 3——影响插条生根的因素

1．内在因素

（1）树种和品种　不同果树插条生根的能力有较大的差异：较易生根的有樱桃、

葡萄等，较难生根的果树有君迁子等，极难生根的果树有核桃、板栗、柿树等。同一种果树不同品种枝插发根难易也不同，美洲葡萄比山葡萄发根容易。

（2）树龄、枝龄和枝条的部位　一般情况下，树龄越大，插条生根越难。插条的年龄以一年生枝的再生能力最强，一般枝龄越小，扦插越易成活。但有的树种如醋栗用二年生扦插容易生根，主要原因是其一年生根过于纤细，营养物质含量少。从一个枝条不同部位剪截的插条，其生根情况不一。落叶果树夏、秋扦插，以枝条中上部为宜；冬、春扦插以枝条的中下部为好。

（3）枝条的发育状况　凡发育充实的枝条，其营养物质比较丰富，扦插容易成活，生长也较良好。嫩枝扦插应在插条刚开始木质化即半木质化时采取；硬枝扦插多在秋末冬初，营养状况较好的情况下采条。

（4）贮藏营养　枝条中贮藏营养物质的含量和组分与生根难易密切相关。由于生根和发芽都需要消耗有机营养，因此通常枝条碳水化合物越多，生根就越容易。

（5）激素　生长素和维生素对生根和根的生长有促进作用。由于内源激素与生长调节剂的运输方向具有极性运输的特点，如枝条插倒，则生根仍在枝段的形态学下端，因此，扦插时应特别注意不要倒插。

2. 外在因素

（1）温度　一般树种扦插时，白天气温达到21～25℃，夜间15℃，就能满足生根需要。在土温10～12℃条件下可以萌芽，但生根则要求土温18～25℃或略高于平均气温3～5℃。在我国北方，春季气温高于土温，扦插时要采取措施提高土壤温度，使插条先发根。

（2）湿度　插条在生根前失水干枯是扦插失败的主要原因之一，因此要尽可能保持较高的土壤湿度和空气湿度。插床湿度一般维持土壤最大持水量的60%～80%为宜。

（3）光照　光对根系的发生有抑制作用，因此，必须使枝条基部埋于土中避光，才可刺激生根。插条生根前适当遮阴，可以减少圃地水分蒸发和插条水分蒸腾，使插条保持水分平衡。嫩枝带叶扦插需要有适当的光照，以利于光合制造养分，促进生根，但仍要避免日光直射。

（4）通气　扦插生根需要氧气。一般土壤气体中以含15%以上的氧气而保有适当水分为宜。

（5）生根基质　理想的生根基质要求通水、透气性良好，pH适宜，可提供营养元素，既能保持适当的湿度又能在浇水或大雨后不积水，且不带有害的细菌和真菌。

知识链接4——插条的催根处理

果树萌芽和生根要求的温度差异很大，在春季露地扦插时，往往先萌芽，后生根。萌发的嫩芽常因水分、养分供应不上而枯萎，降低扦插成活率。因此，生产上常用人工催根的方法促使插条早生根，提高扦插成活率。进行催根处理的时间是扦插前20～25d。

1. 加温催根处理　人为地提高插条下端生根部位的温度，降低上端发芽部位的温度（头凉脚热），使插条先发根后发芽。常用的催根方法有阳畦催根、酿热温床催根、火炕催根、电热温床催根等。催根时在热源之上铺一层湿沙或锯末，厚度3～5cm，将浸蘸过药剂的插条下端向下，成捆直立埋入铺垫基质之中，捆间用湿沙或锯末填充，顶芽外露。插条基部温度保持在25～28℃，气温控制在8～10℃。为保持湿度要经常喷水，可使根原体迅速分生，而芽则受气温的限制延缓萌发。经过 15～20d，插条便可产生愈伤组织并开始生根。

2. 药剂处理　应用人工合成的各种植物生长调节剂对插条进行扦插前处理，不仅生根率、生根数和根的粗度、长度都有显著提高，而且苗木生根期缩短，生根整齐。常用的植物生长调节剂有用吲哚丁酸、吲哚乙酸、萘乙酸等。其使用方法有两种：一种是高浓度速蘸；另一种是低浓度长时间浸泡，但注意浸蘸的部位为插条基部，不能使最上端芽眼蘸到药剂，否则影响萌芽。

维生素 B_1 和维生素 C 对某些种类的插条生根有促进作用。硼可促进插条生根，与植物生长调节剂合用效果显著，如吲哚丁酸 50mg/L 加硼 10～200mg/L，处理插条 12h，生根率可显著提高。2%～5% 蔗糖液及 0.1%～0.5% 高锰酸钾溶液浸泡 12～24h，亦有促进生根和成活的效果。

3. 机械处理　对扦插的枝条，扦插前进行机械处理有利于促进发根。例如，对插条进行刻伤、环剥等。

4. 黄化处理　对不易生根的枝条在其生长初期用黑纸、黑布或黑色塑料薄膜包扎基部，使叶绿素消失，组织黄化，皮层增厚，薄壁细胞增多，生长素积累，有利于根原体的分化和生根。

5. 浸水处理　休眠期扦插，插前将插条置于清水中浸泡 12h 左右，使之充分吸水，插后可促进根原始体形成，提高扦插成活率。

知识链接 5——‘大 10’果桑全光照弥雾嫩枝扦插育苗

‘大 10’果桑果大无核，清甜可口，营养丰富，保健药用价值高，深受消费者喜爱，被誉为第三代水果。‘大 10’果桑生产上多采用嫁接繁殖，由于该树种休眠期短，对穗条的采收时期和贮藏技术要求严格，桑条发芽后将严重影响嫁接成活率；硬枝扦插成活率低，生产上很少采用。全光照弥雾嫩枝扦插育苗技术不仅能克服常规嫁接育苗繁育时间长、技术性强、劳动强度大的不足，还能充分利用品种穗条资源，提高品种纯度。

（一）插穗的采集

插穗采自母树阳面的当年生半木质化健壮、无病虫枝条，长度为 10～15cm。

（二）插前准备

（1）全光照自动弥雾装置　采用中国林业科学院科技情报中心研制的 LK-300 对称式双长悬臂自动间歇弥雾装置。

（2）促根剂　选用 GGR-6（绿色植物生长调节剂）作为促根剂。

（3）插床　用红砖砌成高 50cm、宽 2m、长 20m 的长方形插床，下部设有排水孔，床底层铺 30cm 的炉渣，然后把配好的珍珠岩与腐叶土（1∶1）装入直径 20cm、深度 20cm 的塑膜营养袋中，整齐排放到扦插床中。

（4）基质消毒　扦插前 2d，用 0.5% 的高锰酸钾将整个插床及营养袋内的基质进行消毒。

（5）插条准备　将采集的枝条保留 2～3 个芽，下切口在叶下 0.2cm 左右的地方进行斜剪，上切口进行平剪，去掉桑葚，插穗长度 5～10cm，保留半片叶。剪好后按照 50 根一捆绑成捆，先用流水冲洗 30min，然后用 100mg/L GGR-6 浸泡插穗基部至 1～1.5cm 处，浸泡 60min，然后进行扦插。

（三）扦插

扦插时先用粗度相当的木棍打孔，以免碰伤插条的皮部，损伤形成层而影响愈伤组织的产生和形成。然后将插条插入基质 2～3cm。每只营养袋插 3 枝，插入插条后用手压实，使插条与基质密接，随插随喷水。

（四）扦插后管理

扦插后，为防止病菌的感染，立即喷施 1000 倍的多菌灵，以后每 7d 喷 1 次。插后开启喷雾装置进行喷雾，根据气温变化及插条的生长情况确定间隔和喷雾时间。扦插后 1～7d，为了防止叶片干枯，每次喷雾 30s，间隔 2min；扦插后 8～14d，插条开始出现愈伤组织，每次喷雾 30s，间隔 30min；扦插后 15～30d，插条开始生根，每次喷雾 30s，间隔 120min。喷雾从早上开始，直到太阳落下，晚上不喷，阴天少喷或不喷。幼根形成后，每隔 7d 喷施 1 次 0.3% 磷酸二氢钾＋0.1% 尿素。

对‘大 10’果桑进行全光照弥雾嫩枝扦插育苗是可行的。在整个扦插管理过程中，调控水分是该项技术的关键。水分过多，会造成插条的腐烂与脱叶；水分不足，易造成插穗上部所带叶片干枯，影响光合作用，对扦插生根不利。

知识链接 6——果树的压条分株育苗

（一）果树的压条育苗

1. 直立压条（培土压条）　压条繁殖适用于苹果矮化砧、葡萄、醋栗等果树。

1）萌芽前，对供压条的母株在距地面 15～20cm 短截，促使萌发新梢。

2）当新梢半木质化时，在其基部进行第一次培土，培土高度为新梢长的 1/2。

3）为增加生根部位，在第一次培土后 20～30d，在新梢基部进行第二次培土，培土总高度为 25～30cm。培土前应先灌水，培土后注意保持土堆湿润。

4）到秋季便成为带有根系的小植株，在秋末冬初即可分株起苗。起苗时先扒开土堆、从新梢基部靠近母株处剪断，可分出带根的小植株（图 3-6）。

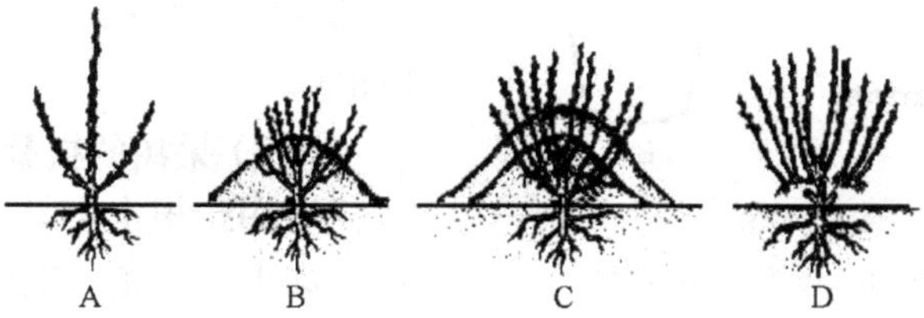

图 3-6　直立压条

A．短截促萌；B．第一次培土；C．第二次培土；D．扒垄分株

2. 曲枝压条　曲枝压条适用于葡萄、猕猴桃等果树，一般在春季萌芽前进行。下面以葡萄为例说明。

1）从供压条母株中选择靠近地面的一年生枝条，在其附近挖沟，沟与母株的距离以枝条的中下部能弯曲在沟内为宜，沟的深度和宽度为 15～20cm。

2）将枝条中部弯曲向下，靠在沟底，用带分叉的枝棍固定，并在弯曲处进行环割或环剥。

3）在枝条弯曲部分压土填平，枝条埋入土中部分生根，露在地面部分生长新梢。

4）秋末冬初将生根枝条与母株剪离，即成一独立新植株（图 3-7）。

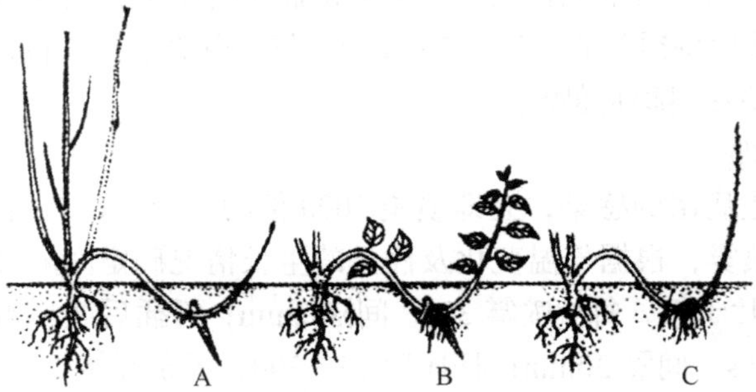

图 3-7　曲枝压条

A．萌芽前刻伤与曲枝；B．压入部位生根；C．分株

3. 水平压条　水平压条适用于葡萄、苹果矮化砧及醋栗等果树。下面以苹果矮化砧为例说明。

1）春季萌芽前，将苹果矮化砧母株按行距 1.5m，株距 30～50cm，顺行向与地面呈 45°倾斜栽植。一般定植当年即可压条。

2）母株开始萌动时进行短截，剪掉枝条顶端不充实的部分，然后沿栽植方向开一条深 5～10cm 的浅沟，将枝条呈水平状压入沟中，用枝杈固定，覆盖 2～3cm 厚的细土。

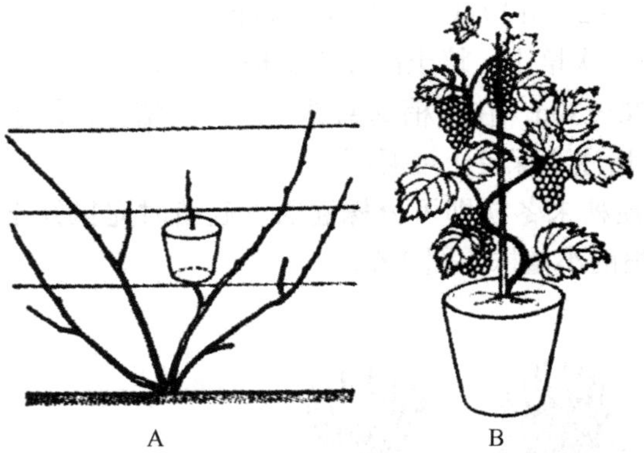

图 3-8　空中压条

A．空中花盆压条；B．压条苗剪离母体

3）新梢出土后，长到 15～20cm 高时，用行间的土进行第一次培土，培土高 10cm 左右。新梢继续生长，高达 25～30cm 时，进行第二次培土，两次培土总高度 30cm 左右。

4）秋末冬初将生根的新梢与母株剪离成新植株。对靠近母株基部的新植株保留 1～2 株，作为明年再次压条用（图 3-8）。

（二）果树的根蘖分株

适用于根上容易发生大量不定芽的树种，如枣、山楂、毛樱桃等。下面以枣为例说明。

1）选择优良健壮结果树作分株繁殖母株在春季发芽前，在母株树冠滴水线边缘挖开深 40cm，宽 60cm 的环状沟，切断部分树根。沟内施入与土混合的腐熟的有机肥或土杂肥，并灌水。

2）当沟边长出许多根孽苗时（5～6 月），在靠树干一侧，离第一条沟相隔 30cm 处开沟切断根蘖苗与母根的联系，促使根孽苗多生新根。

3）秋季落叶后，即可挖取分株苗。

【考核评价】

本任务具体考核评价见表 3-10。

表 3-10 果树嫁接任务考核评价表

考核项目	分数
能够果树的硬枝扦插育苗	20 分
能够果树的绿枝扦插苗的培育	20 分
熟悉自根苗特点与利用	20 分
熟悉影响插条生根的因素和促进生根的方法	20 分
了解果树压条与分株方法	20 分
总分	100 分

任务 4 果树的嫁接

【任务目的】熟练掌握枝接和芽接的主要方法，熟悉砧木与接穗的相互影响，熟悉影响嫁接成活的因素，能够正确进行果树嫁接后的管理。

【实践操作】

材料：砧木、接穗、塑料条。

用具：修枝剪、嫁接刀、手锯、磨石、水桶等。

一、枝接

枝接时期：主要在春季树液开始流动，芽尚未萌发时进行。硬枝嫁接在春季树液开始流动的 3～4 月进行。只要接穗保存良好，处于尚未萌发状态，嫁接时间可以延续到砧木展叶以后，一般在砧木大量萌芽前结束为宜。葡萄、猕猴桃等伤流严重的树种，应在伤流期结束后进行。嫩枝嫁接在生长期进行。

枝接方法：主要有劈接、切接、皮下接、腹接、合接、舌接等方法。最常用的是劈接法。

（一）劈接法

（1）选留接穗　选择冬季修剪时预留的枝条中健壮而充实的一年生枝作为接穗（冬剪采集的接穗在低温处湿沙中贮藏）。

（2）削接穗　接穗长度通常为 6～8cm，带有 3 个芽比较合适。在接穗基部削成两个长度相等的楔形切面，切面长 3cm 左右，切面应平滑整齐，一侧皮层应较厚（图 3-9）。

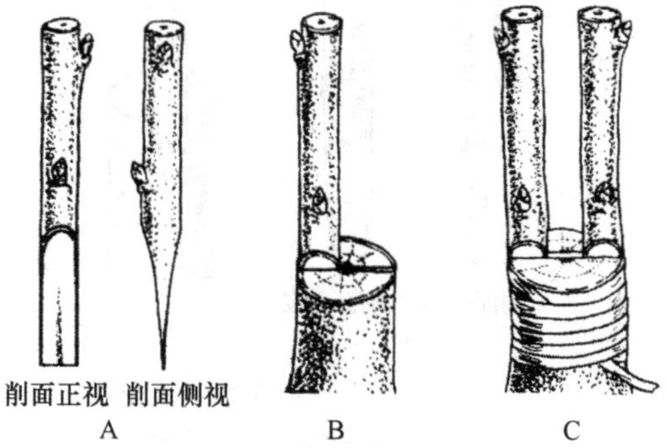

图 3-9 劈接

A. 削接穗；B. 插接穗；C. 绑缚

（3）切砧木、嫁接　将砧木沿愈嫁接部位截去上部，削平断面，用刀在砧木断面中心处垂直劈下，深度略长于接穗面。将砧木切口撬开，插入接穗，皮层较厚的一面在外面，削面上端微露出，砧、穗的形成层应对齐，接好后两者要密合，不要有较明显的裂缝。

（4）绑缚　用塑料条将接合口全部包严，防止留有缝隙。接穗上端切口用油漆抹严或用地膜绑严，防止接穗失水。

（二）切接法

（1）削接穗　取蜡封好的接穗，将接穗基部两侧削成一长一短的两个削面，首先斜削长约3cm的长削面，再在其对侧斜削长1cm左右的短削面，两削面均应光滑成楔形。

（2）切砧木、嫁接　砧木从嫁接部位（距地面3～5cm处）截去上端，削平截面，选皮层光滑处由截口1/3处向下纵切，使切口长度与接穗长削面适应。然后插入接穗，使砧、穗的形成层在一切面对齐，用塑料条包严捆紧（图3-10）。

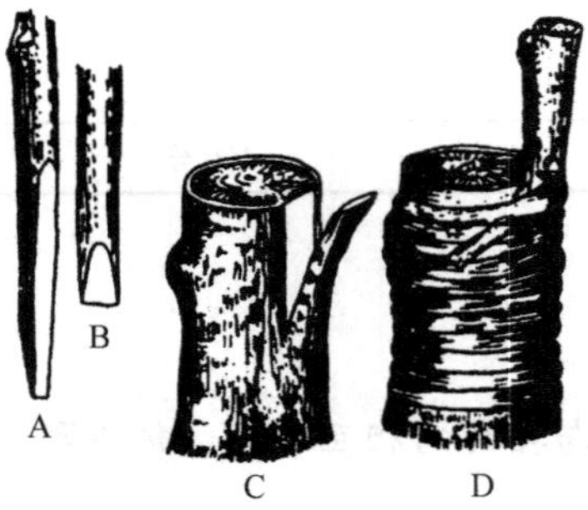

图3-10　切接

A．接穗长削面；B．接穗短削面；C．砧木切口；D．嫁接

（三）皮下接（插皮接）

砧木较粗并易离皮时采用。

（1）削接穗　接穗的基部与顶端芽同侧削一舌形削面，削面长3cm左右，在其对面下端削去0.2～0.3cm的皮层。

（2）切砧木、嫁接　砧木距地面5cm左右在光滑部位截去上端，用与接穗削面相似的竹签自形成层处垂直插下，取出竹签后，插入削好的接穗，使接穗削面微露出，以利愈合，最后用塑料条包严捆紧（图3-11）。

（四）腹接法

将接穗基部削一长约3cm的削面，再在其对面削一长1.5cm短削面，使长削面厚，短削面稍薄。砧木不必剪断，选平滑处以刀与砧木成45°角斜切一刀，将接穗插入，使一面形成层对齐。用塑料条包严绑紧（图3-12）。

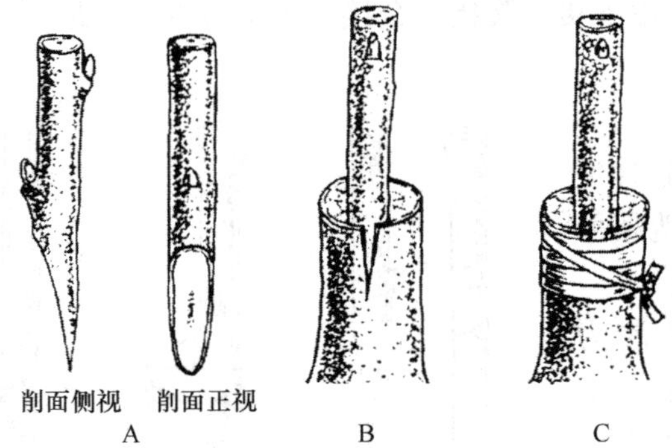

图3-11　皮下接

A．削接穗；B．插接穗；C．绑缚

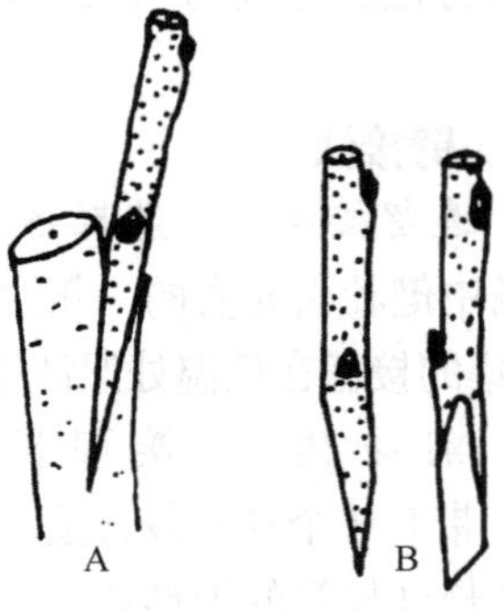

图3-12　腹接

A．腹接后；B．接穗削面

（五）合接法

砧木与接穗粗度相同时采用此法。

将接穗基部削成长3～4cm的舌状削面，砧木距地面7～9cm处截去上端，选皮层光滑处削成与接穗削面同等宽窄的舌状削面，然后将砧木和接穗的舌状削面对准对齐，似成一根枝条，用塑料条包严绑紧。

（六）舌接法

接穗与砧木切法与合接法大致相同，切面长度3cm左右，然后在接穗与砧木的切面上距尖端1/3处下刀，与削面接近平行切入一刀，使成舌形，然后将砧、穗插合，对准对齐形成层，用塑料条包严绑紧。舌接多用于葡萄的室内嫁接（图3-13）。

（七）靠接法

如图3-14所示。

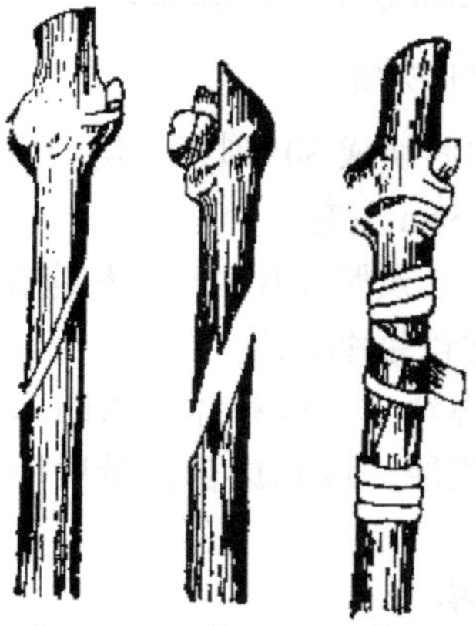

图3-13　葡萄硬枝舌接法

A. 砧、穗斜切面；B. 砧、穗舌状切口；C. 嫁接好的接条

图3-14　靠接法

二、芽接

芽接时期：主要是在夏秋季节进行，即在生长季皮层易于剥离的时期（形成层分裂活动最旺盛的时期）进行，北方在7～8月进行。

嫁接方法：主要有T字形芽接、嵌芽接、方块形芽接、套芽接等。可根据各地的条件选用2～4种方法练习，最常用的是T字形芽接。

1. T字形芽接

（1）选接穗　选择生长健壮的发育枝作为接穗，接穗采后立即去叶片，保留叶柄，一般随采随接成活率高，如不能及时嫁接就用湿布、苔藓或湿润的吸水纸包裹置阴凉处保湿，也可以用湿沙埋藏或低温贮藏。

（2）削接芽　选充实饱满的芽作为接芽。先在芽的上方0.5cm左右处横切一刀，深达木质部，然后在芽的下方1.5cm左右下刀，略倾斜向上推削到横切口，用手捏住芽的两侧，左右轻摇掰下芽片。芽片一般长度为1.5～2.5cm，宽0.6～0.8cm，不带木质部，当不易离皮时也可带木质部。

（3）切砧木、嫁接、绑缚　低接苗在砧木离地面5～10cm处选择光滑的部位作为芽接处，用刀切一T字形切口，放入芽片，然后用塑料条从上向下绑紧，但要求露出芽眼（图3-15）。

2. 嵌芽接（带木质部芽接）

（1）削芽片　先在接穗芽的上方1cm左右处向下斜切一刀，长约1.5cm，然后在芽

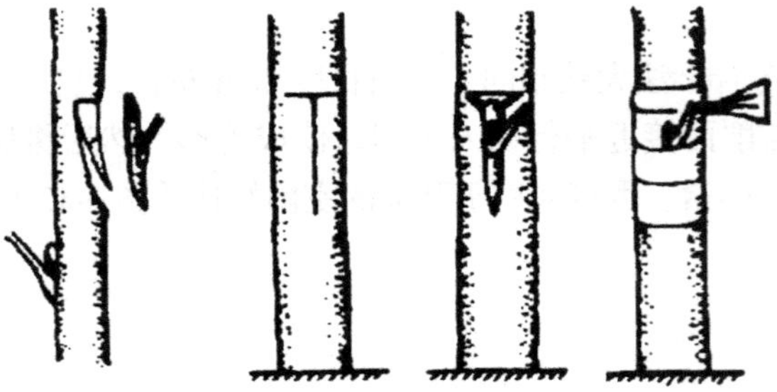

图 3-15　T 字形芽接

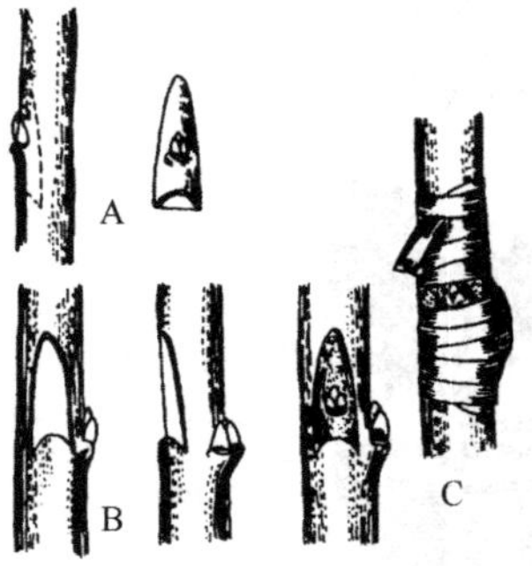

图 3-16　嵌芽接
A. 削芽片；B. 切砧木；C. 绑缚

的下方 0.5cm 左右斜切成 30° 到第一切口底部，取下带木质部芽片，芽片长 1.5cm 左右。

（2）切砧木　按照芽片大小，相应在砧木上向上向下各切一切口，长度较芽片略长。

（3）嫁接及绑缚　将芽片嵌入砧木切口中，使芽片上端稍露出砧木皮层，以利愈合，最后用塑料条绑紧绑严（图 3-16）。

3. 方块形芽接

（1）削芽片　在接穗上芽的上下 0.6～1cm 处，各横切两个平行的切口，然后，距芽 0.3～0.5cm 两侧竖切平行两刀，切成长 1.2～2cm，宽 0.6～1cm 的方形芽片。

（2）切砧木　按照接芽上下口距离，横割砧木皮层达木质部，向左或向右偏向一方，竖割一刀，掀开皮层。

（3）嫁接和绑缚　将芽片取下放入砧木切口中，对齐竖切的一边，然后竖切另一边的砧木皮层，使砧木和接穗上下左右切口均紧密对齐后，立即用塑料条绑紧（图 3-17）。

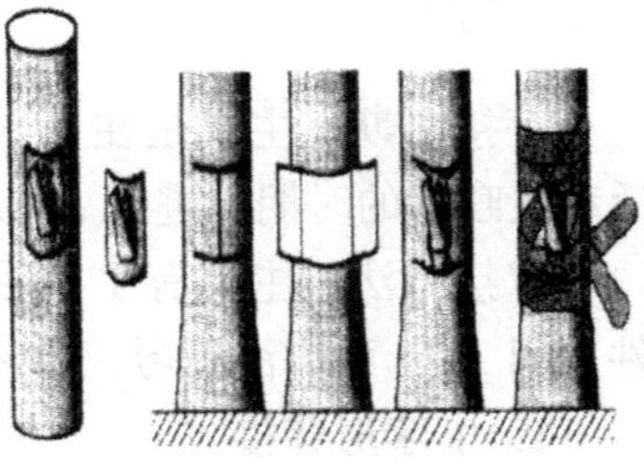

图 3-17　方块形芽接

4. 套芽接

（1）削取芽管　在接穗芽的上方 0.8～1cm 处剪截，再在芽的下方 0.8～1cm 处环割一刀，深达木质部，扭下管状芽套。

（2）切砧木、嫁接　将砧木与接穗粗度近似部位以上剪断，将砧木皮层向下剥开，套上芽管向下推至紧密为度，再将剥下的砧木皮层向上拢住芽管。

三、葡萄的绿枝劈接

嫁接时期：掌握在新梢半木质化时进行，尽早进行，露地最晚不能晚于 6 月 20 日，以免接穗不能正常成熟而导致嫁接失败。

嫁接方法：一般用劈接法。需要注意的是将接穗只留一节，去除接穗上的叶片，留下叶柄，用塑料条包扎严，除接穗上芽露出外，接穗的其他部位要完全包严，以免接穗水分的散失（图 3-18）。

【引导思考】

1．影响嫁接成活的因素有哪些？

2．嫁接的关键技术是什么？

3．说明嫁接苗的特点与利用。

4．简述嫁接苗的培育的原理与方法。

5．说明砧木对接穗的互相影响。

6．什么是乔化砧？什么是矮化砧？

7．如何进行砧木接穗的亲和力的早期鉴定？

8．果树嫁接后如何管理？

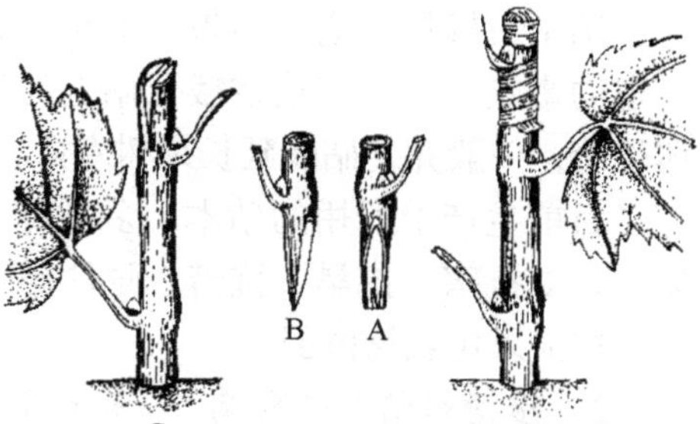

图 3-18　葡萄绿枝劈接法

A．接穗正削面；B．接穗侧削面；C．砧木处理后（中心纵切）；D．嫁接绑扎后

【知识链接】

知识链接 1——影响嫁接成活的因素

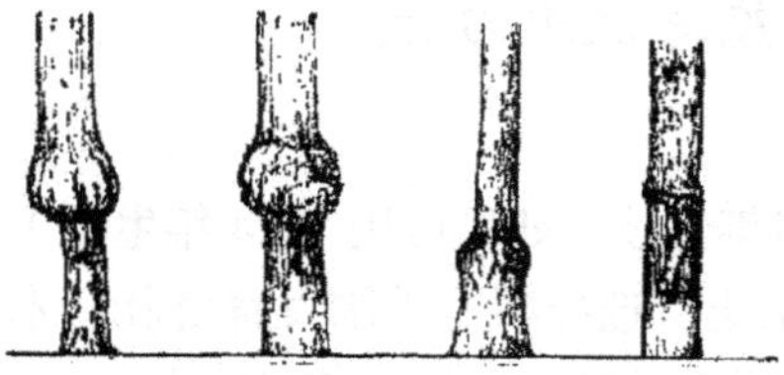

图 3-19　接口表现

1．砧穗亲和力　砧穗亲和力强，成活率高，苗木生长快；砧穗亲和力弱，成活率低。砧穗亲和力的强弱，与砧穗的亲缘关系有关，同种、同品种亲和力强；同属异种，亲和力较强，同科异属，亲和力较弱；不同科亲和力差，嫁接不成活。亲和力在接口上的表现有小脚、肿瘤、大脚、正常，如图 3-19 所示。

2．树种与品种　树种、品种不同，嫁接亲和的难易不同。髓部较大，导管、管胞细小的树种愈合较困难；含有单宁物质的也难愈合，如柿；嫁接时易出现伤流的，除易损失糖类、氨基酸等物质外，还含有易氧化的酚类物质，影响愈伤组织的形成。

3．砧木和接穗的质量　砧木和接穗生长健壮的，营养物质积累充足的，有利于形成层正常愈合，嫁接成活率高；接穗新鲜的，或接穗贮藏方法适宜的，嫁接成活率高。

4．嫁接的极性　砧、穗的极性影响嫁接的愈合，如极性颠倒，不能成活。

5．嫁接技术　嫁接技术包括不同树种的最适宜嫁接时期和嫁接方法的选择，操作者的操作水平等。北方芽接最适宜的嫁接时期为 7～8 月，枝接较适宜的嫁接时期为春、秋两季；操作者水平直接影响削面的深浅、平滑程度、嫁接速度和包扎质量，砧、穗切面深浅适宜、平滑，砧、穗形成层对准、包扎紧密，嫁接熟练、操作速度快的有利于砧、穗愈合，有利于提高嫁接成活率。

6．环境条件　在气温 20～25℃，空气湿度较大的条件下嫁接有利成活。低温、高温、干旱、阴雨天气都不利于嫁接成活。在夏秋季嫁接，苗圃遮阴降温遮光会提高嫁接成活率。

知识链接 2——砧木与接穗的相互影响

1．砧木对接穗的影响　砧木对地上部的生长有较大的影响。有些砧木可使嫁接苗生长旺盛高大，称乔化砧，如海棠、山定子是苹果的乔化砧；杜梨是梨的乔化砧。有些砧木使嫁接苗生长势变弱，树体矮小，称矮化砧，如 M9、M26 等为苹果的矮化砧。

砧木对嫁接树进入结果期的早晚、产量高低、质量优劣、成熟迟早及耐贮性等都有一定的影响。一般嫁接在矮化砧上的树比乔化砧上的树结果早、品质好。砧木还影响树体寿命，一般乔化砧能延长果树寿命，而矮化砧缩短树体寿命。

目前生产上所用的砧木，多系野生或半野生的种类或类型，具有较强而广泛的适应能力，如抗寒、抗旱、抗涝、耐盐碱、抗病虫等。因此，可以相应地提高地上部的抗逆性，扩大果树栽培范围。

2. 接穗对砧木的影响　接穗对砧木根系的形态、结构及生理功能等也会产生很大的影响。例如，杜梨嫁接上鸭梨后，其根系分布浅，且易发生根蘖。以短枝型苹果为接穗比以普通型为接穗的 MM106 砧木的根系分布稀疏。

3. 中间砧对砧木和接穗的影响　在乔化实生砧（基砧）上嫁接某些矮化砧木（或某些品种）的茎段，然后再嫁接所需要的栽培品种，中间那段砧木称为矮化中间砧（或中间砧）。中间砧对地上部、地下部都会产生明显的影响。例如，M9，M26 作‘元帅’系苹果中间砧，树体矮小，结果早，产量高，但根系分布浅，固地性差。

知识链接 3——接穗的采集、贮藏与保水技术

（一）接穗的采集

枝接使用的穗条，多采用一年生枝，个别树种也用多年生枝（如枣可用 1～4 年生枝）。接穗采集应在果树的休眠期内进行，最好结合冬季修剪采集。选择树冠外围发育健壮、木质化程度高、芽体饱满的一年生枝。每 50～100 根 1 捆，标明品种、数量，贮藏备用。

（二）贮藏方法

贮藏接穗休眠期采集的接穗，如需较长时间的贮藏，为防止霉烂和失水，应在 0～5℃的低温，80%～90% 的相对湿度及适当透气条件下存放。北方寒冷地区多用窖藏，或室内堆沙、堆土埋藏。春分前后注意检查接穗上芽的萌发情况，如温度上升但暂不使用，应立即将穗条转移到冷凉处，以延长嫁接时期。

（三）接穗的保水技术

1. 方法一　石蜡熔点 60～70℃，用一大容器盛水，加热，小容器装石蜡并置于大容器中，升温至 90～100℃即可。截好接穗 15cm 左右，放入清水中充分吸水，取出晾干表面，手拿一端快速浸，倒过来浸另一端。

2. 方法二

配方 1：松香 8 份，动物油 1 份，乙醇 3 份，松节油 0.5 份。先将松香和动物油放在锅中加热至融化，待冷却后再加入乙醇、松节油搅拌均匀即可。

配方 2：松香 16 份，动物油 1 份，乙醇 3 份，木醇 8 份。把松香溶解在木醇中，再加动物油和乙醇搅拌均匀即可使用。

知识链接 4——葡萄的室内硬枝接与就地硬枝接

（一）葡萄的室内硬枝接

1. 嫁接时期　一般在当地露地扦插前 20～25d 进行。

2. 砧木与接穗的准备　将秋季剪下的接穗和砧木枝条贮藏越冬。第二年于嫁接前取出，检查枝、芽是否新鲜，并进行选择分级，将新鲜枝条选出备用。

3. 嫁接步骤

（1）砧木的剪截　将砧木枝条剪成长20cm左右，下部在节下1～2cm处剪成马蹄形，上部在节上5～8cm处剪平，每50～100根为一捆，放于水中浸泡1～2d，然后在50～100mg/L的萘乙酸中浸泡下部12～24h，深度为5～6cm。取出后，放在湿锯末或塑料布包中备用。

（2）接穗的剪截　在嫁接当天或前一天，将接穗剪成单芽段，节间短的可剪成两个芽段。接穗长度6cm左右，上端切口在节上1.5～2cm，上下切口均为平茬，然后放在水中浸泡4～6h。

（3）嫁接　多用劈接、舌接、合接法。

（4）愈伤处理　葡萄的伤口要求一定的温度和湿度才能加速形成层细胞的分裂，产生愈伤组织，在扦插前需进行15～20d的愈伤处理。处理温度为25～30℃，锯末湿度须达饱和。可在火炕、温室或温床上进行，枝条应直立或略倾斜放于湿锯末中，枝条间用湿锯末填充不留空隙。在不同部位放置温度计，待结合部和砧木基部普遍生出少量愈伤组织时，可停止加温，使温度保持在10～15℃，锻炼2～5d，即可扦插。

（二）葡萄的就地硬枝接

由于葡萄早春出土后，正是伤流期，而且早春空气干燥，葡萄的枝条易发生抽条，因此，葡萄的就地硬枝接需采用放伤流措施与接穗埋土方法，具体方法为在砧木上接口以下3～5cm处刻伤2～3刀，刻伤深度为枝条直径的1/4，或接口用麻花绳绑紧，但故意留出缝隙，目的是让伤流液从伤口流出，以免影响嫁接成活。接后接穗要用土埋起来，以免接穗抽干。

知识链接5——果树嫁接后的管理

（一）检查成活及补接

1. 芽接检查成活及补接　嫁接后10～15d进行成活率检查。凡接芽呈新鲜状态、带叶柄、易落者，表示成活。如果芽片萎缩，颜色发黑，叶柄干枯不易脱落，则表明未成活。

芽接后的补接：一般在检查成活后立即安排进行，以免错过嫁接的适宜时期。秋季芽接苗，在剪砧时还应细致检查，发现漏补苗木，暂不剪砧，以便萌芽前采用带木质芽接或枝接补齐。

2. 枝接检查成活及补接　枝接一般需1个月左右才能判断是否成活。如果接穗新鲜，伤口愈合良好，芽已萌动，表明已成活。葡萄绿枝接可于接后15～20d检查成活。

在时间允许的情况下，对未接活的苗，应及时进行补接，以提高苗圃出苗率。补接注意：贮存的接穗要处于休眠状态，补接时应将原接口重新落茬。

（二）剪砧

腹接的嫁接苗新梢长约10cm时，在嫁接位置上方约0.5cm用剪枝剪把砧木的上部剪断（图3-20）。芽接成活之后，剪除接芽以上的砧木部分称为剪砧。剪砧可集中营养，促进接芽萌发。剪砧过早会使剪口风干或受冻，过迟造成养分浪费，接芽萌发迟缓

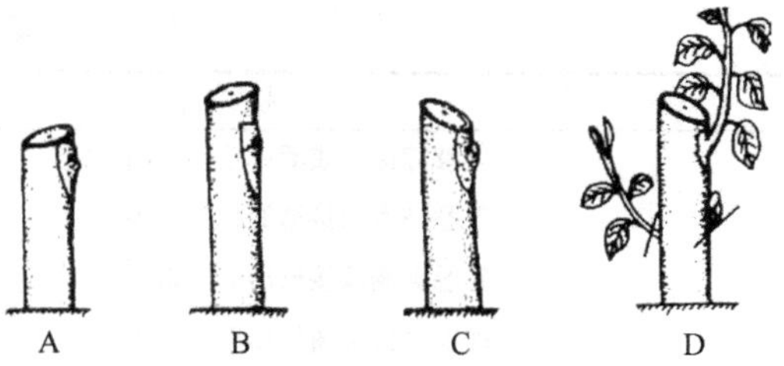

图3-20　芽接后剪砧与除萌

A. 剪切正确；B. 剪口过高；C. 剪口倾斜方向不对；D. 抹芽除萌

而发育不良。秋季芽接苗在翌年春季萌芽前剪砧为宜。7月以前嫁接，需要接芽及时萌发的，要2次剪砧，即第一次为接后立即剪砧，要求接芽必须保持10个左右营养叶片。也可在接后折砧，15～20d后剪砧。第二次剪砧是在接芽萌发长至10cm左右时，剪除接芽上部砧木，促进接芽生长，当年成苗。剪砧时，剪刀刃应迎向接芽一面，在芽片以上0.5～1cm处下剪，剪口向接芽背面稍微下斜，接稍晚的可推迟到翌年春季发芽前与剪砧同时进行。

（三）解绑缚

当嫁接苗新梢长约25cm时用刀尖划断绑扎的塑料膜。解绑的方法是在接芽相反部位用刀划断绑缚物，随手揭除。枝接要在接穗发枝并进入旺盛生长后解除绑。

（四）抹芽除萌

芽接苗剪砧后，应及时抹除砧木上长出的萌蘖（图3-18）。一般每周1次，连续除萌5次左右，以集中养分，促进接芽萌发生长。枝接苗嫁接后会从砧木上长出许多萌蘖，应及时抹除，以免与接穗争夺养分。接穗如果同时萌发出几个嫩梢，仅留1个生长健壮的新梢培养，其余萌芽和嫩梢全部除去。

（五）设立支柱

为保证苗木直立生长和防止被风吹折，当嫁接苗高达15cm左右时，应就地取材设立支柱，将新梢绑缚在支柱上。未接活者，可在砧木上保留1～2个萌蘖，作为秋季芽接之用。高砧枝接者，并在砧木上设支柱，将新梢缚在支柱上，以防被风吹折。

（六）土肥水管理与病虫害防治

为促进接芽早发快长，春季剪砧后及时追肥、灌水。一般每667m^2。追施尿素10kg左右。结合施肥进行春灌，并锄地松土提高地温，促进根系发育。5月中下旬苗木旺长期，再追1次速效性肥料，每667m^{2}追施尿素10kg或复合肥10～15kg。施肥后灌水，以利肥效发挥。结合喷药每次加0.3%的尿素进行根外追肥，促其旺盛生长。7月以后应控制肥、水，防止贪青徒长，降低苗木质量。可在叶面喷施0.5%的磷酸二氢钾3～4次，以促进苗木充实健壮。

萌芽前灌水和蚂蚁等害虫咬破绑扎的塑料膜都不利于嫁接成活，因此萌芽前不能灌水，并要防治蚂蚁等害虫。接穗萌芽后每15～20d施水、肥一次，干旱天气时要及时灌水，清除畦面上的杂草。嫁接后及时喷一次敌虫清农药防蚁，如发现其他病虫害要及时喷药防治，保护嫩梢。

【考核评价】

本任务的具体考核评价见表3-11～表3-13。

表3-11　嫁接的考核评价表

考核项目	分数
能够嫁接，成活率达到80%以上	20分
熟悉砧木与接穗的相互影响	20分
熟悉影响嫁接成活的因素	20分
能够进行果树嫁接后的管理	20分
熟悉接穗的采集与贮藏方法	10分
了解葡萄的室内硬枝接与就地硬枝接方法	10分
总分	100分

表 3-12 劈接的考核评分标准

考核项目	权重
削平	20 分
削面长度达到 2cm	20 分
砧木与接穗形成层对齐	20 分
绑紧绑严	20 分
每接一个不超过 5min	20 分
总分	100 分

表 3-13 劈接的考核评分表

	削平	削面长度	形成层对齐	绑紧绑严	5min 内完成一个	总分	所得实际分
	20 分	20 分	20 分	20 分	20 分		
学生 1							
学生 2							
学生 3							

任务 5 苗木的出圃

【任务目的】 掌握起苗、消毒、分级、包装和假植等苗木出圃的一套技术操作方法。

【实践操作】

用具：挖苗工具、修枝剪、石硫合剂等消毒剂、苗木、绳子等。

出圃时期：落叶果树在秋季落叶时进行，一般春秋两季都可以进行。

准备：苗圃地土壤较干时，应在出圃前几天灌水，以便于挖取苗木。

1. 起苗 果树起苗分带土起苗和裸根（不带土）起苗两种方法。

小型苗圃用铁锹起苗，大型苗圃用起苗机起苗。

操作中注意：①尽量避免伤根和碰伤苗木；②苗木如需带土时，起出后立即用塑料袋包扎牢固；③不带土的苗木适当进行根系的修剪，将根系中挖伤和劈裂的部分剪掉；④将苗木不成熟的枝梢剪掉。

2. 苗木的分级 根据国家或地方规定的规格分级。不合格的苗木留在苗圃中继续培养。

3. 苗木的消毒 苗木包装前进行药剂消毒，一般用喷洒、浸苗和熏蒸等方法。喷洒用 3～5° Bé 石硫合剂进行，浸苗用等量式 100 倍波尔多液或 3～5°Bé 石硫合剂浸 10～20min，或用 0.1% 氯化汞溶液浸苗 20min。

操作中注意：不论选用哪种方法，消毒后的苗木必须用水冲洗。

熏蒸法用氰酸气进行，每 1000m^3 容积可用 300g 氰酸钾、450g 硫酸、900ml 水，苗木数量少可用熏蒸箱，熏蒸时间为 1h，熏蒸时将门窗关好，将硫酸倒入水中，然后将氰酸钾放入。

操作中注意：1h 后将门窗打开，待氰气散完后，方能入室内取苗，由于氰气毒性较大，处理人要注意安全。

4. 苗木的包装 苗木的包装用草绳、草袋、苔藓、锯末等材料好。每50～100株或25～50株（圃内整形苗）为一捆。

苗木根部蘸以稀黄泥浆（泥浆稠度以蘸在根上不显现根颜色为宜）。然后在根部填充湿草、苔藓或其他不易发热的填充物，并用稻草包或包装袋包好，包装后拴上标签，写明品种、砧木、等级、数量及出圃日期。

图 3-21 假植

5. 假植 选避风、干燥、平坦地方假植。风大的地方，周围要设防风障（图 3-21）。

假植的方法如下。

挖一条假植沟。沟的方向一般为南北方向，沟的宽度一般为50cm左右，深度为60～100cm，长度因假植苗木数量而定。将苗木按不同品种分别放入假植沟中。放苗木时，梢部向南，以防北风吹入发生冻害。依次倾斜地放入沟中，随放随用土将苗木埋上。覆土时要分层进行，使根系与土壤密接。覆土厚度为苗木的2/3或全部埋入土中（干寒地区），以防苗木梢头抽干。

未能自然落叶的苗木必须将苗木的叶片去掉，以防苗木发霉。每一品种要放入标签，品种与品种间要分隔开，以防混杂。并要防鼠、兔等危害。

作业：填写苗木的挖掘、分级、贮藏和栽植记载表（表 3-14）。

表 3-14 苗木的挖掘、分级、贮藏和栽植记载表

苗木的挖掘		苗木的分级标准		假植	
时期		1 级		时期	
方法		2 级		方法	
注意事项		3 级		温度	
		出圃规格		湿度	

【引导思考】

1. 你能够识别几种果树苗木？
2. 如何选择当地适宜的优质苗木？
3. 如何进行保护地大容器育苗？
4. 病毒苗有哪些特征？如何识别病毒苗？
5. 如何培育果树无病毒苗木？
6. 国家苗木管理行业规则与育苗标准是什么？
7. 我国苗木生产存在问题与解决方案是什么？

【知识链接】

知识链接 1——苗木出圃、检疫和消毒

1. 起苗 起苗前应先对苗木挂牌（标明树种、品种、砧木类型、来源、苗龄等）；如果土壤过于干燥，应在起苗前充分灌水一次，待土壤稍疏松、干爽后即可挖

苗；落叶前起苗，应先将叶片摘除，然后起苗，防止苗木失水抽条；挖苗深度要求20～25cm，并且至少保留15～20cm以上长的侧根3～4条。

2. 苗木检疫 苗木的检疫和消毒是防止病虫害传播的有效措施。有检疫对象的苗木，禁止出圃外运。

出圃的苗木，特别是调往不同地区的苗木，根据国家规定应当进行检疫，以防止病虫害及恶性有害植物的传播。苗圃经营者要主动到国家植物检疫部门进行检疫，取得合格证明并经批准，方可调运苗木。发现检疫对象应立即停止调运，听从检疫部门处理。育苗单位和苗木调运人员，必须严格遵守植物检疫条例，做到从疫区不输出，新区不引入。

我国对内检疫的病虫害有：苹果棉蚜、苹果蠹蛾、葡萄根瘤蚜、美国白蛾。列入全国对外检疫的病虫害有：地中海实蝇、苹果蠹蛾、苹果实蝇、葡萄根瘤蚜、美国白蛾、栗疫病、梨火疫病等。

3. 苗木消毒 苗木除在生长阶段用农药杀虫灭菌外，出圃时最好对苗木进行消毒。可用3～5° Bé石硫合剂、1∶1∶100倍波尔多液、甲基托布津等对地上部分喷洒消毒，对根系浸根处理，浸根10～20min后，再用清水冲洗根部。李属植物应用波尔多液要慎重，以免造成药害。也可在密闭的条件下，利用熏蒸剂汽化后的有毒气体，杀灭种子、苗木等繁殖材料及土壤、包装等非繁殖材料中的害虫。熏蒸剂的种类很多，通常用于苗木消毒的有溴甲烷（MB）和氢氰酸（HCN）。

知识链接2——果树育苗类型

根据育苗设施的不同，果树育苗的类型有以下几种。

1. 露地育苗 在露地进行果树苗木的培育，通常设立苗圃培育苗木。

2. 保护地育苗 利用保护设施，在人工控制的环境条件下进行果树苗木的培育。常用的保护地设施类型有：冷床温床、地膜覆盖、塑料大棚、日光温室、加温温室、地下式棚窖、荫棚等。

3. 容器育苗 容器育苗是利用各种能装培养基质的容器作工具进行育苗的一种育苗类型，也称营养钵育苗。常用的容器包括可回收容器和不可回收容器。多孔聚苯乙烯泡沫塑料营养杯、多孔硬质聚苯乙烯营养杯，以及其他用聚苯乙烯、聚乙烯制成的容器属于可回收容器；泥炭容器、黏土营养杯、蜂窝式纸杯、细毡纸营养杯、纸质容器及蜂窝状地膜制成的容器属于不可回收容器。

容器育苗的基质包括泥炭、蛭石、珍珠岩、腐殖土、河沙、碎稻壳、炉渣等，可单一使用亦可混合使用。

4. 组织培养 在人工培养基中，培养离体组织细胞成为完整植株的繁殖方法。组织培养常以茎尖、茎段、叶片、胚等作为外植体进行培养，使其发育成完整植株。生产上组织培养主要用于自根苗的快繁，保存种质资源及多倍体和单倍体的育种等。

5. 弥雾育苗 采用弥雾装置不断向扦插苗上自动喷雾，并用电热温床自动控温，使扦插苗始终处在适宜的温度、湿度范围内的育苗方法。弥雾育苗主要在扦插生根阶段使用。弥雾装置主要包括扦插床、自动喷雾装置及加温控温系统。生产上常在全光照条件下利用弥雾育苗，称为全光照自动弥雾扦插育苗。全光照自动弥雾扦插育苗能够保证扦插苗充分利用光能进行光合作用的前提下，协调水、气、热矛盾，生根快、周期短、成活率高。

知识链接 3——苗圃地的选择与规划

（一）苗圃地的选择

苗圃是培育和生产优质苗木的基地，在进行苗圃地的选择时应考虑苗圃的位置及地形地势、灌溉条件和土壤条件等自然因素，做到从当地的具体情况出发，因地制宜。

1. 苗圃的位置 在选择苗圃位置时，应考虑以下因素。

1）选择交通方便，靠近铁路、公路及水路的地方建立苗圃，便于苗木的出圃和材料物资的运入。

2）选择靠近村镇的地方建立苗圃，便于解决劳动力、畜力、电力等问题，尤其在繁忙季节便于补充临时劳动力。

3）选择靠近农业科研单位、大专院校等地方建立苗圃，有利于实现先进技术的指导。

4）远离污染，保证培育苗木质量。

2. 自然条件

（1）*地形、地势及坡向* 在适宜果树苗木生产的地区，宜选择排水良好，地势较高，地形平坦的开阔地带作为苗圃地。坡度以1°～3°为宜，坡度大易造成水土流失，降低土壤肥力，不便于机械化操作与灌溉。在坡度大的山地育苗需修梯田。

在地形起伏大的地区，坡向的不同直接影响光照、温度、水分和土层的厚薄等因素，对苗木的生长影响很大。一般南坡光照强，受光时间长，温度高，湿度小，昼夜温差大；北坡与南坡相反；东西坡介于二者之间，但东坡在日出前到上午较短的时间内温度变化很大，对苗木不利；西坡则因我国冬季寒冷多西北风，易造成冻害。所以必须依当地的具体自然条件及栽培条件，选择最合适的坡向。例如，在华北、西北地区，干旱寒冷和西北风为害是主要矛盾，故选用东南坡为最好。

（2）*灌溉条件* 苗圃地应选设在江、河、湖、塘、水库等天然水源附近，天然水源水质好，有利于苗木的生长，同时也有利于使用喷灌、滴灌等现代化灌溉技术。若无天然水源，或水源不足，则应选择地下水源充足地方作为苗圃，最适宜的地下水位一般为砂土1～1.5m、沙壤土2.5m左右、黏性土壤4m左右。苗圃灌溉用水要求为淡水。

（3）*土壤条件* 以具有一定肥力、土壤通气性好、酸碱性适中的沙质壤土或轻黏质壤土为宜，同时还应注意土层的厚度、结构等状况。对于土壤条件恶劣的地区可进行土壤改良后建立苗圃。

（4）*自然灾害* 在建立苗圃之前应做专门的自然灾害的调查，做好自然灾害的预防工作，保证苗木质量。

（二）苗圃地的规划

为了培育和生产规格化优质苗木，根据不同地区设立各种类型的专业苗圃。在进行大型苗圃的规划时，应该做到经济利用土地，便于管理和机械化操作。现代专业性苗圃的规划主要包括生产用地规划和辅助用地规划。

1. 生产用地的规划

（1）*播种区* 培育砧木和实生苗木的区域。

（2）*营养繁殖区* 培育自根苗和嫁接苗的区域。

（3）移植区　培育各种移植苗的区域，由播种区、营养繁殖区中繁殖出来的苗木，需要进一进培养成较大的苗木时，则应移入移植区中进行培育。

（4）大苗区　培育植株体型、苗龄均较大并经过整形的各类大苗的耕作区。在大苗区培育的苗木出圃前不再进行移植，且培育年限较长。大苗区的特点是株行距大，占地面积大，培育的苗木大，规格高，根系发达，可以直接用于果树生产。

（5）母本区　在永久性苗圃区，为了获得优良的种子、插条、接穗等繁殖材料，需设立采种、采条的母本区。

（6）引种驯化区　用于引入新的树种和品种，进而推广的区域，可单独设立实验区或引种区，也可以引种和实验相结合。

2. 辅助用地的规划　苗圃的辅助用地（或称非生产用地）是直接为生产苗木服务的，主要包括道路系统、排灌系统、防护林带、建筑管理区等。

（1）道路系统　结合规划设计和生产要求依次设计一级路、二级路及三级路等。一级路（主干道）是苗圃内部和对外运输的主要道路，多以办公室、管理处为中心。设置一条或相互垂直的两条路为主干道，通常宽6～8m。二级路（支路）通常与主干道相垂直，与各耕作区相连接，一般宽3～4m。三级路是沟通各耕作区的作业路，一般宽2m。

（2）排灌系统　苗圃必须有完善的排灌系统，以保证水分的充分供应和地下水位高的地区及雨季的排水防涝。

（3）防护林带　在气候较为恶劣的寒冷多风地区，为了避免苗木遭受风沙危害应设置防护林带，以降低风速，减少地面蒸发及苗木蒸腾，创造良好的小气候条件和适宜的生态环境。

（4）建筑管理区　该区包括办公室、宿舍、食堂、仓库、种子贮藏室、工具房、晒场、肥场等，要求做到设计合理，占地面积小。

知识链接4——我国苗木质量存在的问题

种苗的质量决定着果业的兴衰，优质果树是建立早果、丰产、优质、低成本果园的先决条件，果树合格苗木的基本条件是：品种纯正，砧木类型正确，地上部枝条健壮、充实、具有一定的高度和粗度，芽体饱满；根系发达，须根多，断根少；无严重的病虫害及机械伤；嫁接苗的接合部愈合良好。

苗木的质量直接影响建园成活率、果树寿命长短和结果早晚、树势强弱、产量高低等。我国现行苗木市场管理比较混乱，无论有无基本的专业知识，人人可育苗，人人可卖苗，假劣苗木充斥市场，常常造成"多年栽苗不见果、刚栽几年就挖树"的现象。有的果农用苹果籽作砧木来育苗，不仅影响质量和产量，而且感病严重，寿命短，管理难度大。有的果农购买带有检疫性病虫害的苗木，不仅导致毁树毁园，而且影响周边果业的发展。有的果农采用"三档苗"建园，园貌不整齐，建园后7～8年都没有效益。一些苗圃或中间商为了获取利益，引来别人的品种后肆无忌惮地冠以新的芳名高价抛售，以谋取暴利，使农民无所适从，反复上当。

知识链接5——果树无毒苗的培育

果树病毒对果树危害较大，它直接影响果树的生长结果特性，最终导致树势衰弱、产量锐减、果实品质下降，严重时给生产带来毁灭性的损失。迄今尚无有效药剂和处理可以治愈受侵染的果树，所以通过各种措施来培育无病毒苗木是预防病毒病的重要途径，也是当前果树生产的重要任务。

（一）获得无病毒苗的方法

1. 热处理脱毒 热处理脱毒是世界上应用最早，最广泛，也是目前为止果树脱毒的有效方法之一。热处理清除病毒的基本原理是病毒不耐高温，在高于正常的温度下，植物组织中的很多病毒可以被部分地或完全地钝化，但寄主组织很少受到伤害甚至不受伤害。

热处理可通过热水浸泡或湿热空气来实现。热水浸泡对休眠芽效果较好，湿热空气对活跃生长的茎尖效果较好，既能消除病毒又能使寄主植物有较高的存活机会。

热处理的方法有恒温热处理和变温热处理两种。恒温热处理是把果树植株移入一个热疗室中，处理时，最初几天空气温度应逐步增高，直到达到要求的温度为止。处理时间的长短，根据要求可由几分钟到数月不等。若钝化病毒所需要的连续高温处理会伤害寄主组织，则应当试验高低温交替的效果，也就是变温热处理。

2. 茎尖培养脱毒 White 于 1943 年首先发现在感染烟草花叶病毒的烟草生长点附近病毒的浓度很低，甚至没有病毒。这一发现为茎尖培养脱除病毒提供了理论依据。因此，可以利用茎尖培养来培育无病毒苗木。

茎尖脱毒培养时，外植体大小决定着茎尖存活率和脱毒效果。外植体越大，产生植株的机会越多，但脱毒的效果也越差。一般切取 0.2～1.5mm，带一两个叶原基的茎尖作为繁殖材料。

3. 茎尖培养与热处理结合脱毒 为了提高脱毒效果，茎尖培养往往和热处理结合使用。例如，大樱桃置于 45℃的恒温培养室内，培养 35d，再切取 0.2～0.4mm 的茎尖培养，平均脱毒率为 98%。

4. 茎尖微体嫁接脱毒 茎尖微体嫁接是组织培养与嫁接方法相结合，用以获得无病毒苗木的一种技术。因其脱毒效果好，遗传变异小，无生根难问题，已成为木本果树植物的主要脱毒方法。具体方法是将 0.1～0.2mm 的茎尖（常经过热处理之后采集）作为接穗，在解剖镜下嫁接到无病毒实生砧木试管苗上，茎尖愈合后开始生长，然后切除砧木上发生的萌蘖。生长一个月左右，再移栽到培养土中，培育成苗。茎尖嫁接脱毒法最早在柑橘上获得成功，以后在苹果、桃、梨、葡萄等上也得到进一步应用。

5. 再生培养脱毒法 通过植物器官或组织诱导产生愈伤组织，经过再分化产生不定芽，培养成植株，可以获得脱毒苗。应用这种方法培养草莓无毒苗已获得成功。

6. 抗病毒药剂与再生培养脱毒法 取刚分化的不定芽，将其接种到添加了抗病毒药剂（利巴韦林、盐酸吗啉胍、土霉素等）的培养基中进行培养，可以获得无毒苗。如果药剂及用量使用不当，药害现象严重。此种脱毒方法还处于探索阶段。

（二）无病毒苗的繁育技术要求

1. 建立无病毒母本园 包括品种采穗圃、无性系砧木压条圃和砧木采种园。母本园应远离同一树种 2km 以上，最好栽植在有防虫网设备的网室内，以防媒介昆虫带毒传染。母本树应建立档案，定期进行病毒检测。

2. 完善繁育手续 繁殖无病毒苗木的单位或个人，必须填写申报表，经省级主管部门核准认定，并颁发无病毒苗木生产许可证。使用的种子、无性系砧木繁殖材料和接穗，必须采自无病毒母本园，附有无病毒母本园合格证。育成的苗木须经植物检疫机构检验，合格后签发无病毒苗木产地检疫合格证，并发给无病毒苗木标签，方可按无病毒苗木出售。

3. 规范繁育技术 繁殖无病毒苗木的苗圃地，要选择地势平坦、土壤疏松、有灌溉条件的地块，同时也应远离同一树种 2km 以上，远离病毒寄主植物。苗木的嫁接过程，必须在专业技术人员的监督指导下进行，嫁接工具要专管专用。

【考核评价】

本任务具体考核评价见表 3-15。

表 3-15 果树苗木出圃任务考核评价表

考核项目	分数
掌握起苗、消毒、分级、包装和假植等苗木出圃的一套技术操作方法	40 分
了解苗圃地的选择与规划方法	20 分
了解果树无毒苗培育的意义与方法	20 分
了解我国果树苗木存在问题与解决途径	20 分
总分	100 分

项目4 果树土肥水管理

【项目目标】了解现代果园土壤管理的主要方法及其优缺点；了解果园常见的灌排水设施及其优缺点；能够根据实际条件，制订切实可行的土肥水管理方案，并能独立操作。

任务1 果园土壤管理

【任务目的】熟悉果园生草、覆盖、深翻、清耕的方法与优缺点。了解现代果园土壤管理的主要做法；能够根据实际条件，制订不同果树的土壤管理制度。能够正确进行的果园间作。

【实践操作】

1）对旱地果园的全年地下管理及其抗旱管理措施进行调查，并作出分析与评价。

2）对山地果园的全年土壤管理进行调查，并作出分析与评价。

3）对平地果园的全年土壤管理进行调查，并作出分析与评价。

对果园土壤进行调查（表4-1）并了解果园土壤管理制度及应用效果（表4-2）。

表4-1 果园土壤条件调查表

地点：

调查项目	土壤情况	调查项目	土壤情况
土层厚度 /cm		有害盐含量	
土壤有机质含量		地下水情况	
土壤碱度		土体构造	
土壤质地			

注：土体构造说明：无障碍层次；80cm以下有障碍层；40～80cm有障碍层；20～40cm有障碍层；0～20cm有障碍层

表4-2 果园土壤管理制度及应用效果调查表

调查地点	调查项目					
	树种	树龄	采用的土壤管理制度	应用后效果	存在不足	建议

【引导问题】

自行设计思维导图并应用思维导图引导相关问题的思考。

1. 土壤管理方法有哪些？有何优缺点？
2. 简述果园覆盖技术及其发展趋势。
3. 简述果园生草技术及其发展趋势。
4. 如何根据不同的条件，选择正确的土壤管理方法？
5. 土壤管理方法要考虑的哪些因子？

6. 不同果树对土壤条件的要求有何不同?

7. 比较不同果树对土壤通气性的要求。

【知识链接】

知识链接1——果园生草和覆盖

(一)果园生草

1. 人工生草 果园生草一般在年降雨量大于500mm，最好是800mm以上的地区或具有灌水条件的果园中实施。它可以分为全园生草、行间生草和株间生草等模式，具体应用何种模式主要取决于果园立地条件、种植管理条件。在土层深厚、肥沃，根系分布深的果园，可全园生草，反之，在土壤贫瘠、土层浅薄的果园可采用后两种模式。一般在果树3年生后不能间作其他作物时进行生草。目前发达国家的果园多采用行间生草、行内清耕的耕作制度，即在果树行间种植一年或多年生豆科或禾本科草本植物，待草长到40～50cm高度，留茬15～20cm刈割后覆盖在树盘下作绿肥使用，每个生长季节可以刈割3～4次，或在每年秋季将绿肥翻压到土壤中。

采用生草法时，注意以下几个关键环节。

(1)因地制宜地选好草种和品种 我国北方选用的草种主要以豆科为主，如三叶草、紫花苜蓿、豌豆、紫云英、草木樨、苕子等，其次为禾本科绿肥，如黑麦草、早熟禾、果园牧草等。这些品种适应性强，植株矮小，生长速度快，鲜草量大，覆盖期长，容易繁殖管理，再生能力强，且能有效地抑制杂草发生。

(2)掌握播种技术 播种时间以春秋两季为宜，春季在3～4月土壤解冻后进行，秋季在9～10月。春季适宜条播，秋季适宜撒播。播种前每667m^{2}撒施磷肥15kg，翻耕20cm，耙碎耙平土壤，为草种出苗和苗期生长创造良好的条件。采用条播，行距约30cm，覆土厚度小粒种子或黏土果园约为2cm，大粒草种或沙土、壤土约为5cm。

(3)苗期注意中耕除草 控制杂草生长，干旱时及时灌水并可补施少量氮肥。生草最初的几个月不要刈割，当草根扎深、营养体显著增加后，才开始刈割。一般1年刈割2～4次。

(4)刈割技术 无灌溉条件的多年生草，宜雨后刈割，刈割后撒施少量氮肥，促进草的再生；有灌溉条件的多年生草，每次刈割后撒施少量氮肥和灌水。

(5)草的更新 生草5～7年后，草逐渐老化，应及时将草翻压，休闲1～2年后再重新播种。

2. 自然留草 自然留草可选用当地果园常见的杂草资源，最好选用植株矮小，生草量大，有利天敌及微生物活动的杂草，如稗草、狗尾草等。待草长到40cm左右，留茬10cm左右刈割，然后覆盖在树盘下作绿肥使用，每个生长季节可以刈割4～6次，每年秋季将杂草用旋耕机翻压到土壤中。

果园生草可以降低土壤侵蚀，避免水土流失；提高土壤肥力(提高有机质含量、提高有效养分含量)；改善果园生态环境(改善土壤理化性状、加速土壤熟化，调节土温，提高土壤含水量)；优化果园生态体系；免除中耕除草，便于行间作业；提高树体抗性，减轻病虫危害，增产、增质。

草种类的选择。果园生草种类一般有：豆科类，如白三叶、紫花苜蓿、沙打旺、草木樨、百脉根等；禾本科类，如鸭茅、无芒雀麦、草地早熟禾、黑麦草等；十字花科类，如二月兰等。对于地下水位较高或灌区果园，宜选用白三叶、红三叶等较耐渍的草种；而对于旱地、灌水不便的果园，宜选用百脉根、扁茎黄芪等较为耐旱的牧草。因紫花苜蓿和毛叶苕子易招鼠害，应慎重选择。

（二）果园覆盖

果园覆盖是在树冠下或稍远处覆以有机物、地膜或沙石等。生产上应用较为普遍的是有机覆盖和地膜覆盖。

1. 有机覆盖 也称生物覆盖或果园覆草，是在果园土壤表面覆盖秸秆、杂草、绿肥、麦壳、锯末、树叶等有机物。覆盖时间以春末至初夏为好，也可在秋季进行。具体做法：有条件的地方覆盖前先深翻改土、施足土杂肥并加入适量氮肥后灌水。然后进行树盘覆盖。一般覆盖厚度10～15cm，667m^{2}用干物料量1000～1500kg，以后每年补充，保持厚度不变，覆盖有机物后压少量土，以防风吹和火灾。但注意行间要留出50cm宽的作业道，以便灌水和进行其他管理。覆盖物经3～4年风吹雨淋和日晒，大部分分解腐烂后可一次深翻入土，然后再重新覆盖，继续下一个周期。也可于覆草当年秋后进行翻压，翌年重新覆草。

果园覆草后，应加强病虫害防治，草被应与果树同时进行喷药。对容易积涝的果园，缩小覆盖面积（如只盖树盘）并修好排水沟，确保雨季顺利排水。覆盖用草应尽量细碎，才能迅速生效。深施有机肥时，应扒开草被挖沟施下，然后再将草被覆盖原处。多年覆草后应适当减少氮肥施用量。

覆盖有机物可以防止水土流失，抑制杂草生长，防止返碱，减少蒸发，降低地表温度和缩小昼夜变化幅度，增加有效态养分和有机质含量，并能防止磷、钾、镁等被土壤固定而成无效态，对团粒结构形成也有显著效果，尤其是对旱地果园和山地果园，是不可多得的好办法。但覆盖有机物后，具有易招致鼠害，加重病虫害，清扫果园困难，春季地温回升慢，易引起果园火灾和造成根系上浮的弊端。

图 4-1 树盘覆盖

树盘覆盖在距树干50cm以外、树冠投影范围内覆草，厚度15～20cm。覆草后适当拍压，再在覆盖物上压少量土，以防风吹和火灾，见图4-1。

2. 地膜覆盖 地膜覆盖是指用塑料薄膜将园地覆盖。在土壤瘠薄、干旱，又无草源的地区，应用较广泛。特别是常有春旱发生的地区，提倡覆盖地膜。生产上采用白色地膜和无纺布黑色地膜。

具体做法：早春土壤解冻后，先在覆盖的树行内进行化学除草，然后打碎土块，将地整平。若土壤干旱，应先浇水。然后用两条地膜沿树两边通行覆盖，将地膜紧贴地面，并用湿土将地膜中间的接缝和四周压实。同时间隔一定距离在膜上压土，以防风刮。树冠较小时，可单独覆盖树盘。覆盖地膜前最好先深翻熟化，增施有机肥或埋入作物秸秆。有条件的地区或果园，还可以春覆地膜增温保墒，夏季覆草保墒调温，覆膜、覆草综合运用。

根据不同目的选用不同的地膜材料，如在幼树定植后，为了增加早春地温和防止水分蒸发，宜选用白色地膜；为了保湿和防草可以选用黑色地膜；为了增加果实着色均匀，可以铺银色反光膜。覆膜具有良好的增温、保墒效果，据实验资料证明，早春果园覆膜后，0～20cm 土层的地温比对照高 2～4℃，土壤含水量比清耕果园的土壤含水量高 2%左右。但由于覆膜不能为土壤提供有机质，且覆膜后地温高，土壤有机质矿化分解速度加快，养分易流失，且容易引起白色污染。

山东青岛农业大学研发了一款无纺布黑色地膜。与塑料地膜相比，它不仅具有提温、保墒、防草等优点，而且由于无纺布透气性好，可以维持果树根系良好的呼吸作用，促进根系的生长和新陈代谢，防止由于无氧呼吸而造成的根系腐烂等问题。覆盖此种地膜还能有效保持土壤湿度，减少浇水的频率，使土壤内水分变化幅度相对平缓，有利于维持果树良好的生长环境，增强对病害的抵抗力。此外，它还具备可降解的优点，加上其制造工艺简单，使用年限可控，环保无污染，在现代农业上将有广阔的发展和应用前景。

知识链接 2——果园的深翻与清耕

（一）深翻改土

深翻是果园土壤改良的最基本措施。对清耕果园及立地条件不好、土壤瘠薄、肥力较低的山地果园，经常进行深翻，既可以改善土壤的通透性，使土壤孔隙度增加，土壤好气微生物增强，又可增强保肥蓄水能力，加深活土层，利于根系生长。深翻的时期一般在果实采收后至休眠前进行，干旱无灌溉条件的山区，也可在雨季进行。深翻一般有 3 种方式。

1. 扩穴深翻 又称放树窝子，常在幼龄果园中应用。此法特别适合稀植果园或集约化程度较差的果园，如枣树、核桃、柿子。方法是在幼树定植后，以定植穴为中心，每年或隔年向外挖宽 60～80cm、深 40～60cm 的环状沟，直到全园翻遍为止。扩穴一般结合施基肥每年进行一次，最好在定植后 2～3 年内完成。根颈附近要浅翻，以免损伤树体。

2. 隔行深翻 常在成龄果园中应用此法。平地果园，完全实行隔行进行深翻，每次只伤果树植株一侧根系，对果树生长发育影响较小，全园分两次完成。深翻深度以 40～80cm 为宜，宽 50cm 左右。而等高撩壕的坡地果园和里高外低的梯田果园，第一次先在下坡（或梯田外侧）进行较浅的深翻施肥，第二次在上坡（或梯田内侧）深翻把土压在下坡，同时施有机肥料，这种方法应与修整梯田等相结合进行。

3. 全园深翻 密植园多采用此方法。将栽植穴以外的土壤全部深翻，深度为 30～40cm，靠近树干的地方，因粗根多耕翻可浅些。一次深翻需要较多的劳力和肥料。

无论采用何种深翻方法，深翻时均需将挖出的表土和心土分别堆放，并及时剔除翻出的石块、粗沙及其他杂物。回填时，先把心土和秸秆、杂草、落叶混合填入沟底部，再结合果园施肥将有机肥、速效性肥和表土混匀填入。深翻后及时灌水沉实，使根与土壤密接。深翻时尽量保护根系完整，不伤直径 1cm 以上的粗根。当分次深翻时，沟与沟之间不留“隔墙”，防止形成死沟积水。对地下水位高的地段，翻土深度不宜超过雨季地下水上限，防止接上地下水；低洼、排水不良的地段，深翻后底层最好铺埋碎石块，使形成暗道排水。

（二）清耕

清耕是传统的土壤管理方式之一是在果园内不种任何作物，常年进行中耕除草，使土壤保持疏松和无杂草状态。一些国家，常在行间种草，树盘内采用清耕方式管理。

清耕全年均可进行，一般秋季深耕，生长季节进行多次中耕，使土壤保持疏松通气，促进微生物繁殖和有机物分解，短期内可显著地增加土壤有机态氮素。中耕松土，能起到除草、保肥、保水作用。但长期采用清耕法，土壤有机质减少，土壤结构受到严重破坏，土壤的保肥保水能力变差。对于山地果园来说，清耕不利于水土保持。清耕管理的果园干、湿、冷、热变化频繁，使最肥沃的表层土成为非生态稳定层，以致 15cm 以上的土层中根系很少，因此随着可持续发展概念的提出和对生态环境保护的重视，清耕在果园土壤管理中的应用会越来越少，取而代之的将是生草、覆盖等其他管理方式。

知识链接 3——果园间作

1. 间作的概念 间作是幼龄果园利用行间空地种植其他作物的土壤管理技术。间作物只能种在树冠外围，以不影响果树生长发育为前提。1～3 年生幼树应留出 1.0～1.5m 树盘，以后随着树冠和根系逐年扩大，间作面积逐年缩小，进入盛果期果园一般不宜间作。为保证果树的正常生长，应加强间作物的肥水管理。对新建果园在留足树盘后（$1m^2$）间作，以后随树冠扩大，逐渐扩大树盘，缩小间作面积，避免间作物与果树之间互相争夺肥、水。密植园最多间作 3 年。

2. 果园间作的优点 合理间作既可以充分利用光能与土地，又可以增加土壤有机质，改良土壤理化性状，如间作豆科作物，除收获种子外，其根、叶遗留于土壤中，每公顷地可增加有机质约 262.5kg，还因根瘤中的固氮菌，使土壤含氮水平有所提高。另外，间作还具有抑制杂草生长，减少蒸发和水土流失，缩小地面温变幅度，对于风沙区还起到防风固沙作用。

3. 间作的基本原则 间作的基本原则是间作物不能有碍于果树的正常生长发育。因此，对于间作果园，应使间作物与果树保持一定距离，尽量避免间作物与果树争光、争肥、争水；间作物的植株要矮小，生育期短，最好与果树肥水临界期错开；间作物与果树无共生病虫害，也不能是中间寄主；管理省工，具有较高的经济价值。

4. 间作物的种类 常用的间作物有花生、大豆、甘薯、马铃薯、菠菜、油菜、白菜、萝卜、牧草、食用菌及耐阴中药材等。生产上多实行不同间作物轮作倒茬的方式，如花生、豆类—甘薯、绿肥—大豆—马铃薯—甘薯—花生。间作物选择时需考虑土壤的肥沃程度，一般瘠薄地多种甘薯、花生，较肥沃地间种粮食作物、药材、蔬菜等。

绿肥也可以作为果园间作物，它可有效解决土壤有机质含量偏低，果园用肥不足的现象。例如，烟台市果树研究所在黏重土壤果园行间种植红三叶草，每 $666.7m^2$ 红三叶草产鲜草 3350kg，相当于 31～34kg 尿素、16～23kg 过磷酸钙、32～33kg 硫酸钾。3 年后 40cm 以上土层中的有机质含量从 0.4%～0.6% 提高到 0.87%，有效地提高了土壤肥力，改善了土壤结构。

【考核评价】

本任务具体考核评价见表 4-3。

表 4-3 果园土壤管理任务考核评价表

考核项目	分数
熟悉果园生草的方法与优缺点	20 分
熟悉果园覆盖的方法与优缺点	20 分
熟悉果园的深翻的方法与优缺点	20 分
熟悉果园清耕的方法与优缺点	20 分
能够正确进行的果园间作	20 分
总分	100 分

任务 2 果树施肥与灌水

【任务目的】学会果树施基肥和追肥各种方法，能制订和完成果树基肥和追肥生产任务，能够根据果园实际情况，制订合理的灌水排水方案。

【实践操作】

材料：苹果及桃幼年果园或成年果园。因地制宜地选用土粪、厩肥、硫酸铵、尿素或腐熟的人尿、过磷酸钙或磷酸铵、草木灰或硫酸钾、硼砂等。充分腐熟的有机肥、过磷酸钙、尿素等。

用具：镐、锹、水桶、喷雾器、铁锹、耙子、小推车、土篮、记录本。

一、果树施肥

（一）果树施基肥

基肥一般采用土壤深施的方法，秋施基肥可结合果园深翻进行，也可单独进行，施肥部位在树冠投影范围内。常用的土壤施肥方法主要有以下几种。

1. 环状施肥 在果树树冠投影处挖一宽 30～60cm、深 30～50cm 的环状沟，将肥料撒入沟内或肥料与土混合撒入沟内，然后覆土踩实。随树冠扩大，环状沟逐年向外扩展。此法具有操作简便、用肥经济的特点，但易切断水平根，且施肥范围小。因此适于根系分布较小的幼树与结果初期的树（图 4-2）。

2. 放射沟施肥 在树盘或树盘外围，距主干约 1m 处，以主干为中心向外呈放射状挖 4～8 条沟，沟宽 30～50cm，深 15～60cm。距主干越远，沟越加宽加深（图 4-3）。将肥料施入沟内或与土混合施入沟内，然后覆土。放射状施肥沟里窄外宽，里浅外深，覆土后踩实。此种施肥方法较环状沟施肥伤根少，但挖沟时也会伤及大根，故应隔次更换放射沟位置，以扩大施肥面积促进根系吸收。比较而言，此种施肥方法的施肥部位具有一定的局限性。根据树冠与根系的相关性，放射状沟的开挖方向最好与主枝方向错开，这样可以避免伤及主根，同时可以使肥料施在吸收根密集区，有利于肥效的发挥。此法适用于稀植果树。

3. 条沟施肥 在果树行间、株间树冠投影处开 1～2 条沟，一般沟深 30～60cm，沟宽 30～50cm，将肥与土混拌均匀撒于沟内，覆土踩实。如果两行树冠接近时，可采用隔行开沟，次年更换的方法。一般适用于成年果树施基肥，如图 4-4 所示。

4. 全园施肥（撒施） 将肥料撒在距树干 50cm 以外的树冠下，然后耕翻 20cm

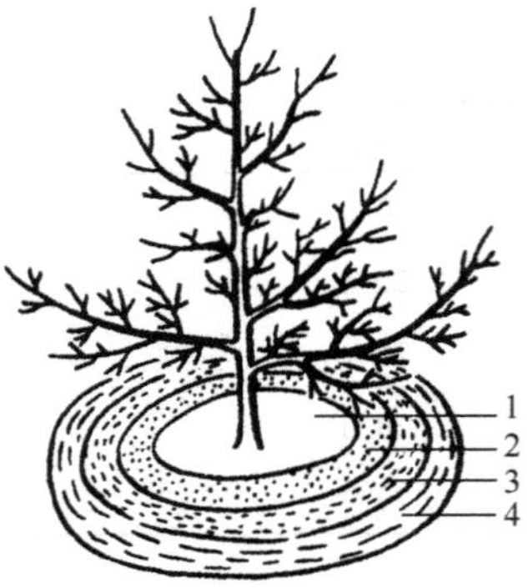

图 4-2　环状沟施

1．定植穴；2．第一年施肥沟；3．第二年施肥沟；4．第三年施肥沟

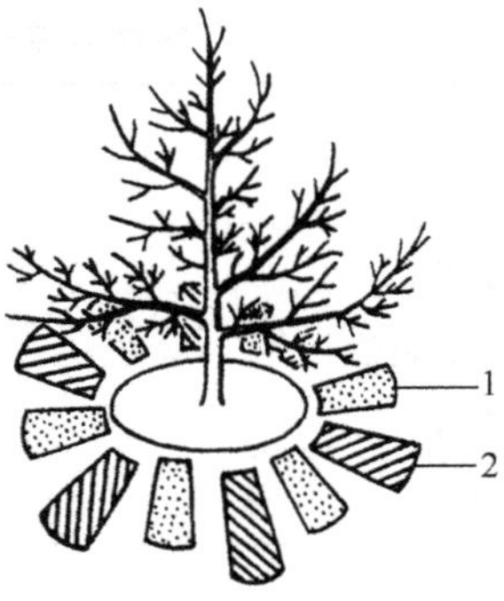

图 4-3　放射状沟施

1．上年施肥沟；2．当年施肥沟

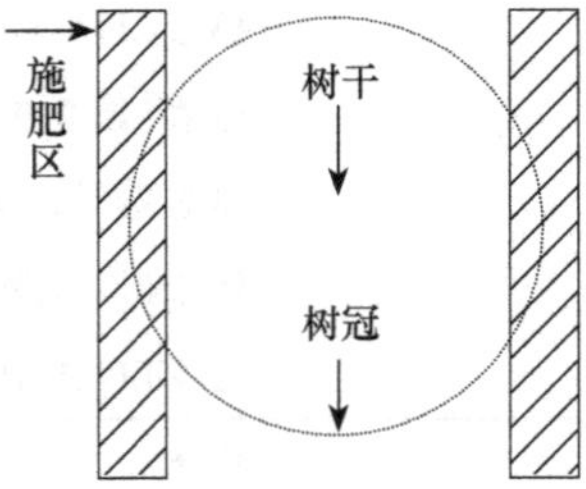

图 4-4　条沟施肥

深。研究表明，地表下 15cm 左右的表层根对花芽分化和果品质量的影响最大。全园撒施基肥可充分利用表层根，增加其吸收量，提高利用率。此法因施肥较浅，易导致根系上浮，降低根系对不良环境的抗性。最好与沟状施肥交替使用。根系已布满全园的成龄树或密植园，应用此法效果较好。

（二）果树追肥

追肥的施用方法有土壤施肥和叶面喷肥两种。

1．土壤追肥　可参考秋施基肥的施肥方法进行。也可以进行冲施，即将肥料撒于树盘后放水或将肥料溶于水中灌于树盘下。这种施用方式见效快，但养分利用率低，土壤易板结。此外，对于养殖业较发达的果区也采用随灌水追施禽畜肥的方法，即在果园地头设一粪池，将禽畜粪在其中发酵腐熟后进行追肥。特点是省时省工，肥效稳定，有利于培肥改良土壤。施肥深度 10～15cm。

2．叶面喷肥　叶面喷肥效果与叶片的吸收强度、叶龄、肥料种类、浓度、喷布时期和气候条件等有关，并只能在当年或生长季节中有效，不能完全代替土壤施肥。

叶面喷肥要合理选择肥料的种类、浓度。喷布时间选择无雨的阴天或晴天 10 时以前或 16 时以后。喷布部位以叶背和嫩叶为好。生产上全年可喷 4～5 次，一般生长前期 2 次，以氮为主；后期 2～3 次，以磷、钾为主；还可用于补施果树生长发育所需的微量元素。生产上提倡喷施多元微肥。

作业：调查当年果园施肥情况，并将果园施肥情况填入表 4-4。

表 4-4　果园施肥调查记载表

地点：　　　　　　　　　　　　树种品种：

基肥	肥料种类	施肥量 /（kg/ 株）	方法	施肥时期	
追肥		第一次	第二次	第三次	第 *n* 次
	肥料种类				
	施肥量 /（kg/ 株）				
	方法				
	施肥时期				

二、果园灌水

1）调查当地土壤条件和全年雨量分布。

2）调查全年不同时期灌溉用水数量。

3）通过调查灌溉用水数量，计算水分利用率。

作业：调查果园全年浇水管理情况，并将果园灌水情况填入表4-5。

表4-5 全年灌水管理记载表

调查地点： 果树种类： 土壤类型：

		第一次	第二次	第三次	第 *n* 次
灌水	时间				
	方法				

【引导思考】

利用思维导图（图4-5）思考以下问题。

1. 简述各果树的需肥需水规律。
2. 说明不同果树不同时期的需肥量与需水量。
3. 如何精准施肥？什么是平衡施肥？
4. 如何提高肥料和水分利用率？
5. 土壤适宜的养分标准和水分标准是什么？
6. 如何进行水肥一体化、机械化，省力化管理？
7. 叶片营养诊断的方法与标准是什么？如何进行果树缺素症判断？
8. 如何进行全年中不同时期果树合理的用肥用水分配？
9. 果园节水的措施与方法有哪些？如何进行果树节水栽培与旱作？
10. 说明施肥灌水质量与果品安全的关系。

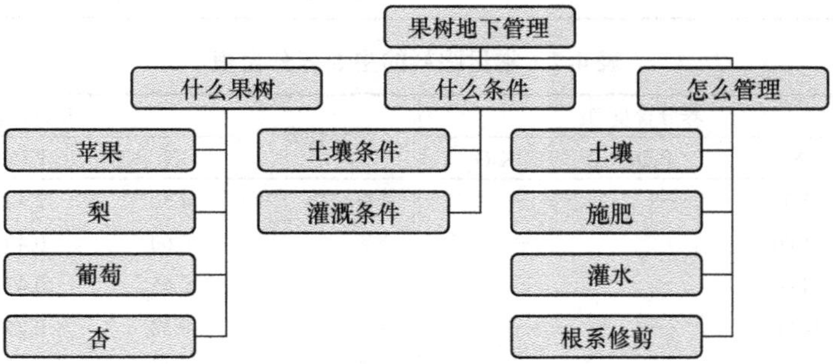

图4-5 果树地下管理思维导图

【知识链接】

知识链接1——果树基肥的施用时期与方法

基肥主要是指秋季向土壤中施入的肥料，是可以较长时期为果树供应多种养分的基础肥料。它除含主要元素外，还含有微量元素和许多生理活性物质，包括激素、维生素、氨基酸、葡萄糖、DNA、RNA、酶等，故又称完全肥料。大多数有机肥料需要通过微生物的分解释放才能被果树根系吸收，故也称迟效性肥料。基肥可以起到增加果园土壤有机质含量，改善土壤理化性质，促进有益微生物活动等作用，同时有机肥料还能预防和减轻农药及重金属时土壤的污染。

（一）基肥的施用时期

基肥的肥效缓慢，应以秋季施用最好，宜早不宜晚，即一般在 8 月下旬至 9 月上旬为好。因为秋季正值果树根系的生长高峰期，根系吸收能力强，断根愈合快，有利于新根产生和养分吸收；同时秋季气温较高，雨量充沛，有机肥分解时间较长，矿质化程度高，翌春可及时供给根系吸收利用；另外，秋季新梢处于缓慢或停止生长状态，根系吸收的矿质营养可提高叶片光合效能，增加树体贮藏养分，促进花芽分化，增强果树越冬抗寒能力，促进翌年根系生长发育。

（二）基肥的施用量

基肥的施用量因果园的土壤状况、树体生长发育状况、树种和品种、肥料不同而不同，山东省果园土壤五级养分含量见表 4-6。常见肥料的主要养分含量见表 4-7。一般情况下幼树每年株施厩肥 25～50kg，初果期树每年株施 100～150kg，盛果期树每年株施 150～200kg。也可按照果树的产量进行施肥，生产经验有“斤果斤肥”或“斤果斤半肥”。‘红富士’不同树龄施肥标准见表 4-8。

表 4-6　山东省果园土五级养分含量范围

项目	较高	适宜	中等	低	极低
有机质 /%	＞1.0	0.8～1.0	0.6～0.8	0.4～0.6	＜0.4
全氮 /%	＞0.08	0.06～0.08	0.04～0.06	0.02～0.04	＜0.02
每 100g 土碱解氮 /mg	＞12	9～12	6～9	3～6	＜3
有效磷 /（μg/g）	＞20	10～20	5～10	3～5	＜3
有效钾 /（μg/g）	＞150	100～150	50～100	30～50	＜30
有效锌 /（μg/g）	＞3.0	1.0～3.0	0.5～1.0	0.3～0.5	＜0.3
有效铁 /（μg/g）	＞20	10～20	5～10	2～5	＜2

表 4-7　常见肥料的主要养分含量

肥料种类	养分含量 /%			肥料种类	养分含量 /%		
	N	P_2O_5	K_2O		N	P_2O_5	K_2O
碳酸氢铵	17.00	—	—	菜籽饼肥	4.50	2.48	1.40
硫酸铵	21.00	—	—	猪粪	0.60	0.40	0.44
氯化铵	24.00	—	—	羊粪	0.65	0.47	0.23
硝酸铵	34.00	—	—	牛粪	0.32	0.25	0.16
尿素	45.00	—	—	马粪	0.58	0.30	0.24
普通过磷酸钙	—	16.00	—	垃圾	0.18	0.18	0.24
硫酸钾	—	—	50.28	一般针叶树灰	—	1.27	5.00
磷酸二氢钾	—	24.00	28.00	一般阔叶树灰	—	1.53	8.27
人尿	0.75	0.30	0.25	小灌木灰	—	1.37	4.88
人粪	1.03	0.50	0.37	稻草秸秆灰	—	0.19	1.48
人尿	0.50	0.13	0.19	小麦秸秆灰	—	2.80	11.4
大豆饼肥	7.00	1.32	2.13	向日葵秸秆灰	—	1.11	29.3
棉籽饼肥	3.41	1.63	0.97				

表 4-8　'红富士'不同树龄施肥标准

树龄 / 年	产量 /kg	有机肥 /(kg/667m^2)	硫酸铵 /(kg/667m^2)	过磷酸钙 /(kg/667m^2)	草木灰 /(kg/667m^2)
4～6	500～2000	1500～2000	60～140	60～140	60～120
7～15	2500～3000	3000～4000	160～220	160～220	150～180
15～20	2500 左右	3000 以上	100	180	150 左右

知识链接 2——果树追肥的时期与方法

（一）果树追肥时期

追肥主要在生长季，根据果树各个物候期的需肥特点，在果树需肥量大时及时进行。目前生产上果树的主要追肥时期有以下几次。

1. 花前肥　在果树春季萌芽前后（4 月中下旬）进行，可促进果树萌芽整齐、开花一致，提高坐果率。此次追肥主要以氮肥为主。

2. 花后肥　一般在落花后（5 月中下旬）进行，此次追肥起到减少生理落果、促进枝叶生长和果实发育的作用。以氮肥为主，配合适量磷、钾肥。

3. 膨果肥　在果实迅速膨大和花芽分化期进行，起到促进果实增大，提高产量，有利于花芽分化和枝条成熟的作用。由于各树种和品种花芽集中分化的时期不一致，因此追肥的时间也存在差异。例如，苹果花芽分化集中在 6 月中旬，追肥时间应在 5 月底 6 月初；甜樱桃花芽集中分化期在采果后 10～15d，应在采收后马上追肥。此次追肥要氮、磷、钾肥配合施用。

4. 熟前肥　在果实采收前 2 周进行，补充果树由于大量结果造成的营养亏损，满足后期花芽分化的需要，改善果实品质，延长叶片的功能期，提高树体贮藏营养的水平。此次追肥可与秋施基肥同时进行。以磷肥、钾肥为主，对于结果多的树、弱树可加入一些氮肥。

除以上几次主要追肥时期外，追肥时还要考虑到肥料的种类和性质、肥料的施用方法、土壤条件、气候条件、果树种类和生理状况等。例如，苹果、梨追肥以果实膨大期和着色前为主，可与基肥同时施入，幼果膨大期施入总量的 1/3，着色前施入总量的 2/3；葡萄可于花前、幼果膨大期、着色前 3 次施入，各施入总量的 1/3（'巨峰'葡萄花前可不施肥）；桃、李、杏可于幼果膨大期、硬核后、采收后 3 次施入，各施入总量的 1/3（如果实生育期短的果树硬核后可不施）；甜樱桃可于幼果膨大期、采收后、秋季 3 次施入，各施入总量的 1/3；草莓可于第一茬果幼果膨大期及每次采果后平均施入；枣树可于花期、生理落果后及早秋 3 次施入，各施总量的 1/3。例如，头年秋季施肥的果园，第二年前期应加大施肥用量；沙质土壤可少量多次追肥。另外，根据土壤理化状况及果树营养特性可于基肥中施入一定量的中微量元素，或在不同的生育时期叶面喷施一定浓度的中微量元素肥料。例如，辽东或辽南棕壤微酸性土壤的果园，花前喷 1～2 次 0.2% 的硼砂水溶液，幼果期连喷 3 次 0.5% 的硝酸钙或 1% 的氯化钙。辽西褐土地区需适当补充铁肥和锌肥。

（二）追肥的方法

追肥的施用常用方法有土壤施肥和叶面喷肥两种。

1. 土壤施肥　可参考秋施基肥的施肥方法进行。也可以进行冲施，即将肥料撒于树盘后放水或将肥料溶于水中灌于树盘下。这种施用方式见效快，但养分利用率低，土壤易板结，因此在一个生长季节冲施肥的次数不要超过3次。此外对于养殖业较发达的果区也采用随灌水追施禽畜肥的方法，即在果园地头设一粪池，将禽畜粪在其中发酵腐熟后进行追肥。特点是省时省工，肥效稳定，有利于培肥改良土壤。施肥深度10～15cm。

2. 叶面喷肥 叶面喷肥是在果树生长发育期间，通过地上部分器官（叶片、新梢和果实等）补给营养的技术措施。其特点是省肥、省工、速效，不受养分分配中心的影响，同时不受土壤条件的限制，可以避免肥料在根系施肥中的流失、淋失和固定，还可与农药混合施用。生产中常用于补充土壤追肥、矫治果树的缺素症和干旱缺水地区及果树根系受损情况下追肥。叶面喷肥效果与叶片的吸收强度、叶龄、肥料种类、浓度、喷布时期和气候条件等有关，并只能在当年或生长季节中有效，不能完全代替土壤施肥。叶面喷肥要合理选择肥料的种类、浓度，具体可参考表4-9。喷布时间选择无雨的阴天或晴天10时以前或16时以后。喷布部位以叶背和嫩叶为好。生产上全年可喷4～5次，一般生长前期2次，以氮为主；后期2～3次，以磷钾为主；还可用于补施果树生长发育所需的微量元素。生产上提倡喷施多元微肥。

表4-9 叶面施肥一般使用浓度

肥料种类	使用浓度	肥料种类	使用浓度
尿素	0.3%～0.5%	过磷酸钙	1%（清液）
过磷酸钙	1%～3% 浸出液	硫酸钾	0.3%～1.0%
硫酸钾或氯化钾	0.5%～1%	硼酸或硼砂	0.1%～0.3%
草木灰	3%～10% 浸出液	硫酸亚铁硫酸锌、硫酸镁	0.1%～0.3%
腐熟人尿	10%～20%	硫酸铜	0.01%～0.02%
硫酸铵	0.1%～0.3%	磷酸二氢钾	0.2%～0.5%

（1）叶面施肥的使用浓度 叶面施肥（根外追肥）的使用浓度应根据肥料种类、气温、树种等条件而定，在使用前可做小型实验。

（2）叶面施肥注意事项 叶面施肥在阴天及晴天上午、傍晚效果最好，肥液浓度因天气及果树物候期不同而不同，高温干旱天气、萌芽期和开花期所用的浓度应较低，以免发生肥害。叶面施肥可以结合病虫防治喷雾农药溶液同时进行，但事先要了解所用的肥料与农药混合后是否发生药害和降低肥效及药效，如果混用会发生不良反应则不能混合使用。

知识链接3——现代果园施肥技术

现代果园施肥技术可以用于施基肥或追肥。主要有下面几种方法。

（一）穴贮肥水技术

该方法是一种节约用水、集中使用肥水和加强自然降水的蓄水保墒作用的新技术。适于丘陵山地、河滩荒地及干旱少雨地区。

操作方法：春季发芽前，在树冠投影内挖4～8个直径30～40cm，深40～50cm的穴，穴内放1个直径15～20cm的草把，草把周围填土并混施50～100g过磷酸钙、50～100g硫酸钾，再将 50g 尿素施于草把上覆土，每穴浇水 3～5kg。然后将树盘整平，上覆地膜，并在穴上地膜中间穿一小孔。孔上压一石块，在生长季节利用小孔追肥、灌水（图 4-6，图 4-7）。

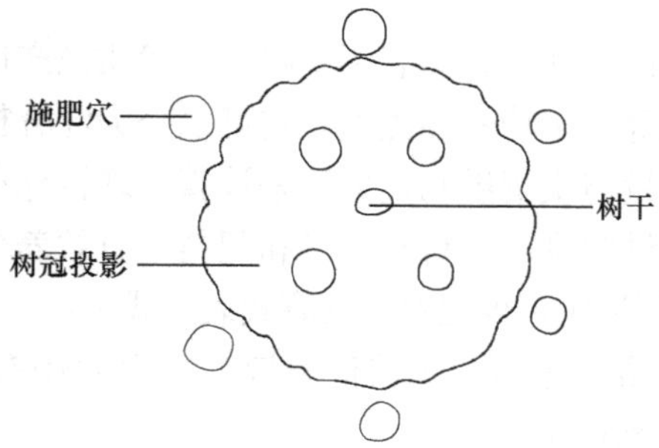

图 4-6　穴施肥法横面图

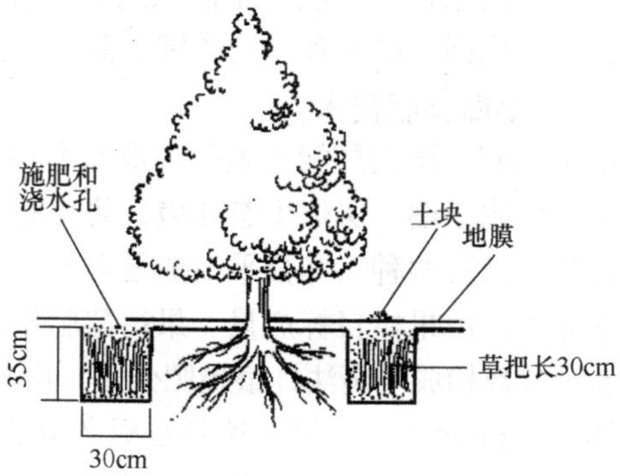

图 4-7　穴贮肥水法纵面图

（二）树干强力注射施肥技术

该技术是将果树所需的肥料配成一定浓度的溶液，从树干直接注入树体内，并靠机具持续的压力将进入树体的肥液输送到根、枝和叶部，直接被果树吸收利用。该法常用于矫治果树的缺素症。一般在 3～4 月和比较干旱时使用。

操作方法：先用钻头在树干基部垂直钻 3 个 3～4cm 的孔，将针头用扳手旋入孔中。拉动拉杆，将注泵和注管吸满肥液，排净空气，连接针头，即可注肥。注射中应使压力恒定在 10～15MPa。肥液浓度为 1%～3%，每株用量为 100～200ml。

（三）挂瓶输液技术

该技术是利用输液瓶（袋）、输液管和专用针头，靠输液瓶中液面与针头间高度差形成的压力，自动将微肥或专用肥料液体缓慢输入树干的一种施肥技术。此法对补充某种元素和富集某种元素（钙、硼、锌、碘、硒等）有较好效果。

操作方法：在果树主干基部选平整无伤疤处，利用电钻与树干呈 80°夹角钻若干个输液孔（当主干直径＜20cm 时钻 2～3 个孔，直径＞20cm 时钻 4 个以上孔）。将肥液按要求稀释后装入输液瓶，然后把输液管和专用针头连接后再与输液瓶相连，排出管中气体，把针头插入钻孔后即可进行输液（图 4-8）。待液体滴完后，在树干部堆土，封闭注孔。应用此项技术时注意肥液浓度要适宜，以防因浓度过大灼伤叶片，甚至造成死树。

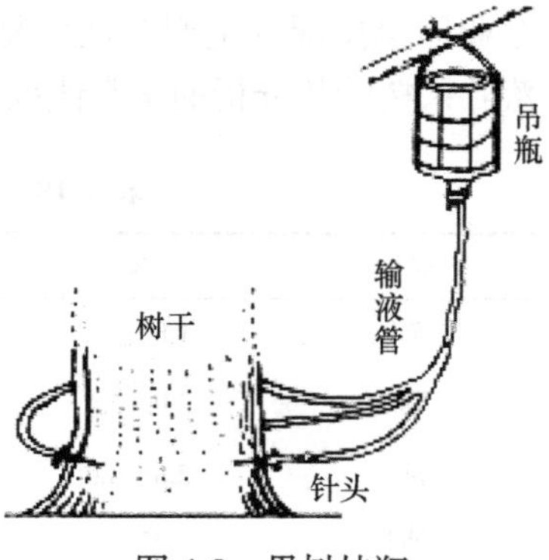

图 4-8　果树挂瓶

（四）滴灌施肥技术

该技术又称为水肥耦合技术或水肥一体化技术，它是利用压力灌溉系统，将肥料溶于施肥器中，并随水通过各级管道，最终以点滴的形式施入土壤或作物根区的施肥过程，国外称灌溉施肥。它是一种精准施肥，比常规施肥节省肥料 50% 以上。

该技术滴灌施肥系统主要包括以下几部分：水源（山泉水、井水、河水等）、加压系统（水泵、重力自压）、过滤系统（通常用 120 目叠片过滤器）、施肥系统（泵吸肥法和泵注入法)、输水管道（常用PVC管埋入地下)、滴灌管道等。主要技术点为按照果树需肥规律和产量确定施肥量和施肥时期（见施肥量计算)，然后选择可溶性肥料，溶于灌溉水中，根据果树营养临界期滴入果树根部。滴灌施肥常用的肥料有：尿素、硝铵溶液、硝酸钙、氯化钾、硝酸钾、硫酸钾、其他水溶性氮磷钾复合肥等。

（五）平衡施肥技术

平衡施肥是国内外配方施肥中最基本和最重要的方法。它具有用肥科学，优质稳产增效，培肥果园土壤，保护生态环境，防止肥料污染等诸多功效和优点。它可以分为叶分析法和养分平衡法两种。养分平衡法是根据果树需肥量与土壤供肥量之差来计算实现目标产量的施肥量，由果树目标产量、果树需肥量、土壤供肥量、肥料利用率和肥料中有效养分含量5个参数构成平衡法计量施肥公式，可告诉人们施用多少肥料，其算式表达式为：

施肥量（kg/hm^2）=（果树达到目标产量的吸收营养元素量－土壤供肥量）/［肥料中有效养分含量（%）× 肥料利用率（%）］

果树作物目标产量是根据树种、品种、树龄、树势、花芽及气候、土壤、栽培管理等综合因素确定当年合理的目标产量。果树的需肥量可根据果树年周期中干物质增长量分析计算获得。

土壤供肥量：土壤氮的供应量约为吸收量的1/3，磷为吸收量的1/2，钾为吸收量的1/2，肥料利用率根据各地实验结果为：氮约为50%，磷为30%，钾为40%。肥料中有效养分含量因肥料种类不同而不同。

（六）叶分析技术

叶分析技术是根据果树叶片内各种矿质元素含量的测定值与标准值的对比，判断树体养分的盈亏程度，并通过实验分析确定具体施肥量及配比，它可以分为叶样采集、叶样制备、样品测试、结果分析、平衡施肥5个步骤。平衡施肥的最终方向是平衡配套施肥，形成“测、配、产、供、施”完整技术体系，即针对每一个果园采用分析仪器自动精确测量土壤及叶片各矿质元素含量，由微机的施肥数据库进行自动分析给出配方。由专业厂家按配方生产个性化复合专用肥供给果园，最后按果树生产要求进行施肥。主要落叶果树叶片分析的正常值范围见表4-10。

表4-10　主要落叶果树叶片分析的正常值范围（%）

树种	N	P	K	Ca	Mg
苹果	1.8～2.6	0.15～0.23	0.8～2.0	1.0～2.0	0.3～0.5
梨	2.0～2.4	0.12～0.25	1.0～2.0	1.0～2.5	0.25～0.86
桃	2.8～4.0	0.2～0.4	1.5～2.2	1.5～2.4	0.3～0.6
葡萄	0.6～1.3	0.10～0.3	1.0～2.5	1.0～1.8	0.26～0.5
樱桃	2.5～2.9	0.15～0.25	1.0～1.8	1.5～2.1	0.4～0.7
核桃	2.5～3.3	0.1～0.3	1.2～3.0	1.0～2.0	0.3～1.0
山楂	2.0～2.5	0.13～0.14	0.6～0.7	1.8～2.0	0.4～0.5
杏	2.4～3.0	0.19～0.25	2.0～3.5	2.0～4.0	0.3～0.8
李	2.4～3.0	0.14～0.25	1.6～3.0	1.5～3.0	0.3～0.88

知识链接4——果树缺素症检索表

A．初期症状表现在老叶上。

Ⅰ．新梢下部叶片显著出现变色和变形症状。

1．叶黄绿色，先从老叶开始褪色，渐及幼叶。叶片变紫红色，再发展则枝硬化变细，叶片变小…………………………………………………………………………………… 缺氮

2．老叶青铜色或暗赭绿色，叶脉间出现淡绿色斑，叶绿呈褐色坏死，幼叶（及其附近叶）仍暗绿色，茎和叶柄带紫色，再发展则新梢变细，叶形小（苹果），叶舌状（桃）…………………………………………………………………………………… 缺磷

Ⅱ．在新梢下部叶片出现斑纹、斑点、黄化、烧边和枯死症状。

1．叶组织枯死，先是出现斑点，严重时烧边，桃叶扭曲，茎常变细。

2．先从老叶上出现黄褐色斑纹，由基部向上逐渐发展成“花叶”，严重时落叶… 缺镁

3．叶小而窄，茎细，节间变短，从新梢基部向先端逐渐落叶 ………………… 缺锌

B．最初在幼叶上表现症状，从枝梢先端叶开始枯死。

1．无老叶时，先端的嫩叶叶尖，叶缘和叶脉开始枯死，再发展则先端叶和茎枯死……………………………………………………………………………………… 缺钙

2．叶黄化而卷缩，渐变厚而脆，再发展枝梢和短枝枯死，果实出现缩果症状 … 缺硼

3．幼叶先变淡，叶脉仍绿色，多“花叶”状，再发展呈黄叶乃至白叶，最后叶缘先变褐乃至枯死落叶 ……………………………………………………………………… 缺铁

知识链接5——果树的需水特点

果树在不同的物候期，需水量不同。一般果树生长前半期水分供应充足有利于生长与结果；而后半期要控制水分，保证枝条及时停止生长进入休眠。

果树不同生育阶段对水分的需求量是不同的，具体如下。

1．萌芽期　土壤含水量应达到田间持水量的70%～80%。水分不足，使萌芽延迟，或萌芽不整齐，影响新梢生长。但此期水分不宜太多，否则会降低地温，导致根系活动迟缓。

2．花期　土壤含水量应达到田间持水量的60%～70%，土壤水分充足、稳定，花期长，落花落果轻，利于坐果。

3．花芽分化临界期　土壤含水量应达到田间持水量的50%～60%。土壤适当干旱，有利于花芽分化。该时期应适当控水，使春梢生长变缓慢，全树约75%的新梢（生长点）及时停止生长，花芽分化较理想。

4．果实膨大期　土壤含水量应达到田间持水量的80%。土壤水分充足，果实发育快，果形好。

5．成熟期　土壤含水量应达到田间持水量的80%。着色期对水分要求较严，干旱、湿度小，不利于着色。采收前水分要稳定，水分波动大，易引起裂果，加重采前落果；水分过多，果实品质降低，不耐贮。

6．休眠期　土壤含水量应达到田间持水量的80%～90%，土壤水分充足，利于越冬休眠。

知识链接6——果园灌水的方法

1. 沟灌 沟灌是地面灌溉中较好的方法，即在果树行间开沟，把水引入沟中，靠渗透湿润根际土壤。此法具有节省灌溉用水，使全园土壤湿润均匀，不破坏土壤结构的特点，而且土壤通气良好，有利于土壤微生物的活动，还可减少果园中平整土地的工作量，便于机械化操作。

灌水沟的数量，可因栽植密度和土壤类型而异。一般可在树冠一侧开沟，也可在树冠两侧开沟。密植园可在两行树之间只开一条沟。沟宽、深各为30～40cm。

2. 树盘灌水 是以树干为中心，在树冠投影下的地上，用土作垄围成圆盘或方盘，盘与灌溉渠道相通。灌溉时使水流入盘内，以灌满树盘为宜，灌溉后耙松表土或用草覆盖，以减少水分蒸发。此种方法用水较为经济，但湿润土壤的范围较小，是山区梯田、坡地和幼树经常采用的灌水方法。

3. 穴灌 即根据树冠大小，在树冠投影的外缘挖6～8个直径25～30cm、深20～30cm的穴，将水注入穴中，待水渗后埋土保墒。在灌过水的穴上覆盖地膜或杂草，保墒效果更好。此法用水经济，湿润根系土壤范围较为宽广和均匀，不会引起大面积土壤板结。在水源缺乏地区采用此种方法较好。

4. 果园滴灌 滴灌是节水灌溉的方法之一，可比地表灌溉方法节约用水50%左右，它是利用水渠压力，通过配水管道，将水送达地下管道，在低压管理系统中送达滴头，使水成滴状和小细流滴入土中而进行的灌溉。完整的果树滴灌系统由水源工程和滴灌系统组成，其中水源工程包括水库、抽水站、蓄水池等，滴灌系统包括加压泵、过滤器、流量调节装置、调压装置、水表、各级管道（干管、支管和毛管）。

滴灌时间应掌握湿润根系集中分布层为度。滴灌间隔期应根据果树生育进程的需求而定。通常在不出现萎蔫现象时，无须过频灌水。

5. 果园喷灌及微灌 果园喷灌是利用机械和动力设备，将水喷射至空气中，形成细小水滴来灌溉果园的技术措施，是果园节水灌溉方式之一。它可以起到节约用水（用水量为地面灌溉的1/4）、保护土壤结构、调节果园小气候、清洁地面、提高果实的产量和质量等作用。遇到霜冻时喷灌可以减轻冻害；炎夏喷灌可降低叶温、气温和土温，防止高温日灼伤害；同时喷灌还可以节约引水渠道用地和人工费用。

喷灌系统由水源、进水管、水泵站、过滤装置、输水管道（干管和支管）、竖管、喷头组成。有的喷灌系统还具有化肥混入装置，可以结合灌水进行施肥，是一种较理想的灌溉方法。竖管分高、矮两种，高竖管能使水滴喷到地面和树冠上，虽降低了叶面与果实的温度，但因湿度过大，易促发果树病害；矮竖管使水滴喷到树冠以下的部位，果树病害发生较轻。喷灌系统分为固定式、半固定式和移动式3种类型。喷灌的基本原理是水在压力下通过管道，经由阀门进入固定或可移动管道，管道上按一定距离装有喷头，水经喷头喷出可形成细小水滴，对果园进行灌溉。

喷灌的主要技术项目：一是喷灌强度，即单位时间内喷洒在一定面积上的水量或水深，其单位以mm/min或cm/h表示。要求喷洒到地表的水能及时渗入土中，不至于产生地面径流，冲刷土壤。二是水滴直径，即喷洒的水滴大小，其单位以mm表示。水滴过大，易造成土壤板结；水滴过小，在空中损耗大，也易受风的干扰。通常水滴直径以

1～3mm 为宜。三是喷灌均匀度，即喷灌面积水量分布的均匀程度，用均匀系数 K 表示。K 为 1 时，各点的喷灌均匀；K 小于 1，越小喷灌越不均匀。具体应用时可根据土壤质地、湿润程度、风力大小等调节压力、选用喷头及确定喷灌强度，以便达到无渗漏、径流损失，又不破坏土壤结构，同时能均匀湿润土壤的目的。

微喷灌简称微喷，利用微喷头安装到滴灌系统上，形成微喷灌系统。微喷灌兼有喷灌和滴灌的优点，适宜于生草制果园节水灌溉。其设备包括 4 部分，即水源、过滤系统、自动化控制和灌溉区。

6. 果园渗灌 果园渗灌是借助于地下的管道系统使灌溉水在土壤毛细管与重力水的作用下，湿润作物根区土壤的一种灌溉方法。渗灌具有水质好、减少地表蒸发、保持土壤结构疏松、节省灌溉水及节约用地等优点，还能在水涝时起一定的排水作用。缺点是此法成本较高，时常会发生渗孔堵塞现象。

渗灌系统包括输水管道和渗水管道两个部分。输水管道的作用在于连接水源，并将灌溉水通过管道输送到田间的渗水管道，输水管道可以是明渠也可以是暗管；渗水管道的作用是通过管道上部的小孔，使管道中的水渗入土壤，渗水管道为暗管。渗水管道的埋深、间距是影响渗灌质量的主要因素，埋深应根据土壤质地、果树种类、耕作要求决定，黏土埋深，沙土埋浅，一般渗水管埋设在果树树冠下距树干 1m 以外的根系密集处，深度为 40～60cm，埋设坡度为 1/1000～5/1000，管道间距根据水头压力、管道埋深及管材透水性决定，一般间距 2～3m。渗水管中间各节的结合处用白泥灰密封，两头留出地上孔和地下口，分别作为灌水口和雨季排水口。灌溉水要经过纱网过滤，灌水后，盖严地上口。

知识链接 7——果园排水方法与受涝果树的管理

1. 果园排水方法 果树遭受涝害后，由于根系生理机能减弱或受害死亡，营养吸收、运转等功能不能进行，从而导致地上部缺水，发生“旱象”，叶片变色甚至干枯脱落，直至整株植株死亡。

北方地区 7～8 月多雨，是排水的主要季节。此外，在果园中发生下列情况时，也应立即排水。如在河滩地或低洼地建果园，雨季时地下水位高于果树根系分布层；土壤黏重、渗水性差或根系分布区下有不透水层时；一次降雨过大造成果园积水成涝时；盐碱地雨季积水时。此外不同果树对积水的忍耐程度不同，也可作为排水时间的参考，如落叶果树中的枣、葡萄、梨耐涝，特别是梨，淹水（流水）20d 不致死亡；苹果较耐涝（依靠抗涝砧木），最怕涝的是桃和杏，积水 2d 即凋萎死亡。即使耐涝性强的果树，在积水条件下也会影响正常的生长、结果，因此遇涝应及时排水。特别是平原地区及土壤黏重的果园，更要重视排水或进行起垄栽培。果园排水方法有明沟排水和暗沟排水两种。

（1）明沟排水 明沟排水是在地面挖成的沟渠，广泛地应用于地面和地下排水，它由总排水沟、干沟和支沟组成。明沟排水占地多，修筑明沟土方工程量大，花费劳力多，但物料投入少，成本低。

（2）暗沟排水 暗沟排水多用于汇集地排出地下水，是将可以渗水的瓦陶、塑料或混凝土制成的管道铺设于地面以下，逐级汇集水分，排出园外，把地下水降低至要求的高度。此法不占用土地，不影响田间作业，但成本高，易堵塞。

2. 受涝果树的管理

（1）及时排水　对于受涝果树，应及时排出园内积水，扶正冲倒果树，设立支柱防止动摇，清除根际压沙和淤泥，对于裸露根系要及时培土，尽早使果树恢复原状。

（2）翻土晾晒　将根颈部分的土壤扒开晾根，及时松土散墒，使土壤通气，促使果树根系生理机能尽快恢复。果园土壤也应及时耕翻晾墒，以利于水分蒸发，促进新根生长。同时适当追施速效性肥料，以恢复树势。

（3）加强树体保护　积极防治病虫害，对病疤伤口要刮治消毒，在冬前进行树干涂白，保护皮层，防止冻伤，幼树可采取综合防护措施，确保其安全越冬。

（4）适当修剪　果树受涝后一般会损伤大量须根，为此，应对地上部加重修剪，以维持地上部和地下部水分相对平衡。对于抗涝性较弱的核果类果树，更要重回缩，保护好剪口和锯口。对于受涝的枣树必须停止开甲（环剥、环刻）。对坐果多的果树要适量疏果，以防止树势衰弱。

知识链接8——果园节水栽培措施

我国每年淡水消耗有相当一部分是农业用水，而目前我国的农业用水利用率很低，这将使我国的淡水供应越来越紧张；加之我国北方很多山地、丘陵果园没有很完善的灌水设施，因此节水栽培势在必行。果园常见的节水栽培模式有以下3种。

1. 果园覆草　果园覆草可以减少水分蒸发，提高土壤有机质，增加肥力，提高土壤保水性，增产效果明显。

2. 采用节水灌溉方式　有灌溉条件的果园，尽量采用节水灌溉的方式，如喷灌、滴灌、穴灌等。

3. 增强土壤的保水能力　通过增施有机肥，改善土壤理化性状，提高土壤蓄水保水能力。还可以施用土壤保水剂，提高土壤保水能力。

知识链接9——苹果全年土肥水管理

1. 春季

（1）追萌芽肥　春季追肥可根据苹果树需肥规律和实际需要、土壤供肥能力与肥料效应，遵循平衡施肥的原则，确定合理追肥。常规的追肥方法是春季以根部追肥、追施化肥为主。1～2年生苹果树，每次每株追肥50g左右，3～4年生树50～100g，5～6年生树150g左右，大树250～500g，以氮素为主。

（2）灌水　早春果树萌芽抽枝，开花坐果，需水较多，北方地区春旱现象严重，要根据天气降在情况，及时灌水。春季萌芽前灌水，虽用水量不大，但能促进春梢生长、叶片肥大、有利于坐果，并能延迟花期2～3d，可以减轻倒春寒、晚霜的危害。苹果果形指数的大小，取决于花期前后的土壤湿度的大小，土壤湿度适宜，有利于幼果加速生长，能显著加大果形指数。

2. 夏季

（1）叶面喷肥　进入5月以后，苹果树叶片大量形成，随着叶面积的增加，光合作用加强，春梢加速生长达到高峰，并由前期主要以贮藏营养逐步过渡到依靠当年新梢叶片的光合产物为主要营养源。苹果处于营养转换期，是树体全年养分最紧张的时期，花芽分化、果实膨大、多器官交替重叠生长，养分竞争激烈。适时进行叶面喷肥，可以缓解营养供求矛盾，省工省事。

（2）播种夏绿肥　幼树春季未播种绿肥的，可在6月播种夏绿肥和种植豆类、薯类等间作物，以扩大覆盖率，增加果园收入。

（3）追肥　在果实膨大期和花芽分化期追肥，可促进果实增大、提高产量、有利于花芽分化和枝条成熟。根据近几年实践经验，早中熟品种在6月中下旬，晚熟品种在7月底进行为宜，过早、过晚效果都不理想。此次追肥施入全年20%的追肥，要氮、磷、钾肥配合施用，并以钾肥为主。

（4）中耕、除草　对未覆盖的果园，地面杂草过旺，要及时搞好果园中耕、除草，也可运用化学除草剂喷杀。此时还可进行翻压春播绿肥。进入7月以后因长期未降水，气温较高，大气蒸发量较大，要结合天气状况进行浇水，浇水后松土，保证树体正常生长结果。

（5）树盘覆盖　进入6～7月以后，在旱地、坡地、瘠薄地利用麦收后的麦秸、杂草等覆盖树盘，杂草、麦秸要铡碎覆盖。覆草后要盖些碎土，注意防风、防火。草可覆于树冠下或全园覆盖。覆草厚度一般要大于10cm。覆草前对土壤进行深翻、中耕，时间宜在雨季之前进行，以提高蓄水、保水、保肥能力。覆草果园不再进行翻耕，以防破坏根系正常生长。

（6）注意果园排涝　地下水位较高的果园，当雨季降水过多，地下水位上升到1m时，即为暗涝，应注意挖沟排水。

3. 秋季

（1）除草覆草　进入8月以后，早熟、中熟品种陆续进入成熟期。在土肥水管理上，继续坚持雨后除草、松土工作；雨季注意防洪排涝，山地防止暴雨冲刷，毁坏梯田埝埂，平地防止积水浸泡果树。继续做好果园覆草工作，或积草沤制、高温堆肥等工作。对高秆（茎）绿肥进行刈割掩青，培肥土壤。

（2）果树成熟期间要保持土壤干燥，控制水分，避免果实含糖量降低　适当控制氮肥施用量，减少枝叶过旺生长，保证果实获取足够的同化物，以利着色。8月喷洒0.2%～0.3%的磷酸二氢钾，可防止‘元帅’系的‘红星’、‘红冠’、‘新红星’等品种采前落果。适当增加钙肥施用量，可有效提高果实含糖量，增强果实贮藏期间的抗性。

（3）施基肥　秋施基肥所施用的有机肥应充分腐熟，因未腐熟的有机肥施入地下后，在分解腐熟过程中，能释放出大量的热量和有毒物质，很容易造成果树伤害。另外，未腐熟的有机肥里含有大量的病菌和害虫，施入地下后易加重果树根部病虫害的发生。

知识链接10——桃全年土肥水管理

1. 春季　芽萌动前后追施一次速效肥，追肥以氮肥为主。生产50kg以上的果树，可株施生物有机肥5kg＋尿素1.5kg或高氮复合肥2.5kg，以促进营养生长。追肥后灌一次透水，灌水后及时中耕松土，以利保墒。如果上一年秋季施入了有机肥和氮肥或含氮复合肥，这遍肥可不施，而在4月下旬进行花后追施，以满足幼果、新梢和根系生长对营养的需要。花期喷0.3%的硼砂。

2. 夏季　进入硬核期以后中耕宜浅，深度约5cm，尽量少伤新根，雨季注意排水。在进入硬核期的6月上旬进行一次追肥，对提高坐果率、保证果实发育和花芽分化作用明显。这次追肥以磷肥、钾肥为主，氮、磷、钾配合施用。这期间可喷0.3%尿素、1.5%的乙酸钙溶液和0.2%磷酸二氢钾2～3次。缺铁可喷施1000～1500mg/kg的硝基黄腐酸铁，每隔7～10d喷1次，连喷3次。缺镁可喷施0.2%～0.3%的硫酸镁。进入雨季后应注意桃园排水。

3. 秋季 在果实成熟前1个月，追施膨果肥，以钾肥为主，配合少量氮肥，提高果实品质、花芽分化质量并保叶。叶面可喷施磷酸二氢钾或草木灰。但距果实采收期20d内停止叶面追肥，不宜灌大水，以免造成裂果。在果实采收后，早秋施基肥，一般不宜晚于9月。基肥以腐熟的农家肥为主，每667m²施入4000～5000kg，过磷酸钙150kg。可根据树体营养状态，同时加入适量的速效化肥及微量元素肥料，如尿素10～15kg，硫酸亚铁2～3kg等。秋施基肥后要灌1次水，特别是在秋旱的情况下，以免造成早期落叶。采收后喷施0.3%～0.4%的尿素，延长叶片寿命。

知识链接11——葡萄全年土肥水管理

1. 春季

（1）土壤管理 从萌芽到开花期间，一般不进行全园翻耕，结合追肥局部挖施肥沟、施肥穴对土壤进行翻耕。根据当地气候条件、灌水、杂草生长情况进行中耕，中耕深度一般为5～10cm，尽量避免伤害根系。在杂草出苗期和结籽前进行除草效果更好。

（2）施肥 为促进芽眼的正常萌发和新梢的迅速生长，芽眼萌动前追施速效性化肥。盛果期树一般每667m²施入尿素20～25kg或碳铵35～40kg，配合少量的磷、钾肥，使用量占全年的10%～15%，采用沟施或穴施均可，深度为10～15cm施肥后覆土盖严，并浇一遍萌芽水。

在幼叶展开、新梢迅速生长时，为缓和营养生长与生殖生长的矛盾，可根据树势情况开沟追施1～2次复合肥和氮肥。但对树势旺的植株，不再追氮肥。幼叶展开后可每隔7～10d叶面喷肥1次，缺锌或缺硼严重的果园，在花前2～3周喷数次锌肥或硼肥。常用0.2%磷酸二氢钾加0.2%硼酸或0.2%～0.3%尿素加0.2%硼酸，以利正常开花受精和幼果发育。

（3）灌水 灌水一般结合追肥进行。当新梢10cm以上即可进行灌溉，以利于加速新梢生长和花器发育，增大叶面积，增强光合作用。以后视天气状况，干旱时每隔10～20d浇一次小水。

2. 夏季

（1）土壤管理 开花坐果期不对土壤进行大范围的翻耕。进入果实发育期后，应根据土壤及杂草生长情况及时进行中耕，保持土壤通气良好、增加土壤有机质。通常灌溉后和大雨后要中耕，深度3～4cm，里浅外深。也可以在葡萄行间种苜蓿、草木樨、三叶草等，在适当的时间进行刈割，割下的草对果园进行覆盖。

（2）施肥 为促进花粉管伸长、提高坐果率，花期可以叶面喷施0.3%的硼砂和磷酸二氢钾。果实发育期是植株需肥最大的时期，从坐果到果实着色前一般需追肥2～3次。

花后肥：落花后1周，每株追施尿素0.1～0.2kg，硫酸钾型复合肥0.1～0.3kg，施后浇水。

果实膨大肥：在果实迅速膨大期注意N、P、K肥的配合，有条件的可配施腐熟的饼肥。

叶面喷肥：坐果后，每10d喷一次0.2%～0.3%的磷酸二氢钾，连续喷施3～4次，对提高果实品质有明显作用。还可喷钙、锰、锌等叶面微肥。叶面喷肥的次数可根据植株需肥情况而定。

（3）灌水　开花坐果期禁止灌水。幼果膨大期，葡萄植株的生理机能最旺盛，是葡萄的需水临界期。应每隔10～15d灌水一次，如果降雨较多，可以不灌或者少灌。保持田间持水量70%～80%，可避免裂果。浆果着色初期正值浆果第二次膨大期，在无充分降雨的情况下应灌一次透水，最好能维持到果实采收前不再灌水。

3. 秋季

（1）施肥　从着色期到果实成熟期，浆果进入第二生长高峰，这一时期要控制氮肥，增施磷、钾肥。可在开始着色期每667m^2施磷肥50kg、钾肥30kg，浅沟或穴施均可，施肥后覆土灌水。果实成熟期喷2～3次0.2%～0.3%的磷酸二氢钾或1%～3%过磷酸钙溶液以提高品质，连续喷2～3次氨基酸钙以提高耐贮运性。

葡萄采果后，可结合防治病虫害喷施叶面肥恢复树势，增强叶片的光合能力。例如，每10d左右喷施1次0.2%的尿素+0.2%的磷酸二氢钾等叶面肥，连喷2～3次。

在葡萄果实采收后及早施入基肥，通常用腐熟的有机肥，如厩肥、堆肥等作为基肥，每667m^2施有机肥约2000g以上，混入尿素15kg，过磷酸钙20kg，硫酸钾20kg等。基肥施用量占全年总施肥量的50%～60%。施基肥时，幼树可采用环状沟，即在植株50cm以外挖深30～40cm、宽30cm左右的环状沟施入肥料。成龄果园多用条状沟施肥，根据树龄和行距在距植株50～120cm处挖深40～60cm，宽40～50cm，且与葡萄行平行的沟。随着树龄的增加、根系的扩大，施肥沟与植株的距离逐年加大，直到全园贯通，施肥深度也由浅而深，逐年增加。

（2）水分管理　浆果进入全面着色后，为提高果实品质，一般不再进行灌水，但在降雨很少、土壤含水量很低时，也应适量灌水。结合施基肥，灌水一次，以促进肥料分解，提高树体养分积累。雨水多时要及时排水。结合秋施基肥也可以进行深翻改土。

为提高葡萄的抗寒力，在土壤封冻前，灌一次封冻水。

知识链接12——果树分区交替灌溉技术

果树分区交替灌溉做法：在根部两侧各安放一根滴管，每次只用一根滴管溉，下次用另一侧的滴管，如此交替。使部分根系经受一定程度的水分胁迫。玉米的隔行灌溉也是分区交替灌溉。

根系分区交替灌溉具有显著的节水优产效果和应用前景，其理论依据如下。

1）水分亏缺条件下，作物根系能够输出一种根信号ABA，它由根尖产生并通过木质部蒸腾流运输到叶片，能够调节叶片的气孔开度，使气孔导度降低，减少植株“奢侈”蒸腾。

2）一般情况下光合速率随气孔导度增加而增加，当气孔导度增加到一定程度时，光合速率增加不再明显，而蒸腾速率则随气孔导度的增大而线性增加。

3）交替灌水使部分根系经受一定程度的水分胁迫，刺激根系的补偿生长，增强根系的吸收功能。

4）灌水会降低地温，也不利于土壤通气，果树交替灌水只影响了果树一侧的地温和土壤通气状况。

5）交替灌溉有效地提高了雨水的利用率。

根系分区交替灌溉技术目前在国内外多种作物上已有不同程度研究，Loveys 等关于葡萄的研究发现，采用根系交替灌溉方法可以节约一半用水量，而产量不降低，果实品质大幅度提高；梁宗锁等在玉米上隔行灌溉研究认为，可提高水分利用率 33.3%，同时产量不减。根据根系分区灌水技术特点和原理分析，该技术在果树生产中应用潜力巨大，具有节水和提高果实品质的双重效果。

【考核评价】

本任务具体考核评价见表 4-11。

表 4-11　果树施肥、灌水任务考核评价表

考核项目	分数
能够正确进行果树基肥使用	20 分
能够正确进行果树追肥	20 分
了解果树全年土肥水管理的方法	20 分
了解果树灌水的各种方法与优缺点	20 分
熟悉节水灌溉的措施与方法	20 分
总分	100 分

项目5　果树整形修剪

【项目目标】掌握果树整形修剪的目的、时期、方法和作用及其相关理论知识；能够根据实际条件，综合应用各种修剪方法，正确制订和实施果树修剪方案，具有举一反三能力。

任务1　苹果、梨的冬季修剪

【任务目的】学会苹果和梨的整形修剪方法，能够根据果树的不同情况，制订合理的整形修剪方案。

【实践操作】

材料：树龄、树势、品种等条件不同的苹果、梨树。

用具：修枝剪、手锯、油漆、高凳等。

修剪时期：落叶后至萌芽前。

一、苹果、梨的修剪

（一）苹果幼树整形

以疏散分层形为主进行修剪。

1. 定干　为50～70cm，但注意剪口下应有5～8个饱满芽。

2. 中心干和主枝的选留　选主干顶端最健壮而直立的一枝作为中心干延长。选留其下部的健壮枝条作为主枝，主枝应具备分枝角度好（基角45°～50°），着生位置和方向适合，第一层主枝3个，应着生在40cm的范围内，不要留在一个部位上，以免“卡脖”，影响中心干生长。如果一年选不够，可分两年完成。第二层主枝2个，应与第一层主枝插空安排，1～2层间距70～100cm。第三层主枝1～2个，2～3层间距50～70cm。三层以上待盛果期后可开心落头。

3. 侧枝的选留　第一层主枝在离主干60cm左右的地方，选留第一侧枝，3个主枝的第一侧枝应在同一侧，第二侧枝留在另一侧。1～2侧枝距离为20～30cm，2～3侧枝距离50～60cm，留3～4个侧枝。密植时可只留2～3个侧枝。

4. 枝组培养　除了整形所选留的骨干枝以外，只要枝条不过密，应尽量多保留枝条。较大的辅养枝可逐步培养成大中型枝组，细弱的内膛枝可培养成小枝组。培养的方法可先截后放，或先放后截，应根据枝条的着生部位，生长势决定培养方法。

（二）苹果结果树的修剪

修剪之前，先观察树体结构、生长量、树势强弱、花芽多少等确定修剪原则。可采用下列修剪方法。

1. 落头　树体高度影响全园叶片的光合效能的高低，树冠大小，单株产量的形成。乔砧苹果幼树在树高达到3.5m时落头，矮化苹果幼树在树高达到3.0m时落头。七年生乔化幼树树高一般为行距的0.9倍左右，六年生矮化树树高为行距的0.8倍左右较为适宜。

对生长势已缓和的中心干延长头进行落头，一般可一次落到要求高度，落头部位只留中庸的单轴细长枝作新头，以利于通风透光，避免树势返旺。在树冠中上部旺枝多、角度小的情况下，要疏除树冠中上部强大分枝，拉平有用的斜生枝、直立枝、大枝组，以确保中心干的优势。

2. 骨干枝修剪 梢角过小或过大的骨干枝，应利用背后枝或上斜枝换头，抬高或压低其角度，若与相邻树冠或大枝交叉多，则可将其适当回缩。保证行间距 1m，株间距 0.5m。

去除过密大枝，应该在大年进行为好。大枝少的，可一次性去除；大枝多的，可分 3 年去除。根据全树枝量、花芽量和树势等情况确定。

在调冠改形的过程中，中心干落头时要留保护桩。保护桩可起到平衡树势、预防腐烂病菌的侵染。

3. 结果枝组修剪 主枝背上枝组注意疏除或压缩，在主枝的先端部位留中小枝组较为适宜。疏去部分过密的枝组，回缩过长的、生长势开始衰退的枝组。弱树要回缩，回缩部位应在较大分枝处。保持适宜枝组间距，使各类枝组高低错落、大小相间，充分利用空间、丰满而不密。每 1m 骨干枝上平均有 8～12 个枝组，品种不同，数量略有差异。

在结果枝枝龄过大、结果能力下降后，及时更新，使全树结果枝经常处于年轻、健壮、结果有力的状态。

（三）修剪注意事项

1）先处理大枝，后处理小枝；先疏枝，后短截。

2）按主枝顺序由下向上修剪。

3）大伤口应立即将伤口面修平，并涂抹保护剂。

4）病株应最后修剪，并注意工具消毒。

5）如生长势弱，花芽多，应适当重剪。对外围的发育枝要重短截，疏除明显衰老瘦弱的结果枝，对过长的枝组应回缩。

6）如生长势强，花芽中等或偏少时，应适当轻剪。对外围的发育枝可中短截，少疏除结果枝，只对内膛细弱的枝组进行回缩。

（四）梨幼树整形

以主干疏层形为主进行修剪，基本整形方法可参照苹果，但注意下列特点。

1）同层主、侧枝的数目应略多于苹果。其着生可以邻近，也可以邻接，但侧枝不宜对生。

2）梨幼树多较直立，为了培养理想的主、侧枝，有时须采用撑枝、“里芽外蹬”等开角度的措施。

3）梨成枝力多较低，应尽量多保留长枝，并适当加重短截。为了增加有效枝量，应将剪口芽留在需枝的部位。

4）梨幼树长枝的生长量常很大，为了提早结果，对非骨干枝可采取曲枝的方法，促进形成花芽的效果较苹果显著。

（五）梨结果树修剪

进入结果期后，梨较苹果易于形成花芽，易结果过多，导致树势衰弱，并易出现大小年结果。因此需要注意以下两点。

1）花芽少的年份可适当轻剪，尽量保留较多的花芽，但对衰弱的枝组仍应加缩更新，使内膛通风透光良好，提高坐果率。

2）花芽多的年份，注意疏除衰老果枝，回缩已明显衰弱的枝条。外围发育枝应重短截或回缩至健壮的部位。

（六）梨树修剪中注意事项

梨树修剪操作技术及注意事项基本方法同苹果。但应注意以下几点。

1）梨枝条脆、韧性差、幼树撑枝、大树结果过多或上树操作时都易造成枝条的劈裂。

2）梨树成枝力低、萌生长枝数量少，往往给骨干枝选择造成困难。为此，应充分利用刻芽、涂抹发枝素、环割等方式促发长枝。

3）梨幼树分枝角度小，往往直立抱合生长，任其自然生长、后期再开角比较困难，而且极易劈裂。因此，应及早运用各种开角技术（如拿枝、支撑、坠拉等）开张其分枝角度。

4）梨树枝条负荷力弱，结果负重后易变形或劈折。为增加骨干枝的坚实度，各级骨干枝的延长枝都应适度短截。

5）梨树干性和顶端优势特强，极易出现上强下弱现象。表现为中心干强、主枝弱，有高无冠；骨干枝前强、后弱，头大身子小；树冠外围强、内膛弱，外密内空。因此，幼年初果树注意控高扩冠、空前促后、防止内膛枝组早衰。

二、修剪反应的调查

用具：米尺、卡尺、修枝剪、手锯、铅油、标签、铅笔、记录本等。

以苹果树发育枝的短截反应为例，阐述调查方法如下。

在一株生长健壮的苹果树上，选生长势、方位、角度、长度、粗度相近似的一年生发育枝若干枝，供做不同程度的短截处理。处理前每一枝条用铅油编号或挂标签，并测量其长度、粗度（距基部着生处2cm的粗度）。剪截处理分留短橛（极重截，剪留基部瘪芽处，长约5cm），剪留全长1/3（重剪），剪留全长1/2（中剪），剪留全长2/3（轻剪）。每处理30～50枝。至秋季落叶后，对各处理枝萌发新梢数量、长度、粗度分别进行测量，数据写在记录本表格内（表5-1～表5-3）。

表5-1 发育枝修剪处理基本情况调查

枝号	1	2	3	4	5…n
长度/cm					
粗度/cm					
总芽数					
剪留芽数					
方位、角度					

表5-2 发育枝短截后剪口发枝情况调查

剪口下枝序	1	2	3	4	5…n
长度/cm					
粗度/cm					
顶、腋花芽数					

表 5-3 不同修剪手法的反应

树种品种	树龄、长势	枝条类型	修剪方法	修剪反应

【引导思考】

自行设计思维导图并应用思维导图引导有关问题。

1. 理解果树修剪的定义、概念和范畴。
2. 果树冬季修剪有哪些手法？各手法的作用与机制是什么？
3. 果树修剪的依据是什么？说明梨树的生长特点和梨树的修剪理论。
4. 放任树存在什么问题？果树修剪的必要性？
5. 说明层性、干性、萌芽力、芽的潜伏力、芽的异质性与修剪中的相关性。
6. 苹果和梨生产上常用的树形有哪些？
7. 如何判断树势？旺长树、弱树或衰弱树、上强下弱的树、外强内弱树如何修剪？
8. 大年树、小年树如何修剪？
9. 棚架梨的修剪，梨树一边倒树形整形修剪技术与应用。

【知识链接】

知识链接 1——果树冬季修剪的各种手法

落叶果树落叶后至萌芽前进行的修剪称为休眠期修剪，又称冬季修剪。休眠期修剪的任务是调整树冠、培养结果枝组、改善光照条件、合理负载。休眠期修剪常用的手法是短截、疏枝、回缩和缓放。

（一）短截

短截是剪去一年生枝条的一部分（图 5-1）。生产上根据剪截枝条的长度，将短截分为轻截、中截、重截、极重截 4 种，还包括破顶芽、留盲节等。短截具有局部刺激作用，可促进剪口下侧芽的萌发，促进分枝，但其刺激作用与剪截强度、剪口芽质量、品种成枝力、枝条姿势等因素有关。一般剪截强度大、剪口芽饱满、品种成枝力强、枝条直立，则促进作用大。而轻短截由于保留的枝芽量较多，剪口下萌发的中短

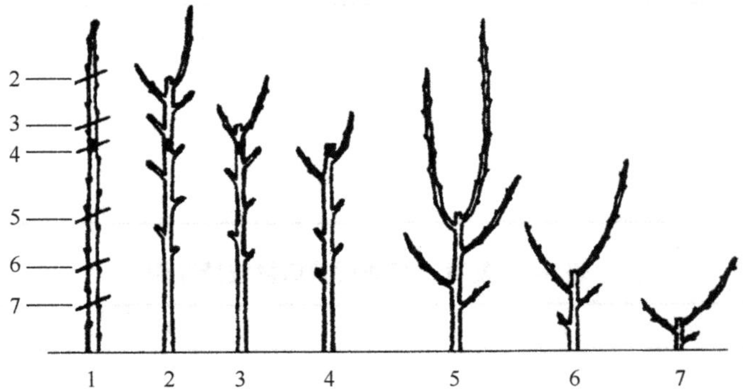

图 5-1 一年生枝短截的轻重及其反应

1. 原枝；2. 轻短截；3. 戴活帽；4. 戴死帽；5. 中短截；6. 重短截；7. 极重短截

枝和花束状枝较多，有缓和树势和促进花芽形成的作用，也是培养结果枝组的修剪方法。重短截则仅留剪口下几个芽，所抽出的枝条生长较旺，成枝力强，可萌发 3 个左右的长枝或徒长枝。中短枝少，单枝生长量大，不利于花芽的形成，多用在老、弱树更新上。

（二）疏枝

疏枝又称疏剪，是将枝条从基部剪除（图 5-2）。疏枝减少枝条数量，使树冠内光线增强，尤其是短波光增强更多。例如，紫外光可以使生长素钝化，同时诱导乙烯产生，从而有利于花芽分化。疏枝造成的伤口还具有局部抑前促后的作用，即对剪口上部的枝条有削弱作用，而对剪口下部的枝条有一定促进作用。疏剪对树体的影响与被疏去枝的大小、性质、生长势强弱及数量有关。如被疏枝条生长势强、数量多，伤口间距短，而且为多年生大枝或大部分为营养枝，则削弱作用明显。通常可用疏枝来控制旺长。

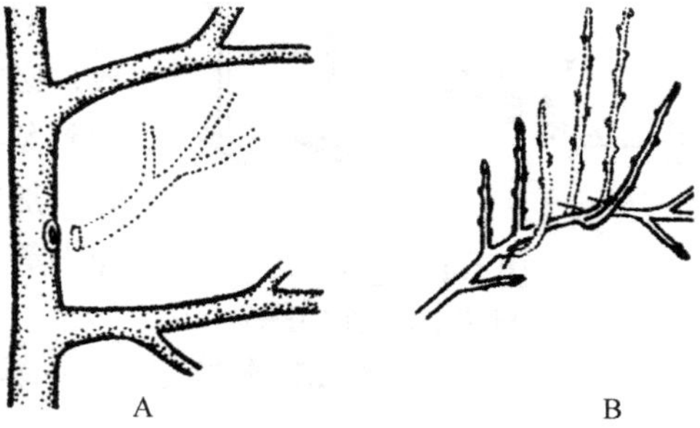

图 5-2　疏枝

A. 疏除大枝；B. 疏除密生枝

疏枝在生产上主要用于 4 个方面：①疏除树冠内过密枝、细弱枝、交叉枝或背上直立枝，以改善通风透光条件；②疏除竞争枝，构造合理树形；③疏除果枝，可以调节营养生长与生殖生长的平衡；④疏除过强骨干枝和枝组，可以平衡树势、培养和改造结果枝组。疏枝操作中注意，应从基部彻底除掉，伤口不要过大，不要留桩。

（三）回缩

回缩也称缩剪，将多年生枝短截到分枝处（图 5-3）。回缩的作用是局部刺激和枝条变向。一方面回缩与短截相似，能使剪留部分复壮和更新；另一方面回缩时选留不同的剪口枝，可改变原来多年生枝的延伸方向。回缩后的反应强弱，决定于剪口枝的强弱。剪口下留强旺枝，则生长势强，有利于恢复树势和更新复壮；剪口下留小枝或弱枝，则营养生长较弱，有利于成花；剪口下留长势中庸的枝条，则既有利于生长也有利于成花结果。回缩作用的性质和大小因修剪对象、剪掉枝的大小和性质、剪口枝的强弱和角度、伤口的大小多少等实际情况来确定，而且要逐年回缩，轮流更新，不要一次回缩过重，以免出现长势过强或过弱现象，而影响产量、效益。

图 5-3　缩剪

回缩通常用在以下 4 个方面：①平衡长势，复壮更新，调节多年生枝前后部分和上下部分之间的关系。例如，前强后弱时，可适当缩去前旺部分，选一角度开张的相对弱枝当头，以缓前促后，使之复壮；对势力衰弱的多年生枝应重回缩，以利更新；对延伸过长的单轴结果枝组应回缩，调节养分运送，提高果品质量。②转主换头，改变骨干枝延长枝的角度和生长势。③培养枝组。对萌芽率、成枝力强的品种先缓放后回缩，形成多轴枝组。④改善光照。例如，整形完成后适时落头，并对

一、二层主枝间的大枝适当回缩；对果园封行树交叉枝回缩；对辅养枝过大影响主枝生长的大枝回缩。

（四）缓放

对一年生枝不剪，称为缓放，又称长放、甩放（图 5-4）。幼树缓放可增加短枝数量和加快树体成形，提高早期产量。但连年缓放的树，容易出现后部光秃和大小年结果现象，树体还容易早衰。

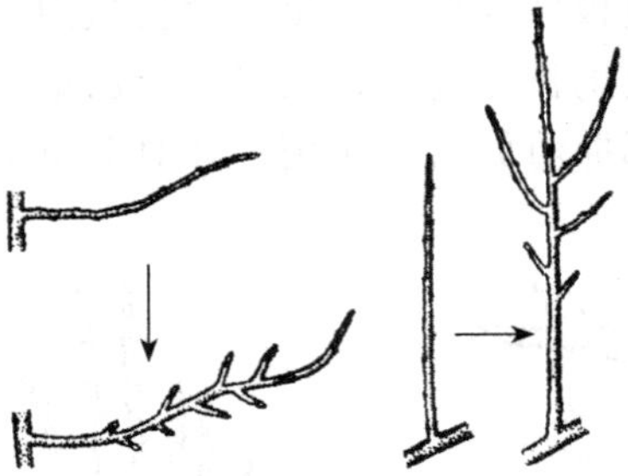

图 5-4　长放

A. 水平枝长放；B. 直立枝长放

幼树和初结果期树使用缓放，可以缓和树势使营养生长向生殖生长转化，加速成花及构造结果枝组。但对衰弱树枝不宜缓放。

对背上直立枝、强旺枝、徒长枝、延长竞争枝缓放，必须结合枝条变向、枝上刻芽、环割等措施，才能收到预期的效果。否则，这 4 类枝会因生长量大、生长旺、加粗快而造成结果晚，出现树上树、抽头挡光、成花慢等现象，严重影响产量。

知识链接 2——苹果常见树形与发展趋势

苹果常见树形见表 5-4 和图 5-5。树形变化趋势：树冠由小变大，骨干枝由多变少，定干高度由低变高或不定干，树龄由长变短。应重视生长期修剪。

表 5-4　苹果常见树形及各自特点

树形	树高 /m	冠径 /m	中心干	主枝	开张角度 /（°）	骨干枝级次
主干疏层形	4.0～5.0	5.0～6.0	1	5～7	60～70	3
小冠疏层形	3.5～4.0	4.0 左右	1	5 左右	60～80	2
小冠开心形	3.0 左右	4.0 左右	1	2～4	60～80	2
自由纺锤形	3.0～3.5	3.0～3.5	1	0	70～90	1
细长纺锤形	2.5～3.0	2.0 左右	1	0	80～110	1
主干形（松塔形）	2.5～3.0	1.5～2.0	1	0	90～120	1

知识链接 3——疏散分层形整形过程及栽后 1～4 年冬季修剪

（一）栽后第一年修剪

冬季中心干剪留 80～90cm，各主枝剪留 40～50cm。注意剪口第一芽要留外侧芽。如未选足主枝或中心干生长过弱时，可将中心干延长枝留 30cm 短截，以便第二年选出（图 5-6）。

（二）栽后第二年修剪

继续选留第二层主枝。第一层主枝层内距 20～30cm，用拉枝、撑枝法，将基部 3 主枝方位角调整到 120°左右，第一层主枝上各配备 1～2 个下侧枝，侧枝一定选背斜方向，第一侧枝距中心干 20～40cm，第二侧枝距第一侧枝 50cm 左右。按奇偶相间的顺序选留侧枝。第一层至第二层主枝层间距保持 70～80cm，期间可配备几个辅养枝或大枝组。中

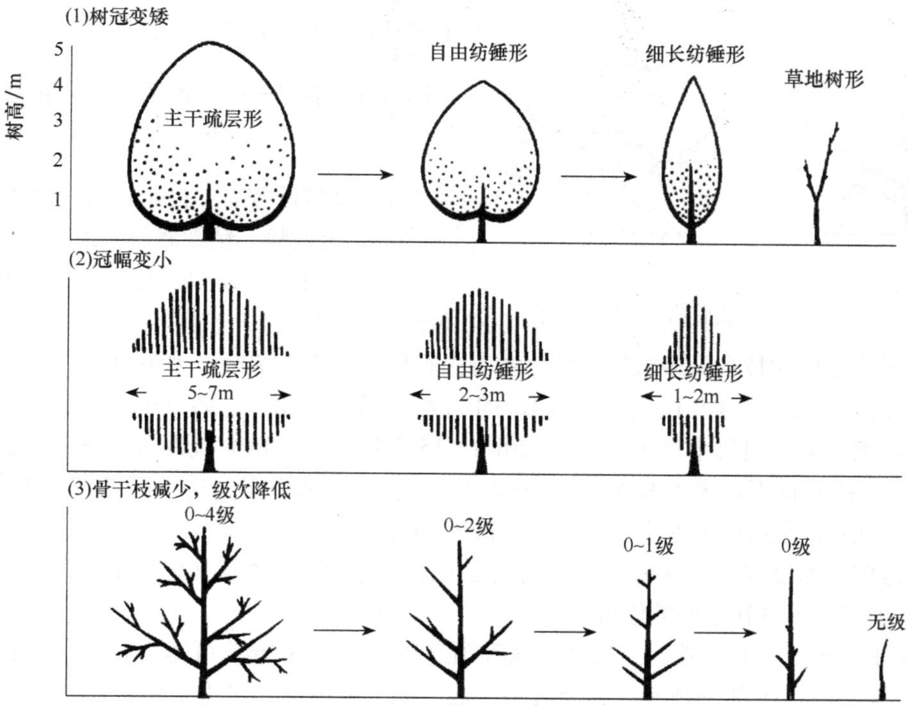

图 5-5 苹果冠形的发展趋势（汪景彦，2003）

心干延长头剪留 50～60cm，主枝头剪留 40～50cm，或全长的 2/3 左右。对强主枝要在秋季和春季开张角度（图 5-7）。

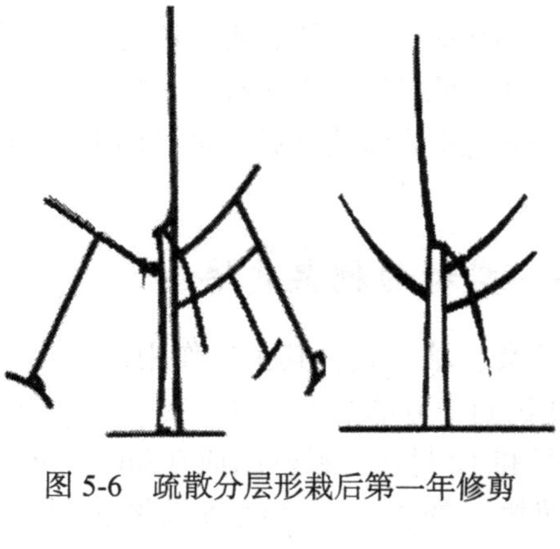

图 5-6 疏散分层形栽后第一年修剪

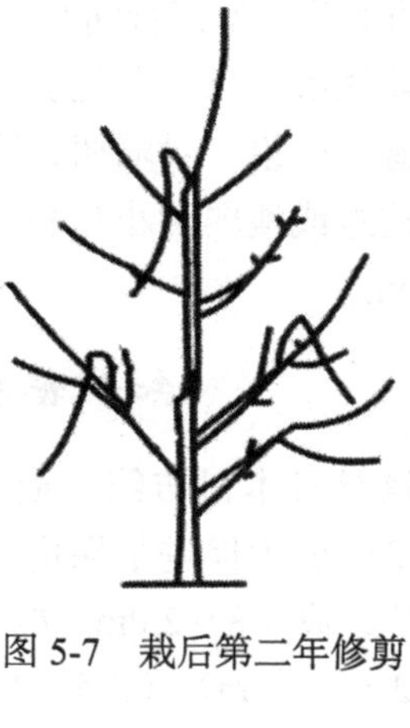

图 5-7 栽后第二年修剪

（三）栽后第 3～4 年修剪

四年生树，冬季修剪，中心干和主枝、侧枝的延长头分别剪留 50～60cm、40～50cm、40cm。各辅养枝仍采取轻剪长放多留拉平的方法，多留花芽，开始结果。5 年生树，如树高达 3m 以上，树冠大小已符合要求，第一层主枝头不短截，以延缓树冠交接的年限。继续培养第二、第三层主枝，采用先放后缩法培养枝组。对主枝背上的强梢要扭梢或拉平，或用连放法，形成单轴细长枝组。为控制过旺的树势和适龄结果，

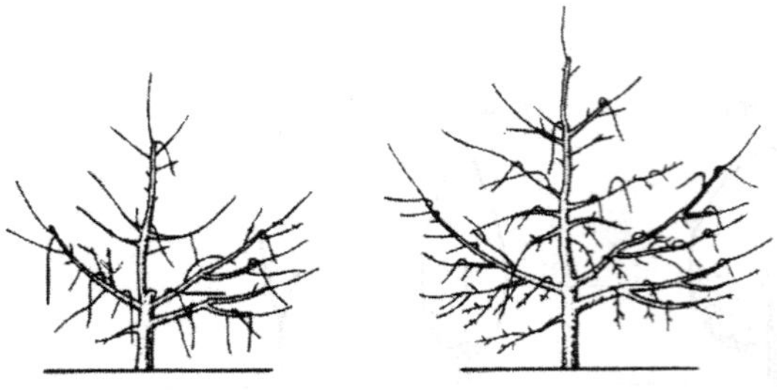

图 5-8 疏散分层形栽后第 3～4 年修剪

仍需采用各种变向和刻剥技术，以培养枝组和改造辅养枝（图 5-8）。

知识链接 4——盛果期苹果整形修剪

1. 修剪任务 控制树冠，改善光照条件，稳定树势，精细修剪枝组。

1）适时控制树冠高度、宽度、行间，控制在 1m 以上。

2）调整处理大枝去除多余辅养枝，本着去长留短、去大留小、去粗留细、去密留稀的原则。去大枝多时，3 年内完成，即第一年 60%，第二年 30%，第三年 10%。

3）精细修剪枝组每米骨干枝上平均留 8～15 个枝组，以斜生和两侧为好，大型枝组配在基层主枝的背下。大型枝组 15 个枝以上，轴长 60cm 以上；中型枝组 5～15 个枝，轴长 30～60cm；小型枝组 5 个枝以下，轴长 30cm 以下。

2. 修剪技术要点 修剪之前，先观察树体结构，树势强弱及花芽多少等，抓住主要问题，确定修剪量和主要的修剪方法。

（1）中心干延长头处理 树体已达到预定高度 2.5～3.5m，可落头开心。如上强下弱，可以换头或疏去部分枝条，其余枝条缓放。如上弱下强，可将上层一部分一年生枝短截，增加枝量，促进其生长势。如过密过大的，则根据树势、当年产量，分期分批疏除。一般应先疏除影响最大或光秃最重的大枝。

（2）侧分枝处理 梢角过小或过大的侧分枝，应利用背后枝或上斜枝换头，抬高或压低其角度，若与相邻树冠或大枝交叉则可将其适当回缩。主枝长度控制在 1～1.5m，对伸向行间的侧分枝保证行间距 1m，对伸向株间的侧分枝，要保证枝头间距 0.5m。

（3）结果枝组处理 先疏去部分过密的枝组，以利于通风透光，再回缩过长的生长势开始衰退的枝组。对弱树，则早些回缩。回缩部位应在有较大的分枝处。对于无大分枝的单轴枝组或瘦弱的小型枝组，一般应先缓放养壮之后，再行回缩。同侧结果枝组间距 20～40cm。

知识链接 5——梨树的棚架栽培

棚架栽培是日本最传统、最普遍的沙梨栽培方式，其主要作用是防止台风的危害。如今棚架栽培已成为促进早果优质，方便田间作业的必要方式。棚架一般以 0.3～0.4hm^2 为一基本单位，高 1.8～2.0m，棚面用 8 号和 12 号镀锌铅丝结成 0.5m×0.5m 的方格。栽植密度为（2.5～3）m×（2.5～4）m，随树冠的扩大，经间伐最终达到（8～10）m×（10～12）m。整形方式主要有 4 种，水平形（主干高 1.6～1.8m，主枝水平分布在棚面上）、漏斗形（主干高 0.5～0.6m，主枝按一定的角度倾斜至棚面再水平绑缚）、改良形（主干高 1m，主枝基角 40°）、船底形（主干高 0.6～0.7m，主枝按 45°～50°倾斜伸长至棚面）。主枝 2～4个/株，侧枝 2～3个/主枝，第一侧枝距主干 1m，短果枝结果为主的品种侧枝间距 0.6m，长果枝结果为主的品种侧枝间距 2m。枝在棚面上的分布要均匀，不交叉、不重叠，使长枝间距等于叶柄加上叶片的长度。通过抹芽、扭梢、拉枝绑缚控制枝梢密度和长势。

【考核评价】

本任务具体考核评价见表5-5。

表5-5 苹果、梨冬季修剪任务考核评价表

考核项目	分数
能够正确修剪苹果和梨幼树	20
能够正确修剪苹果和梨初结果树	30
能够正确修剪苹果和梨盛果期树	30
能够正确修剪苹果和梨衰老树	20
总分	100

任务2 桃、李、杏和枣的冬季修剪

【任务目的】能够对核果类进行正确的整形修剪。能够根据果树具体情况，制订合理的整形修剪方案。

【实践操作】

材料：当地代表主栽品种桃、李、杏、枣树的幼树和结果树，包括弱树、强树。

用具：修枝剪、手锯、油漆、高凳等。

一、桃（或李、杏）、枣树修剪

（一）桃（或李、杏）幼树整形修剪

以自然开心形为主进行修剪。

桃芽种类如图5-9所示。由于核果类中各树种的生长结果习性不同，可有所区别，但基本原则可按下列方法进行。

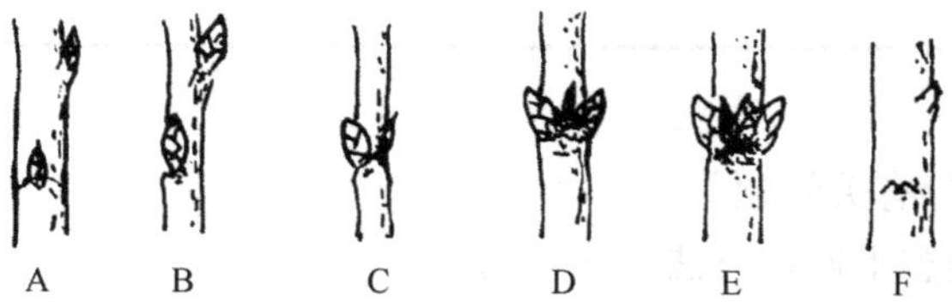

图5-9 桃芽种类

A. 侧叶芽；B. 单花芽；C. 一叶芽一花芽；D. 二花芽一叶芽；E. 三花芽一叶芽；F. 盲芽

1. 定干 新栽幼苗，在距地面50～60cm处剪截，剪口下须有5～7个饱满芽。若有萌发的副梢，可加以利用，在其充实部分的饱满芽处短截。

2. 主侧枝的选留 在整形带内选择生长健壮，基角45°左右，分布均匀的3个邻近或邻接的枝作为主枝，剪留长度为50～60cm，剪口芽一般可留外芽。距剪口芽较近的上位芽最好除去。在每个主枝的双侧，错落保留3～4个侧枝构成植株的骨架，侧枝延长枝的剪留长度应短于主枝，以保持主从关系。

3. 结果枝的选留 核果类是腋花芽结果，生长中庸的枝条最易形成花芽。对成枝力

弱的品种，非骨干枝应当尽量多留少疏，以利花芽形成。对成枝力强的品种则应适当多疏。去掉生长过旺过弱，直立影响光照的枝条。一般长枝都要短截，修剪多较仁果类重。

（二）桃（或李、杏）结果树的修剪

因核果类易形成大量花芽，生长量也较大，故较仁果类修剪重，其特点如下。

1）核果类喜光性强，采取无中心干的树形后，各主侧枝上均易萌发向内的健壮枝条，除部分可控制利用结果外，将影响光照严重的徒长枝，过密枝进行疏剪。

2）核果类是侧花芽结果，对中长果枝以短剪为主，为了减慢结果部位的外移，在其下部应经常留预备枝，以备更新，短截时，注意剪口芽必须留在有叶芽的节位。

3）短果枝和花束状短果枝一般不短截，但要经常培养和更新，对已无效的可疏去，保留健壮的结果枝。

4）桃、杏、李的生长结果习性不同，修剪时还须根据具体树种品种确定修剪量。不同的树龄在修剪方法上也有区别。可根据整形修剪的一般原则和要求进行。

（三）枣整形修剪注意事项

枣幼整形中，对枣头一次枝短截的同时，还要对其下的二次枝进行修剪才能促使主芽萌发枣头，即“一剪子堵，两剪子促”的两剪子修剪法。枣结果树修剪，主要是疏枝透光，调整骨干枝，更新结果枝组。

二、修剪反应的调查

关于修剪反应的调查见表 5-6。

表 5-6　不同修剪手法的反应

树种品种	树龄、长势	枝条类型	修剪方法	修剪反应

【引导思考】

应用思维导图引导有关问题。

1. 仁果与核果类整形修剪方法有何不同？
2. 桃、李和杏的整形修剪方法有何不同？
3. 桃树整形修剪有哪些特点？
4. 桃三主枝自然开心形如何造成？
5. 温室桃如何修剪？
6. 枣的修剪应注意什么？

【知识链接】

知识链接 1——桃冬季修剪

桃的修剪特性：生长旺盛；喜光性强，干性弱；萌芽率高，成枝力强；芽具有早熟性，成花易；潜伏芽少，寿命短。

（一）主要树形

1. 自然开心形 主干高30～50cm，在主干顶端分生邻近或错落排列的3个主枝，主枝与垂直方向的夹角为45°～60°。各主枝直线延伸，每个主枝两侧配置2～3个侧枝，侧枝的分生角度是60°～70°，第一侧枝距主干60cm，各侧枝之间距离40～50cm。全树有6～9个侧枝，在主侧枝上着生大型、中型、小型结果枝组。这种树形主枝少，侧枝强，骨干枝之间间距大，光照好，枝组寿命长，成形快，修剪量轻，结果早，丰产（图5-10）。

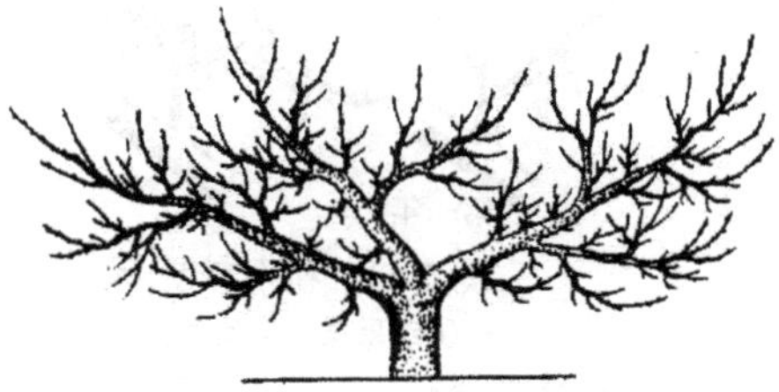

图5-10 自然开心形

2. "Y"形 适用于宽行密株的果园，一般株行距为（1～2）m×（4～5）m，每667m^{2}栽111～166株。该树形干高40～60cm，两主枝基本对生，夹角80°～90°，即主枝开张角度45°左右，向行间延伸，每个主枝上培养2～3个侧枝，侧枝间距50～60cm。这种树形成形快，光照好。结果早，产量高，品质好

（二）盛果期树的修剪

桃进入盛果期，主枝逐渐开张，树势缓和，树冠稳定，各类枝组配备齐全，徒长枝和副梢逐渐减少，短果枝比例上升，生长和结果的矛盾突出，内膛下部小枝枯死渐多。本期修剪重点是调节生长与结果的关系，兼顾结果与抽梢的双重要求，延长盛果期年限。

1. 树体结构调整 按照目标树形，对各主枝之间采取抑强扶弱方法，保持各主枝之间的平衡。尤其是南部主枝过高的，要及时回缩。对不能利用的徒长枝和细弱枝要尽早疏除，以减少营养消耗，防止下部枝条生长势减弱。

2. 主枝延长枝的修剪 延长枝剪留20～30cm。在行间、株间相接时，可选合适的背后枝换头，以利角度开张。

3. 结果枝的短截与长放 结果枝的短截，剪口芽必须是叶芽或有叶芽的复芽，以保证枝条的生长。剪留长度主要考虑品种群和结果枝的类型。北方品种群以轻短截为主，长果枝或花芽节位高的枝，剪留7～10节或更长，中果枝5～7节，短果枝不剪；南方品种群结果枝一般以中短截为主，长果枝剪留5～7节，中果枝4～5节，短果枝不剪或疏剪。

结果枝的留枝数量以果枝间距10～15cm为宜，伸展方向互相错开。

长放修剪（亦称长梢修剪技术），也是结果枝修剪采用的技术，即在骨干枝和大型枝组上每15～20cm留一个结果枝，结果枝剪留长度为45～70cm，并采用单枝更新方式。即在生长季，果实与叶片的重量使枝条下垂，使枝条基部发生1～2个较长的新梢，作预备枝培养，冬剪时把已结果的母枝回缩至基部的预备枝处。桃双枝及单枝更新如图5-11和图5-12所示。

知识链接2——温室桃树的冬季修剪

温室桃的树形培养根据温室的结构、株行距确定。日光温室前端和温室两侧空间小，树体不能太高，一般采用"Y"形；中后部位置高，有效空间大，可采用主干形、棕榈叶扇形。

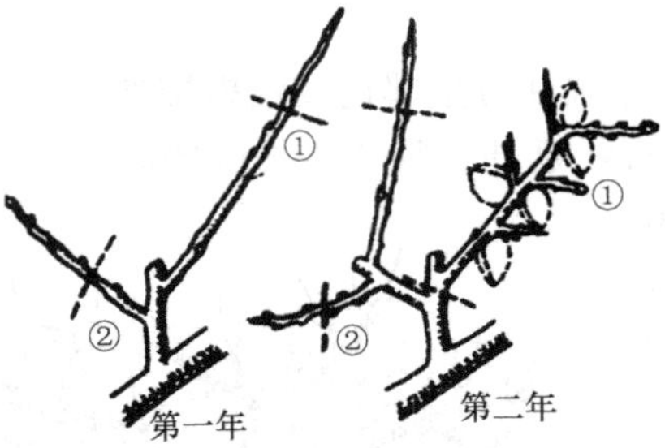

图 5-11　桃双枝更新

①结果枝；②预备枝

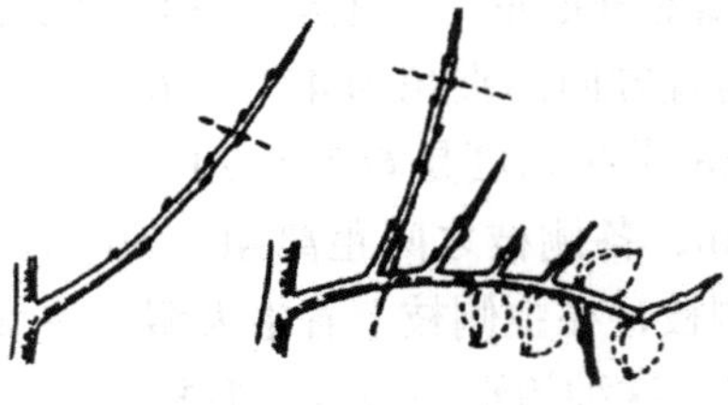

图 5-12　桃单枝更新

（一）"Y"形

因为温室内株行距较小，常采用两个主枝的开心形，即"Y"形。主干高 30～40cm。芽苗生长到 40～50cm 时摘心，选留生长健壮、东西向延伸、长势相近的两个新梢作主枝培养，主枝角度 40°～60°，主梢 40～50cm 时摘心，促发二次枝。第一年冬剪时在长约 50cm 处选饱满芽短截，使延长头能旺盛生长，距树干 30～35cm 处选一健壮枝作为第一侧或第二大的结果枝组，留 4～5 节重短截，其余的枝轻剪使其结果。两主枝上的侧枝要错开，一个向南，一个向北。第二侧枝距第一侧枝 30～35cm 或 40～50cm（根据株行距适当调整），方位与第一侧枝相对（图 5-13）。

（二）棕榈叶扇形

有中央领导干，与主干形不同的是主干形为圆柱形，而棕榈叶扇形为扇形。只选留东西向对生枝，分 3～4 层，每层间距 30cm 左右，干高 40cm，树高 1.2～1.5m，这种树形主要用于结果后进行间伐树的修剪，见图 5-14。

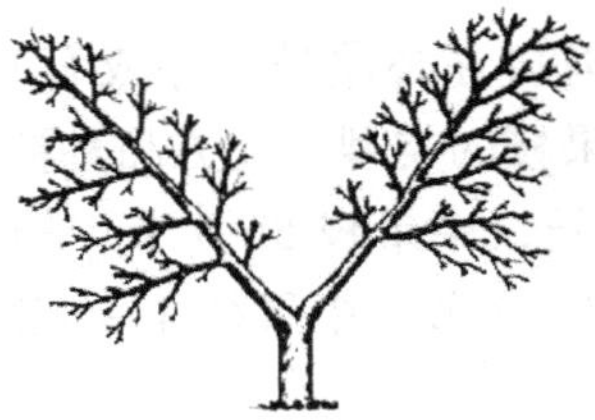

图 5-13　"Y"形树形

图 5-14　棕榈叶扇形

（三）主干形

有中央领导干，在其上直接着生结果枝组，枝组不分层，错落排开。主干高 30～40cm。苗木长到 60cm 时摘心，选留生长健壮的、东西向延伸、长势相近的两个新梢作为永久性骨架枝培养，角度 50°。把摘心后头上第一个二次枝作为新梢的中央领导干绑直，向上生长，长到 60cm 时再摘心，总高度 1.2～1.5m，具体高度根据株行距大小和温室高度确定，在中央领导干上每 20～30cm 选择长势好、不重叠、以螺旋状上升的永久的结果枝组 6～8 个。冬季修剪时适当短截，其余枝按结果枝处理。

（四）温室桃修剪注意事项

温室密度高、光照弱、温度高、湿度大，桃树生长时间长，管理不当时，枝条不充实，树冠荫蔽，内堂枝细弱，花芽质量差。温室修剪措施注意以下几个方面。

1）早培养，早成形，早结果，以果压冠：温室整形中，第一年要把增加枝量放在首位。注意多次摘心促发更多的二次枝、三次枝，在增加枝量的同时，要考虑永久性结果母枝的培养。结果后，控制生长，以果压冠，削弱顶端生长优势，采果后即时缩剪。

2）根系修剪：通过控制根系生长来控制地上部的生长，果实采收后进行行间挖沟施肥。

3）打开光路：对上部枝密枝及时疏除，保证下部枝光照的需要。

4）不断改形，适时间伐。

5）勤夏剪。

知识链接3——李、杏的修剪技术

1. 李、杏树初果期修剪 李、杏初果期树长势很旺，生长量大，生长期长。此期的修剪任务主要是尽快扩大树冠，培养全树固定骨架，形成大量的结果枝，为进入结果盛期获得丰产做好准备。李树休眠期修剪以轻剪缓放为主，疏除少量影响骨干枝生长的枝条，对于骨干枝适度轻截，促进分枝，以便培养侧枝和枝组，扩冠生长。李子树一般延长枝先端发出2～3个发育枝或长果枝，以下则为短枝、短果枝和花束状果枝；直立枝和斜生枝多而壮，有适当的外芽枝可换头开张角度。

杏树休眠期修剪任务主要是短截主枝、侧枝的延长枝，一般剪去一年生枝的1/4～1/3为宜。少疏枝条，多用拉枝、缓放方法促生结果枝，待大量结果枝形成后再分期回缩，培养成结果枝组，修剪量宜轻不宜重。在核果类果树中，杏萌芽率和成枝率较低。一般剪口下仅能抽生1～2个长枝，3～7个中短枝，萌芽率在30%～70%，成枝率在15%～60%。杏幼树生长强壮，发育枝长可达2m，直立，不易抽生副梢，多呈单枝延长。发育枝短截过重，易发粗枝，造成生长势过旺，无效生长量过大；短截过轻，剪留枝下部芽不易萌发，会形成下部光秃现象。因此，杏初果期树的延长枝短截应以夏剪为主，通过生长期人工摘心或剪截可促发副梢，加快成形。

2. 李、杏树盛果期修剪 盛果期的李树，因结果量逐年增加，枝条生长量逐年减少，树势已趋稳定，修剪的目的是平衡树势，复壮枝组，延长结果年限。盛果期骨干枝修剪要放缩结合，维持生长势。上层和外围枝疏、放、缩结合。加大外围枝间距，以保持在40～50cm为宜。对树冠内枝组疏弱留强，去老留新，并分批回缩复壮。

盛果期杏树产量逐年上升，树势中等，生长势逐渐减弱。修剪的主要任务是调整生长与结果的关系，平衡树势，防止大小年的发生，延长盛果期的年限，实现高产、稳产、优质。主要任务有：延长枝剪去1/3～1/2，疏除部分花束状结果枝。对生长势减弱的枝组回缩到抬头枝处，恢复生长势，改善光照条件。骨干枝衰老后，可按照粗枝长留，细枝短留原则，剪留1/3～1/2。此期的杏树，树冠内包括徒长枝在内的新梢，几乎都能着生花芽而成为结果枝，花量大，修剪时应根据预期产量、败育花率、坐果率、单果重等，在留足花芽的前提下，通过疏截过多的果枝，控制留花量，以减少养分浪费。

知识链接 4——枣幼树整形修剪

枣树常用树形主要有主干疏层形、自由纺锤形、自然半圆头形和开心形。我国北方地区，冬春少雨干旱多风，容易造成剪口干旱失水，从而影响剪口芽萌发，故每年春季3～4月修剪。

主干疏层形的树体结构：干高1～1.2m（小枣可矮一些），对于枣粮间作树，干高可在1.4～1.6m。第一层留主枝3～4个，第二层留2～3个，第三层留1～2个。第一层、第二层之间的距离50～70cm，第二层与第三层之间距离40～60cm。各层主枝插空选留，树体不宜过高。

枣修剪中应注意的是，对枣头一次枝短截的同时，还要对其下的二次枝进行修剪才能促使主芽萌发枣头，即“一剪子堵，两剪子促”的两剪子修剪法。

（一）定干

枣树栽植后即可在1m左右高度进行定干，同时将剪口下第一个枣拐疏去，其下的5～6个枣拐各留基部一节进行重短剪，使发出新枣头后角度开张。整形带以外的拐一律不剪截，不疏除。

（二）骨干枝培养

定干之后，剪口第一个主芽可以抽出强壮的直立枣头，用作中心干培养，当它长到1m左右时，留80cm摘心。整形带内其余枣头中，可选择3～4个方位适宜、生长健壮的作为第一层主枝，对它们可留5～6个枣拐（二次枝）进行摘心。以后连续几年进行此法培养，促其加粗生长。同时注意在适当位置将枣拐留1～2节进行重短截，促发侧生枣头，以培养侧枝；再以同样超重短截的方法在主枝、侧枝上培养结果枝组。对产生的侧枝，也像培养主枝一样，连续进行枣头摘心促长。

当中心干的高度超过第一层主枝约1.5m时，可在1.3m处短截并疏除剪口下第一个枣拐。以下再选3～4个枣拐各留一节短截，促发枣头以作为第二层主枝，从中选2个进行连续摘心培养。注意在其上选配侧枝和枝组，方法同第一层骨干枝和枝组的培养。

（三）结果枝组的培养

枣树的结果枝组，是由枣头构成的，其大小、长短因其所在的空间而定。小型枝组有3～4个枣拐，大型枝组则可长达1.5m，均匀地分布于各级骨干枝的中下部。

在整形过程中，凡在主枝、侧枝上发生的侧生枣头，均可按枝组的要求进行培养。当枣头抽生3～5个枣拐时，强枝留4个，弱枝留3个，枣拐及时摘心，以促使留下的枣拐刀口粗生长，培养出高质量的续果枝组。如果空间有限，可在枝组达到一定长度后，每年剪去顶端抽生的新枣头，控制其长度。

知识链接 5——盛果期枣树修剪

（一）疏枝透光

将重叠枝、交叉枝、竞争枝、轮生枝、并生枝、徒长枝、枯死枝、病虫枝、细弱枝从基部疏除，以改善通风透光条件、节约树体营养。

（二）调整骨干枝

进入盛果期后，随着结果量的增加，骨干枝前端会下垂，影响树体通风透光，骨干枝逐渐变弱，负载量下降。应及时回缩更新，回缩的部位选在强壮的枣股处，每次回缩长度为30～50cm，以抬高枝条角度，促进健壮枣头，增强生长势。如果骨干枝后端已经萌发出新健壮的发育枝，可直接回缩至发育枝处，代替原来的枣头。

（三）更新结果枝组

一般枣树品种3～6年枝龄的枣股结果能力最强，此后结果率逐年下降，所以要维持高产稳产，就要有计划地不断对结果枝组进行更新复壮。枣树隐芽多并且寿命长，修剪刺激后极易萌发新枣头，所以枣树更新复壮相对其他果树容易。

方法一：先养后去法，对于树势较强、容易发枝的树，在衰老枝组后部或附近骨干枝上选一新枣头，或用目伤法刺激后部萌生新枣头，对于小枝组也可先回缩小枝上着生的二次枝，集中营养促进新枣头，培养成结果枝组，当新枝组长到相当长度后逐渐回缩去掉原枝组。

方法二：先去后养法，对于树势和枝势较弱、发枝较少的树，对已衰老的枝组直接回缩，刺激后部或附近骨干枝上萌生新枣头，培养新枝组。

【考核评价】

本任务具体考核评价见表5-7。

表5-7 桃、李、杏和枣冬剪任务考核评价表

考核项目	分数
能够正确修剪桃、李、杏的幼树	20
能够正确修剪桃、李、杏的初结果树	20
能够正确修剪桃、李、杏的盛果期树	20
能够正确修剪桃、李、杏的衰老树	20
能够正确修剪枣树	20
总分	100

任务3 葡萄的冬季修剪

【任务目的】学会葡萄主要整枝技术与冬季修剪方法。能够根据实际情况灵活应用各种修剪方法。

【实践操作】

材料与用具：当地不同年龄的葡萄、修枝剪、手锯等。

修剪时期：葡萄落叶2～3周至土壤结冻前。

一、葡萄定植后第1～3年的整形修剪

（一）扇形整形修剪

第一年，扇形整枝树形见图5-15，其修剪方法如下。根据新梢质量和粗度进行短截。粗度在0.7cm以上的，留8～15节（50～80cm）短截，较细的，留2～3节短截，使之下一年能发生较粗壮的新梢，以便培养为主蔓，多主蔓扇形整枝一般留主蔓4～6个，第一年留不够的，可于第二年再留。

第二年，选留顶端粗壮的作为主蔓延长蔓，留8～15节短截，其余的留2～3节短，以培养枝组。对于有侧蔓的整枝形式，可对适当位置的新梢多留几节短截培养侧蔓。主

蔓间距约 50cm。

第三年及以后，仍按上述方法继续培养主蔓和枝组。当主蔓高度到达最后一道铁丝，并且各主蔓上每隔 20～30cm 有一枝组时，树形基本完成（图 5-16）。

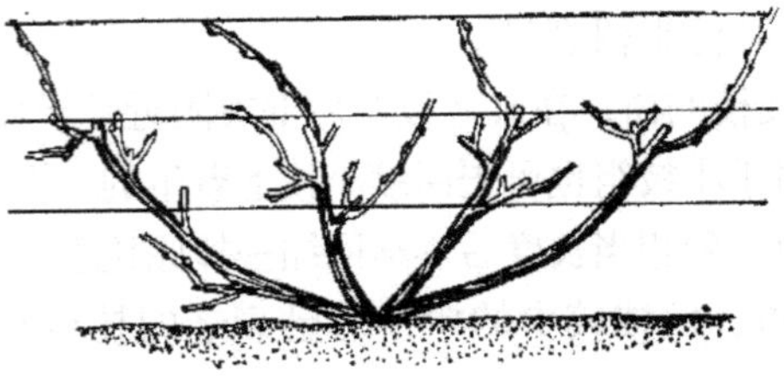

图 5-15 扇形整枝

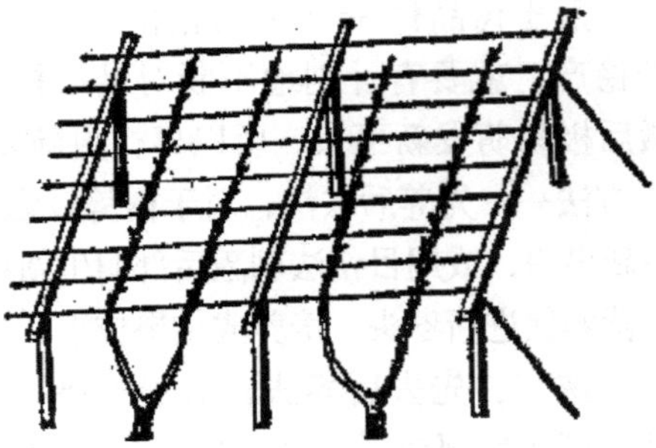

图 5-16 龙干式整枝

（二）龙干式整形修剪

第一年，龙干式整枝有单龙干、双龙干、多龙干式。双龙干整枝见图 5-18。从靠近地面上选留新梢作为主蔓。主蔓间距 50cm。粗度在 1.0cm 以上的，可留 1～2m 短截。如果新梢细弱，成熟不良，可靠近地面留 2～3 节短截，下一年再重新培养。

第二年，第一主蔓选留一壮梢继续延长，延长梢处理同上年。主蔓在架面上分布相距约 50cm。主蔓延长梢粗度在 0.8cm 以上时可留 1～2m 短截。其他新梢留 2～3 芽短截。主蔓上每 20～25cm 留一枝组，每个枝组上留 1～2 个短梢或中梢，应选留背上或两侧斜生的新梢培养成枝组。

第三年及以后，根据主蔓强弱，继续培养主蔓，直到达到棚架外沿，停止延长。在每个结果母枝上选留 2～3 个好的结果枝（也可留发育枝），见图 5-17。

第一年冬季结果母枝修剪后　　第二年冬季修剪之前　　第二年冬季修剪之后

图 5-17 单枝更新修剪

二、葡萄成形后（架面满后）的修剪

1. 结果母枝的修剪　棚架龙干形整枝常采用短梢修剪为主，中梢、长梢修剪为辅的修剪方法；用作扩大树冠的延长枝可采用中梢、长梢修剪，预备枝宜短梢修剪。枝蔓稀疏、架面有空间的地方可以适当长留。

2. 结果枝组的修剪与更新　结果枝组的距离，小枝组可以近些，大枝组远些，在短梢修剪情况下应保持20～30cm，在中梢、长梢修剪情况下应扩大到30～40cm。枝组内的更新修剪分单枝更新和双枝更新（图5-17，图5-18）。

图5-18 双枝更新修剪

随着结果枝组年龄的增长和每年的修剪，对枝组进行更新。具体做法：回缩老结果枝组上的结果母枝，或者将老枝组从基部疏除，刺激主蔓、侧蔓上或枝组基部潜伏芽萌发，从潜伏芽发出的新梢中选择位置合适的进行培养枝组。

3. 主侧蔓更新 主蔓更新方法有回缩更新、压蔓更新、培养预备蔓更新。

三、葡萄修剪注意事项

1）修剪时间不宜太早或过晚，太早养分没有回流到根部和主蔓，影响来年树势；过晚影响埋土防寒。

2）枝蔓去留原则：根据留枝数量，挑选位置适宜的健壮枝蔓作为结果母枝。多余的疏除。其去留原则为“五去五留”，即去高（远）留低（近），去密留稀，去弱留强，去徒长留健壮，去老留新。

3）葡萄的枝蔓组织疏松，髓部较大，修剪后水分易从剪口流失，常常引起剪口下部芽眼干枯或受冻。为了防止这种现象发生，枝梢修剪时应在剪口芽上3～4cm处剪截，在节间短的品种上，可实行破节剪。剪口要尽量平滑，否则不易愈合。

4）疏枝或回缩时，尽量避免造成过多的伤口，尤其不要在枝干的同侧造成连续的多个伤口，还要避免造成对口伤；剪锯口不要距离基部太近，以免伤口向里干枯而影响母枝养分的疏导，残桩不要留得太长，待残桩干枯后，再从基部将其剪去。

5）修剪顺序：从植株基部开始逐渐向上进行。

6）休眠期修剪和清园相结合。通过修剪，去除枯死的残桩、病虫枝、穗梗、卷须、无用的二次枝及徒长枝等。还要去掉当年绑扎新梢留在铁丝上的布条、绳子等。并将这些修剪下来的病、残物带出葡萄园地，集中烧毁或深埋。

【引导思考】

1. 葡萄冬季修剪，留枝芽数量如何决定？
2. 葡萄与修剪有关的生长结果习性有哪些？
3. 葡萄的架式有哪些？如何建设？各有什么优缺点？
4. 葡萄冬季修剪时间及剪留长度如何决定？
5. 葡萄冬季更新修剪如何进行？
6. 葡萄有哪些整形修剪方式？

【知识链接】

知识链接1——葡萄架式的类型、特点与搭建技术

葡萄是多年生藤本植物，枝蔓比较柔软，栽培时需要搭架才能使植株形成良好的树体结构和叶幕结构，有利于充分利用光能、保持良好的通风透光条件和减少病虫害的发生，同时便于在园内进行一系列的管理和操作。目前，生产上应用较多的是篱架和棚架两大类。

（一）篱架

篱架是指架面与地面垂直或略为倾斜，葡萄枝蔓分布在上面形成篱壁状。这种架式一般采用南北行向栽植，适宜栽培生长势较缓和的品种，是当前国内外密植栽培采用最为广泛的架式，适用于平地大型葡萄园。篱架主要类型有单篱架、双篱架、“T”形架等，这里主要介绍前两种。

1. 单篱架 沿葡萄栽植行向设一排立柱，立柱距葡萄栽植行30～40cm，架面与地面垂直。架高因行距而定，一般架高150～180cm。架上横拉2～4道铁丝。具体应用时其架高和铁丝的道数应依据品种、树形、气候、土壤等情况而定。建架时，行内每600cm设一支柱（采用钢管、水泥柱等）。边柱埋入土中70cm，在其内侧用支柱加固或者边柱稍向外倾斜，并在其外侧用锚石固定。中柱埋入土中50cm，然后用8号镀锌铁丝按要求连接支柱，最下面第一道铁丝距离地面50～60cm，以上间距40～50cm。铁丝用紧线器拉紧，然后用“U”形钉或其他方法将铁丝固定在各个支柱上。在每行两端的铁丝上安放一个紧线装置，以便随时拉紧铁丝（图5-19）。

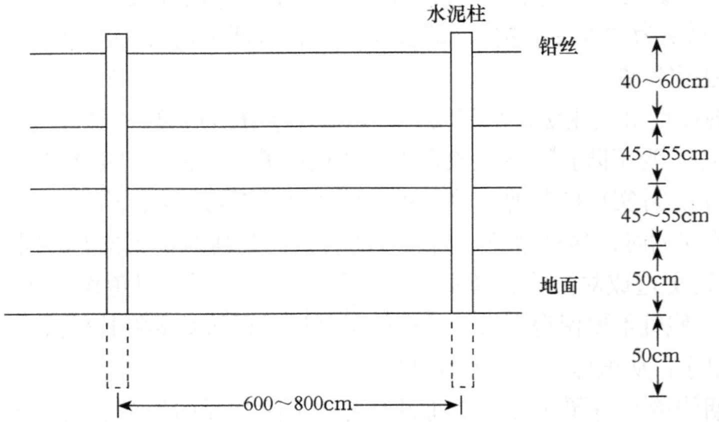

图5-19 葡萄单篱架

单篱架的优点：适宜密植和埋土时上、下架作业，田间管理方便，适于机械化作业（耕作、喷药、埋土、出土、采收等）；架面通风透光好，整形快，结果早，早期丰产性能好，果实品质佳；支架容易，架材较省。缺点：有效架面相对较小，行间漏光量大；架面垂直受光不均匀，架面上部顶端优势强，易造成上强下弱，结果部位容易上移，日灼较严重；架面下部受光差、受光时间短，果穗距离地面较近，易感染病害和受泥土污染，果实品质差；后期树体老化、产量低、质量差。

单篱架适合冬季比较温暖，葡萄不下架防寒或埋土比较少的地区和生长势较弱的品种，常用的树形有扇形、龙干形、单臂水平形、双臂水平形和“Y”形架（图5-20）等。

2. 双篱架 沿葡萄栽植行向设两排立柱，垂直于地面或略向外倾斜，并用钢筋或铁丝相连接。两排立柱基部相距60～70cm，顶部相距100～120cm，呈倒梯形。一般架高150～180cm。两行立柱上同样横拉2～4道铁丝。建造时可用双排支柱，也可用单排支柱，而每柱上加3～4道横木梁。边柱及中柱的设置方法参考单篱架中设置方法。

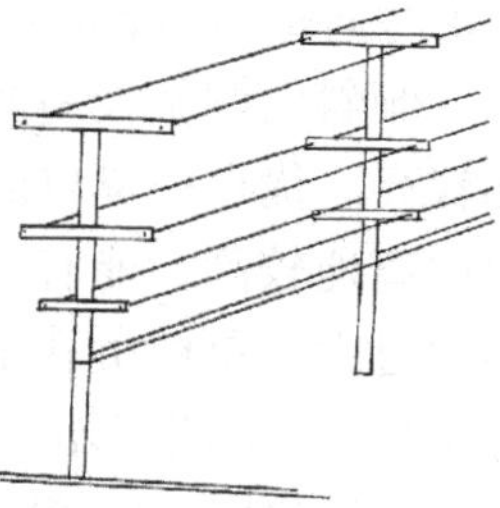

图5-20 葡萄“T”形架架式

葡萄植株定植在两壁当中或采用带状双行栽植（宽窄行相间）。枝蔓向两侧均匀引缚在两个架面上，也可以交替向一壁分布。叶幕呈“U”形或开张“V”形。双篱架的主要优点：单位土地面积上有效架面比单篱架增加，光能利用率提高，单位面积产量较高。缺点：通风透光条件不如单篱架，易发生病虫害，对肥水和植株管理要求较高；上、下架埋土防寒、管理和机械化操作不方便；工作量较大，架材投资大；双篱架在与单篱架同样高度时，行距应适当扩大。

双篱架适合光照、肥水管理条件较好的园地和生长势较弱的品种。常用的树形有扇形、水平形、龙干形等。

（二）棚架

架面与地面平行或略倾斜（图5-21），葡萄枝蔓均匀分布于架面上形成棚面，常用的棚架类型主要有水平棚架、倾斜大棚架、倾斜小棚架、篱棚架等。

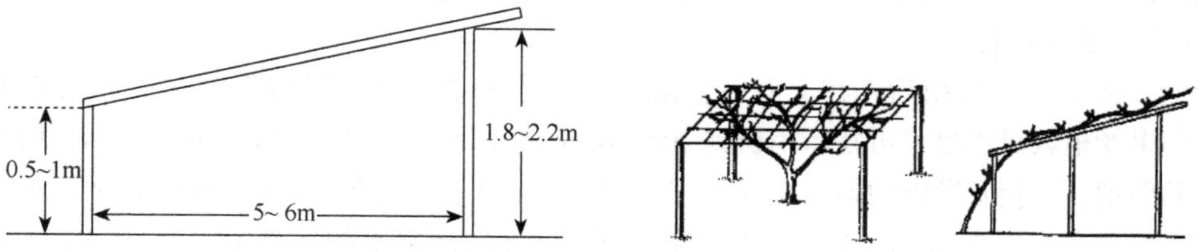

图5-21 棚架示意图

1. 水平棚架 水平棚架即把一个连片的栽植区整体搭成一个水平的棚架。一般架高180～220cm，每隔4～5m设一立柱，呈长方形或方形排列，四周边柱用锚石和紧线器把骨干线拉紧固定，周边的骨干线和内部通过立柱的骨干线用比较粗的钢绞线，骨干线之间的载蔓线用12号铁丝，纵横牵引成50cm见方的网格，形成一个水平的棚面。枝蔓水平均匀分布在距地面较高的棚面上。

水平棚架优点：植株生长缓和，通风良好，光照分布均匀；枝、芽、叶、果生长发育平衡关系容易调控，果穗整齐，果实着色好、日灼轻，果品质量高，产量稳定，病虫害轻；土肥水管理相对集中；架下空间大，便于小型机械作业。缺点：前期产量较低；埋土防寒地区上、下架比较费事，夏季修剪不及时会造成架面郁蔽和病害加重。

水平棚架适合平地葡萄园和生长势较强的品种。常用的树形有水平龙干形、“H”形和“X”形等。

2. 倾斜大棚架 架长8～10m以上，架根（距离葡萄栽植行最近的第一排立柱）高1.0m，前柱（距离葡萄栽植行最远的一排立柱）高2～2.5m，架根和前柱中间每隔4m左右设立一根中柱，中柱高度从架根向前柱逐渐升高，在架根和前柱上设横杆，在横杆上沿行向每隔 50cm 拉一道铁丝，形成倾斜式架面。

倾斜大棚架枝蔓倾斜均匀分布在架面上。叶幕与地面稍有倾斜，近树侧较低，远树侧较高。优点：单位面积植株栽植少，覆盖面积大；便于土肥水集中管理，通风透光；架面离地较高，能有效控制病虫害。缺点：栽植密度小，树冠成形慢，早期丰产性差；棚面过大，单株负载量大，对肥水和整形修剪要求较高，管理不当容易出现枝蔓前后长势不均衡，结果部位前移，后部光秃，主蔓恢复和更新较难；棚架较矮或低矮的倾斜部分，机械化作业比较困难。

倾斜大棚架适合埋土防寒地区、地形复杂的山坡地和生长势比较强的品种。

3. 倾斜小棚架 架形结构与大棚架大同小异。架长 4～6m，架高比倾斜大棚架有所降低。小棚架弥补了大棚架的缺点，优点：可以增加单位面积的栽植株数，有利于早期丰产；主蔓较短，便于下架防寒和出土上架，前后生长均衡，容易调节树势，产量稳定，通过及时整形可以丰产、稳产，更新容易。倾斜小棚架适合我国北方埋土防寒地区、丘陵坡地、地形不整齐的地块和生长势中等的品种。

知识链接 2——葡萄的整枝形式

葡萄的整枝形式极为丰富，不下数十种，据其树体形状分为三大类，即头状、扇形、龙干形。目前生产中以扇形和龙干形应用较为普遍。不同的架形所选用的整枝形式也不相同。一般地，篱架多用多主蔓扇形、单臂或双臂水平形等，而膜架多用多主蔓扇形、龙干形等。

（一）扇形整枝

第一年，葡萄定植后，在地面以上留 4～5 个芽短截。萌芽后培养 3～4 个新梢作为主蔓，如果新梢数量不足，可在新梢长到 20～30cm 时留 2～3 节摘心，促使萌发副梢。培养作主蔓的新梢，叶腋间发出的副梢均留 2～3 叶摘心，8 月下旬对各主蔓新梢摘心，促进主蔓的加粗和成熟。秋季落叶后，根据新梢进行剪截。在 0.7cm 以上的，留 8～15 节（50～80cm）短截，较细的，留 2～3 节短截，使之下一年能发生较粗壮的新梢，以便培养为主蔓，多主蔓扇形整枝一般留主蔓 4～6 个，第一年留不够的，可于第二年再留，如图 5-22 所示。

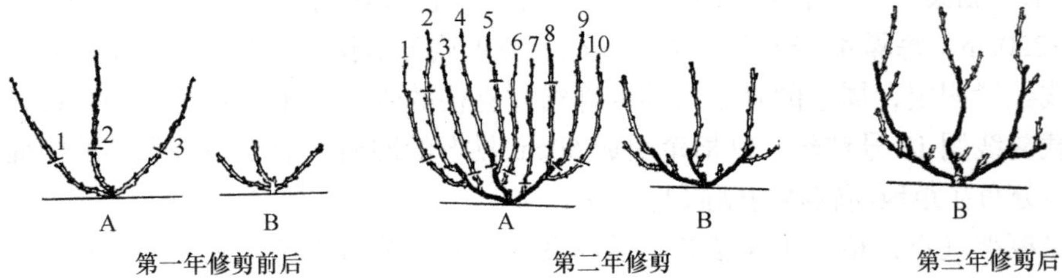

图 5-22 葡萄扇形整枝

A．修剪前；B．修剪后

第二年，去年长留的主蔓，当年可发生数个新梢。秋季落叶后，选留顶端粗壮的作为主蔓延长蔓，留 8～15 节短截，其余的留 2～3 节短，以培养枝组。或细弱枝全部疏除。对于有侧蔓的整枝形式，可对适当位置的新梢多留几节短截培养侧蔓。对于篱架主蔓的选择长度以达到第三道铁丝为宜。去年短留的主蔓，当年可发出 1～2 上新梢。冬剪时选留一个粗壮的作为主蔓剪截留 8～15 节，其余枝蔓留 2～3 节短截，培养成枝组。主蔓呈扇形分布于架面。主蔓间距约 50cm。

第三年，仍按上述方法继续培养主蔓和枝组。篱架当主蔓高度到达第三道铁丝，并且各主蔓上每隔 20～30cm 有一枝组时，树形基本完成。棚架如架面宽窄较宽，各主蔓可逐年培养延长，直到占满架面为止。

（二）水平形整枝

第一年，葡萄定植后，在地面以上留 3～4 短截。萌芽后，选留两个健壮的新梢培养，其余的早期抹除或摘心。秋季落叶后，按无主干双臂水平形整形的，选留的两个枝蔓，根据其粗壮程度留 8～15 节短截住，作为两个主蔓（或主臂），第二年春天，分开水平绑缚于篱架第一道铁丝上。按有主双臂水平形整形的，选一个枝条在蓠架第一道铁丝处短截住，其余的剪除（图 5-23）。

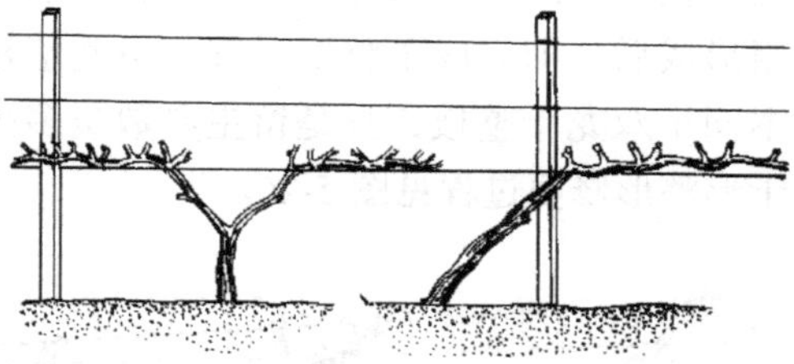

图 5-23　水平形整枝

第二年，第一年已选留两个主蔓的，各在先端选一个延长蔓，秋季落叶后，留 8～15 节短截，其余枝蔓每 20～30cm 留一个，作为结果母枝或培养结果枝组。上一年留一个枝蔓培养主干的，在此主干上所发的枝蔓中，选顶端两个健壮的枝蔓，左右分开绑于第一道铁丝上，培养为两个臂枝，秋季落叶后，根据臂枝强弱，进行长梢或中梢修剪，其余枝蔓按 20～30cm 的距离作为结果母枝修剪或培养枝组，过多过弱的枝蔓自基部疏除。

第三年及以后，主臂枝继续留延长蔓，若相邻株的主蔓已交接，则短截住控制其延长。在臂枝上每隔 20～30cm，选留壮枝，进行中梢或短梢修剪，作为结果母枝或培养枝组。对于需埋土防寒的地区，若采用有主干形整枝，应注意使主干倾斜，以便于下架埋土防寒。由此整枝形式演变出来的主要树形有：高干单臂水平整形、双层双臂水平整形、四臂水平整形（主要用于矮双篱架），见图 5-24。

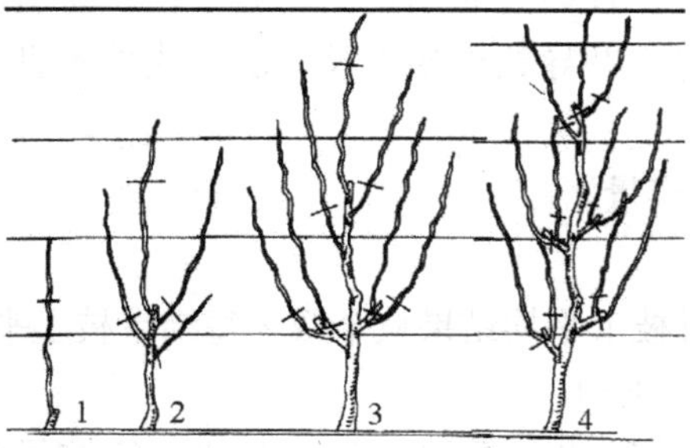

图 5-24　葡萄单龙干形 1～4 年整形修剪过程

（三）龙干式整枝

以双龙干式为例说明如下。

第一年，定植时留 2～3 个饱满芽短截，从靠近地面的新梢中选留两个作为主蔓，并设支架引缚，使其顺直。如果只发一个新梢，可在嫩梢发出 4～5 片幼叶时，留 2～3 片幼叶进行摘心，促发副梢，选质量好的副梢留下两个培养成主蔓，主蔓上叶腋间发出的副梢留 2～3 摘心，促发副梢，选质量好的副梢留两个培养成主蔓，主蔓上叶腋间发出的副梢留 2～3 片叶摘心，以后发出的 2～3 次副梢均齐根抹去，或反复留 1 片幼叶摘心。冬剪时，充分成熟的新梢，粗度在 1.0cm 以上的，可留 1～2m 短截。如果新梢细弱，成熟不良，可靠近地面留 2～3 节短截，下一年再从新培养。

第二年，第一主蔓选留一壮梢继续延长，延长梢处理同上年。主蔓在架面上分布相距约 50cm。秋季落叶后，主蔓延长梢粗度在 0.8cm 以上时可留 1～2m 短截。其他新梢留 2～3 芽短截。主蔓上每 20～25cm 留一枝组，每个枝组上留 1～2 短梢或中梢，应选留背上或两侧斜生的新梢培养成枝组。

第三年及以后，根据主蔓强弱，继续培养主蔓，直到达到棚架外沿，停止延长。注意培养枝组和健壮的结果母枝，一般在每个结果母枝上选留 2～3 个好的结果枝（也可留发育枝），在冬剪时，选两个好的成熟新梢剪留 3～4 节，即形成结果枝组。全树结果枝组形成后，即完成了整形过程。由此整枝衍生出独龙干形和三龙干形整枝。整枝过程基本同于双龙干整枝，只是留主蔓数量多少有差别，主蔓数量与定植密度有关。葡萄单龙干形整形修剪过程见图 5-26。

（四）头状整枝

头状整枝（图 5-25），适合冬季不埋土不下架的葡萄采用。新梢自然向下生长，能够有效防止顶端优势，简化夏季修剪。

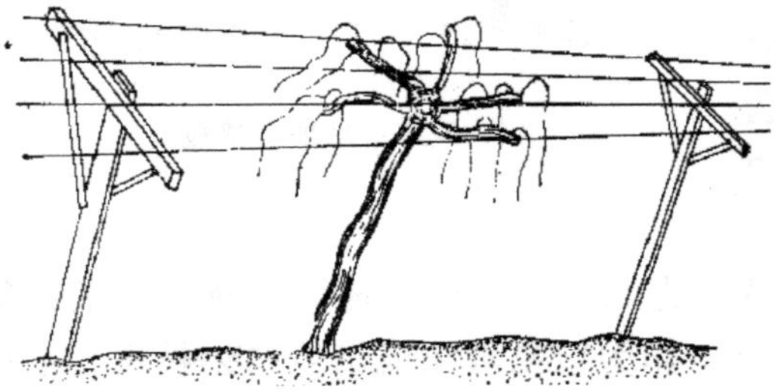

图 5-25 葡萄头状形整枝

知识链接 3——葡萄的冬季修剪技术

（一）留枝量及留芽数的确定

每株剪留的结果母枝数或芽数，要根据计划产量和架面空间而定。还要考虑主蔓强弱，萌芽率和果枝率高低。一般篱架或棚架式整枝在同一平面的主蔓上，每隔 25～30cm 留一个结果枝组。在生长季每一米长的主蔓可留 8～10 个新梢，即每隔 10～25cm 留一个新梢。每平方米架面留 15～20 个结果枝。根据实际经验，成果期葡萄冬季剪留的总芽数，约为每年布满架面所需新梢数的 2 倍左右，按每平方米 20 个新梢计算，每平方米应剪留芽数为 40 个左右。

（二）结果母枝的修剪

结果母枝的留枝数：休眠期修剪时，保留结果母枝的多少与下一年植株的产量、品质及生长有密切关系。保留母枝数过多，负载量大，枝蔓光照不良，营养不良，易引起落花落果，且果穗果粒变小，使产量与品质均下降，并导致枝条生长瘦弱，成熟不良；留母枝数过少，翌年果枝少，亦影响产量。

生产上常通过调节结果母枝的数量来控制葡萄产量。

结果母枝留量：

每 667m^2 留母枝数＝额定产量（kg）/［结果母枝上平均结果枝个数×每结果枝上平均果穗数×每穗平均重量（kg）］

例如，‘巨峰’667m^2 额定产量为 1500kg，结果母枝上平均 1 个结果枝，每结果枝上平均 1 个穗果，每穗果平均重量为 0.5kg，则 667m^2 留母枝数：1500/（1×1×0.5）＝3000（个），若按株距 0.5m，行距 4m，则 3000/（667/0.5×4）≈9 个，再留 10%～20% 的安全系数，每株留 10～11 个。

结果母枝修剪的剪留长度与品种结果习性、树势强弱、新梢生长和成熟情况、枝蔓疏密、瞎眼有无与多少、夏季摘心强度等方面都有关系，按结果母枝的剪留长度分为长梢修剪、中梢修剪、短梢修剪 3 种。短梢修剪一般剪留 1～4，花芽分化节位低、生长势弱的植株或枝，夏季须摘心控制的枝蔓多用短梢修剪。中梢修剪一般剪留5～7节，生长势中庸的植株或枝蔓，花芽分化节位较高的品种多进行中梢修剪。长梢修剪一般剪留8节以上，花芽分化节位较高的品种、生长势强的植株及需要填补空间的母枝、可用长枝修剪。在具体修剪时，很少用单一的修剪方式，往往是以某种修剪方式为主，适当配合其他方式，灵活应用。

棚架龙干形整枝常采用短梢修剪为主，中梢、长梢修剪为辅的修剪方法；篱架常采用长梢、中梢、短梢混合修剪。容易成花、成花节位低的品种，以中梢、短梢修剪为主；不容易成花、成花节位高的品种，以中梢、长梢修剪为主。用作扩大树冠的延长枝可采用中梢、长梢修剪，预备枝宜短梢修剪。枝蔓稀疏、架面有空间的地方可以适当长留。

（三）结果枝组的更新

结果枝组是具有2个及2个以上结果母枝的结果单位。结果枝组在同一骨干蔓上的距离，在短梢修剪情况下应保持20～30cm，在中梢、长梢修剪情况下应扩大到30～40cm。小枝组可以近些，大枝组远些，从而使枝组间和枝组内都能保证通风透光。

1. 枝组内的更新修剪 分为单枝更新和双枝更新。

（1）*单枝更新* 休眠期修剪时不留预备枝，只留结果母枝。在结果母枝上同时考虑结果和更新。第二年休眠期修剪时再从基部选择发育好的当年枝短截作为下一年的结果母枝，其余的枝全部去掉（图5-26）。

图5-26 单枝更新修剪

（2）*双枝更新* 在一个枝组上通常由一个结果母枝和一个预备枝组成。上部枝作结果母枝，适当长留，采用中梢、长梢修剪，留4～8个芽；下部枝作预备枝，适当短留，采用短梢修剪，留2～3个芽。第二年冬剪时，去掉原来的结果母枝，预备枝留下2条枝蔓，继续进行一长一短修剪，循环往复（图5-27）。这样可以减缓结果部位外移，使植株保持健壮生长和较强的结果能力。采用此种方法培养更新枝比较可靠，能保证每年获得质量较好的结果母枝，适用于发枝力弱的品种。

图5-27 葡萄双枝更新修剪

2. 整个枝组的更新 随着结果枝组年龄的增长和每年的修剪，结果部位逐渐外移，剪口增多，枝组老化，结实力下降，甚至失去结果能力。这时应对枝组进行更新。具体做法：逐渐有计划地回缩老结果枝组上的结果母枝，或者将老枝组从基部疏除，刺激主蔓、侧蔓上或枝组基部潜伏芽萌发，从潜伏芽发出的新梢中选择位置合适的进行培养枝组。

（四）主蔓、侧蔓更新

主蔓更新方法有回缩更新、压蔓更新、培养预备蔓更新（图 5-28）。

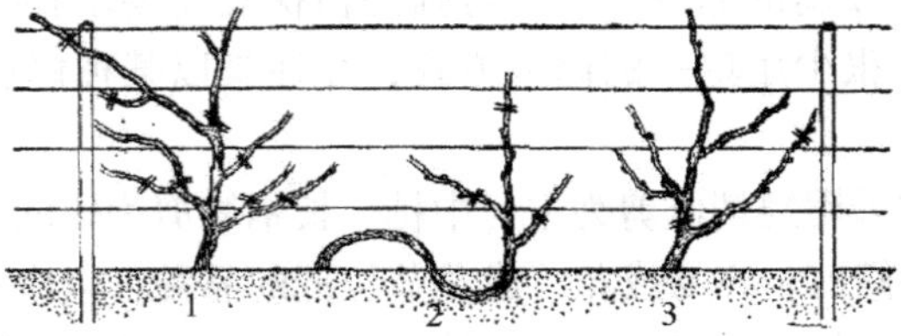

图 5-28 主蔓更新修剪示意图

1. 回缩更新；2. 压蔓更新；3. 培养预备蔓更新

葡萄的结果部位易于外移和衰老，故需要经常进行更新修剪，一般每年修剪时都应保留一定数量的萌蘖，作为轮流更新主蔓与侧蔓用。如从基部更新主蔓，应提前 1～3 年（根据架形大小）培养更新枝，以便及时补上空间，保持产量稳定。当培养的预备枝蔓能承担一定产量时，再将要更换的主蔓剪除。

知识链接 4——温室篱架葡萄地面枝组修剪方法

温室葡萄光照较露地弱，管理中最容易出现的问题是结果外移或上移，下部光秃。采用地面枝组修剪方法，可以有效地防止此现象的发生。

以葡萄行距 1～2m、株距 0.5m 为例，阐述其方法如下。

定植当年每株葡萄选留 1 条新梢，直立引缚于架面上，新梢长达 2m 时摘心，保留顶端 1 个副梢继续生长，其余副梢从根抹除。顶端副梢留 3～4 片叶反复摘心。秋后对主梢修剪的分生副梢处剪留，剪留长度从地面到剪口约 1.5m，作为明年的结果母枝。

第二年萌芽前，为了促进枝条上下部芽眼萌发均匀，防止中下部出现瞎眼，先将母枝暂时平放在地面，待萌发后再将母枝垂直引缚架面。在母枝基部各选留 1 条粗壮新梢作预备技，疏去所有花序，用小竹竿引缚于篱架的行间，使其得到充分光照，让它健壮生长，并按照上一年选留新梢（明年的结果母枝）的方法整形。第二年秋季时从预备母枝以上剪断，用新留的预备母枝代替原母枝。以后各年依次反复循环（图 5-29）。

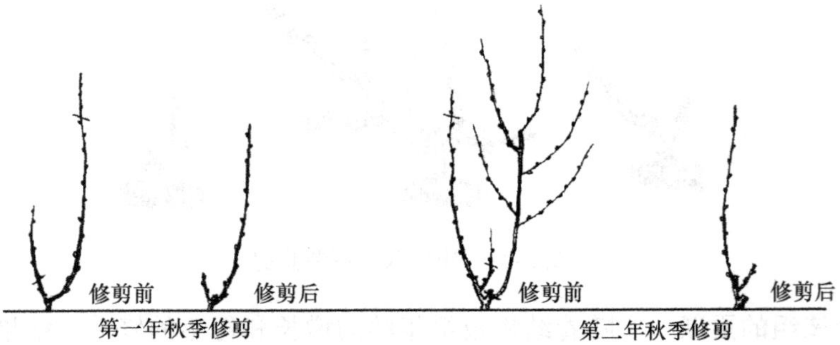

图 5-29 葡萄地面枝组树形修剪

【考核评价】

本任务具体考核评价见表 5-8。

表 5-8　葡萄冬季修剪任务考核评价表

考核项目	分数
理解扇形整枝方法和龙干式整枝方法	20
留枝量及留芽数合理，枝蔓去留原则与方法正确	20
结果母枝的修剪长度适中	20
结果枝组的修剪，能够正确应用单枝更新和双枝更新	20
对结果枝组主蔓与侧蔓的更新方法正确	20
总分	100

任务 4　仁果类、核果类果树生长季修剪

【任务目的】学会苹果、梨、桃、李、杏和枣夏季修剪方法。具有根据树体实际具体情况，灵活应用各种修剪方法，具有举一反三能力。

【实践操作】

材料：苹果、梨、桃、李、杏和枣的幼树与结果树。

用具：修枝剪、手锯、高凳等。

一、花前复剪

时间：萌动期到现蕾期（能够辨认出花芽、叶芽）。

任务：苹果、梨疏除密生和瘦弱花芽（图 5-30）。桃、李、杏疏除密生小花。

先剪老树和成龄树，后剪幼树和初结果树；先剪花量大的树，后剪花量小的树。

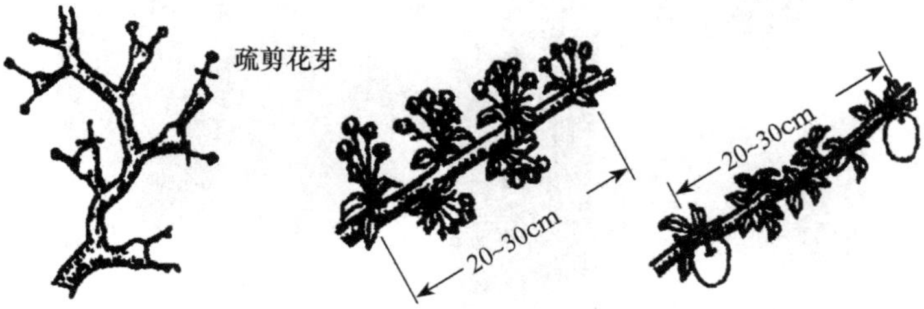

图 5-30　疏剪花芽、花和幼果

二、幼旺树延迟修剪

目的：削弱幼旺树生长势，提高萌芽率和发枝力，使其结果。

方法：冬剪时对各骨干枝按要求适度短截，其余旺枝一律不动，待发芽期顶端芽萌发后再进行修剪。

注意：延迟修剪对树势削弱太大，不可连年使用。

三、抹芽与除萌

时期：芽萌发后。

方法：将部位不当的和过密的芽，从基部抹除。它们是新定植幼树整形带以下的芽，拉平枝背上萌发的芽，剪锯口或主干上发出的萌蘖，如图 5-31 所示。

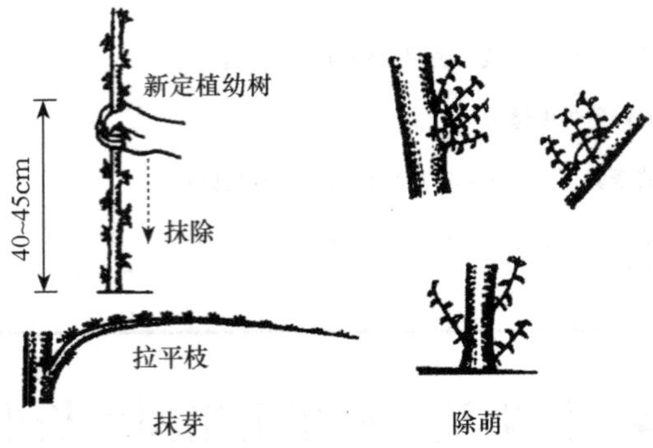

图 5-31　抹芽与除萌

四、刻芽

春季萌芽前，在需要发芽的部位（但是正常情况下芽不萌发或萌发弱的部位）。于芽的上方 0.5～1cm 处，用钢锯条或刻芽器横割皮层深达木质部而形成切口。芽上刻伤能促进该芽萌发和旺盛生长（图 5-32）。

图 5-32　刻芽后反应

五、环剥与环割

环剥是在果树生长期内将枝干的韧皮部剥去一圈（图 5-33）。环剥能使剥口以上部分积累有机营养，有利花芽分化和坐果，同时促进剥口下部发枝。其作用大小与环剥宽度、深度、时间及枝条生长状况有关。

应用环剥技术应注意以下几点。

1）环剥的对象必须是营养生长旺盛的果树、辅养枝或枝组，如树势过旺或乔化密植树的主干、骨干枝。同时要求环剥前树体水分必须充足（刀下去后，树液随刀口很快渗出）。

2）掌握环剥宽度和深度。环剥深度以木质部为界，宽度一般为枝干直径的 1/10。直

图 5-33 环剥及愈合状

立旺枝可适当加宽，但不得超过 1cm，以 20～30d 内能愈合最好。

3）要根据修剪目的选择最佳时期。促进花芽分化，应在新梢旺长期环剥；提高坐果率则应在花期环剥。

4）环剥后注意消毒和保护环剥口，以防止腐烂病菌及害虫侵害树皮。剥后不要用手或器物去摸碰伤口，并立即用报纸将伤口包住，一般 7d 后撕去报纸。

环割是在枝干上用刀剪或锯环切 1 圈，深达木质部。苹果修剪时，常在需要生枝的部位（如主枝两侧或中心干等）刻伤或环割，使之发枝。有的旺树，割一刀，促花效果不明显，为加强效果，可于一周后在距原环割部 10～20cm 处再割 1 圈，或采用多道环割。生产上用环割器、钢锯条、手锯等进行环割。

六、摘心

摘心是摘除新梢顶端的幼嫩部分，通常只去 3～5cm 嫩梢（图 5-34）。不同新梢摘心方法与摘心作用不同。对当年新梢在旺长时连续 2～3 次摘心，可促进成花培养枝组，控制旺长；对延长枝摘心，可加速扩大树冠；对秋梢进行基部摘心，可促进形成中、短枝，控制长梢；对竞争枝、直立枝摘心，可改造为枝组，有利于成花。

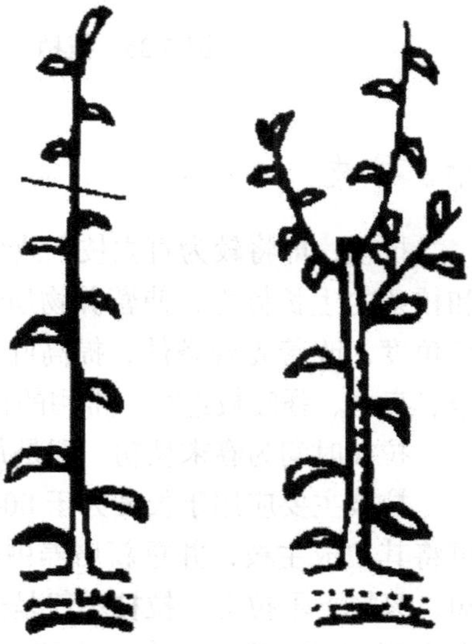

图 5-34 新梢摘心及其反应

七、剪梢

剪梢是剪去新梢先端的一部分，通常剪掉 10～20cm，剪至半木质化部分。剪梢通常用有以下 3 种情况。

1）5 月中下旬，当竞争枝、直立枝、强旺枝长至 20～30cm 时，剪去 10～15cm 枝叶，并去除上部 3 个芽的叶片，促发副梢，增加分枝、培养枝组。

2）6 月上中旬，对强旺幼树骨干枝头剪去 10～15cm 枝叶，并去除上部 3 个芽的叶片，利用副梢扩大树冠。

3）秋梢停长后剪去所有新梢先端尚未木质化的部分，能改善树体的通风透光条件，提高枝条成熟度和越冬性。

八、扭梢

时期：新梢旺长期，当新梢达30cm左右且基部半木质化时进行。

方法：将直立旺梢、竞争梢、强旺梢在基部5～6cm处扭转90°～180°，使其受伤，并平伸或下垂于母枝旁（图5-35）。操作时，应先将被扭处沿枝条轴向水平扭动，使枝条不改变方向而受到损伤，再接着扭向两侧呈水平、斜下或下垂方向。扭梢可以有效地控制竞争枝，缓和生长势，增加早期封顶枝，有利于花芽的形成。扭梢由于是控制而不是疏去，做到了不折不扣的轻剪，有利于促进早期丰产。

九、拿枝

时期：7～8月新梢木质化时。

将其从基部拿弯成水平或下垂状态。操作时，先在距枝条基部7～10cm处，用手向下弯折枝条，以听到折裂声而枝梢不折为度。然后，向上退7～10cm处再拿一次，直到枝条改变方向为止（图5-36）。枝条角度改变顶端优势随之改变。

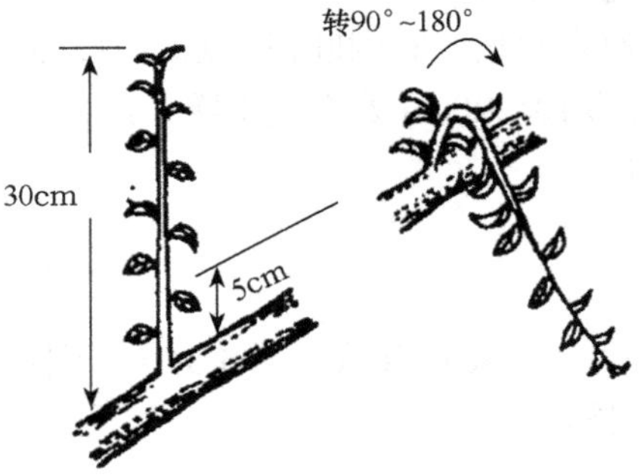

图5-35　扭梢

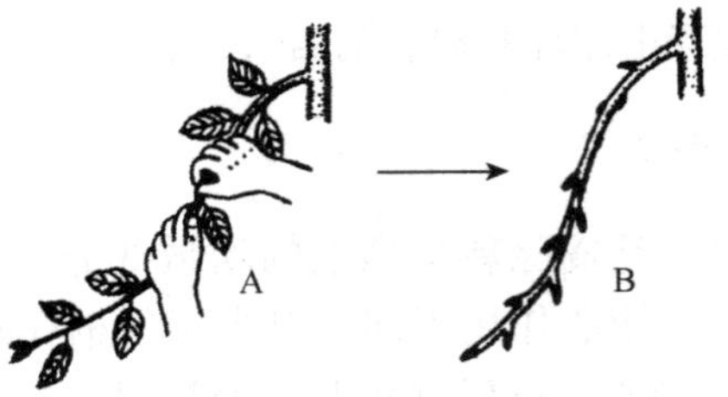

图5-36　拿枝及其效果

A. 拿枝；B. 拿枝后

十、拉枝

拉枝，即将较为直立枝条改变生长方向，使其角度开张（图5-37，图5-38）。拉枝缓和枝条的生长势力，使营养物质和激素分配均衡，有利于花芽形成；拉枝也可以增大分枝角度，改善光合条件，提高叶片的光合效能。拉枝主要对当年生、一年生、多年生竞争、直立、强旺枝进行。常用的拉枝方法有弯枝、别枝、撑枝、坠枝、压枝、支枝等。

拉枝时间为春末秋初，即是每年3～4月、8～9月。

拉枝主要应用于长度大于80cm的长枝。中心干延长枝一般不拉，若主枝不够用时也可将其拉成主枝，并重新培养中心干延长头。过弱的树不拉枝。应避免只拉小树不拉大树，只拉下不拉上。拉枝不仅是开张角度，同时应调整其生长方位，使枝条上下不重叠，左右不拥挤，均匀分布，合理占用空间。拉枝部位，应根据实际情况选择在枝条中部。

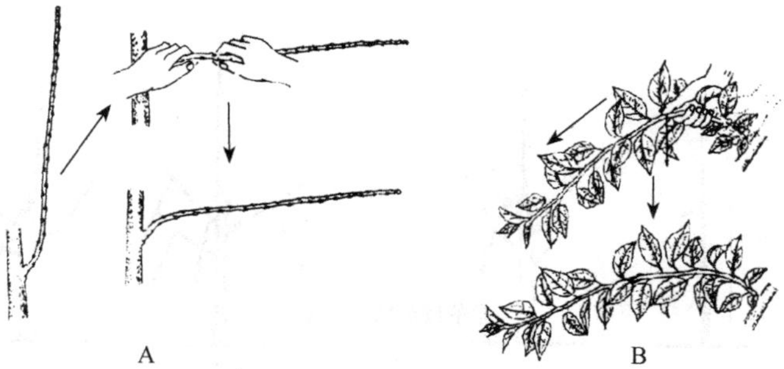

图 5-37　软化开角

A. 发芽前后，一二年直立长放枝软化；B. 在 7～8 月对直立新梢进行软化

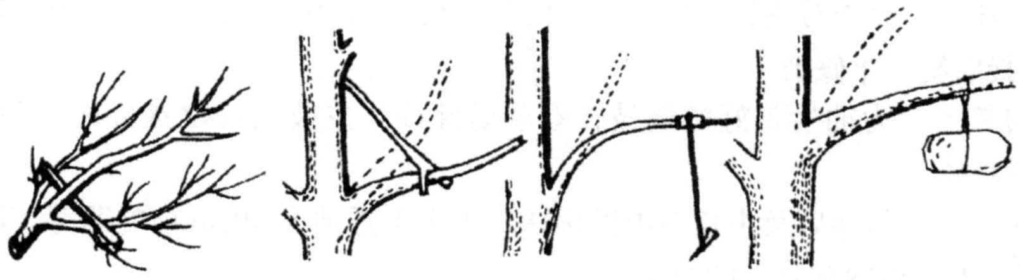

图 5-38　拉枝开角

A. 别枝；B. 撑枝；C. 拉枝；D. 坠枝

避免在枝梢段拉枝，使主枝变成弧形；避免在距主干较近位置拉枝，腰角难拉开，开角的效果不大。拉枝分开角部位软化、绑枝固定两个步骤，前者的作用尤为重要。

【引导思考】

1. 分析和比较苹果、梨、桃、李、杏、枣夏季修剪的内容、方法和作用。
2. 试述春、夏、秋不同时期的修剪内容、方法和作用。
3. 夏季修剪中，如何确定合理的留叶量、叶幕与叶面积指数？
4. 枣树的枝芽有何特点？枣树的整形修剪有何特点？

【知识链接】

知识链接 1——苹果疏散分层形整形及栽后 1～2 年夏季修剪

（一）栽后第一年修剪

栽后第一年修剪（图 5-39）如下。

（1）定干　　苗木定植后，在距地面 70～80cm 处定干。不够定干高度的苗应剪到饱满芽处，以备下年定干。

（2）刻芽　　萌芽前在整形带内选择方位合适的芽进行芽上刻伤，促使其抽梢以培养为主枝。

（3）抹芽　　萌芽后，及时抹除主干上近地面 40cm 以下的萌芽，以保证整形带内枝梢生长。

（4）扭梢　　夏季选择位置居中，生长健壮的直立新梢作中心干的延长梢，对竞争梢扭梢。同时培养方向、角度、长势合适的新梢，留作基部主枝用。

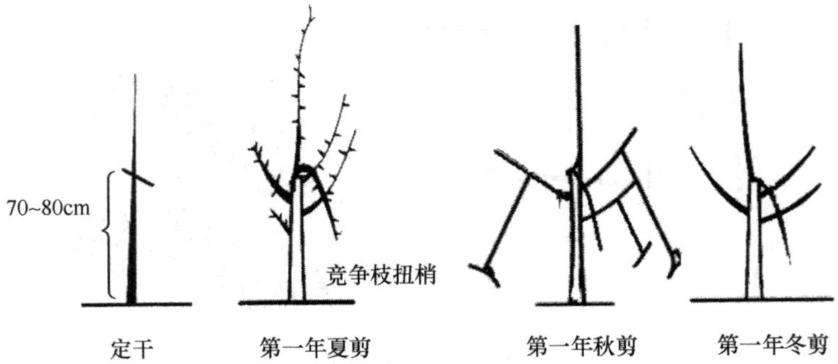

图 5-39　疏散分层形栽后第一年修剪

（5）拉枝　　秋季对主枝新梢拉枝，使开张角达到 60°以上，并同时调整方位角。

（二）栽后第二年修剪

（1）刻芽　　为抽生良好的侧枝，春季萌芽前，主枝上选位置合适的芽进行刻伤，以促生背斜侧枝。

（2）抹芽　　萌芽后及生长期内继续抹除主干上近地面 40cm 内的萌芽、嫩梢，并抹除主枝基部 20cm 以内和背上的萌芽。

（3）扭梢　　6 月上中旬采用扭梢、重摘心和疏枝的方法，处理各骨干枝上的竞争梢。

（4）拉枝　　秋季按要求拉开主枝角度，拉平 70～100cm 长的辅养枝。年生长量不足 1m 的主枝长放不拉。

知识链接 2——桃自然开心形整形及栽后 1～4 年修剪

（一）栽后第一年修剪

自然开心形整形过程示意图如图 5-40 所示。

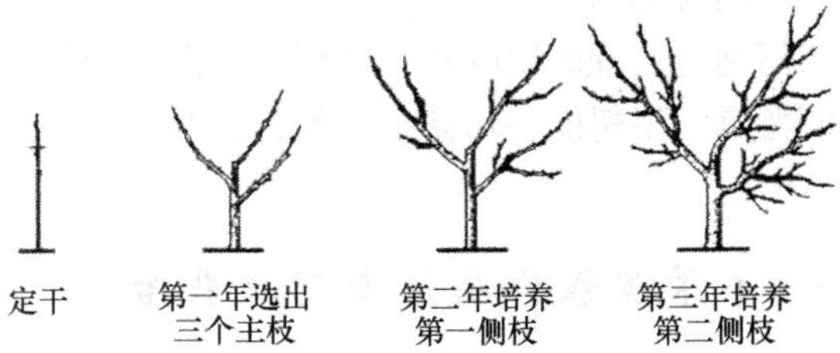

图 5-40　自然开心形整形过程示意图

定干：栽后，按整形要求，对苗木进行定干。一般定干高度为 40～60cm，整形带内有 5 个以上饱满芽。保护地栽培可以低些，要根据树种、品种、地力、苗木质量而定。

抹除 30cm 以下萌芽。在整形带内选留 4～5 个新梢。当新梢长至 30～40cm 时，选 3 个生长健壮、相距 15cm 左右、方位符合要求的新梢作为主枝培养。秋季修剪疏除背上直立旺长枝，延长头竞争枝。冬季修剪时，将 3 个主枝留 60～70cm 短截。

（二）栽后第二年修剪

春季修剪时将顶端外芽萌发的新梢作为主枝延长头进行培养。同时，将延长头下部方位和角度适合的新梢作为侧枝培养。秋季修剪时对主枝角度达不到 60°的进行拉枝，疏除背上直立旺长枝、延长头竞争枝、过密枝。冬季修剪时主枝延长头剪留 50～70cm、侧枝延长头剪留 40～50cm。

（三）栽后第三年修剪

春季修剪时继续选留主枝延长头，同时在延长头的下部、第一侧枝的对侧选择新梢作为第二侧枝培养。秋季修剪疏除背上直立旺长枝，延长头竞争枝、冠内密生枝。冬季修剪时，主枝延长头剪留 50～60cm，侧枝延长头剪留 40cm 左右。

（四）栽后第四年修剪

树形已基本建成，主枝、侧枝延长头冬剪时剪留 30cm 左右，注意主从分明，主枝头要高、长过侧枝头。株间交接注意换头。培养的枝组在主枝、侧枝上的分布要均衡。中下部要培养大型结果枝组，上部培养中型结果枝组，小型结果枝组分布其间。枝组斜生或背侧。

知识链接 3——矮密栽培主要措施及其修剪方法

（一）矮密栽培主要措施

矮密栽培的重要措施：利用矮化砧木和矮化中间砧，选用矮生品种（短枝型品种），采用人工致矮的修剪措施和植物生长调节剂等，使树体矮化。

自根矮化苗木的培育方法：建立矮砧母本园，用扦插、压条或茎尖培养的方法来繁殖矮砧自根苗，然后再在矮砧自根苗上嫁接栽培品种。

中间砧苗木的培育方法如下。

（1）分次嫁接　先培育乔砧，然后在乔砧上枝接或芽接矮化砧，当矮化砧长到一定长度后，再绿枝接或芽接栽培品种。中间砧段的长度一般保持 25～30cm。

（2）分段芽接　同样要先培育乔砧，再在乔砧上嫁接矮化砧，再于矮化砧上分段芽接栽培品种，成活后再分段剪截，每段矮砧顶部带有一个栽培品种的芽，再枝接到另外的乔砧上。

（3）双重枝接　按矮化中间砧段的长度，把矮砧枝条剪成段，于每段的顶端枝接栽培品种，然后再把接有栽培品种的矮砧段的下端枝接在乔砧上。

（二）矮化苹果整形修剪方法

1. 整形要点　矮密树形主要有细长纺锤形、自由纺锤形、小冠疏层形、圆柱形、折叠扇形、“Y”形等。以自由纺锤形整形过程为例，介绍如下。

（1）树体结构　自由纺锤形适合于半矮化或短枝型品种，每公顷栽植 666～1250 株。行距 4～5m，株距 2～3m。干高 60～80cm，树高 2.5～3m，中心干直立。中心干上直接均匀分布 10～15 个骨干枝，外观呈纺锤状。骨干枝层性不明显，下强上弱，下层骨干枝长 1～2m，往上依次递减。骨干枝与中心干夹角大，为 70°～90°。

（2）整形过程

1）定植当年定干，定干高度 80～90cm（好地、平地）或 50～60cm（山地、瘠薄地）。进行刻伤促进剪口下 20～25cm 处多发枝，增加枝量。夏季拉枝使之呈 70°～90°。同时注意控制竞争枝（疏除或扭梢、重摘心）。

2）第二年，冬剪时，选留 6～7 个长势均衡、分布均匀的长枝，短截其中 3～4 个枝。根据生长势，中央领导干延长枝剪留 40～60cm，疏除过密枝和竞争枝。生长季拉开主枝和辅养枝角度为 70°～90°。夏季可采用扭梢、疏除、摘心及拉枝等方法，对背上直立旺梢加以控制。

3）第三年，冬剪时，除中央领导干延长枝剪留 50～60cm 外，其余长枝尽量少截。在上层再选留 2～3 个骨干枝和 1～2 个辅养枝。

4）以后每年留 2 个骨干枝，且剪留 40～50cm，生长季仍要进行扭梢、疏枝、摘心及拉枝等。这样一般 4～5 年即可完成整形任务。

2. 修剪要点 矮密苹果进入盛果期较早，整形后应及早注意保持生长和结果之间的平衡状态。

当树高超过 3m 时，每年要反复进行落头以保持树高，及时进行骨干枝更新。在骨干枝基部或中心干上培养骨干枝的预备枝，以备更新衰老的骨干枝。用改变骨干枝角度的方法调节树冠上下生长势。用环剥、环割、刻伤等方法促进花芽形成。用拿枝、弯枝、扭梢等方法控制旺梢长势。用疏剪方法疏除过密枝，改善光照，减少养分消耗，提高坐果率和增进果实品质。用短剪、摘心等方法，促进分枝，加速培养更新枝组。

知识链接 4——枣夏季修剪技术

夏季修剪时期为萌芽后到果实采收前，通过抹芽、摘心、拿枝、扭梢、环剥等修剪方法，达到减少养分浪费，促进花芽分化和坐果的目的。

（一）抹芽

萌芽后，当芽长到 5cm 时，及时抹去无用芽、方向不合适的芽，目的是防止嫩芽萌发形成大量的枣头，节省养分。

（二）摘心

（1）*枣头摘心* 当新梢枣头长到 35cm 左右时，进行摘心。

（2）*结果基枝摘心* 密植枣园，结果枝组一般无需生长过长，为了早期丰产，对于非骨干枝枣头在末花期摘心，结果基枝长到 8 节左右时摘心，终止其延长生长，集中营养供应花，可以显著提高坐果率。

（三）开甲（环剥）

（1）*开甲时期* 开甲一般在树冠基本形成后进行，普通稀植枣园要求树龄 13～14 年，胸径达到 10cm 以上，密植枣园要求树龄在 5～6 年后进行。一年中适宜开甲的时期是盛花期，但枣树品种不同而有差异，落花严重的品种适宜在盛花初期进行，落花轻而落果重的品种以盛花末期为好。

（2）*开甲部位* 在枣树主干处开甲，增产效果显著。另外，对于辅养枝和一些长势过强、结果少的骨干枝根据具体情况进行环剥，不仅可以提高坐果率，还能起到幼树早期丰产的作用。

（3）*开甲方法* 主干第一次开甲在离地面 25cm 处，每年 1 次，每隔 4～5cm，当接近第一主枝时再由下而上重复进行。开甲时先用镰刀刮去宽约 1cm 的一圈老皮，露出粉红色韧皮部，然后平行切割 2 圈，深达木质部，然后将切口间的韧皮部仔细全部剥掉。下刀时，上刀口垂直切入，下刀口斜上切入，宽度 3～7mm，根据树势、树龄、枝干粗度灵活掌握，伤口最好能在 1 个月内完全愈合，不能过窄或过宽。

（4）*开甲后保护措施* 开甲后要注意伤口保护，以减少伤疤、避免感染病虫害。当虫害严重时，可用 25% 久效磷或 25% 西维因等涂抹伤口数次，每 6～7d 一次。在环剥

20d 后，用泥巴将环剥口抹平，可使伤口愈合平滑无伤痕。

（四）拉枝

对一些临时枝、旺枝和角度不好的枝条，通过拉枝改变其生长方向，可改善树体结果和通风透光条件，缓和枝势，提高坐果率。

知识链接 5——叶面积系数与产量的决定因子

什么是叶面积系数？产量的决定因子是什么？叶面积系数和产量决定因子与果树修剪有什么关系？明确果树适宜的叶面积系数，明确果树产量形成的决定因子，有助于防止果树夏季修剪中错误的操作。即为了通风透光，容易修剪过量，造成叶量不足的问题。

（一）叶幕与叶面积系数

在果树树冠内集中分布并形成一定形状和体积的叶群体，称为叶幕（foliarcanopy）。果树叶幕形状有层形、篱形、开心形、半圆形等（图 5-41）。果树的叶幕厚、层数多，树冠内光照差，无效叶比例高，不利于提高果实产量和质量。合适的叶幕层次和密度，使树冠叶数量适中，分布均匀，可充分利用光能，有利于果树实现优质、高产和稳产。

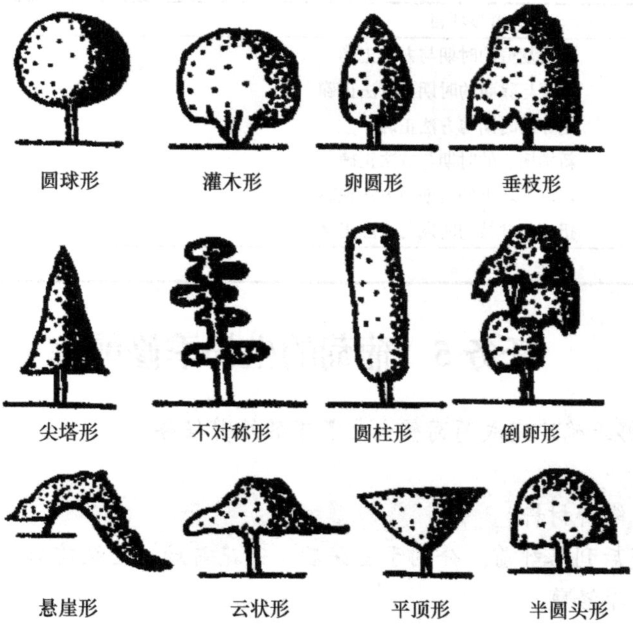

图 5-41　果树叶幕形状

叶面积系数，也称叶面积指数（leaf area index，LAI），是果树叶面积总和与果树所占土地面积的比值。它反映单位土地面积上的叶密度。例如，LAI 为 4，表示每平方米土地上叶面积是 4m^2。果树矮小或稀植，LAI 小反之 IAI 大。一般果树的叶面积指数为 3～5 比较合适。LAI 会导致叶相互遮光，降低功能叶比例和果实品质；LAI 过低果树叶量不足，光合产物减少影响产量。有的学者认为苹果树适宜的 LAI 为 2.5～3。有的学者则提出矮砧密植的苹果树 LAI 可提高到 3.5。

（二）产量形成的决定因子

植物体干重的 90% 左右来自光合作用，是由绿色部分利用光能同化 CO_2 和 H_2O 合成的。也就是说植物光合作用的多少，取决于光合面积、光合能力和光合时间这 3 个因素，而积累多少则与光合产物的消耗有关。至于经济器官的产量（果品）就要看光合产物的分配利用情况。经济产量与光合作用关系最简要的表示方式是：

光合产量＝光合面积 × 光合能力 × 光合时间

生物产量＝光合产量－消耗

经济产量＝生物产量 × 经济系数

经济产量＝［（光合面积 × 光合能力 × 光合时间）－消耗］× 经济系数

具体单位土地每个月或每一天，甚至于每一小时的光合产量等于单位土地每个月或每一天甚至于每一小时的光合面积 × 光合能力 × 光合时间。经济产量主要取决于光合面积、光合能力、光合时间、光合产物的消耗和光合产物的分配利用 5 个方面。这 5 个方面是产量的决定因子。

【考核评价】

本任务的具体考核评价见表 5-9。

表 5-9　仁果类、核果类生长季修剪任务考核评价表

考核项目	分数
花前复剪的时期与方法正确	20
抹芽与除萌的时期与方法正确	20
刻芽的时期与方法正确	20
新梢摘心的时期与方法正确	10
环割与环剥的时期与方法正确	10
扭梢、拿枝的时期与方法正确	20
总分	100

任务 5　葡萄的生长季修剪

【任务目的】能够正确地完成葡萄整个生长季的修剪任务。

【实践操作】

用具：修枝剪、绑缚材料。

时期：葡萄发芽后到落叶前。分别于发芽后、开花前后、坐果前后、果实膨大期，进行不同内容的夏季修剪。

一、抹芽疏枝

时期：从芽眼萌发起到花序露出后。新梢长到 5～10cm 时。抹去双芽、三芽为单芽，如图 5-42 所示。

任务：将多年生枝及根际发出的隐芽枝除去，在需要更新的部位可保留 1～2 个生长良好的新梢备用。同一芽眼中发出 2 个以上新梢的，只选留最健壮的新梢，其余的全部去掉。进行 1～2 次。

保护地葡萄，同样架面面积留枝密度要比露地少 1/3，每 20cm 留一新梢为宜。

二、补充修剪

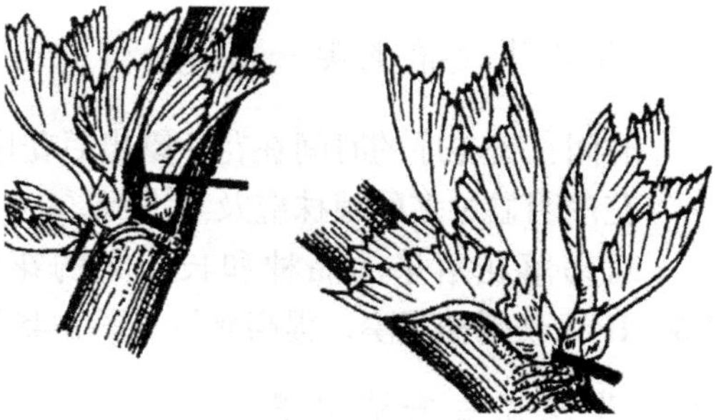

图 5-42 抹芽

时期：一般在新梢长度达 10cm 以后进行，以防伤流，影响生长。

必要性：因埋土防寒的需要，冬前修剪留芽一般偏多，春季应根据架面情况进行补充修剪。

方法：补充修剪的方法一般是根据萌芽情况，将留枝过长先端长势弱的部分剪掉，留至发出壮新梢处。萌芽普遍弱的主蔓、侧蔓，应剪除或保留至生长壮旺的萌蘖处。如留枝过多、架面过密，应疏除部分结实力低的枝蔓。

三、摘心

时期：结果枝于花前 2～6d 至始花期之间摘心。

方法：生长势中等的结果枝，花序以上留 4～6 片叶摘心。

发育枝应根据生长势强弱确定留叶数，延长枝可留 10～14 片叶，一般可留 8～10 片叶，在花后进行摘心（图 5-43）。

四、副梢处理

可根据品种和栽培情况略有不同。一般方法是结果枝花序以下萌发的副梢全部除去。花序以上的副梢留 1 片叶摘心，反复进行，至秋季全部摘去。对负载量较高，生长势偏弱的品种，可只留先端 1～2 个副梢，保留 2～3 片叶，其余全部摘除。顶端副梢反复摘心，至浆果着色时全部摘除，以节省人工。发育枝在 5 节以下萌发的副梢全部疏去，5 节以上的副梢，留 1 叶摘心，处理方法同结果枝。由于没有果穗，生长势常较强，副梢全部去除时间稍晚，以免冬芽萌发（图 5-44）。

A B

图 5-43 摘心

A. 结果枝摘心；B. 发育枝摘心

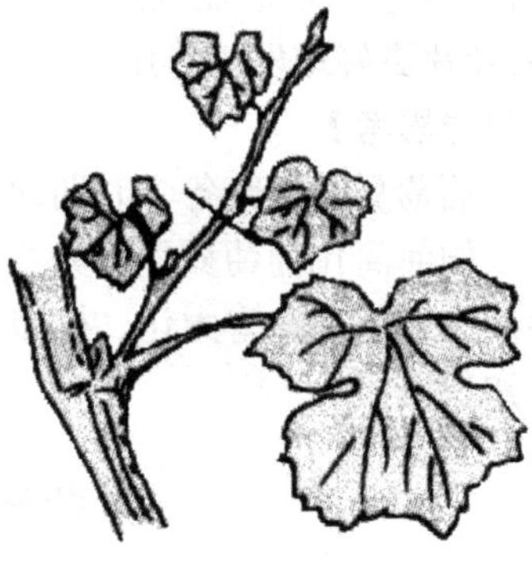

图 5-44 副梢留 1 叶处理法

五、疏花序及掐穗尖

时间：疏花序的时间在花序露出后花序分离前。

花序明显过多的植株应及早进行。

对易落花落果的品种和长而大的花序，在开花前一周左右将穗尖掐去其全长的1/5～1/4，使果穗紧凑，提高质量（图5-45）。

六、除卷须与新梢引缚

及时去除卷须。新梢长出40cm后每隔2～3周需绑缚一次，棚架约绑2/3的新梢，其余直立生长。篱架则大部分需引缚。第一次绑缚时新梢嫩而易断，须仔细。绑缚方法应打活结，使新梢略有活动余地，以免折断（图5-46）。

图5-45　掐穗尖和去副穗

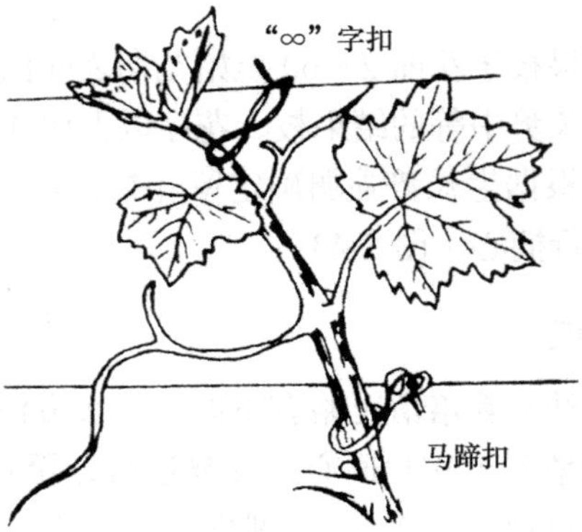

图5-46　新梢的绑法

七、剪梢和去老叶

在7～8月间将新梢顶端过长部分剪去30cm以上称为剪梢，可以改善植株内部和下部的风光条件，利于果实和枝蔓的成熟。

剪梢的时期和程度以不引起新梢再次生长为宜，过早、过重常引起再次生长影响效果，过晚效果不明显。剪梢要留足叶片数。留叶过少会降低浆果品质，延迟成熟。

对于一些光合效能较差的老叶，在叶片多、风光不良的情况下，可剪除一部分，使留下的叶片更好地发挥作用。

【引导思考】

1．葡萄夏季修剪各个时期的方法与作用是什么？

2．如何简化葡萄夏季修剪？

3．你知道葡萄省力化、机械化修剪方法吗？

【知识链接】

知识链接1——葡萄的芽

早春葡萄的抹芽，为什么最好分两次进行？为什么葡萄夏季修剪不可摘心过重？为什么葡萄夏季修剪任务重？了解葡萄芽的特点有助于理解上述问题。

新梢的每一个叶腋内有两种芽，即冬芽和夏芽。

冬芽外被鳞片，正中央有一个主芽，周围有2～8个副芽（预备芽），其中2～3个副芽发育较好，故又称为芽眼（图5-47）。冬芽内的主芽比副芽分化深，发育好。大多数品种，春季冬芽内的主芽先萌发，副芽则很少萌发。当主芽受到损伤或冻害后，副芽也萌发。在一个冬芽内，主芽和1～2个副芽同时萌发，形成双芽、三芽并生。生产上为了集中养分保证主芽新梢的生长，应及时抹去副芽萌发的新梢。早春葡萄抹芽，最好分两次进行。

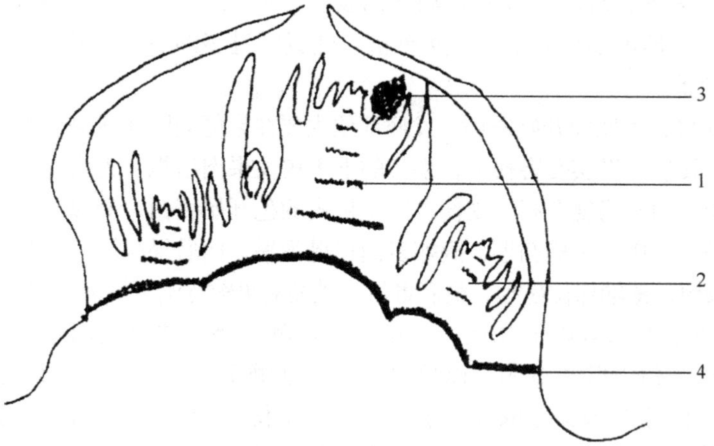

图5-47 葡萄的冬芽

1. 主芽；2. 预备芽（副芽）；3. 花序原始体；4. 芽垫层

葡萄的冬芽在形成的当年一般不萌发，并因为发育时间长成为饱满的芽，于翌年萌发。但在主梢摘心过重、副梢全部抹去、芽眼附近伤口较大时也可当年萌发，影响下年正常生长。

葡萄的夏芽为裸芽，紧靠冬芽旁边，不能越冬。随着新梢的加长生长，逐渐成熟，一般当年萌发抽生夏芽副梢。有些品种如‘玫瑰香’、‘巨峰’等的夏芽副梢结实力较强，在气候适宜，生长期较长的地区，可以利用夏芽副梢进行二次或三次结果，借以补充一次果的不足和延长葡萄的供应期。夏芽抽生的副梢每节也都能形成冬芽和夏芽，副梢上的夏芽也同样能萌发成二次副梢，二次副梢上又能抽生三次副梢，这是葡萄枝梢一年可以多次生长多次结果的原因。

葡萄冬芽内的主芽或副芽第二年不萌发，便潜伏在枝蔓内，形成潜伏芽。葡萄潜伏芽的寿命长，有利于枝蔓更新。

知识链接2——葡萄的伤流与果实日灼

葡萄的伤流与果实日灼，它们与葡萄的夏季修剪有什么关系？通过阅读葡萄的伤流与果实日灼，你可以了解夏季修剪应该注意到的问题。

（一）葡萄的伤流

早春当土壤温度稳定在6～10℃时，树液就开始流动，根的吸收作用逐渐增强，这时枝蔓上若有新的伤口，就会流出透明的树液，这种现象称为伤流。冬芽萌发后，伤流随即停止。整个伤流期的长短，随当年气候条件和品种而定，一般为7～10d。据分析，每升伤流液中含干物质1～2g，其中60%左右是糖和氮等化合物，还含有钾、钙、磷等矿物质。大量的伤流会明显地削弱树势，降低光合效能，影响花芽的继续分化和当年的产量。所以葡萄修剪要避开伤流期。

（二）果实日灼

葡萄果实在夏季高温期直接暴露于烈日下，果粒表面局部温度过高，水分失调而至灼伤，或由于渗透压高的叶片向渗透压低的果实夺取水分，而使果粒局部失水，再受高温灼伤所致。另外，环境条件对日灼病的发生也有很大的关系。一般篱架比棚架发生重；地下水位高、排水不良的果实发病较重；施氮肥过多的植株，叶面积大，蒸腾量大，发生日灼病也较重。

日灼病自幼果膨大期即开始发病，发病部位主要在果穗向阳面或果穗周围裸露处，果穗内部果粒一般不发病。果实受害初期，果实的下表皮及果肉组织变为浅白色，出现较小的凹陷斑且凹陷轻微，随着温度升高，受伤害部位果皮颜色开始变白、变褐，剥去果皮可见褐色纤维状病变组织，病斑多呈椭圆形，病疤表面粗糙不平，而后果粒皱缩或凹陷，形成褐色干疤，严重时向果梗、穗轴部位蔓延，最后青枯、皱缩的果粒逐渐发展成为褐色干枯果。

日灼病的防治方法有以下几点：一是避免暴晒。要多注意架面管理，夏季修剪时，在果穗附近要适当留下叶片遮阴，以免果穗直接暴晒于烈日强光下。其他部位过多的叶片要适当除去，以免向果实夺取过多水分。二是果穗套袋，也能降低日灼的发生。三是注意排水。地势低洼的果园要注意雨后排水，降低地下水位。四是增施有机肥。适量增施优质有机肥，避免过多施用速效氮肥。

知识链接3——设施葡萄整形修剪技术

葡萄设施生产中，栽植方式、架式、树形和修剪方式常配套形成一定组合。目前常见的组合有3种：双篱架单蔓整形长梢修剪、棚架单蔓整形长梢修剪和单臂双层水平形结合整枝更新。具体整形方式如下。

（一）双篱架单蔓整形长梢修剪

苗木定植后，当新梢长到20cm左右时，每株葡萄留一个新梢培养主蔓，即单蔓整形。落叶后剪留1.5m左右，进入休眠期管理。加温萌芽后，每蔓留5～6个结果新梢结果，距地面30～50cm留1预备梢，上部果实采收后缩剪到预备枝处。没留出预备枝的也可在果实采收后，及时将主蔓回缩到距地面30～50cm处，促使潜伏芽萌发培养新主蔓（结果母枝）。主蔓回缩时间最迟不能晚于6月上旬，以免萌发过晚，新梢花芽分化不良。新梢生长到8月中上旬摘心，促进枝蔓成熟，落叶后剪留1.5m。

（二）棚架单蔓整形长梢修剪

每株葡萄培养一个单蔓，当两行葡萄的主蔓生长到1.5～1.8m时，分别水平向两侧生长，大行距间的主蔓相接成棚架。升温萌芽后，在水平架面的主蔓上每隔20cm左右留一个结果枝，将结果新梢均匀布满架面。同时在主蔓篱架部分与棚架部分的转折处，选留1个预备枝。待前面结果枝采收后，回缩到预备枝处，用预备枝培养新的延长蔓（结果母枝）。篱架部分不留结果枝，保持良好的通风透光条件。即篱架部分保持多年生不动，而棚架部分每年更新一次（图5-48）。这种整形方式具有棚架部分结果新梢生长势缓和、光照条件好的优点。

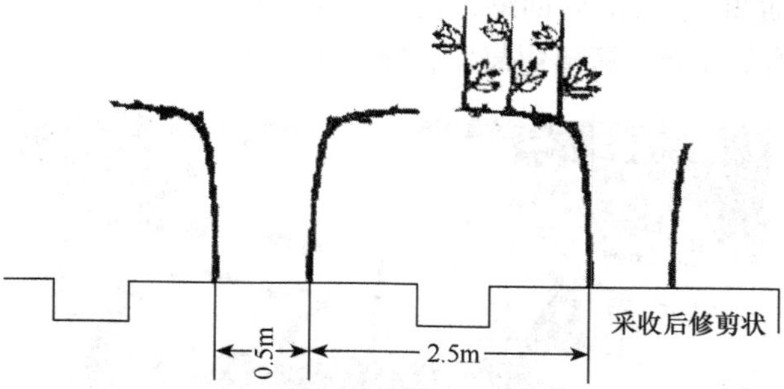

图 5-48 棚架单蔓整形长稍修剪

（三）单臂双层水平形结合整枝更新技术（FI 树形）

FI 树形是近年提出的一种整形修剪技术，冬季修剪后的树体结构呈“F”形，由一个直立的主蔓和两个水平的结果母枝组成。第一层结果母枝距地面 30～40cm，第二层距第一层 60～70cm。两个结果母枝的长度由栽植株距决定，均向北延伸（图 5-49）。

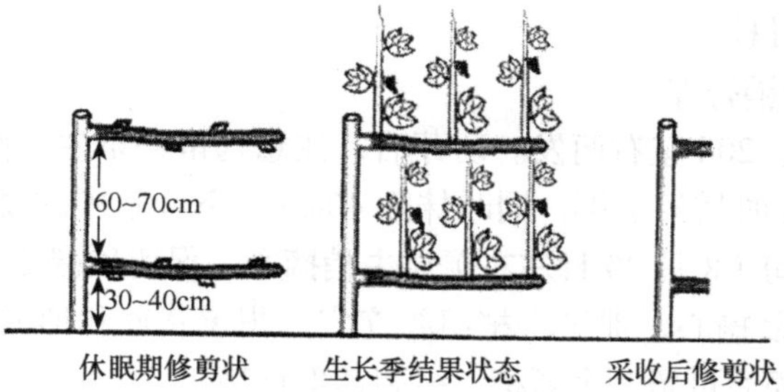

图 5-49 单臂双层水平形结合整枝更新技术

生长季结果母枝上的结果枝垂直向上引缚，形成直立的叶幕结构，根据棚室高度，树高控制在 1.8m 左右。果实采收后，在靠近主轴处选一个结果枝，留一个饱满芽重短截，促发新梢，培养新的结果母枝。其余结果枝连同母枝一并疏除。或在主蔓上靠近结果母枝处留预备枝，通过摘心、重短截等措施控制旺长。采收后将结果母枝疏除，预备枝重短截，促发新梢培养结果母枝。

FI 树形有两种培养方法。一是当年定植后留一个新梢，当新梢生长达到 50～60cm 时，将其水平引缚到第一道铁丝上，培养第一层结果母枝。当水平枝长到 60～70cm 时摘心，促进枝梢成熟和花芽分化。培养第一层结果母枝的同时，在靠近折弯处选一副梢直立引缚，生长到第二层铁丝处拉平，培养第二层结果母枝。二是定植后留一个新梢，当其长到 30～40cm 时摘心，促发新梢。选择两个生长健壮的副梢，一个水平引缚在第一道铁丝上，培养第一层结果母枝；另一个直立生长至第二道铁丝处拉平培养第二层结果母枝。

知识链接 4——温室葡萄采收后修剪

（一）修剪时间

6 月上旬，最迟不能超过 6 月下旬。

（二）篱架葡萄修剪

将主蔓在距地面 30～50cm 处回缩，促使潜伏芽萌发，培养新的主蔓，即结果母枝。有预备枝的回缩到预备枝处。篱架葡萄采后修剪状见图 5-50。

图 5-50　篱架葡萄采后修剪状

棚架葡萄修剪：将结过果的主蔓部分回缩到棚架部分与篱架部分的转弯处，最好用预备枝培养新的结果母枝。

（三）修剪后的新梢管理

主蔓回缩修剪后，20d 左右萌发。萌芽后，注意选留一条生长健壮的新梢向上生长。当新梢长到 30～40cm 时搭架引绑，同时抹除 40cm 以下叶腋中的夏芽副梢，以上留 1 片叶摘心。到 8 月中下旬（8 月 20 日左右）对主梢摘心，保留顶端 2～3 个夏芽副梢。并对每个副梢留 2 片叶反复摘心，促进主梢组织充实、积累营养和形成良好花芽。‘美人指’等生长势旺的品种回缩后可留 2 个新梢，缓和其生长势。

【考核评价】

本任务具体考核评价见表 5-10。

表 5-10　葡萄生长季修剪任务考核评价表

考核项目	分数
了解葡萄夏季修剪的内容、方法和作用	20
葡萄抹芽与定枝时期与方法正确	20
葡萄疏花序与花序整形时期与方法正确	20
葡萄结果枝摘心、营养枝摘心、延长枝时期与方法正确	20
对葡萄结果枝、营养枝、延长枝副梢处理时期与方法正确	20
总分	100

项目6 果树花果管理

【项目目标】能够进行果树花果管理。具有正确制订和实施果树授粉、疏花果、果实套袋、果实增色、果实采收等管理方案的能力。了解果实分级、果实质量安全标准。

任务1 人工授粉

【任务目的】明确授粉的作用，掌握授粉的技术，能够提出提高果树的坐果率的措施与方法。

【实践操作】

材料：苹果、梨或者其他异花授粉的盛果期果树若干株。

用具：喷粉器、喷雾器。

一、人工点授

授粉时间：授粉的适宜时间在主栽品种的盛花初期。就一朵花来说，以开花1～3d内授粉效果最好。于9～15时进行。

授粉方法：用毛笔、软橡皮、气门芯或细纸筒等进行点授。点授的花朵之间具有一定距离，按照留果的意图进行点授。一般花多的树少授，花少的树多授；授粉次数一般进行一次即可。为了确保授粉效果，也可以隔一日再重复进行一次。

开花3d以内的花的标志：花瓣新鲜，部分雄蕊的花药未开裂，雌蕊柱头分泌的黏液未干。

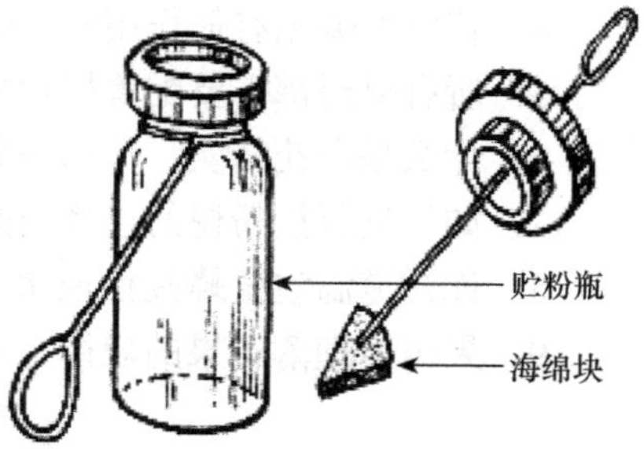

图6-1 简易授粉器

简易授粉器见图6-1。

授粉时将花粉装在小瓶内，用授粉工具从小瓶里蘸取花粉，在初开的花朵柱头上轻轻一点即可。

二、机械液体授粉

取筛好的细花粉20～25g，加入10L净水、500g白糖、30g尿素、10g硼砂，配成悬浮液，在全树花朵开放60%以上时，用喷雾器向柱头上喷布。

喷雾时把花粉混入10%的糖液中，可防止花粉在溶液中破裂。如混后立即喷，可减少糖量或不加糖。为增加花粉活力，可加0.1%的硼酸，配制比例为10kg水、1kg砂糖、50ml花粉、再加入10g硼酸，在即将授粉时混入，因混入后，2～4h花粉便发芽，所以液体配好后应在2h内喷完。

三、液体授粉注意事项

1）液体人工辅助授粉应重复进行。同一果园内，常因品种不同，开花的时期有所不同。因此为了提高授粉的效果，应该重复进行人工辅助授粉，应于开花始期、盛花期各进行一次。

2）配制花粉、机械喷粉、喷雾等项作业中，切忌使用塑料用具，以免器壁吸附，影响花粉浓度，降低授粉效果。

3）花粉水悬液进行喷雾时，要现配现用，最好在1h内喷完，不宜搁放时间过长，以防花粉破裂，失去受精能力。如液体授粉时添加少量的硼（0.1%），效果更好。

4）叶面喷肥和液体授粉相结合。需注意肥料质量与浓度适宜。花期叶面喷肥注意选择优质精品肥，否则或是起不到应有作用，或是产生药害。单种肥料适宜的浓度多为0.3%左右，如果多喷几种，总浓度一般宜≤1%。

5）喷雾器械的距离适当。忌选用高压喷雾和喷枪，避免冲击压力过大，导致花器受损，尤其杏树因花梗脆弱易折，更应注意，同时注意选择直径0.3mm细孔眼的喷头，以使雾点变细，此外喷头距花果的距离不小于20cm。

6）为了避免药害、利于叶片吸收，宜在上午10时前、下午16时后喷；如气温低于22℃，宜在中午前后喷，更利于果树吸收。

【引导思考】

利用思维导图（图6-2）思考以下问题。

1．影响坐果的因子有哪些？提高坐果率的方法有哪些？

2．花期放蜂的数量多少为宜？

3．果树授粉方法有哪些？

4．花旗喷硼肥有何作用？为什么？

5．所有果树都需要配置授粉树吗？为什么？

6．什么是自花结实，什么是异化结实？坐果的机制是什么？

7．如何进行授粉树的选择与配置？

8．你知道温室蜜蜂授粉现状与存在的问题吗？

9．果树生理落花果的规律与原因是什么？

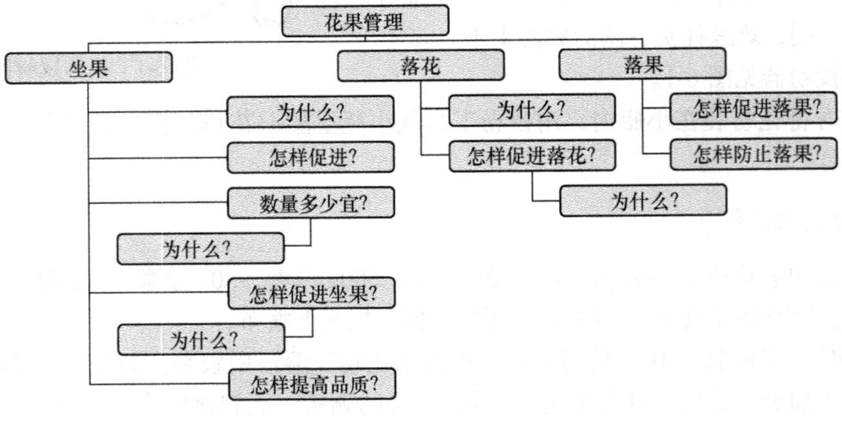

图6-2 果树花果管理思维导图

【知识链接】

知识链接1——花粉的人工采集与稀释

1．选择适宜授粉品种与采集花蕾 选择与主栽品种亲和力强，开花期相近的树种作为采花品种。

采集花蕾：在预定授粉前2～3d，选择晴天或阴天早上露水干后至中午12时前采集花蕾。一般以含苞待放的花蕾呈“气球期”为采集适期。“气球期”这一时期花粉成熟度好，鲜花出粉率（纯花粉）和花粉发芽率高。采花量根据授粉面积来定。通常每40kg苹果鲜花能制成1kg花粉，可供2～3.33hm^{2}果园使用。采花蕾可结合疏花进行。对于梨来说，一个花序留1～2朵边花，苹果1个花序留1朵中心花或1朵中心花加1朵边花。

2. 取花药　采下的鲜花要立即取花药，不能堆放。可在室内用镊子剥或两花对搓，将花药取下，去除碎花瓣、花丝及杂物。或者在室内将花蕾倒入细铁丝筛中，用手轻轻揉搓，将花药搓掉后用簸箕簸一遍，去掉杂质。当花朵量较大时可利用脱药机剥取花药。

3. 阴干散粉　取下花药后将其薄薄地摊在光洁的纸上，以各花药不重叠为最好。放在通风、室温20～25℃（不得超过30℃，否则易使花粉灼伤）。若室温不足，可生火炉提高温度。每昼夜翻动2～3次，经24～48h后，花药即可自行开裂，散出黄色的花粉粒，即可连同花药壳一起收集保存在干燥的容器内放在避光的地方备用。除阴干取粉外，还可利用火炕增温烘干取粉或是温箱烘干取粉。

4. 稀释花粉　稀释花粉能够节约花粉用量，根据花粉发芽率加以稀释。常用的稀释量因授粉方法而异。一般人工点授为1∶10（花粉1份，稀释剂10份），机械喷粉为1∶（250～500），机械喷雾为1∶10 000左右。花粉的具体稀释方法，分为粉剂的稀释与液剂的稀释两种。

（1）粉剂的稀释　在人点授或机械喷粉之前，按稀释比例分别称量花粉和稀释剂。稀释剂要就地取材（可用滑石粉、甘薯淀粉等）。先取花粉的几倍稀释剂，与花粉充分混合搅拌均匀，作为母粉，再将母粉分成数份，与全部填充物分别混合均匀，放置在一起即可使用。

（2）液剂的稀释　首先将花粉放入瓷盆内（切忌用塑料盆），加入少量水搅拌成粥状，再将其放入喷雾机带动的空水箱内，用水冲刷瓷盆多次，加足水量要用喷头把花粉搅拌均匀，不能使花粉浮在水面，即可喷雾。

知识链接2——提高果树坐果率的方法

（一）促进授粉受精

促进果树授粉受精的方法有以下几种。

1）配置授粉树。果园建立中要注意此问题。

2）加强栽培管理，增强树势，促进花芽分化充实，花器发育健全良好。

3）灌透花前水、花后水，追足花前肥、花后肥（株产80～100kg的大树，每株每次追施腐熟的人畜粪尿80～100kg或尿素0.4～0.5kg），促进开花整齐，花朵质量好，花粉发芽率高，以提高授粉、受精力和坐果率。

4）果园养蜂或花期放蜂，增多传粉媒介。据调查，每1～1.3hm^{2}果园有一窝兴旺的蜜蜂，比没养蜂的果园增产5%～10%，有的高达15%～20%。因此，果园养蜂或花期放蜂能显著地提高授粉率和产量。

5）花期喷硼砂加蜂蜜水。硼能促进花粉发芽、花粉管生长、子房发育和根系的吸收能力，蜂蜜水能提高柱头的黏着力和引诱蜜蜂前来采粉。因此，在盛花期细致地喷一次300～350倍硼砂加蜂蜜（或红糖）水，能显著地提高受精力、坐果率和果实品质。硼砂不溶于冷水而溶于开水，喷时应先用开水溶化后再对水喷布。

6）调节设施果树花期温度，创造花粉发芽的最适合温度（表6-1）。

表 6-1 几种果树花粉发芽的适温

种类	花粉发芽适温 /℃	研究者
苹果	25	河北农业大学，1982
梨	25	河北农业大学，1982
李	24	桑德施坦（Sandsten），1909
杏	18～21	川上和五十岚，1943
梅	18	佐佐木
桃	23～25	河北农业大学，1982
葡萄	30	沙托尔鲁斯（Sartorlus），1926
枣	25 以上	河北农业大学，1982
核桃	25～30	辽宁林科所，1963
龙眼	23～27	仲恺农业技术学院，2002

（二）喷施微量元素肥料

喷硼能够促进花粉粒萌发和花粉管伸长，因此是多种果树提高坐果的有效措施。苹果、梨、甜樱桃、桃、山楂等果树，盛花期前后喷 2～3 次 0.3% 左右的硼砂溶液加 0.3% 的尿素液，对提高坐果率效果明显。此外钼对坐果也有重要作用。有实验报道，‘富士’苹果、‘巨峰’葡萄盛花期和幼果期喷洒 0.2%～0.8% 的钼酸钠，也有提高坐果率、促进果实膨大的作用。喷施稀土微肥，也可提高果树坐果率。据济南市林业局吴春舫试验，枣初花期、盛花期施用 300mg/L 的稀土“农乐益植素”，可提高枣坐果率 26.7%。

（三）喷布植物生长调节剂

花期正确应用植物生长调节剂，可以明显提高坐果率。例如，枣盛花初期喷 10～15mg/L 的赤霉素，山楂盛花期喷 50mg/L 的赤霉素，可促进坐果；‘金冠’苹果盛花期喷 25mg/L 的赤霉素，其坐果率比对照提高 8.9%；落果后 3d 对‘金冠’苹果喷布 500mg/L 的细胞分裂素，可使其坐果率提高 16%。

（四）花期夏剪

1. 摘心 当苹果、梨等果树的果台副梢长到 10～15cm 时，对其进行摘心，能控制其旺长，减少其对幼果争夺营养的能力，有利于坐果。据报道，四年生密植‘金冠’苹果早期摘心比对照提高坐果率 1.3 倍。

2. 环剥或环割 花期环剥或环割可阻碍剥口以上的光合产物向下运输，增加幼果的营养水平，可显著提高坐果率。在枣树、苹果、柿等果树中应用较多。环剥或环割主要用在初结果树和生长偏旺的树上。

【考核评价】

本任务具体考核评价见表 6-2。

表 6-2 果树人工授粉任务考核评价表

考核项目	分数
熟悉人工授粉方法	20
熟悉机械授粉方法	20

续表

考核项目	分数
熟悉影响授粉受精与结实的因素	20
熟悉提高坐果率的各种方法	20
总分	80

任务2 果树的疏花疏果

【任务目的】通过实际操作，知道果树疏花的时期及标准，学会果树疏花的操作方法。知道果树疏果的时期及标准，并能独立进行果树疏果。深刻理解相关内容与知识。

【实践操作】

材料：盛果期的苹果树、桃树各若干株。

用具：疏果剪或修枝剪、高梯、石硫合剂、喷雾器。

一、人工疏花疏果

（一）留果量的确定

1）根据树冠大小、主干粗度、树势强弱，大体确定该树的预计产量。

2）根据主枝的大小、强弱来分担产量。

3）根据大、中、小型枝组的数量，确定各类枝组应当保留的花序数量。

根据品种的果个大小推算产量和需要保留的花序数量，如株产600斤[①]的‘国光’苹果树，以4个果实1斤重计算，共需2400个果实。平均一个花序结果2个左右，则需花序1200个，为了预防意外损失，多留10%～20%。应保留花序1440个左右。

（二）操作步骤与注意事项

1）为了减少树体的营养浪费，疏花疏果的时期宜早，但是要注意自然落花、落果和霜冻对坐果的影响，避免疏除过度。

2）按大枝、枝组依次进行，以防漏枝。

3）苹果每留一花序，可放入衣服口袋1个幼果或花蕾。疏完一个主枝后，计算口袋中幼果（花蕾）数，即可知道该主枝已留多少花序（或果数）。疏完全树将各疏留花序数相加得出全树疏留花序（果）数。如留量尚过多，则再根据各主枝情况疏到预定应留数。

4）壮树多留，弱树少留；壮枝多留，弱枝少留。上部的枝组多留，下部的枝组少留；对一个枝组来说，上部的果枝多留，下部的果枝少留。留强壮果枝的花序，疏除瘦果枝的花序。果台副梢长度，长的多留，短的少留。

5）留果时，留果柄粗长、果形细长、留大果、端正果、健康果、光洁果和分布均匀的果，苹果萼端紧闭而突出的果。疏双蕾双果、病虫果、萎缩果、畸形果，后疏过密果、小果等，如图6-3和图6-4所示。将疏花疏果记录填入表6-3中。

---

① 1斤＝0.5kg

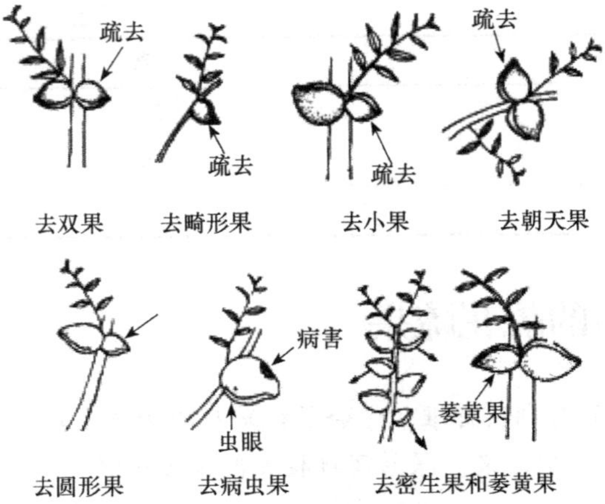

图 6-3 桃疏除果类型

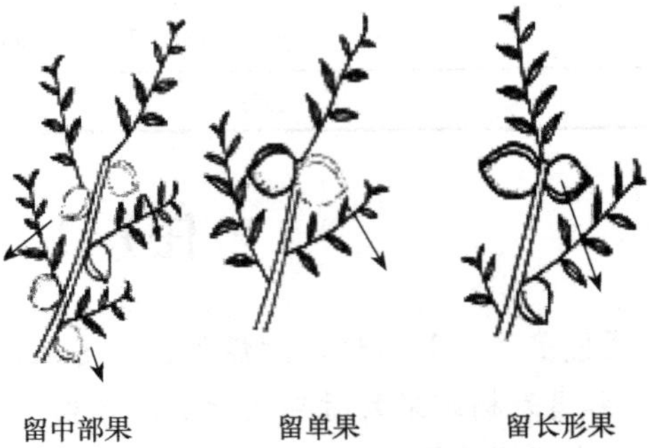

图 6-4 桃留果类型

表 6-3 人工疏花疏果记录表

树种品种	树势	疏花时间	疏果时间		每株或每果枝留果量
			第一次	第二次	

二、化学疏花疏果

配制 0.5% 的石硫合剂，于苹果盛花期喷花的柱头，并留有不喷的作为对照。于坐果后调查对花序坐果的影响。比较对空台率、坐单果率、坐双果率、坐三果率的影响，填入表 6-4。

表 6-4 花期喷石硫合剂对坐果的影响

树种	品种	药剂浓度	疏花时期	空台率	坐单果率	坐双果率	坐三果率

注：注意与对照对比

【引导思考】

应用思维导图引导有关问题。

1．如何确定果树负载量？为什么？

2．说明疏花疏果的必要性和重要性。

3．为什么大年树容易发生冻害与病害？

4．果树疏花疏果的时期、标准是什么？

5．果树疏花果中，为什么要考虑自然落花果规律？为什么要考虑霜冻？

6．了解果树化学疏花疏果的研究进展与应用现状。

7．不同果树疏花疏果有何不同？

【知识链接】

知识链接1——果树适宜负载量的确定方法

（一）果树过量负载的后果

1）幼果过多，抑制花芽的形成，造成大小年现象。

2）果实过多，造成营养生长不良，光合产物供不应求，影响果实正常发育，降低果实品质。

3）结果过多，削弱果树必要的贮备营养，降低抵抗逆境的能力，造成冻害病害和果树死亡。

（二）适宜负载量的确定方法

合理负载量的确定方法因树种、品种、树势、树龄、管理水平和气候条件而不同。如苹果、梨等常用树冠大小、树干粗度、叶芽与花芽比例等确定负载量；桃、杏、李、樱桃等按树体及结果枝的粗壮程度等确定负载量；葡萄等根据植株密度、架面大小、品种结实特性等确定负载量；板栗、核桃、柿等按树冠大小和结果母枝确定负载量等。确定负载量不仅要考虑树体本身，还应依托于栽培条件。目前栽培水平，'富士'优质丰产园每667m^{2}产量一般掌握2000～3000kg，最多不超过4000kg；单果重250～350g，按单果重300g计，7000～10 000个果。梨按照叶果比留果，一般中小果为（15～20）：1，大果为（25～30）：1，西洋梨因叶片较小，为50：1。丰产园每667m^{2}产量标准鸭梨一般掌握3000～4000kg，单果重200g，1.5万～2万个果。产量质量目标确定后再落实到各个单株。各单株适宜留果标准的参考指标主要有：干周法、叶果比和枝果比法、果实间距法、以枝定果法等。

1. 干周法 干周法是根据果树的干周来确定果树留果量的方法。具体有单位树干截面积或干周的结果量计算法和干周与产量回归分析法。初果期至盛果期的果树，产量与干周呈高度的正相关。

此法主要应用于苹果的疏果实践中。测量树干距地面20～30cm处的周长，通过公式计算单株留果量。例如，汪景彦于1986年提出了不同树势苹果树的干周留果量计算公式：

$$Y=0.25C^2\pm0.125C$$

式中，Y为单株留果量（个）；C为主干周长（cm）；$0.125C$为调整系数。壮树增加，弱树减少，一般树不加不减。具体应用时，先量出主干周长，代入上式，即可计算出株产，再按平均单果重就可以计算出留果数量。

2. 叶果比和枝果比法 叶果比和枝果比法是苹果、梨等果树确定留果量的重要参考指标之一。叶果比是指果树上叶片总数与果实个数的比值。枝果比是指果树上枝梢数与果实个数的比值。用叶果比法表示时注意一般乔砧、大果型品种叶果比较大，中小果型品种可适当减少，矮化砧或短枝型品种叶片光合能力弱，叶果比应适当加大。枝果比通常有两种表示方法：一种是修剪后留枝量与留果量的比值；另一种是结果当年新梢量与留果量的比值，又称梢果比。枝果比一般比梢果比小1/4～1/3。枝果比因树种、品种、砧木、树势及立地条件和管理水平不同而异，在确定留果量时应综合考虑，灵活运用。

3. 果实间距法 果实间距法是在按单位面积确定留果数及分株负担的前提下，按照一定距离留果的方法，多在苹果、梨、桃、李等果树上应用。此法的最大优点是直观、

图 6-5 间距留果法示意图

便于掌握。根据树种、品种、树势和栽培条件，确定留果距离和留果量，如苹果、梨壮树壮枝间距小些，一般 20cm 左右（图 6-5）；弱树弱枝间距大些，一般 25cm 左右，每花序应以留单果为主，坐果分布不均匀的，在果少处可留双果；小型果品种以留双果为主。桃树留果间距为 10～15cm，李树大型果（‘黑宝石’）留果间距为 10～15cm，中型果品种（‘美丽李’）为 7～8cm，小型果为 4～5cm。

4. 以枝定果法 按照结果枝的长短和果型的大小来确定适宜的留果数量。此法主要应用在桃、李、杏等核果类果树上。不同树种、品种各种枝类的具体留果量可参考表 6-5。

表 6-5 不同树种、品种各种结果枝的留果标准

树种	果实类型	代表品种	保留数量 /（个 / 枝）			
			长果枝	中果枝	短果枝	花束状果枝
桃	大型果	‘早凤王’	（1～2）/1	1/（1～2）	1/（2～3）	1/（3～5）
	中型果	‘大久保’	（2～3）/1	（1～2）/1	1/（1～2）	1/（2～3）
	小型果	‘春雷’	（3～4）/1	（2～3）/1	1/（1～2）	1/（1～3）
李	大型果	‘皇家宝石’	（1～3）/1	（1～2）/1	1/（1～2）	1/（2～3）
	中型果	‘黑宝石’	（2～3）/1	（1～2）/1	1/（1～2）	1/（2～3）
	小型果	‘玉皇李’	（2～4）/1	（1～2）/1	1/1	（1～2）/2
杏	大型果	‘凯特’	（1～3）/1	（1～2）/1	1/（1～2）	1/2
	中型果	‘串枝红’	（2～3）/1	（1～2）/1	1/（1～2）	1/（2～3）
	小型果	‘骆驼黄’	（2～4）/1	（1～2）/1	1/1	（1～2）/2

知识链接 2——果树疏花疏果的时期

1. 苹果、梨疏花序 苹果、梨等仁果类果树疏花的时期是在花序分离期至盛花期，其中最好是花序分离前期。山楂一般在花序出现后进行，越早越好。所留花序的数量与部位根据将来的留果要求而定。

2. 桃、李、杏疏花 核果类果树如桃、李、杏等，由于花芽数量较大，人工疏花技术应用的较少，应结合冬剪疏除一部分多余的花束状果枝，再在花蕾开始膨大期至开花前对长、中、短果枝进行疏花蕾，留花掌握的原则一般是要求留果的 1.5～2.0 倍。

3. 葡萄疏花序 葡萄一般在开花前进行疏花序。主要是用稀果剪或用手把过密的花序整序疏除，对于留下的花序，要用手掐去副穗和小穗尖，以保证果穗大小、形状均匀一致。葡萄在疏花序的基础上进行定果穗，定果穗一般在坐果后（果粒如绿豆大小时）进行，越早越好。

4. 疏果 不同树种疏果时间及次数略有不同。苹果、梨等仁果类果树疏果分两次进行较好。第一次是在子房膨大时（落花后 1～2 周）进行，称为间果；第二次在生理落果以后（落花后 1 个月左右，时间在 6 月上中旬）进行，称为定果。梨从落瓣起便可疏果，生理落果后定果。葡萄疏果时间在花后 2～4 周进行。核果类果树疏果一般在硬核期结束，越早越好。桃疏果分两次进行。第一次疏果在花后 2 周左右，留果量是最后留果量的 3 倍，第二次称为定果，在落花后 4～6 周（硬核期前）结束。

葡萄疏粒一般进行两次。第一次是在果实绿豆大小时进行，坐住果（果粒达黄豆粒大小时）后，进行第二次疏粒（定量）。但对于一些易形成无核小果的品种应在能分辨小果、无核果时进行。生产上根据品种特性、品种成熟时的标准穗重、穗形等进行疏粒。一般小穗重 500g 左右，保留 40～50 粒；中穗 750g 左右，保留 50～80 粒；大穗 1000g 左右，保留 80～100 粒。为了防止意外风险，如病虫果、裂果、缩果等损失，还需增加 20%～30% 的果粒备用。

知识链接 3——果树的化学疏花疏果

果树疏花疏果，是保证树体健壮，实现连年丰产、稳产的重要措施。果树进入结果期后，容易出现大小年现象，大年树由于结果多，产量高，质量差，导致树势衰弱，冻害发生，寿命缩短，苹果树会导致腐烂病的大发生。由于疏花疏果季节性强，传统的人工疏花疏果方法费工时，在短时间内完成需要大量的劳动力，单户经营面积较大果园时，很难做到。机械疏除是化学疏除之后的无奈选择，通过拖拉绳子和耙以减少花量，摇动或振动树体以去除部分果实，这些措施可在梨果上应用，但不适用于桃和杏等核果类果树，因为其生长期的果实很硬且极易破碎。人工疏除，无论是劳动强度还是费用均很高，目前疏花疏果的用工投入和资金投入均占果园投入的 20%，因此急需开发疏除效果高且稳定、使用方法简单、受外界因素影响小、对食品和环境安全的化学制品，以实现高效化学疏除，提高生产水平。化学药剂疏花疏果，在发达国家，以其省工省时、节约成本等优点几乎取代了人工疏花疏果。

化学疏花疏果剂类型主要有腐蚀性药剂、植物生长调节剂、氨基甲酸酯类杀虫剂、光合作用抑制剂、含钙化合物、植物油等。在疏花疏果剂类型中，石硫合剂疏花效果好、风险小、能达到疏花目的同时防止病虫害，因此一直深受果农和研究者的喜欢，也是适合用于有机果园生产的药剂；萘乙酸代表合成生长素类疏果剂，在美国和西欧颇受欢迎，缺点是使用该药剂后叶片发生偏向生长、果实生长受到抑制等不良反应，在日本 NAA 因毒性试验未过关，于 1971 年注册失效，之后就不再使用；西维因药剂疏除效果较稳定，使用广泛。但西维因对‘红富士’的疏果效果不佳，因而随着品种不断更新，西维因也逐渐被淘汰。

影响化学疏花疏果剂疏除效果的因素很多，主要包括化学疏花疏果剂的种类、浓度和喷施方法及品种、树体与气候等因素。品种而言，不同品种对同一药剂敏感程度不同。树龄是影响疏花疏果效果的因素。环境因素也影响疏花疏果效果。尤其用药后的天气状况。就温度而言，温暖天气用药效果好。阴天也影响疏除效果。药剂吸收量受用药前气候的影响，在用药前，阴暗、温暖、多云的天气可以促进树体对该药剂的吸收量，相反，冷凉、日照充足、干燥的气候可以促进果树表皮生长发育，减少吸收量。因此在不良天气情况下喷施疏除剂疏花疏果时必须要考虑这个因素，以免疏除过量。由于药剂起作用的方式不同，达到理想疏花效果的疏花时期也有很大差异，如一些药剂主要是通过对花器如花粉、柱头等灼伤，抑制花粉萌发、花粉管延伸等作用阻碍授粉受精而引起落果，因此最佳用药的时期为盛花期。研究发现，喷施硫酸亚铁可造成日本梅疏花过度，而其对苹果的疏花效果也不佳。Auchter 对石硫合剂、乳化油等药剂的疏花效果进行了试验，结果发现，焦油蒸馏液的疏花效果最好，但会对树体产生毒害或引起果表面产生褐斑，而其他药剂在烧伤花器官的同时，也会对叶片和小枝造成伤害。DNOC 能阻止苹果花粉管萌发，减少坐果。由于 DNOC 含有重金属，为减少对环境的影响和高额的再注册费用，1989 年已不再生产。Burkholde 发现了 NAAm 的疏花作用，由于其效应比 NAA 弱 10 倍以上，产生疏花过度的概率很小，应用更安全。乙烯利最大问题是温度显著影响组织中乙烯的释放速率，高温容易造成疏花疏果过度。

【考核评价】

本任务的考核评价见表 6-6。

表 6-6　果树疏花疏果任务考核评价表

考核项目	分数
能够进行苹果、梨疏花疏果	20
能够进行桃、李、杏疏花疏果	20
能够进行葡萄疏花疏果	10
了解化学疏花疏果技术	10
熟悉果树适宜负载量的确定方法	20
熟悉产量的形成构成因子	20
总分	100

任务 3　果实套袋、贴字与增色

【任务目的】 掌握果实套袋、除袋与果实贴字的时期及方法。

【实践操作】

材料：苹果、梨、葡萄等果树若干株。

用具：套果袋、绑扎物。

一、果实套袋

1. 套袋时间　定果后，苹果红色品种疏果后半月以内。

2. 套袋方法与注意事项　果实套袋前喷布一次杀虫杀菌剂。将整捆果袋放于潮湿处，即用单层报纸包住，在湿土中埋放，或于袋口处喷少许水，使之返潮、柔韧，以便使用。

以桃为例，先把袋口吹开，套入幼果，袋中央的裂口对准果柄所附着的枝条，并将之嵌入口中，然后用麻皮等绑扎即可。一般一袋套一果，但小果类可以套 2～3 果，葡萄则可套住果穗。

苹果套袋方法：将果实套进纸袋，果柄置于袋口纵向开口基部，再将袋口横向折叠，把袋口一侧纵向细铁丝用手捏成“n”状夹住折叠袋口（注意这种套袋方法细铁丝不能夹在果柄上），这样既省工又不损伤果柄（图 6-6）。

对于果柄较长的梨及葡萄，果实选定后，先撑开袋口，托起袋底，使两底角的通气放水口张开，使袋体膨起。手执袋口下 2～3cm 处，套上果实后，从中间向两侧依次按“折扇”的方式折叠袋口，然后将捆扎丝反转 90°，沿袋口旋转一周扎紧袋口。果实在袋内悬空，以防止袋体摩擦果面，套袋人员不要用力触摸果面，幼果入袋时，可手执果柄操作，防止人为造成果面出现“虎皮”。

对于果柄较短的苹果，由于果袋袋体上方的中间有一竖切口，果实选定后，将果柄

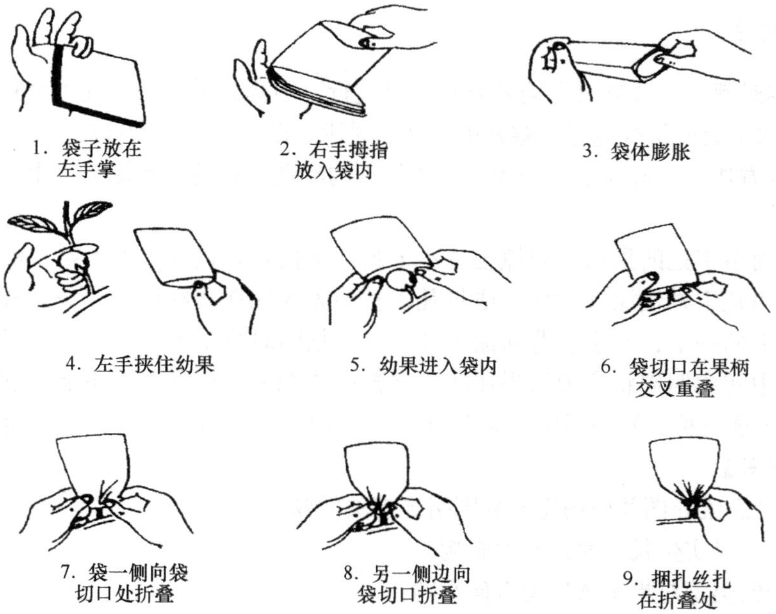

图 6-6 苹果果实套袋操作程序

放入切口内，使带捆扎丝的一端在右侧，以果柄为分界线，将右手处带有捆扎丝的一端向左旋转 90°，使捆扎丝与左边的袋口重叠，捆扎丝在内，然后在袋口的 0.5～1cm 处平行向内折叠，使无丝一端的带口压住捆扎丝，再将折叠后的袋口连同捆扎丝在无丝端的 2cm 处向外呈 45°角折叠，压紧纸袋即可。

对于果柄极短的核果类品种，由于果袋袋体上方的中间有一半圆形切口，果实置于袋内后，将半圆形切口套住果实所着生的结果枝，扎紧袋口即可。

二、果实除袋

1. 除袋时间 早熟、中熟品种在采收前 10～20d 除袋，晚熟品种采收前 15～30d 除袋。

除袋时注意事项：除袋时应避开光线强烈的中午，一般上午解除树冠东部与北部的果实，下午解除树冠西部与南部的果实。

2. 除袋方法 内袋为红色的双层纸袋，除袋时可先去外袋，过 2～3d 后再除去内袋。在 10～16 时进行。

内袋为黑色的双层纸袋，除袋时先将外袋底口撕开，取出内袋，使外袋呈伞状罩于果实上，6～7d 后，再摘除外袋；摘除单层袋和内外层连体双层袋时，先在 12 时前或 16 时后撕开袋体底部，呈一伞形罩于果实，或背光面撕破通风，4～6d 后再摘袋。

作业：调查套袋对果实裂果及病虫果的影响，调查袋的种类对桃果实品质的影响，填写表 6-7。

表 6-7 套袋对果实品质的影响

	果实裂果率 /%	病虫果率 /%	果实色泽	果实糖度	果皮	果点
处理						
对照						

注：事先设计对照，注意挂牌

三、果实贴字

1. 贴字时间 套袋果在摘外袋时同时进行，不套袋果在采收前1个月左右。贴字应在早上露水干后或傍晚进行，避开中午高温时段，以免引起果实日灼。

2. 贴字方法 选择果实个大、品质优良的红色品种的果形端正、果高桩、果面光洁果实贴字。

先将果面贴字处的果粉轻轻擦去。不干胶纸字模可直接往果面上贴，塑料薄膜字模可用少量医用凡士林油涂抹背面，或将凡士林油先涂抹在塑料板（或华丽板）上，用时将薄膜往板上贴一下，使字模背面涂上凡士林。粘贴时将字模在果面上摆正，然后用两手大拇指从中间向四周将字模展平压实。字模的边缘一定要压实，不能有翘边。如果字模在果面上出现打折、皱缩现象，应立即拉平。操作过程要轻拿轻放，以防落果。

【引导思考】

自行设计思维导图并应用思维导图引导有关问题。

1. 套袋对果实生长发育的有何影响？
2. 果袋的类型对果实微环境有何影响？
3. 果实套袋栽培的研究现状与问题。
4. 果实套袋对果实品质有何影响？
5. 说明套袋的投资与效益。
6. 果实的增色处理有哪些方法？
7. 影响果实的质量有哪些因素？如何提高果品质量？
8. 说明果实品质的形成规律。

【知识链接】

知识链接1——套袋的作用与果实色泽发育

（一）套袋的作用

果实套袋是在果实发育期将果实套上专用果袋以保护果实、改善色泽、减少农药残留、提高果实外观品质的一项技术措施。目前果实套袋已经成为果园常规的生产技术。果实套袋能够减少果实叶绿素形成，促进花青苷和胡萝卜素形成，提高果实的着色速度和着色程度，从而使果面颜色美观。绿色苹果、梨套袋使果面干净、细嫩、果点浅而小。果实套袋后还可以防止果锈和裂果产生，降低农药污染和病虫危害，减轻机械伤害，延长果实的贮藏期，从而提高各种果品的优质果率和经济效益。

（二）果实色泽形成

果实色泽形成主要与色素有关。决定果实的色泽的主要物质有叶绿素、胡萝卜素、花青素和黄酮素等。其中花青素是水溶性色素，主要存在于细胞质或细胞液中，当pH低时呈红色、高时呈蓝紫色。随果实成熟，果实中叶绿素减退，花青素增多，果实体现品种固有的色泽。

色素的形成与糖分、光照、紫外线、温度、生长调节剂及矿质元素等有关。花青素来源于糖，因此果实的糖分积累可促进着色；光照和紫外线均能促进花青素和类胡萝卜素的合成，因此山区、高原地区及光照充足的地方，果实着色就好；温度尤其是较大的昼夜温差，有利于果实糖分和花青素的积累，可促进果实着色；植物生长调节剂中乙烯利能促进花青素和类胡萝卜素的合成，因此有利于果实着色，而赤霉素和细胞分裂素会延迟果实的叶绿素消失和抑制其他色素的积累。果实表皮花青素含量与根际速效钾含量和有机质的含量呈显著正相关。因此在一定范围内，钾含量和有机质含量越高，果实着色越好。而土壤和叶片中氮素过多，会影响果实着色。果实的色泽因种类、品种而异，是由遗传性决定的。不同种类的水果含有不同类型的花青素（表 6-8）。

表 6-8 不同种类果实含的花青素类型

种类（品种）	花青素类型
苹果	花青素
黑莓	花青素、飞燕草苷、天竺葵苷
酸樱桃	花青素、芍药素苷
甜樱桃	花青素 、芍药素苷
欧洲葡萄	锦葵素苷、芍药素苷、飞燕草苷、花青素
美洲葡萄	花青素、锦葵苷、芍药素苷、飞燕草苷
西洋梨	花青素
桃	花青素
李	花青素、芍药素苷
石榴	天竺葵苷
草莓	天竺葵苷

知识链接 2——不同果树套袋与除袋时期

（一）仁果类果树

套袋时期不同，果实外观品质不同。不同套袋时期对‘新红星’、短枝‘红富士’外观品质的影响见表 6-9。

表 6-9 不同套袋时期对‘新红星’、短枝‘红富士’外观品质的影响

品种	套袋时期（日 / 月）	单果重 /g	果形指数（L/D）	着色指数 /%	好果率 /%	鲜艳果率 /%	果点 数量 / （个 /cm^2）	果点 直径 /mm
‘新红星’	30/5	304.0	1.12	84.7	100.0	91.7	6.05	0.29
	10/6	299.8	1.12	99.5	100.0	85.0	6.15	0.34
	CK	297.6	1.09	73.0	88.0	19.0	8.50	0.44
短枝‘红富士’	30/5	240.0	0.87	92.5	95.0	90.0	—	—
	20/6	220.0	0.86	90.0	100.0	75.0	—	—
	CK	225.0	0.85	78.0	85.0	40.0	—	—

苹果、梨一般在最后一次疏果之后，病虫开始危害果实之前套袋。多数果树在定果后进行套袋，也可在主要病虫害发生前进行。但不同树种、品种，不同的目的套袋的时间应有所不同。

苹果红色品种一般在疏果后半月以内将袋套上，套袋前的幼果树至少要喷两次内吸性杀菌剂，防治轮纹病、炭疽病、霉心病等。苹果套袋时黄绿色品种和早、中熟品种在谢花后10～15d进行；生理落果重的‘红星’、‘乔纳金’等品种，可以生理落果后进行；晚熟红色品种在花后35～40d完成；在辽南在6月中下旬完成，具体可在6月20日左右。降雨量多，阴雨天多的年份应在6月25～30日进行，避免发生黑点病、日灼等。对于‘金冠’等容易产生果锈的品种最好进行二次套袋。

苹果绿色品种套袋目前主要用于‘金帅’防果锈。‘金帅’防果锈一般要在谢花后20d内套上袋，套袋时间晚了防锈效果不佳。但是‘金帅’应提倡套小袋（9cm×12cm），随着果实膨大让其撑破纸袋后进行无袋生长。

梨不同品种套袋时间也略有不同，如不宜产生水锈的白梨、砀山酥梨等、秋子梨系统品种（南果梨、京白梨等）和沙梨系统的褐色品种，一般在生理落果后进行；黄金梨等一些黄色的沙梨品种，为确保果点浅小，一般应用二次套袋的方法，套小袋应在生理落果前完成，大袋可推迟到果实速长期之前；对于一些易产生水锈的梨品种（‘雪花’梨、‘新世纪’等）套袋时间可适当向后推迟。

苹果除袋，红色品种当果实生长到着色盛期时除袋。除袋时间是在本品种着色前10d左右。不同品种摘除果袋时间略有不同。一般红色中熟及中晚熟品种，如‘新红星’、‘新乔纳金’采前10～20d除袋，红色晚熟品种采前20d左右除袋较为合适。黄绿色品种及塑膜袋可连袋采收，装箱时解袋。具体时间以阴天或多云天气为好。双层袋除法是先将外层袋撕掉，停4d左右，让果实适应外部条件后再去掉内层纸袋。去外层袋和内层袋时，要在10～16时进行，这样果温较高，袋内、袋外温差小，此时果实蒸腾作用旺盛，不易对果实造成日灼。若在上午10时以前、下午16时以后除外袋，果温会很快降低到外界温度，当中午气温迅速上升时，容易出现日灼现象（去外层袋时扎口铁丝一同去掉，内层袋只靠果实将其撑在上面，袋口处、内袋破裂处能被阳光照射到）。单层袋除袋方法是于10～16时先将纸袋纵向撕开，但让袋仍旧附着于果实上，4d以后当果实适应了外部环境条件后，再除掉袋子。去袋后，一般易着色品种10～15d即可着足色，难着色品种如‘富士’，30d左右才能着好色。

（二）核果类果树

桃、李、杏等核果类果树，由于生理落果严重，套袋的时间必须在生理落果后进行。

（三）浆果类果树

葡萄套袋在落花后应及早进行。

葡萄是否去袋应根据品种、果穗着色情况及纸袋种类而定。红色品种因其着色程度随光照强度的减小而显著降低，可在采收前10d左右去袋，以增加果实受光，促进良好着色。但要注意仔细观察果实颜色的变化，如果袋内果穗着色很好，已经接近最佳商品色调，则不必去袋，否则会使紫色加深，着色过度。另外，如果使用的纸袋透光度较高，能够满足着色的要求，也可以不必去袋，以生产洁净无污染的果品。

葡萄去袋时，不要将纸袋一次性摘除，先把袋底打开，使果袋在果穗上部戴一个小帽，以防止鸟害及日灼。去袋时间宜在上午10时以前和下午16时以后，阴天可全天进行。

知识链接3——果袋选择与质量鉴别

（一）果袋选择

果袋的类型较多，目前生产中应用较多的为纸袋，又分为双层纸袋和单层纸袋两种。此外也有塑膜袋、自制报纸袋等。

双层纸袋一般外层袋外面为灰、绿等颜色，里面为黑色；内层袋涂有石蜡，为红色。双层袋多用于难着色的品种或不利果实着色的地区，如‘富士’苹果等。套双层袋的优点是果实着色好，缺点是袋内温度高，并使幼果膨大期推迟，摘袋后果实易发生日灼，且套袋果可溶性固形物含量稍低。

单层纸袋一般是用纯木浆纸加工而成，表面涂有一层石蜡，淡黄色，韧性强，抗淋洗，不易破碎。单层袋多用于较易着色的红色品种，如苹果中‘元帅’系短枝型品种、‘新乔纳金’、‘红津轻’及梨和绿色苹果品种等。红色品种用单层袋时应选用内黑外灰的纸袋。

自制报纸袋，用旧报纸制成。根据果实大小，剪裁成8～12开，对折，黏成长方形袋。在袋口中央剪一长2cm左右的裂口。也可做成口窄底宽的梯形袋，可以节约纸张。此外，也可以就地取材，利用其他材料制袋。自制报纸袋扎口材料，可以选择麻皮、马蔺、塑料条、细铁丝等。也有用工厂的铁片边角料，剪成0.5cm左右宽，3cm左右长的长条，作为扎口材料，可以提高工效。

（二）果袋质量的鉴别

果袋质量是套袋成功的前提，在目前种类繁多的果袋市场选购果袋，应从7个方面鉴别其质量：①果袋抗湿强度要大，即果袋外层浸入水中1～2h后，双手均匀用力向外轻拉，柔韧性强；②外袋疏水性要好，即外袋上倒水后能很快流走，且不蘸水或基本上不蘸水；③规格符合要求，双层纸袋的外袋一般宽14.5～15.0cm，长17.5～19.0cm，内袋长16.5～17.0cm；④外观规范，袋面平展，黏合部位涂胶均匀，不易开胶；⑤透气性好，即袋底要有透气孔；⑥内袋涂蜡要均匀，可在太阳光下观察蜡质层的薄厚及均匀度；⑦袋口必须有缺口，袋口一侧有铁丝。

知识链接4——果实增色的其他措施

果实增色的措施除套袋外，还有下面几种措施。

1. 激素增色法

（1）喷乙烯利　在正常采收前10～30d，喷施750～1000倍的乙烯利溶液，并在其中加入40～60mg/kg的萘乙酸（或萘乙酸钠盐），既防落果，又可增加全红果和半红果的数量。但应注意选择生长健壮的树喷施，同时要使果面充分着药。

（2）喷施稀土　在果实膨大期和果实着色期2次喷洒500～600mg/kg的稀土溶液，能使80%～90%的果实增加着色。

激素增色法应先进行小面积试验，再大面积推广。

2. 摘叶、转果　摘叶一般应于采果前（早熟、中熟品种10～15d，晚熟品种20～25d）开始分2次摘除。叶片摘除量为：‘津轻’系、‘元帅’系、‘乔纳金’为全树叶量的10%～11%，‘千秋’、‘富士’系、‘秦冠’等品种为13%～18%。先摘除接触果面的贴果叶及距果实 5cm 范围内的遮光叶，并用手轻托果实转其方向，使阴面转向阳面。该技术措施可使果实的着色指数增加 30% 以上。摘叶、转果宜选在阴天及多云天气进行；如在晴天，应于下午 16 时以后进行。

3. 铺设反光膜 在果实着色期，于苹果果实摘叶前后在树冠下的地面铺设银灰色反光膜，可有效地改善树冠中部和下部的光照条件，促使树冠内膛和冠下不易着色果实及萼洼向下的果实着色。

4. 叶面喷肥 在果实生长的中后期，喷施 2～3 次的 0.3%～0.4% 的磷酸二氢钾溶液，每隔 10～15d 喷 1 次，能明显提高着色度。另外，在着色期喷施喷施宝、叶面宝、惠满丰、美果露等叶面肥，也能明显改善果实色泽。

5. 采后增色法 对于提前采收的果实，可选择地势高燥、排水良好的空地或树行间，先在地面铺 2～3cm 厚的细河沙，然后摆上果实（将已经开始着色的果面朝上），白天见光，夜间放露。如果天气干旱，夜间露水少或无露水，可在傍晚喷水，以果面布满水珠为宜。为防止阳光强烈照射果面而造成果实日灼，可在每天上午 10 时开始用苇席或 1～2 层纱布将果实盖上，同时喷水降温，下午 16 时后再揭开，一般 4d 后即可达到该品种应有的着色度。但生产上一般不提倡过早采收，以免影响果实品质，相反，适当的延迟采收不但能增加着色，而且品质也能达到本品种最佳状态。

知识链接 5——果树省力化不套袋栽培

果树省力化栽培或简化栽培也称低成本栽培。主要采取矮化密植、生草栽培、肥水一体化自控灌溉、病虫害生物防治、简化修剪和充分利用果园除草、耕作、喷药等机械设施进行果园高效栽培管理，实现果树高产、优质、大果、高糖、矮化、完熟、调节产期的目的。省力栽培起源于日本，它成功地解决了劳动力成本过高的问题。30 多年来，日本的果树工作者一直把矮化问题作为果树研究的重点，先后引进和培育了许多矮化砧木，同时研究了化学控制措施，以及正在进行的培育柱状品种等，尤其在苹果栽培方面取得了可喜的进展，有了很广泛的应用。日本近年来一直研究降低树高、简化修剪、无袋栽培、果园生草等一整套“省力化”栽培系统，而且效果显著。欧美国家的果树栽培一开始就着眼于省工省力，采用简化修剪、矮化树形、各种果园专用机械。他们没有苹果的套袋技术，为了省力在苹果修剪中剪后成一面墙的篱壁式。由于其人工费用同样很高，像法国、意大利果园雇工费用，一般每个工日需人民币 500～800 元。采用的主要方法有矮砧宽行密植栽培技术及优质大苗建园技术，果园机械化、自动化、数字化程度非常高，有割草机、采果机、施肥、喷药、自动化灌溉系统，一些果园也使用修剪机械，以便最大程度地将果园用工降到最低。未来我国果树产业的发展也必然要求果园管理技术要规范化且简化易于操作。

套袋技术是我国目前生产优质高档和无公害苹果的主要措施之一。目前我国苹果套袋栽培面积已经达到总面积的一半以上，部分主产区几乎全部实施了苹果套袋栽培。日本是套袋技术的发源地，最初是为了防止桃小食心虫危害果实。过去日本苹果套袋栽培的比例很大，但随着苹果品种的不断优化，其套袋栽培的比例逐步下降。近年来，日本全国苹果“无袋化”栽培的面积占总面积的 70%。只为生产少量精品苹果进行套袋栽培。套袋栽培技术虽然改善了苹果的外观品质及农药残留等问题，且提升了苹果的市场竞争力，然而却妨碍了太阳光射入，减少了果树树冠内膛13%的叶片对光线的截取。苹果多年套袋后，削弱树势，导致树冠内膛中短枝枯死，结果部位逐年外移，同时降低了果实内在品质，如糖度降低，香味减少，味道变淡。套袋增加物力和人力，目前有不进行套袋栽培的趋势。为了生产安全的果品，不套袋栽培实际对果树的病虫害管理提出了更高的要求。

知识链接6——果实贴字与果实套瓶技术

（一）果实贴字

贴字果实又称“艺术果实”，是集书法、简笔画、剪纸等艺术作品为一体的一种自然表现方式。贴字艺术果实的生产过程包括图案设计、遮光图案纸制作、绿色无公害果实套袋、果实摘袋、果实筛选、图案粘贴、果实摘叶、果实转果、阳光照果、果实采收、图案摘除、选果、分级包装等多个复杂步骤。由于字画的笔墨部分遮挡了太阳光线，当果实采收时，果实表面上，便晒制出各式图案或书法作品。其中，卡通动物、十二生肖栩栩如生、生动可爱；各体书法，清晰逼真，“福禄寿喜”寄托美好愿望，“吉祥如意”传达真挚情感。果实贴字也是一种果品增值技术。现将果实贴字技术介绍如下。

1. 果实的选择　应选择果实个大、品质优良的红色品种的果形端正、果高桩、果面光洁、无病虫害、单果重200～250g的果实进行贴字。选果要相对集中，以方便操作、管护及采收。树势健壮、捌冠南部或西南部外围枝上的果实贴字效果最好。

2. 字模的选择　目前市场上的字贴有两种：一种是在透明胶纸上印刷，整卷出售的，其缺点是字与字相连，在贴字时要一个个地剪开、不便操作，但价格低廉；另一种为单字分离，贴在牛皮纸上，贴字时一个个揭下来即可，较为方便。要选择正规厂家生产的贴字。有些贴字材料不合乎要求，贴在果面上有可能导致日灼或对果皮产生刺激，影响美观。字模规格（大小）应依据果实大小确定，二者比例要协调，果实直径在75mm左右的宜选用40mm×60mm规格的字模；直径在80～85mm的宜选用45mm×60mm规格的字模。

3. 贴字内容　贴字的内容主要是一些祝福语，如福、禄、寿、喜、吉祥、如意等，贴字的图案主要是十二生肖、花、鸟、虫、鱼等。可根据市场要求选择，也可根据需要创造一些现代字词。在字体选择上，要求大气、简练，不可选用草书和繁体字，以免贴出来的文字无法辨认。

4. 贴字时间　应根据果实的成熟期确定贴字时间。贴字过早，因果实膨大，容易把字的笔画拉开，影响艺术效果；过晚，果实已经着色成熟，达不到预期的效果。套袋果要在摘外袋时同时进行，不套袋果可在采收前1个月左右开始进行。贴字应在早上露水干后或傍晚进行，避开中午高温时段，以免引起果实日灼。

5. 贴字后的管理　围绕促进果实着色、提高贴字果工艺价值来加强管理。适当摘除果实周围5～10cm枝梢基部的遮光叶，增加果面受光；当向阳面着色鲜艳时进行转果，将阴面转到阳面，使其着色。

贴字后适当晚采可增加贴字效果，但采摘过晚会影响果实耐贮性。一般可按果实的生长期，即从落花到成熟的天数来确定采摘的时间。为防止采前落果，可在采收前30～40d，喷2～3次萘乙酸。采收后，除去果面的贴字或图案，擦净果面，用果蜡打蜡，以增如果面光泽、减少果实失水、延长果实贮藏寿命。相同字样的果实按大小分别装箱，做好标记。

上架时按字组（图案）摆放或分装在塑料袋（盒）或提盒内，以提高其商品价值。

（二）果实套瓶

果实套瓶栽培，是21世纪初我国开始应用的一项特色果品生产新技术。在苹果和梨生产中应用最为广泛。套瓶成功与否主要取决于果实瓶体的选择是否正确。果实套瓶不但保证了果实优质无公害，而且使其成为了一件工艺品。

采用套瓶种植果实，从幼果期就要开始套瓶，整个生长期和采摘、运输、贮藏等都是在瓶子里，没有农药污染和二次污染，符合无公害生产的要求；种植过程中昼夜温差大利于糖分积累；套瓶果高桩，且大小、形状、颜色等完全一致，像工厂加工过的一样。在常温下，套瓶果能放到次年3～4月，与一般果实相比，贮藏期大大延长。

生产中应根据所套果树树种、品种的体积大小及果实生长特征来设计瓶体的大小和形状。瓶体过大，果实成熟时长不满瓶体；瓶体过小，果实不到成熟期即需要采摘，导致果实成熟度低，一旦采摘推迟，果实会长出瓶外。由于每种果实都有自己固有的形状，因此设计瓶体形状时，应尽量接近该品种的果实生长特征，瓶口直径不宜太大，以能塞进大拇指为宜。瓶子底下要留有2～4个小孔作为通风放水孔。

套瓶前，要及时疏果。华北地区一般在5月上中旬开始套瓶。选择果形端正、易于固定瓶体的果实，苹果、梨注意选择果形较长的果实进行套瓶。为确保果实采收时果面的光滑、果点浅小、红色品种利于迅速着色，果实套瓶后要在瓶外套一层纸袋，纸袋外加套一层黑色塑料袋进行遮光，然后将纸袋和塑料袋固定在果台枝或结果母枝上即可。

果实套瓶后要以单果为单位进行精细管理，红色品种在采收前15～20d及时脱去瓶外的纸袋和塑料袋，待果实全红后，即可采摘。

【考核评价】

本任务具体考核评价见表6-10。

表6-10 果实套袋贴字与增色任务考核评价表

考核项目	分数
能够正确进行果实套袋操作	20
熟悉果树套袋与除袋时期，果袋选择与质量鉴别方法	20
熟悉苹果果实人工增色的方法	20
熟悉果实贴字与果实套瓶方法	20
了解果树省力化不套袋栽培发展趋势	20
总分	100

任务4 果实的采收与处理

【任务目的】能够正确进行果实采收及采后处理，熟悉果实品质相关知识。

【实践操作】

材料：苹果、梨、葡萄等果树若干株。

用具：采果剪、采果梯、采果筐、采果袋、采果箱、运输车等。

一、果实人工采收

果实采收注意事项：

1）采收时间应选择晴朗的天气，要避免在雨天和正午采收。

2）采收时，要按照从下而上，由外而内顺序采摘。

3）成熟度不一致的树种、品种，要注意分期分批采收。

4）采收时剪短指甲，手托果底，轻拿轻放。

二、采后处理

（一）清洗

水中加入适量去污剂、杀菌剂。去污剂用1%稀盐酸加1%石油，浸洗1～3min，或0.2～0.5g/L的高锰酸钾溶液，清洗2～10min。杀菌防腐多用0.5g/L甲基托布津或多菌灵。水洗后要及时进行干燥处理，除去表面水分，以免引起腐烂。

（二）分级

从果实的大小和外观品质等方面将采后果实分成不同等级的过程。

（三）涂膜或打蜡

涂膜：果实表面涂上天然紫虫胶、棕榈蜡、植物油类、石油类薄膜。延缓代谢、增加果品表面光泽、美化果实。

需要注意：使用涂料处理只能在短期贮藏、运输或上市前进行处理。

（四）包装

包装一般分为外包装和内包装。内包装用于防止包装容器内各个商品之间或商品与容器之间可能造成的相互碰撞。

（五）预冷

在产品采收之后与贮运之前，降低果品的温度，缩小果品温度与库温的差别。

【引导思考】

应用思维导图引导有关问题。

1. 如何确定果实采收时期？为什么？
2. 哪些果实适合机械采收？
3. 涂膜或打蜡、包装、预冷的作用是什么？有哪些注意事项？
4. 如何进行果品质量评价与分级？
5. 什么是无公害食品、绿色食品和有机食品？如何申报？
6. 说明国家果实质量标准。

【知识链接】

知识链接1——果实的成熟度、采收期的确定与机械采收

（一）果实的成熟度

采收时期是否适宜及采收的方法是否适当，直接影响到果品的采收质量。‘富士’苹果不同采收期的果实品质见表6-11。

表 6-11 ‘富士’苹果不同采收期的果实品质

盛花天数 /d	单果重 /g	果肉硬度 /（kg/cm²）	含糖量 /%	着色指数	地色指数	水芯程度	食味指数
155	280	7.17	13.1	1.5	1.6	1.2	1.9
165	294	6.81	14.1	2.3	2.5	1.9	2.9
175	311	6.58	14.9	3.1	3.3	2.8	4.0
185	325	6.36	15.3	3.7	3.7	3.5	4.5
195	332	6.27	15.6	4.1	3.9	3.9	4.7

按照果实成熟的情况和用途分为 3 种成熟度。

1. 可采成熟度 指果实大小已定型，但其应有的风味和香气尚未充分地表现出来，肉质硬，适于贮运和加工。一般需要长期贮藏、远地销售的果实在此期采收。

2. 食用成熟度 指果实已经成熟，并表现出其应有的色香味，内部化学成分和营养价值已达到该品种指标。适于就地销售、制汁、制酱和制酒。短期贮运和在当地销售的果实宜在此期采收。

3. 生理成熟度 指果实在生理上已达到充分成熟，果实肉质松绵，种子充分成熟，适于采种。采集种子或以种子为食用部位的板栗、核桃等干果，需在此期采收。

桃果（普通桃）的成熟度分以下等级：七成熟，果实充分发育，果面基本平整，果皮底色开始由绿色转黄绿或白色，茸毛较厚，果实硬度大；八成熟，果皮绿色大部退去，茸毛减少，白肉品种底色绿白色，黄肉品种呈黄绿色，彩色品种开始着色；九成熟，绿色全部退掉，白肉品种底色乳白色，黄肉品种呈浅黄色，果面光洁、充分着色，果肉弹性大，有芳香味；十成熟，果实变软，溶质桃果肉柔软多汁，硬溶质桃开始发软，不溶质桃弹性减小。桃果一般就地鲜销果宜八九成熟采收，远地运输宜七八成熟采收。硬桃、不溶质桃可适当晚采，溶质桃，尤其是软溶质桃必须适当早采。罐藏硬肉桃宜七八成熟采收，罐藏软肉桃宜八九成熟采收。

不同果树果实的成熟度标准，由于果树的种类很多，各个品种的生理特性各不相同，采收后的用途也各不相同，采收成熟度的要求很难一致，所以没有统一的标准，生产上可以利用离层的形成、果实底色、果皮的色泽、果实的生长期、果肉的硬度、果实的呼吸强度和乙烯浓度、果实的营养成分、种子颜色、果粉、果实形态等判断果实的成熟度。

（二）果实的采收期的确定

采收是水果生产中的最后一个环节，也是贮藏加工开始的第一个环节。采收时期是否适宜及采收的方法是否适当，不仅直接影响果品的采收质量，而且对保持果品品质、搞好商品化处理是极其重要的。

1. 鲜销果品 鲜销果品采收适期是在正确判断果实成熟的基础上，根据果实采收后去向、果品特性和处理方式等确定。如采收后直接就近上市，可在充分成熟时采收；采收后长期贮藏、远程运输或需要后熟的，应适当早采。短期贮藏或为了减轻虎皮病的发生，应适当晚采；山地的‘金冠’及早熟的苹果、梨品种，可适当晚采，以提高其贮藏性和食用品质。果品特性不同，采收时期应不同，如桃、樱桃凡是软肉、易裂果品种，宜适当早采；凡是果肉较硬、不易裂果的品种可待其充分成熟时采收。果实成熟不一致的品种，应分期采收。

在全国的苹果、梨、桃、杏、葡萄等主产区，人们为了抢早，获取大量经济效益，目前普遍存在早采倾向，这是影响果品质量的重要问题。随着交通、贮藏条件的改善，应在果实充分发育成熟时采收。

2. 加工用果品 加工用果品要根据加工目标确定采收适期。一般制罐用的苹果可早采，制汁的葡萄、制干的枣应晚采。同株树上果实成熟度不同，应注意分期分批采收。

（三）果实的机械采收

机械采收与人工采收相比，效率高，成本低，速度快，缺点是机械损伤较严重，通常只能进行一次性采收。鲜销的水果和长期贮藏的水果（包括仁果类、核果类、浆果类等）最好人工采收。机械采收主要适合果梗与果枝间易形成离层的果实，以及成熟期一致、机械作业方便的果品。主要方法有3种。

1. 强力振动机械 目前，在美国使用此类机械采收樱桃、苹果和李子。方法是用一个器枕夹住树干并振动，使果实落到收集帐上，再通过传递带装入果箱。

2. 台式机械 国外应用较为普遍，人站在台式机械上靠近果实采收，采收机械可自由移动，并配有果实转移机械。

3. 地面拾果机 用机器将落在地面上的果实拾起来，多用于核桃、山核桃、榛子等有硬果壳的果品。这种机器包括两个滚筒，前面的滚筒离地面1.7～2.54cm，顺时针转，后面的滚筒离地面0.46～1.77cm，逆时针转，两个滚筒同时转，将落地果子拾起，传送到收集器里。

对作为加工原料的果品或一些干果，也可以用机械采收，但采收前一般要喷洒果实脱落剂，如柑橘采收前使用维生素C、放线菌酮等药剂效果较好，枣树可以用200～300mg/L的乙烯利作催熟剂。

知识链接2——葡萄的采收时期及方法

（一）采收时期

葡萄采收时期对浆果产量、品质、用途和贮运性有很大的影响。采收过早，糖分积累少，着色差，鲜食乏味，贮藏易失水、多发病。采收过晚，果皮失去光泽，甚至皱缩，果肉变软。

鲜食品种的采收，应该根据市场需求决定采收时期。一般市场供应鲜果，要求果实色泽鲜艳，糖酸比适宜，口感好。判断晚红葡萄成熟度的标准：果皮由浅红变深红色；果肉由坚硬变为硬脆，而且富有弹性；糖度达16%以上，酸度在0.5%以下；种子变黄褐色。

酿酒用的葡萄品种，由于酿造不同酒种，对原料的糖、酸、pH等要求不同，其采收期也不同。酿制白兰地酒，要求含糖16%～20%，含酸8～10g/L；香槟酒，要求含糖18%～20%，含酸9～11g/L；甜葡萄酒，要求含糖不低于20%～22%，含酸5～6g/L。制汁，要求含糖达20%以上，含酸较少，应在充分成熟后采收。

（二）采收时间与方法

葡萄采收应在晴天进行；雨天、有露水或烈日暴晒的中午不宜采收，以免浆果发病腐烂，影响果穗质量。为了尽量消除葡萄果实的田间热，以早晨和下午15时以后采收为宜。

果实采收中，采收人员一手将穗梗捏住，一手持疏果剪于贴近果枝处剪断穗梗，轻放在采果箱中，不要擦去果粉，尽量使果穗完整无损。采收时鲜食品种的果穗梗一般剪留3～4cm，以便于提取和放置。但果穗梗不宜留得过长，防止刺伤别的果穗。采果箱中以盛放3～4层果穗为宜，及时转放到果箱中。采收后进行果穗修整，剪除每一果穗中的青粒、小粒、病果、虫果、破损果、畸形果等影响果品质量和贮藏条件的果粒；对超长穗、特大穗、主轴中间脱粒过多或分轴脱粒过多的稀疏穗等，要进行适当分解修饰美化穗形。

知识链接3——葡萄的果实分级

通常按果穗和果粒大小、整齐度、松紧度、着色度等指标进行分级，一般可将葡萄分为三级。

一级品：果穗较大而完整无损，果粒大小一致，疏密均匀，呈现品种固有的纯正色泽，着色均匀。

二级品：对果穗和果粒大小要求并不严格，基本趋于均匀，着色稍差，但无破损果粒。

等外品：余下的果穗为不合格果，可降价销售。

整个过程要轻拿轻放，避免碰伤，并很好保护果粉。供贮藏的葡萄要尽量选择生长在葡萄架中部、上部和朝阳方向、穗重适中、疏密适中、果穗均匀、成熟一致的果穗。

知识链接4——果实的4个品质

品质是满足人们需要的各种特征和特性的总和。果品品质可分为外观品质、鲜食品质、贮藏品质、安全品质、加工品质、内部品质、外部品质、营养品质、销售品质、运输品质等。

（一）果实的外观品质

消费者对果品品质的感觉，首先是外观品质。外观品质是引起消费者购买欲望的直接因素，但不是唯一因素。外观品质主要包括果品的大小、形状、色泽、光泽和缺陷（指病害、虫害和机械伤害）等。

一般果品形状要具有该品种的典型特征，如果形端正、无畸形偏果等。果品大小因品种而异，可以用单果重表示，也可以用果实直径表示，应达到该品种应有的大小。

果实色泽是果实外观的重要表现，漂亮的色泽会在一定程度上提升产品在市场上的竞争力。优良的品种只有充分表现出其应有的色泽，在市场上才会有竞争力。

果面应光洁、滑润、无锈斑、污迹或粉尘，无病斑和机械伤害，有较好的蜡质层，果面晶莹亮洁。

（二）果实的鲜食品质

果实的鲜食品质主要包括果实的质地、糖、酸、香味等。果品质地与果肉硬度、软度、嫩度、脆度、汁液及其他特性有关，这些特征参数密切关系到消费者对鲜食和加工产品的接受程度。果肉的硬度适宜，不仅有助于果品贮藏，还有助于适应消费者的消费习惯。

根据我国消费者的消费习惯，一般要求果实糖度较高，同时还要有一定的酸度，也就是有适宜的糖酸比，这样才能使果品口味浓郁、清爽可口，从而使口味达到最佳。

果实香气具有较高的感官价值和一定的生理价值，能刺激消费者的感官及心理，使果品呈现自身的特征，对人的食欲及消化系统具有很大的影响，因而在果品鲜食品质构成中起很重要的作用。果实香味主要包括醇类、醛类、酮类、酯类、萜类及含硫化合物等。这些成分有的气味强烈，有的气味较弱，有的甚至无味，其各成分以不同浓度和结合态存在，只有把它们作为一个整体时，才具有某一果品的芳香特征。

（三）果实的贮藏品质

果实的贮藏品质是指果实在采摘后耐贮藏的属性。果品采摘后，随着呼吸和衰老过程的进行，体内水分和维生素含量不断减少，蛋白质等不断降解，糖酸、风味质地均发生变化，产品质量不断下降。在贮藏运输过程中，不同种类、不同品种果品品质下降的速度差异极大。

不同品种的果品贮藏期不同，一般以贮藏时间较长、品质变化较小的为佳。在适宜的贮藏条件下，以贮藏时间长、品质变化缓慢的品种为佳。有些果品因品种或者栽培措施的原因，如缺素和病虫危害等，会引起果实在贮藏期间易发生病害，从而降低果品品质，甚至丧失商品性。因此，提高果实的贮藏性，既要考虑采前栽培措施，又要考虑采后贮藏条件和措施，只有采前和采后同时作用，才能提高果实的贮藏品质。

（四）果实的安全品质

果实的安全品质又称“卫生品质”，主要是指化学污染（硝酸盐累积、重金属富集、农药残留等）和生物污染（病菌、寄生虫卵等）的程度。这些卫生品质各国均有相应的标准或指标。

果品的安全生产离不开空气、灌溉水和土壤等农业环境。

产地空气环境质量是果品安全品质的保障。当空气中污染物含量过高时，会影响果树作物的正常生长。空气污染物主要来自工业废气，主要污染物包括二氧化硫、氰化物、臭氧、氮氧化物、氯气、碳氢化合物等气体及粉尘、烟尘、烟雾、雾气等，其中，二氧化硫和氯化物是两种最主要的大气污染物。

产地灌溉水质量严重影响果品安全品质。当前果品生产过程中，工业废水已成为灌溉水中铬、汞、砷、铅、镉、锌、镍等重金属元素的污染来源。许多工业废水还含有毒物质和重金属元素，当用于果园灌溉后，不仅会污染果园土壤、影响果树生长，还会影响果品品质，造成有害物质和重金属残留、超标。

产地土壤环境质量也是果实安全品质的重要基础。引起土壤环境质量发生改变的主要因素有工业“三废”的排放、农药、化肥、垃圾杂肥的施用和污水灌溉。引起土壤环境质量改变的常见污染物包括重金属（汞、镉、铅、铬、锰、铜、镍、砷等）、有毒物（石油、酚、六六六、滴滴涕、三氯乙醛、多氯联苯等）和其他污染因子（氮化物、硫化物、磷化物、酸、碱、盐类物质等）。

农药残留是影响果实安全品质的最重要和最敏感的因素。目前，国家明令禁止使用的农药主要有六六六、滴滴涕、毒杀芬、二溴氯丙烷、杀虫脒、二溴乙烷、除草醚、艾氏剂、狄氏剂、汞制剂、砷、铅类、敌枯双、氟乙酰胺、甘氟、毒鼠强、氟乙酸钠、毒鼠硅。果树上不得使用和限制使用的农药主要有甲胺磷、甲基对硫磷、对硫磷、久效磷、磷胺、甲拌磷、甲基异柳磷、特丁硫磷、甲基硫环磷、治螟磷、内吸磷、克百威、涕灭威、灭线磷、硫环磷、蝇毒磷、地虫硫磷、氯唑磷、苯线磷。

【考核评价】

本任务的考核评价见表 6-12。

表 6-12　果实采收与处理任务考核评价表

考核项目	分数
熟悉果实的成熟度与采收方法	20
能够根据实际情况确定采收期	20
能够正确进行果实采收及采后处理	20
了解果品的安全质量分级方法	20
了解果实的品质构成因素	20
总分	100

项目7 果树周年管理技术（露地与设施）

【项目目标】通过教师指导学生进行果树周年管理，组织学生调查访问，讨论和学习各个环节问题，学生熟悉露地与设施果树的周年管理技术，能够制订露地与设施果树全年管理历，并能够指导全年管理工作。

任务1 露地仁果类、核果类周年管理

【任务目的】

1. 熟悉苹果、梨、桃、李、杏、枣全年各个时期的管理内容与方法。
2. 能够制订与实施苹果、梨、桃、李、杏、枣周年管理工作历。
3. 了解苹果、梨、桃、李、杏、枣生产现状和效益。

【实践操作】

选择当地代表果园，进行苹果、梨、桃、李、杏、枣果树生产调查。调查内容如下。

一、果园基本条件的调查与记录

果园基本条件的调查与记录表见表7-1～表7-5。

表7-1 气候条件调查

调查地点： 调查品种：

年均温度	降雨	极端高温/低温	降雨分布

表7-2 土壤条件调查

调查地点： 调查品种：

土壤质地	土层厚度	土壤pH	土壤类型	土壤肥力	有机质含量

表7-3 管理条件调查

调查地点： 调查品种：

时期	管理内容	管理方法

表7-4 苹果和梨开花、坐果物候期调查

调查地点： 调查品种：

项目 日期 树种	花芽膨大期	花芽开绽期	花絮露出期	花蕾分离期	初花期	盛花期	落花期	坐果期	生理落果期	果实着色期	果实成熟期

表 7-5　萌芽、新梢生长、落叶物候期调查

品种	地点条件	生长状况	树龄	叶芽膨大期	叶芽开绽期	展叶期	新梢开始生长期	叶片变色期	落叶期

二、周年管理工作历调查

不同果树全年管理内容与方法调查填入表 7-6。

表 7-6　不同果树全年管理内容与方法调查

调查地点：　　　　　　　　　　调查品种：

时期	管理内容	管理方法	主要技术

三、生产效益调查

调查每亩土地面积投入产出情况。

【引导思考】

用思维导图（图 7-1）引导有关问题的思考。

1. 如何进行苹果和梨的周年管理？有哪些关键技术？
2. 苹果和梨生产管理技术有何不同？
3. 如何进行桃、李、杏的周年管理？有哪些关键技术？
4. 桃、李、杏、枣生产管理技术有何不同？
5. 请制订周年管理工作历和管理技术规程。

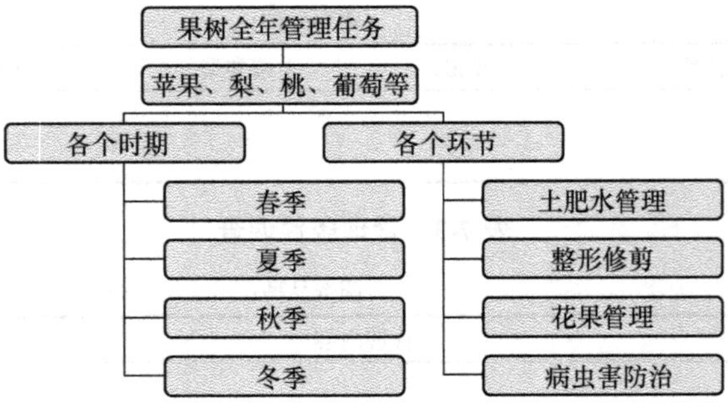

图 7-1　果树周年管理思维导图

【知识链接】

知识链接 1——仁果类、核果类果树春季管理

（一）苹果、梨春季管理

1. 休眠期修剪　参见项目 5 的任务 1 苹果、梨的冬季修剪。梨树主干疏层形树冠结构与苹果疏层形基本相同。其不同点是：幼树整形期留主枝较多，第一层主枝 3～4

个，第二、第三层主枝各2个，以上每层1个。

2. 清园与病虫害防治　越冬休眠期是病虫害生命周期中最为薄弱、被动的时期，通过清除残枝落叶、僵果，剪除病虫枝梢，刮除老翘皮，并集中销毁，可有效减少褐斑病、轮纹病、白粉病、刺蛾、金纹细蛾、康氏粉蚧等重要病虫害的越冬基数，对控制来年病虫害的发生有重要作用。

刮治腐烂病。腐烂病主要为害主干、主枝，也可为害小枝。一般从2月下旬开始要对全园进行一次认真的检查，发现病斑，立即处理。喷施石硫合剂。萌芽前的4月上中旬，喷一次5～7° Bé的石硫合剂。石硫合剂具有杀菌、杀虫和杀螨的作用。可防治休眠期的越冬虫卵、梨圆蚧、球坚蚧和各种病菌及防治生长期的螨类、白粉病等。

3. 土肥水管理　3月中旬以后刨树盘。此时地表开始化冻，将树冠下树盘土壤浅刨一次，深10～15cm，耧平，打碎土块，浅刨范围超出树盘越大越好。

秋季没有施肥的果园，可于4月下旬土壤化冻40cm左右时，施农家肥，结果树每株施150～250kg。

在春季刨树盘的基础上，5月中旬以后，进行播种绿肥、行间生草、覆盖等管理。进入温度高的季节，控制杂草高度。春季比较干旱的地区，灌水1～2次。

4. 春季修剪

（1）花前复剪　花前复剪的时间在花芽萌动至初花期，按照树体生长情况，疏除过多的花芽。对幼旺树延迟修剪，削弱生长势，促进萌发短枝。

（2）抹芽与除萌　春季萌芽与新梢开始生长期，针对剪锯口萌发的不定芽进行抹除，对多余的萌芽也一并抹除。

（3）新梢管理　对开张角度小的枝条，采用支、拉等方法加大开张角度，对骨干枝、背上直立枝，当长到10～12片叶时，留4～6片叶摘心以控制生长，于5月下旬对辅养枝进行环剥和环割，促进成花早结果。注意梨树新梢比苹果新梢脆，扭梢容易折断，一般不进行扭梢。

5. 授粉　苹果开花过程中，一般花的柱头有效授粉期为4d左右，而最适期为花开后2d。在开花前安置蜂箱，每0.3～0.5hm^2放1箱蜂。每箱蜂约有8000只蜜蜂。其授粉范围为40～80m。蜂群间距为100～150m。蜂种以耐低温、抗逆性强的中华小蜜蜂为宜。

花期喷0.1%～0.3%的硼砂溶液、高桩素或普洛马林500～800倍液，中庸树、弱树花后喷0.3%尿素均可提高坐果率。

6. 疏花疏果　生产上较为实用的方法是利用干截面积留果数（如‘库尔勒香梨’为2～4个果/cm^2）计算全树留果数，再用间距法留果。

梨树疏花从花序分离时开始，直到落瓣时结束。由于梨树开花时边花先开，中心花后开，因此疏花时注意每花序保留2～3朵边花，去除中心花和其余边花。从落瓣起便可疏果，生理落果后定果。‘金花’梨、‘雪花’梨每25cm留1个果，‘酥梨’、‘早酥’梨每20cm留1个果，‘鸭梨’、‘栖霞’梨等每15cm留1个果。在留果时，尽可能保留果柄粗长、果形细长、萼端紧闭而突出的果。苹果疏花在花蕾分离至开花前进行。具体内容参见项目6的任务2。

7. 果实套袋　梨果套袋通常于落花后15～35d进行，在疏果后越早越好。具体内容参见项目6的任务3。

（二）桃、李、杏树春季管理

1. 刮树皮与树体保护　在萌芽前对主干和主枝的老翘皮进行一次刮除。对刮除的病害、介壳虫等部位要涂抹杀菌、杀虫剂，同时对刮除工具要及时消毒。刮除物要及时清理出果园。并在花芽膨大期喷布 3～5° Bé 石硫合剂，减轻全年病虫害的发生。

2. 休眠期整形修剪　休眠期修剪一般宜在 2 月中旬进行。当骨干枝延长枝生长量小于 20cm 时，说明树体已经衰老。应及时将枝头回缩到 3～4 年生处，选用强壮结果枝组代替原头。也可用后部的徒长枝代替原头。

3. 授粉与人工疏花　为了提高坐果率，一般 3000m² 桃园放置 1 箱蜜蜂，也可人工授粉，采集授粉品种的花粉，在主栽品种初花期至盛花期以人工点授粉等。

人工疏花在大花蕾期至初花期进行。长果枝留 6～8 个花蕾，中果枝留 4～5 个花蕾，短果枝或花束状果枝留 2～3 个花蕾，预备枝不留花蕾处理。

4. 疏果及定果与果实套袋　桃疏果分两次进行。第一次疏果在花后 2 周左右，第二次称为定果，在落花后 4～6 周（硬核期前）结束。一般将每 667m² 的产量控制在 1250～2500kg。

5. 发芽后春季修剪　主要是抹芽、疏梢，除去过密、无用、内膛徒长、剪口下的竞争芽或梢；对主侧枝进行摘心或剪梢，可用副梢换头，开张枝头角度，缓和生长势。防止 6 月落果。

6. 土肥水管理　李树、杏树成龄园多进行覆盖或种植绿肥及生草。覆盖有机物后，使表层土壤的温度变化减小，早春上升缓慢且偏低，有利于推迟花期，避免李、杏遭受晚霜危害。

芽萌动前后追施一次速效肥。生产 50kg 以上的果树，可株施生物有机肥 5kg ＋尿素 1.5kg 或高氮复合肥 2.5kg，以促进营养生长。追肥后灌一次透水，灌水后及时中耕松土，以利保墒。花期喷 0.3% 的硼砂。

7. 防止晚霜冻害　桃树、李树、杏树开花较早，易遭受春季晚霜危害，因此要采取措施及时预防。常用防霜措施有：熏烟法、喷水法及芽膨大期喷布青鲜素等。在早春尤其是花期和幼果期注意观察天气预报，在霜冻之前 2～3d 开始浇水或给树体喷含钙等抗逆性保护剂的水溶液，以提高土壤湿度、增加土壤热容量及树体抗寒能力。

（三）枣春季管理

1. 休眠期修剪　参见项目 5 的任务 2。

2. 土肥水管理　春季土壤解冻后、枣树萌芽前进行追肥，目的是促进早萌芽，保证萌芽所需营养，提高花芽分化质量。此次追肥以氮肥为主，每株追施纯氮肥 0.4kg，锌铁肥 0.25～0.75kg，施肥后及时灌透水。灌水后根据土壤墒情及时翻耕，保持土壤疏松，促进根系生长，提高根系吸收肥水能力。

3. 抹芽与摘心　萌芽后，当芽长到 5cm 时，及时抹去无用芽、方向不合适的芽，目的是防止嫩芽萌发形成大量的枣头，节省养分，促进枣树健壮生长和结果。摘心是摘除枣头新梢上幼嫩的梢尖。枣头一次枝摘心为摘顶心，二次枝摘心为摘边心。新梢生长期摘心可削弱顶端优势，促进二次枝生长，形成健壮结果枝组。

4. 果园覆草　4 月下旬至 5 月上旬密植枣园可全园覆草，枣粮间作园可在树行内进行覆草，普通枣园可在树盘覆草。覆草厚度一般在 15～20cm 为宜，覆盖后在草上面盖一层薄土，防止火灾。

知识链接2——仁果类、核果类果树夏季管理

（一）苹果、梨夏季管理

1. 疏果 疏果已成为栽培管理技术的重要操作环节。具体内容参见项目6的任务2。

2. 果实套袋 不同品种摘除果袋时间略有不同。一般红色中熟及中晚熟品种，如‘新红星’、‘新乔纳金’采前10～20d除袋，红色晚熟品种采前20d左右除袋较为合适。黄绿色品种及塑膜袋可连袋采收，装箱时解袋。具体时间以阴天或多云天气为好。

具体内容参照项目6的任务3。

3. 新梢管理

（1）叶面喷肥 进入5月以后，苹果树叶片大量形成，随着叶面积的增加，光合作用加强，春梢加速生长达到高峰，是树体全年养分最紧张的时期，花芽分化、果实膨大、多器官交替重叠生长，养分竞争激烈。适时进行叶面喷肥，可以缓解营养供求矛盾，省工省事。

（2）生长调节剂应用 对生长旺盛的苹果果树，于5月下旬或8月中旬，喷布250倍PBO，可抑制新梢生长，促进花芽分化，有利于果实增红。

（3）新梢修剪 夏季新梢生长旺盛，特别是结果少的旺树和幼树，控制新梢生长，增加通风透光。技术措施有疏梢、剪梢和拉枝开角。对过密新梢也要进行疏枝处理，改善光照条件。做到生长季节对面讲话能见人，树底下要有斑点光，生长季节透光率为25%～30%。新梢修剪方法有摘心、扭梢、拿枝、环剥、拉枝等。

4. 土肥水管理

（1）播种夏绿肥 幼树春季未播种绿肥的，可在6月播种夏绿肥和种植豆类、薯类等间作物，以扩大覆盖率，增加果园收入。

（2）追肥 苹果在果实膨大期和花芽分化期追肥，可促进果实增大、提高产量、有利于花芽分化和枝条成熟。根据近几年实践经验，早中熟品种在6月中下旬，晚熟品种在7月底进行为宜。此次追肥施入全年20%的追肥，要氮、磷、钾肥配合施用，并以钾肥为主。梨追施花芽分化肥和果实膨大肥，主要以磷肥、钾肥为主。

（3）中耕、除草与树盘覆盖 对未覆盖的果园，地面杂草过旺，要及时中耕、除草。此时还可进行翻压春播绿肥。梨园使用除草剂以草甘膦类为好，生长季使用2～3次能够控制杂草生长。

进入6～7月以后，在旱地、坡地、瘠薄地利用麦收后的麦秸、杂草等覆盖树盘，杂草、麦秸要铡碎覆盖。覆草后要盖些碎土，注意防风、防火。草可覆于树冠下或全园覆盖。覆草厚度一般要大于10cm。覆草前对土壤进行深翻、中耕，时间宜在雨季之前进行，以提高蓄水、保水、保肥能力。覆草果园不再进行翻耕。

（4）注意果园排涝 地下水位较高的果园，当雨季降水过多，地下水位上升到1m时，即为暗涝，应注意挖沟排水。梨树耐旱、耐涝性均强于苹果，但树种间有较大差异，砂梨需水量最多，较耐涝。白梨和西洋梨比砂梨需水量少，秋子梨需水量最少，较耐旱。一年中以新梢旺盛生长期和果实迅速膨大期需水最多。夏季温度高，流动水浸泡梨树1周，不流动水浸泡3d梨树即受害。

（二）桃、李、杏夏季管理

1. 夏季修剪 疏除过密枝、竞争枝、徒长枝，保持园内有良好的通透性。

对幼树延长枝（主枝与侧枝）长至 40～50cm 时进行摘心，增加分枝，使之迅速扩大树冠。盛果期树在有空间处，新梢长到 30cm 时连续摘心，使之形成枝组，增加结果部位。一年内可摘心两次，但不要晚于 7 月下旬，以免发出的新梢不充实。

在幼树和初果期树开张角度。开张角度的方法有：拉枝、拿枝、撑枝，最佳的时间在 5 月上中旬至 6 月上中旬。幼树通过拉枝，可使主枝分布均匀。

对竞争枝、徒长枝在春季修剪的基础上，继续改造培养成枝组。疏除过密枝，改善光照条件。对角度较小的主枝、侧枝进行拉枝或换头开角，对负载重的枝进行支撑。

2. 果实套袋 套袋主要针对中晚熟品种。定果后尽早套袋。套前 2～3d 全园喷一次杀虫剂和杀菌剂。选择非雨天进行套袋，按照先上后下、先内后外的顺序，将果袋绑扎于结果枝上，不能伤果柄。白色及黄色品种果实成熟前不用去袋，采收时连袋采收；红色品种可在采前 10d 去袋。如日照过强，可自袋底先撕开袋体，逐渐去袋。

3. 土肥水管理 桃进入硬核期以后中耕宜浅，深度约 5cm，尽量少伤新根。

5 月中下旬，株施硫酸钾复合肥 350g，可促进果实膨大上色。在幼果期和果实膨大期是叶面施肥的最好时期，在幼果期（5 月间）进行叶面喷肥可有效防止落果。落花后 40d 开始喷腐殖酸钙，每 20d 喷 1 次，连喷 3 次，可以预防干枝和裂果病。

生长季多次喷布 0.3% 的尿素水溶液及 0.3% 的磷酸二氢钾水溶液或 400 倍的光合微肥水溶液，有利于改善叶片质量，提高光合效能。

幼果膨大期正是果树需水的临界期，这个阶段水分不足，不仅抑制新梢生长，而且影响果实发育，甚至引起落果。

李树、杏树抗涝差，果园若是处在地势低洼或地下水位过高处，在阴雨季节很容易积涝。当沙壤土的最大持水量为 30%，壤土的最大持水量为 50%，黏壤土的最大持水量为 60% 时就应及时排水。

4. 果实采收 采收期因品种、栽植地域不同而有差异，也取决于果实用途、市场状况。如果远地运销和当地加工，或用于贮藏，可提前采收；若是鲜食，可待充分成熟前采收。

（三）枣夏季管理

1. 保花保果技术 枣树开花期为春末夏初，即 5 月下旬到 6 上旬，特点是花期长、开花量大、落花落果严重、自然坐果率低，枣树和其他果树不一样，花芽当年形成当年分化，枝条生长、花芽分化、开花坐果、幼果发育同时进行，物候期严重重叠，各个器官对养分竞争十分激烈，造成落花落果现象严重。

（1）喷生长调节剂和微肥 赤霉素、萘乙酸、2,4-D、吲哚乙酸等都有保花保果的显著作用，生产上以赤霉素应用最为普遍，在盛花期喷布 10～15mg/kg 的赤霉素可提高坐果率 150%～500%，增产 30%～120%。赤霉素有两种类型，一种是白色晶体，另一种是乳剂。白色晶体不溶于水，必须用乙醇或高浓度白酒溶解后再兑水；乳剂可直接兑水，用 1.5g 赤霉素兑水 100kg 即可制成 15mg/kg 的赤霉素溶液，一般需要喷布两次，间隔 3～5d。此外，花期喷布硼酸钠、高锰酸钾、硫酸亚铁、硫酸钾等 300 倍液也有明显效果。硼酸钠和硼酸难溶于水，使用时先用 50～60℃的温水化开，然后再兑凉水。

无论是喷生长调节剂还是肥料，都应选择晴朗无风的天气，在上午9时前或下午16时以后均匀全面喷洒，直到树上往下滴水为止，喷后24h若遇雨要及时补喷。

（2）枣园放蜂　枣花是虫媒花，也是很好的蜜源植物，在枣园开花期大量放蜂，不仅能获取蜂蜜，还有利于授粉受精提高枣的坐果率。据调查，枣园放蜂可提高坐果率80%～200%。

（3）旱天喷水　枣树授粉受精要求较高的空气湿度，北方春旱严重，初花和盛花期干旱时，可少量灌水，如干旱期长，10～15d后可再灌1次，同时在傍晚或清晨喷水，增加空气湿度，有利于授粉受精，提高坐果率。

2. 疏果技术　7月上旬进行疏果，一般大果型枣，如梨枣，强壮树每个枣吊留2个果，中庸树每枣吊留1个果，弱树2个枣吊留1个果；小果型枣，如金丝小枣，强壮树每个枣吊留2～3个果，中庸树每个枣吊留1～2个果，弱树每个枣吊留1个果。留枣吊上部的果，留的枣要大小近似。

3. 夏季修剪技术　夏季修剪时期为萌芽后到果实采收前，通过摘心、拿枝、扭梢、环剥等修剪方法，达到减少养分浪费，促进花芽分化和坐果的目的。具体方法参见项目5果树的整形修剪。

4. 土肥水管理　5月下旬花期追肥常采取根外追肥的方式。当枣花开放30%时，喷施0.3%的尿素，隔一周再喷1次，干旱年份喷施3次，可显著提高坐果率。枣树是抗旱性比较强的树种，北方地区开花坐果期，干旱比较严重，常引起落花落果，及时灌水，同时在傍晚或清晨喷水，增加空气湿度，有利于授粉受精，提高坐果率。

果实膨大期是全年枣树需肥量最关键的时期，此时施肥以钾肥为主、磷肥为辅，不施氮肥。根据品种生长期在8月下旬至9月上旬，结合浇水每株施硫酸钾2kg，磷酸二铵1kg，施肥后及时浇水，进行中耕除草，可以促进果实膨大，提高果实品质与产量。果实膨大期进行2～3次叶面喷肥，用0.3%的磷酸二氢钾和含磷、钾、钙、锌的叶面肥进行叶面喷洒。

知识链接3——仁果类、核果类果树秋季管理

（一）苹果、梨秋季管理

1. 土肥水管理　进入8月以后，早熟、中熟品种陆续进入成熟期。在土肥水管理上，继续坚持雨后除草、松土工作；雨季注意防洪排涝，山地防止暴雨冲刷，毁坏梯田埝埂，平地防止积水浸泡果树。继续做好果园覆草工作，或积草沤制、高温堆肥等工作。对高秆（茎）绿肥进行刈割掩青，培肥土壤。8月喷洒0.2%～0.3%的磷酸二氢钾，可防止‘元帅’系的‘红星’、‘红冠’、‘新红星’等品种采前落果。

秋施基肥一般于8月下旬至9月上旬。

基肥的施用量因果园的土壤状况、树体生长发育状况、树种和品种不同而不同。一般情况下幼树每年株施厩肥25～50g，初果期树每年株施100～150kg，盛果期树每年株施150～200kg。施用量应达到全年用量的60%～70%，盛果期梨园每667m^{2}施3000kg以上，并施入少量的速效氮肥和全年所需磷肥。

2. 苹果果实着色管理　苹果为促进果实着色，果树成熟期间要保持土壤干燥，控制水分，要适当控制氮肥施用量，减少枝叶过旺生长。

苹果果实着色管理主要措施有铺反光膜、摘叶、转果、垫果、应用增色剂。铺反光

膜的时期为果实开始着色期，于果树行间或株间覆盖反光膜，利用其反射光以改善树冠内膛和下部光照条件，促进果实全面着色。

摘叶在除袋后1～2d开始进行。一般分两次进行。第一次摘除应摘叶片的60%～70%，第二次摘除应摘叶片的30%～40%，全树摘叶量应控制在14%～30%。

转果可使果实着色指数平均增加20%左右。一般在除袋后15d左右，即阳面上着色以后进行转果。垫果是将泡沫胶带裁成大小不等的小方块，粘在与果实接触的枝条上，将果实垫起来，这样就可防止大风造成果面磨伤，影响果品外观质量。

3. 保果保叶 晚熟苹果采后距落叶休眠还有1个月的时间，此间防病保叶有利于果树越冬和第二年生长结果。采果后要连续喷1～2次杀菌剂，延长叶片的功能期，提高光合效率，有利于越冬和为下一年树体健壮打下基础。

梨秋季果实成熟和采收，果实成熟期容易受到鸟害和金龟子等害虫危害，不能使用化学药剂，一般采用套袋的措施预防。金龟子等害虫还可以进行诱杀，鸟类危害多数利用假人恐吓、声音驱赶、反光条和光盘驱赶等措施，棚架梨园也可以覆盖防鸟网。

4. 秋季修剪 秋季，对生长旺而枝条密的幼树或大树，进行的修剪。秋剪对旺树有整体减缓生长势的作用，一般第二年不会出现旺长。疏除过密枝条、疏除着生在各部位的各类无效营养枝和枝组先端抽生的强旺枝条及环剥、环割口附近的萌条。

5. 果实采收与处理 参见项目6的任务4。对达到一定成熟度但着色差的苹果果实，可在采后促进着色，其适宜的环境条件是：10%左右的光照，10～20℃的温度，90%以上的空气相对湿度和早、晚果皮着露，果实增色显著。

6. 彻底清园，翻耕树盘 落叶前后，认真清园消灭越冬病菌害虫，主要内容有刮老树皮、刮树斑、剪枯枝、病虫枝、除杂草，并集中烧掉或挖坑深埋。翻耕树盘可结合施基肥进行。

7. 预防自然灾害 主要是防止抽条和冻害发生。进行树体保护。

树体保护的时期：10月下旬至11月上旬，土壤封冻之前，即霜降前后。

树体保护的方法：枝干涂白、灌封冻水、枝干覆草、根颈培土、埋土防寒等。

（二）桃、李和杏秋季管理技术

秋季主要生产任务：秋季修剪；促进花芽分化，提高花芽质量；促进果实着色，提高果实品质；果品采收；保护好叶片，提高叶片功能；秋施基肥，加强肥水管理，促进新根的生成，增加树体贮藏营养水平，增强树体越冬能力；综合防治病虫害。

1. 土肥水管理

（1）土壤管理 李树、杏树虽然对干旱、瘠薄有较强的适应能力，但必须有一定的肥水保证才能丰产。我国李园、杏园多建在黏土、山坡、河滩地等处，在定植前一般都未进行全园深翻改土，土壤结构及保水保肥力差，必须通过扩穴深翻、掺足有机肥或秸秆等改良土壤。

（2）肥水管理 在果实成熟前1个月，追施膨果肥，以钾肥为主，配合少量氮肥。距果实采收期20d内停止叶面追肥，不宜灌大水，以免造成裂果。

在果实采收后，早秋施基肥。秋施基肥后要灌1次水，以免造成早期落叶。果实采收后及时追一次肥，以含氮量高的复合肥为主。同时，秋季叶面喷一遍高浓度的叶面肥，如1%尿素加1%磷酸二氢钾等，延长叶片寿命，增加树体贮藏营养。对山地桃园可结合秋施基肥进行扩穴深翻，改良土壤；对河滩沙地桃园可利用作物秸秆进行树盘覆盖。

2. 秋季修剪 主要是对没有停止生长的新梢进行摘心或剪梢，要注意多保留功能叶片。对没有控制住的旺枝可从基部疏除；新长出的2次、3次枝可从基部疏除；对骨干枝角度小的进行拉枝开角。

3. 果实管理 套袋的鲜食果实应于采收前10～20d将袋撕开，使果实先接受散射光，于采收前3～5d逐渐将袋体摘掉。不易着色的品种应早摘袋，如中华寿桃宜在采收前2周左右摘袋。罐藏桃采收果实时连同果袋一起摘下。在果实着色期间，疏部分过密背上枝和内膛徒长枝，并将果实附近叶片摘掉，在果树行间地面上铺反光膜。

4. 果品采收 桃果的色、香、味等品质主要在树上发育形成，采后几乎不会因后熟而增进，应适时采收。一般就地鲜销果宜八九成熟采收，远地运输宜七八成熟采收。硬桃、不溶质桃可适当晚采，溶质桃，尤其是软溶质桃必须适当早采。罐藏硬肉桃宜七八成熟采收，罐藏软肉桃宜八九成熟采收。果实成熟不一致的品种，应分期采收。

5. 树体保护 秋冬季常用涂白、包草和根颈培土等方法，减轻或避免因变温或低温而引起的树体伤害。

对修剪、采果等造成的伤口，要及时涂抹杀菌剂、油漆或包扎薄膜进行伤口保护。每年冬季进行树干涂白。

（三）枣秋季管理

1. 采收枣果 枣果采收时期：枣果成熟过程可分为3个时期，即白熟期、脆熟期和完熟期，根据果品用途不同，采收时期也不同，加工蜜枣的品种宜在白熟期采收，此期果实体积不再增大，皮薄质松汁少，含糖量低，最宜加工蜜枣。鲜食的品种宜在脆熟期采收，如晋枣、梨枣和冬枣等，此期果皮变红，果肉脆甜多汁，含糖量高，风味最好。制干品种宜在完熟期采收，如金丝小枣、鸡心枣和灰枣等，此期果实已完全成熟，果肉开始变软，含水量降低，含糖量增加，制成的红枣耐贮运，品质最佳。

一般采用手工采摘、竹竿震落、乙烯利催落等方法。手工采摘适用于矮化枣园和一些商品价值高的鲜食品种，如冬枣、梨枣。采收时用手托起果实，连果柄一起摘下，轻拿轻放，防止碰伤和落地，此法不伤树、不伤果，果实宜贮藏，但费工费力。竹竿震落法容易损伤枝条和果实，影响翌年产量。所以用竿子打枣时，要尽量避免打折枝条、打落树叶，树下用一些柔软的东西接住，避免摔伤果实。乙烯利催落法适用于用作加工品种或晚熟皮厚的鲜食品种，可在采收前6～7d用200～300mg/kg的40%乙烯利水溶液，在气温较高时喷布树冠，喷后3～5d，采收时轻摇树体，枣果可全部脱落，此法工效高，但使用时要严格控制喷药浓度，先做试验再大面积使用。

2. 秋施基肥 施基肥后灌一次水；同时结合施肥，进行枣园翻耕，深度为10～30cm；10月底土壤封冻前灌冻水。

3. 树体保护 主要内容为伤口处理、补树洞、刮翘皮和涂白。

（1）伤口处理 因病虫、开甲、风折及修剪造成的伤口，应加以保护和治疗。方法是用利刀将树体伤口削平，如已腐烂，应将腐烂部分刮干净，使之露出新茬，茬口平滑、边缘呈弧形，用赤霉素或吲哚乙酸等加农药进行涂抹，然后立即抹泥，1～2次伤口即可愈合。

（2）补树洞　有些伤口已腐烂或形成空洞，应将洞口腐木刮除干净，尽量使切口平整，用3～5° Bé石硫合剂进行消毒，再用碎石与水泥3∶1的比例拌和，填补树洞，填时要紧实，勿留空隙，以防积水及病虫潜伏。

（3）刮翘皮　随着年龄增长，枣树树皮老化龟裂翘起，既妨碍枝干加粗生长，又为许多病虫提供越冬场所。刮皮深度一般以刮掉粗裂皮层而不伤嫩皮为度，刮下的树皮集中烧毁，刮后涂白或喷石硫合剂。

知识链接4——枣麦间作模式

枣麦间作是山西中南部地区广泛采用的间作模式，可以提高枣粮产量。枣树发芽晚，落叶早，叶片小，枝叶稀疏，生长期相对于其他树种短，根系稀少，与间作物争肥争水矛盾不突出，是优良的农林间作树种。在冬小麦主产区枣麦间作是一种很好的间作模式。

枣树与间作物小麦之间物候期不重叠，春季枣树萌芽前，正是小麦旺盛生长期，对小麦影响很小，当枣树旺盛生长时，小麦已到灌浆和收获期；秋季枣树果实采收时小麦开始播种，落叶时正值小麦出苗分蘖期，这样枣树与小麦避免了对养分和水分的争夺，将互相影响减少到最低限度。枣树品种选用鲜干兼用的品种，如‘骏枣’、‘壶瓶枣’、‘团枣’等；小麦选用大穗矮干品种，如‘中麦9号’等。

栽植时栽植密度以不影响农作物的生长为前提，枣树行距要大些，主要考虑间作作业及间作物光照，行距为8～12m，南北向株距为3～4m，行间栽种小麦。这种模式枣树定植当年定干高度为50～60cm，萌发3～4个枣头。第三年以后每年在休眠期要重剪地上部分，仅留0.5～1m长的主枝2～3条，5月上旬枣头开始萌发，每株有10个枣头，其余都剪除，5月下旬到6月上旬枣头长到0.5～0.8m时小麦开始收割，枣麦交叉生育期仅30～40d，6月上中旬枣进入盛花期要及时进行枣头摘心，控制生长。

知识链接5——苹果、梨、桃、李、杏、枣对环境条件的要求

1. 苹果　苹果喜冷凉气候 苹果进入自然休眠期能抗 −30℃低温。苹果喜光，喜干燥。要求年降水量500～800mm，湿度70%以下。苹果根系入土深而广，与土壤接触面大，可适应沙质土、壤质土、黏质土、砾质土等不同土质，土壤pH 5.5～6.7为宜。

2. 梨　梨对温度的要求因其属不同系统而异。白梨、洋梨要求冷凉干燥的气候，在年平均温度大于15℃的地区不宜栽培。例如，鸭梨引入高温多湿的地区栽培后，果形变小，风味变淡，失去原有品质。砂梨较耐湿热，适于长江流域及其以南地区栽培。梨有时发生冻花芽或花期受霜冻的现象，导致减产。

梨树喜光。年需日照时数1600～1700h。降水量要求在不同梨系统间差别较大。砂梨高度耐湿，在年降水量800～1000mm以上的地区，生长良好，易获丰产。

梨对土壤要求不严，较耐湿涝和盐碱。土壤含盐量低于0.2%，pH在5.8～8.5，均能栽种梨树。但以土层深厚、排水良好的沙质壤上或轻壤上最为理想。

3. 桃　桃是喜冷凉温和气候的温带果树，在我国南至广东、北至黑龙江、西至新疆都有栽培。桃具有一定的抗寒能力，一般休眠期能耐 −25～−22℃的低温，不同品种具有较大的差异。在北方栽培一定要考虑品种的抗寒性，特别是花芽的抗冻能力。早春低

温很容易造成冻害。

桃喜光。光照过强，且直射枝干时，易造成日灼，进而发展成流胶等。

桃树耐旱忌涝，根系好氧，适宜疏松、排水通畅的沙质土壤，对土壤肥力要求不严，在黏重及肥沃的土壤上易造成旺长及流胶病的发生，pH 4.5～7.5 适宜。

桃树为浅根系，对水分反应敏感，怕水淹，连续积水两昼夜就会造成落叶和死树，在排水不良和地下水位高的果园会引起根系早衰、叶薄、色淡，进而落叶、落果、流胶以至植物死亡。

4. 李 李在北方冬季低温地带和南方炎热地带均有栽培。不同生态型品种对温度反应的差异较大。原产于我国北方的李树，如乌苏里的红干核、黄干核等品种，休眠期能耐 -40～-35℃的低温。而生长在南方的芙蓉李、三华李等品种，对低温的抵抗能力较差。中国李早春花期有时遇晚霜或阴雨低温会引起冻害或授粉受精不良，导致减产。欧洲李花期晚，较少受晚霜影响。

李对土壤要求不严，不论何种土质都可栽培，但须排水良好。土壤 pH 以 6～6.5 为宜。李树对土壤酸碱度的适应能力较强，鲁西南、鲁西北、鲁北轻盐碱地区都有李树分布，但以 pH 为 6.0～6.5 为宜。

李树对水分的适应性较强，在干旱或潮湿地区均能生长。我国北方的李树品种较耐旱；南方的李树品种适于湿润，李以桃、杏和毛樱桃作砧木时则怕涝。

5. 杏 杏根系强大，适应性广。杏耐寒、耐旱、耐高温，不耐涝。杏喜光。杏冬季休眠期能耐 -30℃以下的低温，夏季高温达 43℃左右，仍能正常生长。光照不足，杏花雌蕊退化花多。杏开花早，容易发生花果冻害。杏对土壤要求不严，不论平原、沙荒、山地、丘陵、谷地都能生长结果。土壤 pH 6.8～7.9 为宜。

6. 枣 枣树喜温，抗旱耐涝。枣树喜光性很强。枣树枣萌芽晚，落叶早。枣树对湿度的适应范围较广，在年降水量 100～1200mm 的区域均有分布，以降水量 400～700mm 较为适宜。枣树花期要求较高的湿度，授粉受精的适宜湿度是相对湿度 70%～85%，枣树花期干燥，授粉受精不良，落花落果严重。枣树花期连续阴雨，坐果率也会降低。

枣树对土壤要求不严，抗盐碱，耐瘠薄。在土壤 pH 5.5～8.2 范围内，均能正常生长，但最适宜土层深厚的沙质壤土。

【考核评价】

本任务具体考核评价见表 7-7。

表 7-7 露地仁果类、核果类周年管理任务考核评价表

考核项目	分数
了解露地苹果、梨物候期，掌握各个物候期的管理内容与方法	20
了解露地桃、李和杏物候期，掌握各个物候期的管理内容与方法	20
能够制订与实施露地苹果、梨周年管理工作历	20
能够制订与实施露地桃、李和杏周年管理工作历	20
了解露地苹果、梨、桃、李和杏生产现状和效益	20
总分	100

任务 2　设施桃和樱桃周年管理

【任务目的】

1. 能够制订与实施设施桃、樱桃的周年管理工作历。
2. 能够对设施桃、樱桃进行正确管理，掌握其关键技术。
3. 了解设施桃、樱桃生产现状和效益。

【实践操作】

选择当地设施桃、樱桃园，进行设施桃、樱桃果树生产调查。调查内容如下。

一、基本情况

调查地点：
品种：
设施条件：

二、设施桃、樱桃物候期调查

设施桃、樱桃物候期调查表见表 7-8。

表 7-8　设施桃、樱桃物候期调查

物候期	时期	备注（调查标准）
萌芽期		
花期		
新梢速长期		
果实膨大期		
新梢停长期		
果实成熟期		
落叶期		
休眠期		

三、设施桃、樱桃周年管理历调查

设施桃全年管理内容与方法调查表见表 7-9。

表 7-9　设施桃全年管理内容与方法调查

调查地点：　　　　设施条件：　　　　品种：

时期	管理内容	主要技术

四、生产效益调查

投入、产出情况调查。

【引导思考】

自行设计思维导图并利用思维导图引导有关问题的思考。

1. 你了解当地桃或樱桃的设施栽培情况吗？

2. 当地桃或樱桃的设施栽培选择什么品种？什么设施？有哪些关键技术？

【知识链接】

知识链接1——设施桃周年管理技术

（一）休眠期管理

（1）促进通过休眠　秋季不能自然落叶的品种，可人工顺枝捋掉叶片。生产上也有用8%尿素作化学脱叶剂的，但脱叶不宜过早，以免影响树体营养积累。然后采用“人工降温暗光促眠技术”促使桃树尽快通过休眠。

（2）适时扣棚升温，控制熟期　满足栽培桃的休眠需冷量后即可升温。一般情况下，需冷量达到800h以上，能满足大多数桃、油桃的自然休眠要求。以辽宁熊岳地区为例，11月进入休眠期管理的温室内温度可稳定达到7℃以下，这样在12月5日需冷量即可达到800h以上，就可以进行升温管理。升温时期的确定还应考虑设施的保温效果，如改良式大棚保温效果不如温室，应晚些升温，让花期躲过1月的最低温度。大规模生产时，还应考虑分批升温，控制果实成熟上市时期，防止成熟期过于集中。

（3）休眠期修剪　生产上多在揭帘升温后进行。成形树的休眠期修剪主要任务是结果枝组和结果枝的修剪。结果枝组采用双枝更新方法，防止结果枝组延伸过长。树体中、下部要注意培养大、中型结果枝组，避免出现光秃带。结果枝修剪时要剪到复芽处，并要看花芽修剪，保证留下足够的花芽。同时，疏除过密枝和细弱枝。

（二）催芽期管理

（1）温度管理　这一时期的温度管理原则是平缓升温，控制高温、保持夜温。方法是前期通过揭开保温材料的多少控制室内温度，后期则需通过放风控制温度过高。控制标准是第一周室温保持在白天13～15℃，夜间6～8℃。第二周室温保持在白天16～18℃，夜间7～10℃。此后室温保持在白天20～23℃，夜间7～10℃，持续16～20d。这期间夜间温度不宜长时间低于0℃，遇寒流应人工加温。一般升温后35～40d即进入萌芽阶段。

（2）湿度管理　催芽期保持较高的湿度有利于萌芽。因此升温后可灌一次透水，增加土壤含水量，提高温室内的湿度，使棚室内空气相对湿度保持在70%～80%。

（3）其他管理　升温后1周左右喷1次3～5°Bé的石硫合剂，综合防治病虫害。完成地上管理后，及早全园覆盖地膜，提高地温，保证根系和地上部生长协调一致。

（三）开花期管理

（1）温度、湿度管理　从萌芽至开花期，桃树生长发育适宜温度为12～14℃，白天最高温度要小于22℃，夜间要大于5℃。遇寒流时采取人工加温措施，如在温室内加炭火、点蜡烛、燃液化气等，防止低温冻害。花期空气湿度控制在50%～60%。控制湿度的方法是打开天窗或放风口放风排湿。

（2）光照管理　花期对光照反应敏感。调节光照的具体方法有选择透光性能好的覆盖材料，聚乙烯无滴薄膜透光率为77%，是目前效果较好的覆盖材料，同时注意经常擦拭棚膜。在保证温度的前提下，尽可能延长揭帘时间。合理密植、科学整形，保持良好的群体结构，主要表现行间透光、枝枝见光。在长时间阴雪天的情况下，可用白炽灯、卤化金属灯、钠蒸气灯等光源人工补光。

（3）人工辅助授粉　　设施栽培桃品种大多数自花结实，不必配置授粉树，但需人工点授或用蜜蜂、壁蜂传粉。

（4）新梢管理　　桃设施栽培管理条件下，通常复芽较多，且叶芽萌发较早，因此应抹芽、除萌（图 7-2），以节省养分。一是将无花处的叶芽疏掉；二是将二芽、三芽梢保留一个叶芽梢，多余的疏除；三是根据结果枝进行疏芽梢。短果枝留 2～3 个叶芽，中果枝留 3～4 个叶芽。

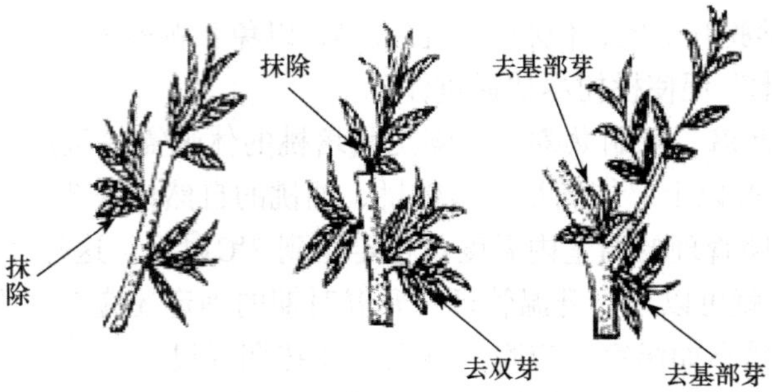

图 7-2　抹芽、除萌

（四）果实发育期管理

（1）温度管理　　果实第一迅速生长期，适宜温度为白天 20～25℃，夜温大于 5℃。果实生长与昼夜温度及日平均温度呈高度正相关。尤其是夜间温度的高低对第一迅速生长期影响明显。硬核期对温度的反应不像第一迅速生长期那么敏感。为避免新梢徒长，最高温度控制在 25℃以下，夜间温度控制在 10℃左右。果实第二迅速增大期，白天温度控制在 22～25℃，夜间温度控制在 10～15℃，昼夜温差保持在 10℃，产量最高而且品质佳。温度过高或过低，品质都下降。从果实的重量与甜味看，22℃的温度果实发育最好。

（2）光照管理　　此期光照管理可参照开花期的光照管理内容。此外选择温度好的晴天，加大扒缝通风口，让植株接受一定的直射光，提高花器的发育质量，对授粉受精有显著的促进作用。在果实开始着色期，温室后墙和树下铺反光幕，以促进果实着色。

（3）花果管理　　桃设施栽培一般可疏果两次。第一次在落花后两周左右进行，当果实有蚕豆大小时，疏掉发育不良果（小果、双果）、梢头果和过密果。第二次疏果，在硬核期之前（落花后 4～5 周）。

（4）新梢管理　　及时抹除背上直立的，未坐果部位萌发的新梢，以节省营养，通风透光。坐果部位的新梢，长到 30cm 左右时摘心。摘心后发出的副梢，除顶部留 1 个外，其余及时反复抹掉，控制新梢和副梢生长与果实发育争夺养分。及时吊起下垂枝，扶助新梢生长，改善通风透光条件，促进果实发育。个别背上直立枝，在有空间的前提下可扭梢控制。但应与摘心配合使用，一般不提倡过多的扭梢处理。果实发育期的新梢控制不可采取多效唑处理，以利于生产无公害果品。

（5）肥水管理　　设施栽培条件下要控制化肥的使用量和使用次数。一个生长季每 667m^2 的尿素使用量控制在 10～20kg。提倡配方施肥，可按磷酸二铵：尿素：硫酸钾＝

1∶1.3∶1.8 的比例进行施肥。

（6）果实采收　采收时按成熟期的早晚分期分批采收。通常根据上市或外运时间在早上或傍晚温度较低时采摘，采摘要带果柄，并要做到轻拿轻放。采果的同时将采收完的结果新梢留 3～4 节短截，为下部果实打开光照，促进下部果实着色成熟。

采收的果实经过选果分级后装箱，通常用聚乙烯保温箱 5kg 箱装。运输时也要轻装轻卸，尽量避免机械损伤。

（五）果实采收后的管理

1．采收后修剪　‘早红珠’、‘阿姆肯’等品种在辽宁熊岳地区 4 月上旬即可采收完，可在 4 月末进行修剪，在 5 月采收结束的品种应在采收后立即修剪，主要任务如下。

（1）调整树形　有空间的情况下，主枝延长枝中短截，以扩大树冠。根据棚室高度将树高控制在 1.5～1.8m。无空间时，回缩过长、过高的枝头和中部大型枝组，使同一行树保持前低后高。自然开心形保持两侧高中间低，树冠间距控制在 50cm 左右。

（2）更新枝组　注意采用双枝更新技术，防止结果枝组延伸过长，避免出现光秃带。对枝轴过长的结果枝组，及时回缩，使枝组圆满紧凑。对弱枝和过长枝，也可在二年生枝段上，有叶丛枝处缩剪，使之复壮。对所有结过果的新梢留 2～3 个芽重短截，促发新枝，重新培养结果枝。修剪时要留侧芽侧枝，以免发出的新梢偏旺。

（3）培养结果枝　回缩的新梢萌芽后，进行一次复剪。即及时疏除过多、过旺的新梢，留中庸枝、平斜枝培养结果枝。个别较壮新梢，在有空间的前提下，可在 15～20cm 时摘心，利用二次枝培养结果枝。摘心只能进行一次，分枝级次越多花芽分化越不好。通过复剪达到两个目的：一是调整新梢密度，使每 667m^2 保留 1.2 万～1.5 万个新梢；二是调整新梢的整齐度，使留下的新梢均匀一致，便于利用多效唑抑制新梢生长，促进花芽分化。

2．肥水管理　修剪后进行一次追肥和灌水，每株沟施复合肥 150～250g，施肥后全园灌透水。9 月上中旬进行秋施基肥。雨季要严格控制水分，注意排除树盘中的积水。

3．控制新梢生长，促进花芽分化　露地管理过程中，为防止新梢生长偏旺，除过分干旱外，一般不灌水。当新梢长到 10～20cm 时，喷施 150～250 倍的多效唑 1～2 次，将大部分新梢长度控制在 30～40cm，以形成较多的复花芽，适时进入休眠，为下一个生产过程打下良好基础。

知识链接 2——设施樱桃管理技术

（一）休眠期管理

1．解除休眠、适时升温　樱桃的日光温室生产同其他果树一样，采用“人工降温暗光促眠”技术，尽早满足休眠的需冷量要求。目前，已有人将工业用空调机安装到甜樱桃的温室内，秋季采取人工制冷办法降低温室内的温度，来满足樱桃休眠需冷量的要求。人工制冷温室覆盖时间为 9 月上旬，覆盖后用制冷装置降温，保持棚内温度在 5～7℃。也有人白天盖帘，晚上拉开帘，采取在温室内放冰块的方法来降低温室的温度，成本低，也有一定的效果。

甜樱桃的休眠需冷量比较大，生产上日光温室内低温量（0～7.2℃）累计达 1200h 后开始揭帘升温。辽宁大连地区于 12 月下旬、山东烟台地区于 12 月末到翌年 1 月初升温。塑料大棚（无草帘覆盖）于 1 月末至 2 月中旬，当外界日平均气温达到 0℃时，就可以覆膜扣棚升温。

2. 休眠期修剪　甜樱桃设施栽培常用树形有纺锤形、自然开心形和改良主干形。与露地不同的是在设施的不同部位树高、主枝数要有所区别。例如，温室内的纺锤形，前底脚树的高度在 1.5m 左右，主枝 5～6 个；中部树高 1.8m，主枝数 7～12 个；后排树高 2.0～2.5m，主枝数 13～15 个。

樱桃树的休眠期修剪要轻剪缓放多留枝，切忌短截过多，修剪过重。在有空间情况下，休眠期除主枝延长枝留 40cm 左右短截外，背上直立枝、竞争枝留橛修剪，其余枝条缓放或去顶芽。控制好主枝上的轮生枝，保证主枝单轴延伸。对于过长的下垂枝组要及时回缩复壮，短枝和花束状果枝原则上不剪。

（二）催芽期管理

1. 温度、湿度管理　甜樱桃在升温的第 1～2 周，白天温度控制在 10℃左右，夜间温度控制在 0℃以上。第 2～3 周白天温度控制在 15～20℃，夜间温度控制在 5℃左右，不宜长时间超过 8℃。空气湿度控制在 70% 左右。这一时期的温度不宜超过 20℃，否则会引起花粉败育。从升温到初花必须历经 35～40d，少于 30d 落花落果严重。中国樱桃在萌芽前，白天温度控制在 12～15℃，夜间温度控制在 3℃以上。空气相对湿度控制在 70%～80%。

2. 疏花芽　设施栽培时，对盛果期树进行疏花芽和疏花蕾，可显著提高坐果率和增大果个。疏花芽宜在花芽膨大未露花朵之前进行，用手轻轻一碰即可将花芽疏除。在树势较弱，花束状果枝过多、过密的情况下，可将其中 20% 左右的花束状果枝上的花芽疏除，只保留顶端的叶芽，让其抽生健壮短果枝，次年结果。留下的花束状果枝上的瘦小花芽也进行疏除，每个花束状果枝保留 3～4 个花芽。

3. 其他管理　其他管理同桃，包括喷石硫合剂、灌水和覆盖地膜等。

（三）萌芽开花期管理

1. 温度、湿度管理　甜樱桃萌芽到开花期，白天温度 18～20℃，夜温 7～10℃。据有关资料介绍，甜樱桃白天温度控制在 20℃，夜温控制在 7℃，以及白天温度控制在 18℃，夜温控制在 10℃时，其花粉发芽率、坐果率最高。中国樱桃品种，如莱阳矮樱桃，现蕾萌芽期白天温度控制在 15～17℃，夜间温度控制在 5℃以上。开花期白天温度控制在 18～20℃，夜间控制在 8℃以上。开花期间，温室内的空气湿度控制在 50% 左右。

2. 疏花蕾　开花时，疏除花芽中瘦小的花蕾，每个花芽中保留 2～3 朵花。硬核后疏除小果和畸形果，最后一个花束状结果枝留 6～8 个果。最终将产量控制在 4～6 年生的樱桃 667m^2 为 300～400kg，7 年生以后保持在 500～600kg 为宜。

3. 人工辅助授粉　甜樱桃在配置授粉树的前提下，也必须进行人工辅助授粉或蜜蜂授粉，方法与其他树种相同。

（四）果实发育期管理

1. 温度管理　果实发育前期，从落花后到幼果膨大，白天温度从 18～19℃逐步升到 20～22℃，最高不能超过 25℃。夜温控制在 7～8℃，最高不能超过 10℃。果实着色至果实成熟期，白天温度控制在22～25℃，夜温控制在12～15℃，保证昼夜温差在10℃以上，以利于果实着色和成熟。

2. 新梢管理 及早抹除剪锯口处、树冠内膛萌发的过密的萌芽。对结果枝先端的直立旺枝，没有坐果的空枝及时疏除或留基部2～3片叶重截，促发短枝，有利于果实的生长发育。坐果期对强旺新梢留10cm左右摘心，可显著提高坐果率，促进幼果发育。对当年萌发的生长过旺的部分新梢可以采取扭梢办法控制，即可控制新梢生长，又有促进花芽分化的作用。对角度开张不够的主枝可进行拉枝，改善光照条件。

3. 肥水管理 开花前结合灌水每株结果树追施沼液肥或豆饼液肥10～20kg。在此基础上从幼果期开始，每隔7d左右喷施一次0.3%的尿素和0.2%磷酸二氢钾的混合剂，共喷2～3次。硬核期后补灌一次水，水量以一流而过为宜，到果实开始着色时停止追肥灌水。设施栽培樱桃在花后至硬核期前灌水会引起不同程度的落花落果，灌水越早，灌水量越大，落花越重，严重的可达80%以上，应引起注意。

4. 果实采收 设施栽培的樱桃更要精心采收，同时注意不要折断短果枝。甜樱桃属高档果品，应将果实按大小和着色程度分级后包装，包装盒以内装0.5～1.0kg为宜。不管是采收或是包装，都应在短时间内完成，最好在2℃的温度条件下降温预冷后再外运。

（五）果实采收后的管理

1. 揭除覆盖物 温室樱桃果实采收后，外界还未到樱桃树的适宜生长季节，不能立即撤掉塑料薄膜，但可以揭掉草帘等覆盖物。采果以后，逐渐增大通风口的打开程度，使温室内的条件逐渐与外界接近。当外界气温不低于10℃时，夜间不盖草帘，稳定在15℃以上时，选择傍晚时分将塑料膜撤掉。放风锻炼时间至少要持续15d以上，以免撤覆盖物太急，放风锻炼的时间不够，造成叶片灼伤焦枯，导致二次开花。

2. 采收后修剪 樱桃采收后修剪量要小、程度要轻。主要任务：①对骨干枝采取缓放、回缩办法调控，维持树冠的大小和高矮，防止树冠间的交叉和树冠顶部距棚膜过近；②对开始衰弱的结果枝组进行回缩更新复壮，回缩到壮枝壮芽处；③对上部过旺新梢可少量疏除；④对过密枝进行回缩或疏除，背上直立枝留橛1～2cm疏除，改善树冠通风透光条件。

对于修剪后萌发的新梢长到15～25cm时，可连续进行摘心，促发分枝，控制旺长，使枝条尽快成熟而形成花芽，增加结果部位。对于角度不符合要求的枝条，继续拉枝开张角度，改善诵风涛光条件，使树冠内外长势均衡，花芽形成良好。

3. 控制新梢生长，促进花芽分化 对于树势较旺的树可在7～8月喷施200mg/L的15%多效唑粉剂，以抑制新梢生长。

4. 肥水管理 修剪后要对土壤进行一次耕翻，增加土壤的透气性。同时追施一次速效性肥料，如每株施磷酸二铵1kg，利于树势的恢复。待到8月中下旬施一次有机肥。

知识链接3——甜樱桃强制休眠技术

应用甜樱桃强制休眠技术，表现较好的品种有‘红灯’、‘滨库’等。其主要技术有：覆膜时间为9月上旬，覆膜前喷1次40%乙烯利600倍液。覆膜后通过人工制冷强制降温，降温分阶段逐渐进行，第一周每2d降1℃，第二周每天降1℃，此后每天降2℃，最后将温度控制在5～7℃，树体进入休眠状态。强制休眠的甜樱桃可在11月中旬开始升温，12月中旬开花，果实可于2月上旬成熟上市，比常规温室栽培提前近2个月。

知识链接4——设施果树选择与栽植

（一）设施果树树种和品种的选择原则

果树设施生产主要以鲜食为目的，选择树种和品种上应遵循以下原则。

1）选择果实色泽艳丽、鲜食品质好，果实不耐长期贮运的树种和品种。

2）促成和半促成栽培宜选择早熟品种，果实生育期60～80d为宜。延迟栽培选择晚熟品种，果实生育期越长越好。

3）选择自然休眠期短、需冷量低的品种。

4）选择植株比较矮小或适宜矮化栽培的树种和品种。

（二）苗木选择

除桃、葡萄等早果性好的树种，可在设施内直接定植一年生苗外，樱桃、杏、李等进入结果期较晚的树种宜在设施内定植大苗，以便尽早获得产量，降低管理成本。培育和利用大苗的方式一是利用露地栽培结果树，就地建造保护设施；二是移植结果树，将4～5年生大树移栽到温室内，方法简便，快捷。

（三）栽植时期

秋栽为宜，适宜大苗移栽。当年冬季在苗木满足需冷量后即可升温。果苗从1月初就开始生长，比露地多生长2～3个月，生长量大，花芽多，翌年产量高。行间间作矮茎蔬菜、花卉、草莓等作物，以抵消管理费用。

（四）设施果树栽植方式

设施果树选择栽植方式时，除草莓要求不严格外，其他乔木果树以南北行向、采用长方形或带状栽植为好。

目前，日光温室推行高畦栽植和砖槽台式栽植方式效果较好。高畦栽植是在温室内做20～30cm高畦，将果树定植在高畦上，具有提高地温作用，也可以解决设施栽培高密度下的光照问题。砖槽台式栽植则是向下挖50cm深，宽100cm，砌成砖槽，果树定植在槽内。果树定植平面与温室地平面一致，可有效利用空间。

知识链接5——设施内环境条件与调控技术

（一）温度条件及其调控

1. 设施内温度的变化 温室内的气温在东西方向上差异较小，靠近出口处气温最低。南北方向上，以中部最高，向南、向北递减，白天南部高于北部，夜间北部高于南部。温室内最低气温出现在揭开保温覆盖材料前的短时间内，揭开覆盖材料后气温很快上升，11时前升温最快，在密闭条件下每小时最多可上升6～10℃，这期间是温度管理的关键。13时气温达到最高，以后开始下降，15时以后下降速度加快，直到覆盖保温物为止。此后温室内气温回升1～3℃，然后平缓下降，直到第二天早晨。晴天塑料大棚在日出后气温开始上升，13时气温最高，14时以后气温开始下降，日落前下降最快，昼夜温差较大。设施内的地温从地表到50cm深的土层里都有明显的增温效应，但以10cm以上浅层土壤增温显著。

2. 温度调控

（1）保温措施　采用多层覆盖，如设置二层幕、在温室和大棚内加设小拱棚等；减少缝隙放热，如及时修补棚膜破洞、设作业间和缓冲带、密闭门窗等；采取临时加温，如利用热风炉、液化气罐、炭火等。

（2）降温措施　自然放风降温，如将塑料薄膜扒缝放风，分放底脚风、放腰风和放顶风3种，以放顶风效果好。温室也可采取强制通风降温措施，如安装通风扇等。

（二）光照条件及其调控

设施内的光照强度垂直分布规律是越靠近薄膜光照强度越大，向下递减，且递减的梯度比室外大。靠近薄膜处相对光照强度为80%，距地面0.5～1.0m为60%，距地面20cm处只有55%。光照的水平分布规律是南北延长的塑料大棚，上午东侧光照度高，西侧低，下午相反，全天平均东西两侧差异不大。东西延长的大棚，平均光照度比南北延长的高，升温快，但南部光照度明显高于北部，最大相差20%，光照水平分布不均匀。日光温室南北方向上，光照强度相差较小，距地面1.5m处，每向北延长2m，光照强度平均相差15%左右。东西山墙内侧大约各有2m左右的空间光照条件较差，温室越长这种影响越小。

在合理采光设计的前提下，改善光照的措施有：选用透光率高的薄膜；在温度允许的前提下，适当早揭晚盖保温覆盖物；定期清扫棚膜；人工补光，铺、挂反光膜等。

（三）湿度条件及其调控

冬季生产中，设施处于密闭状态，空气湿度较大，对果树病害发生影响极大。降低设施内湿度的措施有：通风换气，可明显降低空气湿度；在温度较低无法放风的情况下，可加温降湿；进行地面覆盖，既可控制土壤水分蒸发，又可提高地温。采用管道膜下灌水，可明显避免空气湿度过大。有条件可采用除湿机来降低空气湿度，在设施内放置生石灰，利用生石灰吸湿，也有较好效果。

设施内空气湿度的大小，取决于蒸发量和蒸腾量，与温度也有密切关系。蒸发量和蒸腾量大，空气相对湿度、绝对湿度都高，在空气含水量相同的情况下，温度越高相对湿度越小。设施内相对湿度的变化与温度呈负相关，晴天白天随着温度的升高相对湿度降低，夜间和阴雨雪天随室内温度的降低而升高。空气湿度变化还与设施大小有关，设施空间大，空气相对湿度小些，但往往局部湿度差大，如边缘地方相对湿度的日均值比中央高10%；反之，空间小，相对湿度大，而局部湿度差小。

（四）气体条件及其调控

1. 设施内CO_2浓度的变化　二氧化碳是绿色植物光合作用的主要原料。温室内的CO_2浓度在早晨揭开保温覆盖物时最高，一般可达1%～1.5%。此后浓度迅速下降，如不通风到上午10时左右达到最低，可达0.01%，低于自然界大气中CO_2的浓度（0.03%），抑制了光合作用，造成果树“生理饥饿”。在夜间，温室处于密闭状态，果树呼吸作用放出CO_2，再加上土壤中微生物活动也会释放CO_2，导致夜间CO_2浓度最高，比一般空气中含量高3～5倍。

CO_2浓度的变化与天气也有关系。晴天果树光合作用强，CO_2浓度明显降低；阴雨天果树光合作用弱，CO_2浓度较高。设施内CO_2在空间上的分布规律是：垂直方向上，植株间CO_2浓度低；水平方向上，CO_2浓度四周低，中间高。在设施密闭状态下，对果树生长发育影响较大的气体主要是CO_2和有害气体。

2. 调控设施内 CO_2 改善设施内 CO_2 浓度的方法除通风换气、增施有机肥外，还可以利用化学反应法，燃烧天然气、液化气、沼气等，施用液态、固态 CO_2 和施用 CO_2 颗粒肥等。其中应用较多的方法是用 CO_2 发生器，利用硫酸和碳酸氢铵反应制造 CO_2 气体。此外，目前设施果树生产中采用秸秆生物反应堆，对提高设施内 CO_2 浓度有较好的效果。施放 CO_2 宜在晴天的上午进行，下午通常不施，且应保持一定的连续性，应坚持每天施用，如不能每天施用，前后两次的间隔时间不宜超过 1 周。阴雨雪天和温度低时不宜施放。

3. 有害气体 设施生产中如管理不当，可发生多种有害气体，造成果树伤害。

知识链接 6——PP333 在桃树上应少用或不用

PP333 也称多效唑，是近年来果树上应用较为普遍的生长抑制剂。它的作用是抑制树体内赤霉素的合成，从而使新梢生长缓慢，节间短，树姿紧凑，由此促进花芽形成。PP333 对多种果树有效，对桃、李、杏、樱桃等核果类的作用特别显著，对控制桃幼树的旺长特别有用。施用 PP333 后，控制了树体的生长，减轻了夏季修剪，改善了树体光照，花芽着生部位低、充实而健壮，花期和果实成熟期略有提前。不影响坐果，也不会抑制果实生长。PP333 可以土壤施用，也可以叶面喷洒。初结果树，以土施省工而有效。土施用量每株为纯量 0.75g，叶面喷洒浓度为 1000mg/L，一般在新梢旺盛生长前施用，一年喷 1～2 次。PP333 在土壤中残留时间长，一次施用，有跨年度后效。如用量过度，造成树体生产极度阻滞，后果严重，应切实注意。施用 PP333 的树，枝条节间短，中短果枝尤其是花束状果枝增多，复花芽多，因此，冬季修剪时宜先疏间过密、过弱的短枝和花束状枝，对留下的较长的花束状果枝不要剪截；对中长果枝应合理剪留其长度。施用 PP333 对果实发育有明显影响。由于枝条生长缓慢，因此，在核硬化以后果实发育快，果个增大，促进其发白着色，近成熟时果实生长缓慢，故对晚熟品种宜谨慎使用。

桃树使用多效唑（包括土施和喷施）后，优点是能够明显抑制枝条的旺长，节间缩短，芽体饱满，花芽形成量大，叶片肥厚。但副作用较大：一是果实发涩，糖度降低，影响食用性，因使用量大，有的根本无法食用；二是果实底色发绿，果形发扁，影响外观质量，降低商品价值；三是在果实内有残留，对人体有害无利，不符合无公害果品生产要求；四是树体弱的尤其是立地条件差的，不靠肥水，单靠多效唑促花，坐果也不理想。从以上综合分析，桃树使用多效唑弊大于利，不宜使用。

为了防止冒条促进花芽形成，可通过背上多留结果枝组转化背上优势，春季抹芽、夏季疏梢、秋季疏枝以利透光，合理增施有机肥和磷钾肥，适时灌排的办法加以解决。

知识链接 7——大棚桃、李、杏的前促后控方法

（一）前促

（1）施肥 栽植成活后，待新梢长到 10cm 左右时，开始施肥，至 6 月底以前，至少施氮肥二次。第一次每株施尿素 0.1kg，第二次每株施尿素 0.2kg。同时，叶面喷肥 2～3 次 0.3% 尿素溶液。

（2）浇水 为了促进营养生长，必须适时浇水，应根据天气情况，6 月底前浇水 2～3 次。水源缺乏的地方，也应采用穴贮肥水，地膜覆盖技术，以节约用水。或者采用地面覆草技术，以利保水。

（3）摘心　当枝条长到30～40cm时，进行第一次摘心，顶芽萌发后，长到30cm左右时，再摘一次。6月20日以后一般不再摘心。

定植第二年以后的大棚桃，每年在采果后，进行重回缩，然后用以上方式管理。

（二）后控

（1）施肥　自6月底开始，不再施氮肥，而改施磷钾肥，下半年至少施2次，每次每株施钙镁磷肥1kg，硫酸钾0.5kg。8月底9月初每株施基肥20～30kg。

（2）喷生长抑制剂　自7月10日开始，喷生长抑制剂促花。间隔10～15d一次，连喷3次。第一次喷壮丰安200倍或多效唑150倍液，第二次、第三次喷PBO 100～150倍液。或第一次喷壮丰安200倍或多效唑150倍液，第二次PBO 100～150倍液，第三次喷壮丰安200倍或多效唑150倍液。二年生以上的桃树，喷生长抑制剂的时间可提前到6月下旬。

（3）摘心、抹芽　喷生长抑制剂后，如仍有个别枝条没有停长，应予摘心，摘心后继续萌发的，进行抹芽。

（4）浇水　下半年尽量不浇水，确实干旱需要浇水时，应浇小水，切忌大水漫灌。如遇汛期雨水过多，还要注意排涝。

（5）拉（拿）枝　对于直立的枝条，应进行拉（拿）枝，时间8月下旬至9月上旬，角度85°～90°。

（6）喷叶面肥　自7月开始，每半个月一次，直至9月中旬。喷0.2%～0.3%磷酸二氢钾，或400倍光合微肥。

【考核评价】

本任务具体考核评价见表7-10。

表7-10　设施桃和樱桃周年管理任务考核评价表

考核项目	分数
能够制订与实施设施桃周年管理工作历	20
能够制订与实施设施樱桃的周年管理工作历	20
能够对设施桃进行正确管理，掌握其关键技术	20
能够对设施樱桃进行正确管理，掌握其关键技术	20
了解设施桃、樱桃生产现状和效益	20
总分	100

任务3　露地与设施葡萄周年管理

【任务目的】

1. 熟悉葡萄的结果习性与物候特性，掌握各个时期的管理内容与方法。
2. 能够制订与实施葡萄周年管理工作历和管理技术规程。
3. 能够对设施葡萄进行正确管理，掌握其关键技术。
4. 了解葡萄生产现状和效益。

【实践操作】

选择当地代表露地和设施葡萄园，进行露地与设施葡萄生产调查。调查内容如下。

一、露地葡萄生产调查

气候条件、土壤条件、管理条件的调查，见表 7-1～表7-3，物候期调查见表 7-11。

表 7-11　露地葡萄物候期调查

物候期	时期	备注（调查标准）
伤流期		
萌芽期		
新梢生长期		
开花期		
浆果生长期		
浆果成熟期		
落叶期		
休眠期		

二、设施葡萄生产调查

相关调查见表 7-12～表 7-14。

表 7-12　设施内环境条件与调控方法的调查

调查地点	设施类型条件	品种

表 7-13　设施葡萄物候期调查

物候期	日期（月 / 日）	物候期	日期（月 / 日）
伤流期		浆果生长期	
萌芽期		浆果成熟期	
新梢生长期		落叶期	
开花期		休眠期	

表 7-14　设施葡萄栽培管理方法调查

时期	管理内容	主要技术
伤流期		
萌芽期		
新梢生长期		
开花期		
浆果生长期		

续表

时期	管理内容	主要技术
浆果成熟期		
落叶期		
休眠期		

三、露地与设施生产效益调查

各项投入与产生、经济效益的调查。

【引导思考】

用思维导图（图 7-3）引导有关问题的思考。

1. 如何进行葡萄的周年管理？有哪些关键技术？
2. 如何进行葡萄的设施栽培？有哪些关键技术？
3. 你能够制订露地与设施葡萄周年管理历吗？

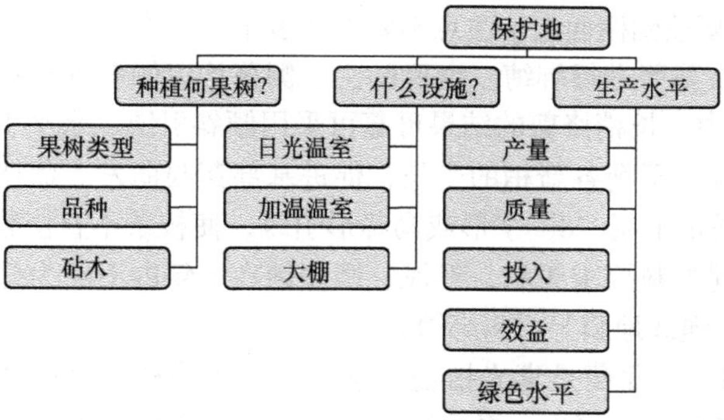

图 7-3　保护地果树生产思维导图

【知识链接】

知识链接 1——露地葡萄周年管理技术

（一）春季管理技术

1. 出土上架　出土上架之前，要扶正、埋实已经倾斜、松动的立柱，补换缺损的立柱，紧固松了的铁丝，及时更换锈断的铁丝，并重新拉紧防止葡萄生长期因负载量增加或风雨引起葡萄架面坍塌，清除前一年的绑缚材料。

出土上架的时期，一般以当地的山杏开花、栽培杏露瓣时出土为宜。在气温达 10℃，葡萄根系层土温稳定在 8℃时，葡萄树液开始流动到芽眼膨大期出土上架。出土时期不宜过早，因为早春气温升降变化大，加上干旱多风，根系尚未开始活动，树体容易受晚霜危害，枝芽易抽干；出土过晚，芽在土中萌发，出土上架时容易碰伤、碰断，或因芽已发黄，出土上架后易受风吹日灼之害，造成“瞎眼”及树体损伤，影响产量。

葡萄出土最好一次完成，否则，枝蔓上面留有很薄土层或草等覆盖物，容易引起芽眼提前萌发，上架时易被碰掉。

葡萄出土人工与机械配合（图 7-4，图 7-5）。出土时要求尽量少伤枝蔓，否则流伤流

图 7-4　葡萄出土机

图 7-5　葡萄省力化出土

液，影响树体生长发育。

撤土后应抓紧时间上架。幼树为了促使芽眼萌发整齐，出土后可将枝蔓在地上先放几天，等芽眼开始萌动时再把枝蔓上架。因为上架过早易形成上强下弱，甚至造成中下部光秃，使整形和产量受到影响。上架中葡萄枝蔓按上一年的方向和倾斜度上架，并使枝蔓在棚面上均匀分布。上架时要轻拿轻放，以免损伤芽眼。棚架由于枝蔓较长，上架时 2～3 人一组，逐蔓放到棚面上。注意不要弄断多年生老蔓。

葡萄上架中对枝蔓要进行绑缚。扇形的主、侧蔓均以倾斜绑缚；龙干形的各龙干间距 50～60cm；采用中、长梢修剪的结果母蔓可采用倾斜引缚、水平引缚或弧形引缚，以缓和枝条的生长极性，平衡各新梢的生长，促进基部芽眼萌发。萄枝蔓绑缚时要注意要牢固而不伤枝蔓。通常采用“8”字形或马蹄形引缚，使枝条不直接紧靠铁丝，又防止新梢与铁丝接触。绑缚材料要求柔软，经风、雨侵蚀在 1 年内不断为好。目前，多以塑料绳、马蔺、稻草、麻绳或地膜等材料绑缚。

2. 生长期修剪　葡萄是喜光植物，且一年多次分枝，生长量大而迅速，因此对夏季修剪的要求较其他果树严格。夏季修剪包括抹芽、疏枝、摘心、副梢处理、疏花序、掐穗尖、除卷须、新梢引缚，以及剪梢剪叶等。参见项目 5 的任务 5。

3. 使用花序拉长剂　对于坐果率比较高，并且果穗极紧密的品种，如‘晚红’、‘无核白鸡心’等，使用花序拉长剂有利于花序整形并减少疏果用工。方法是在萌芽后 20d，开花前 7～15d，当新梢 6～7 片叶时，用 5mg/L 的 GA3 或美国奇宝对花序进行喷施或浸蘸。花序拉长程度与使用时期有关，使用早，花序长。因此，要根据使用时期调整使用浓度。

4. 土肥水管理

（1）土壤管理　从萌芽到开花期间，一般不进行全园翻耕，结合追肥局部挖施肥沟、施肥穴对土壤进行翻耕。

（2）施肥　为促进芽眼的正常萌发和新梢的迅速生长，芽眼萌动前追施速效性化肥。盛果期树一般每 667m^2 施入尿素 20～25kg 或碳铵 35～40kg，配合少量的磷肥、钾肥，使用量占全年的 10%～15%，采用沟施或穴施均可，深度为 10～15cm。施肥后覆土盖严，并浇一遍萌芽水。

在幼叶展开、新梢迅速生长时，为缓和营养生长与生殖生长的矛盾，可根据树势情况开沟追施 1～2 次复合肥和氮肥。但对树势旺的植株，不再追氮肥。

（3）灌水　灌水一般结合追肥进行。当新梢 10cm 以上即可进行灌溉，以利于加速新梢生长和花器发育，增大叶面积，增强光合作用。以后视天气状况，干旱时每隔

10～20d 浇一次小水。

（二）夏季管理技术

1. 生长期修剪 参见项目 5 的任务 5。

2. 果实管理 果实管理主要内容有保果处理、果实膨大处理、葡萄无核化处理、抖穗与顺穗、定果穗、疏粒、抠烂粒、果实套袋、摘袋与转果。

（1）保果处理、果实膨大处理、葡萄无核化处理 葡萄生理落果前使用低浓度 GA、CPPU 等处理果穗可以有效减少落果。保果剂使用时期为早开花的花序已经开始生理落果时，未进入生理落果期不宜使用。

葡萄膨大剂是一种新型、高效的植物生长调节剂，能有效促进坐果和果实膨大，尤其是对无核葡萄膨大效果更加明显。处理时间一般在盛花后 5～7d，以阴天或晴天下午 16 时以后为宜。方法是按照说明书将药液配成一定的浓度后，放入容器中，浸蘸果穗 3～4s，然后抖落果穗上的多余药液，以免形成畸形果。

葡萄无核化处理，是用生长调节剂，使原来有籽（种子）葡萄果实内种子软化或败育，使之达到大粒、早熟、无籽、丰产、优质、高效的目的。无核化处理是目前葡萄生产上应用较普遍的一项技术。注意无核剂应提倡在壮树、壮枝上使用，并以良好的土肥水管理和树体管理为基础。目前使用的无核化生长调节剂主要是赤霉素，赤霉素不溶于水，需先用 70% 乙醇或 60° 左右的白酒溶解再兑水稀释；通常采用浸蘸或喷布花序的方法。赤霉素无核效果与药剂浓度及使用时期关系较大，不同品种间敏感差异度很大。根据各地的实验结果，使用时期为开花前 15d 到花后 15d，分两次处理。具体时间选晴朗无风天气用药，为了便于吸收和使药剂浓度稳定，最好在清晨 8～10 时或下午 15～16 时喷药、蘸药。若使用后 4h 内下雨，雨后应补施一次。药剂浓度范围较大，为 10～200mg/kg。

生长调节剂的使用不当，会出现穗轴拉长、穗梗硬化、脱粒、裂果等现象，造成不应有的损失，应该予以注意。

（2）抖穗与顺穗、疏粒、抠烂粒 抖穗与顺穗于落花后 1 周左右进行，疏果前对每个果穗进行一次抖穗，用手指捏住穗轴，左右摇动果穗，使花冠、未授粉受精、发育不良的果粒等抖落，以免病菌感染。

为便于整穗形、疏粒、药剂处理、套袋和果粒、果穗生长，应将朝天穗、夹在枝条、叶柄、绳索及铁丝之间的果穗，全部顺到架面下，使其呈自然下垂状。

疏粒能够使果穗外形整齐一致、松紧适度。第一次疏粒是在果实绿豆大小时进行，果粒达黄豆粒大小时，进行第二次疏粒。生产上根据品种特性、品种成熟时的标准穗重、穗形等进行疏粒。一般小穗重 500g 左右，保留 40～50 粒；中穗 750g 左右，保留 50～80 粒；大穗 1000g 左右，保留 80～100 粒。

果实生长期遇到气候潮湿、雨水多、通风不良时，常会使葡萄果粒遭受病菌侵染或裂果导致腐烂，如果不及时抠除烂粒就会加速病害的传染和蔓延。因此，在整个果实生长期发现果穗上有烂粒，应立即抠除。

（3）定果穗、果实套袋、摘袋与转果 具体方法参见项目 6 果树花果管理的各任务。

3. 土肥水管理

（1）土壤管理 开花坐果期不对土壤进行大范围的翻耕。进入果实发育期后，应根据土壤及杂草生长情况及时进行中耕，保持土壤通气良好、增加土壤有机质。通常灌溉后和大雨后要中耕，深度3～4cm，里浅外深。也可以在葡萄行间种苜蓿、草木樨、三叶草等，在适当的时间进行刈割，割下的草对果园进行覆盖。

（2）施肥　为促进花粉管伸长、提高坐果率，花期可以叶面喷施0.3%的硼砂和磷酸二氢钾。果实发育期是植株需肥最大的时期，从坐果到果实着色前一般需追肥2～3次。落花后1周，每株追施尿素0.1～0.2kg，硫酸钾型复合肥0.1～0.3kg，施后浇水。在果实迅速膨大期注意N、P、K肥的配合，有条件的可配施腐熟的饼肥。

（3）灌水　开花坐果期禁止灌水。幼果膨大期，葡萄植株的生理机能最旺盛，是葡萄的需水临界期。保持田间持水量70%～80%，可避免裂果。浆果着色初期正值浆果第二次膨大期，在无充分降雨的情况下应灌一次透水，最好能维持到果实采收前不再灌水。

（三）秋季管理技术

1. 果实管理

（1）除袋增色　一般着色品种在采收前10～15d去袋，以增加果实受光，促进果实上色成熟，也可以通过分批去袋的方法来达到分期采收的目的。无色品种套袋后可带袋采收。葡萄去袋时，不要将果袋一次性摘除，应先把袋底打开，撑起呈伞状，过几天后再全部摘去，以防日灼。

葡萄去袋后一般不必再喷药，但须注意防止金龟子等虫危害。去袋后可剪除果穗附近遮光的衰老叶片和架面上的过密枝蔓，以改善架面的通风透光条件，减少病虫危害，促进果实着色，但需注意摘叶不可过多、过早。一般以架下有直射光为宜。摘叶不要与去袋同时进行，而应分期分批进行，以防止发生日灼。摘袋后根据果穗着色情况对果穗转动一两次，以使果穗着色均匀，果粒全面着色。

（2）催熟与防落　在葡萄果实开始上色时用250～300ml/L的乙烯利喷布果穗，可以促进葡萄提早1周成熟。此外，对盛果期葡萄，也可对植株进行环剥，达到提早成熟的目的。在葡萄采收前7d喷施NAA、2,4,5-TP或4-CPA，可防止形成离层，减少落粒的发生。

（3）果实采收　葡萄的采收时期应根据用途、品种、气候条件等来确定。果实成熟度可以根据果皮的颜色、果肉硬度、果实糖酸含量、肉质风味等判断。鲜食品种应该达到该品种特有的色、香、味等。酿造品种一般根据不同酒类所要求的含糖量采收，当该品种果实达到酿酒所需要的含糖指标、色泽风味呈现该品种固有特性时即可采收；制汁、制干品种要求含糖量达到最高时采收。采收应在晴朗的早晨露水干后或傍晚进行，避开雨后或炎热天气下采收。

2. 肥水管理

（1）施肥　从着色期到果实成熟期，浆果进入第二生长高峰，这一时期要控制氮肥，增施磷肥、钾肥。葡萄采果后，可结合防治病虫害喷施叶面肥恢复树势，增强叶片的光合能力。在葡萄果实采收后及早施入基肥，通常用腐熟的有机肥。

（2）水分管理　浆果进入全面着色后，为提高果实品质，一般不再进行灌水，但在降雨很少、土壤含水量很低时，也应适量灌水。

结合施基肥，灌水一次，以促进肥料分解，提高树体养分积累。雨水多时要及时排水。结合秋施基肥也可以进行深翻改土。

为提高葡萄的抗寒力，在土壤封冻前，灌一次封冻水。

3. 休眠期修剪 我国北方地区冬季葡萄需要埋土防寒，休眠期修剪，在葡萄经霜打被迫落叶后到土壤封冻之前。

葡萄整形修剪具体内容参见前面项目葡萄冬季修剪。短截时剪口下枝条的粗度一般应在0.6cm以上，剪口要平滑，距离剪口下芽眼3～4cm，以防剪口风干影响芽眼萌发。

4. 葡萄下架、埋土防寒

（1）葡萄下架 葡萄的主干于栽植当年就培养成鸭脖式主干，有利于下架。葡萄休眠期修剪之后，将园内枯枝落叶等清扫干净。然后将葡萄枝蔓顺着行向朝一个方向下架（边际葡萄株倒向相反），下架时葡萄枝蔓尽量拉直，一株压一株，把枝蔓平放于地面、顺直、捆扎。弯曲大的或跷高的，应因势利导，尽可能使其压平固定，并在下部（包括根颈处）垫枕土，防止压断。要求下架高度适中、捆绑结实。

（2）埋土防寒 葡萄植株根系抗寒力比较低，欧亚种葡萄是-5℃，欧美杂交种是-6℃，埋土防寒既保护了根系，也保护了枝蔓。据严大义等调查认为防寒土堆的规格是某一地区历年地温能稳定在-5℃的土层深度可作为防寒土堆的厚度，而防寒土堆的宽度为1m加上2倍的土堆厚度。例如，某地冬季土壤40cm深处温度为-5℃以上，则防寒土堆的厚度为40cm，防寒土堆的宽度为180cm。同时还要根据土壤质地等其他条件进行调整。例如，沙土导热性强，可在原标准的基础上增加20%（图7-6）。

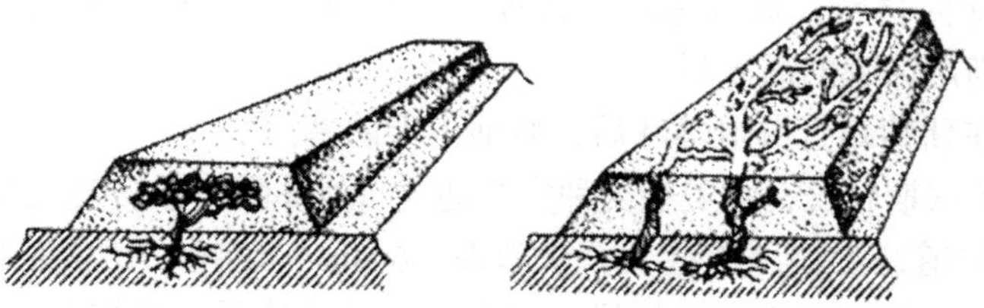

防寒土堆侧视图　　防寒土堆俯视图

图7-6 葡萄的埋土防寒

在当地土壤封冻前15d开始埋土，华北地区11月上中旬土壤稍冻结时为适宜的埋土时期。埋土过早，一方面，植株得不到充分的抗寒锻炼，容易遭受冻害；另一方面，地温尚高，湿度也大，微生物活跃，芽眼易腐烂。埋土过晚，土壤上冻后取土困难，也埋不严实，影响防寒效果；而且过晚易使植株遭受冻害。

埋土防寒方法：先在枝蔓上盖一层草苫和一层塑料薄膜等覆盖物，使葡萄位于覆盖物中间。然后将枝蔓两侧用土挤紧，防止覆盖物滑动。最后上方覆土，边覆土边拍实，覆盖要严实，防止漏风。取土部位，要远离根系，取土沟的内壁距离防寒土堆外沿50cm以上，防止根系受冻。要求取土后形成的沟要直，深浅一致。

知识链接2——葡萄果实膨大剂的使用

（一）药剂的配制

用药量的计算：如想促进无核‘白鸡心’葡萄果粒膨大，在花后20d左右喷布50mg/kg的“920”，配制成15kg重的溶液，需要用多少克“920”？

$$1000:0.05=15000:x$$

$$x=0.75\text{g}$$

配制方法：赤霉素不溶于水，易溶于乙醇，必须将计算出的用量放进较小的容器内，加少量的乙醇溶解后，再稀释到所需要的量。

（二）葡萄果粒膨大

药剂配好后，分装到雾化好的小喷壶中，然后距果穗 30cm 左右，进行喷施，注意一侧喷一下。一穗一喷，喷完后用玻璃丝绳或其他绑缚材料做上标记，避免重复喷雾。喷雾时间宜在早晚温度低时进行。

（三）注意事项

1）赤霉素稀释后，容易失效，应随用随配。

2）喷药时间最好在晴天傍晚前进行。勿在下雨前或强日照时进行，以免改变药液浓度，降低药效或发生药害。

3）药液喷布要均匀、周到。

知识链接 3——设施葡萄周年管理技术

（一）休眠期管理

葡萄经霜打落叶后进行修剪，篱架的结果母枝剪留 1.5m 左右，棚架根据行间架面宽度确定结果母枝的剪留长度，清理温室后，进行扣棚覆盖。辽宁南部地区，一般在 10 月下旬，扣棚覆盖保温材料，进入休眠期管理。同其他果树一样，采用“人工降温暗光促眠”技术，尽早满足休眠的需冷量要求。

塑料大棚可在葡萄霜打被迫落叶后，修剪下架防寒。

葡萄的自然休眠期较长，欧美杂交种完全通过自然休眠一般需要 1200～1500h 低温量。欧亚种更长。据报道，无核‘金星’、‘紫珍香’604h，‘巨峰’、‘京亚’846h，‘森田尼’无核 1086h，无核‘早红’1622h。如果不清楚各品种需冷量，可按欧美杂交种 1000h，欧亚种 1500h 推算。例如，无核‘白鸡心’属欧亚种，按需冷量 1500h 推算，应在 1 月初升温。如采用石灰氮处理，可提前 20d，即在 12 月 10 日升温。塑料大棚的升温时间因各地气候条件而异，在辽宁南部一般可在 3 月中下旬开始升温，改良式大棚可适当提早升温。

在升温前 1～2d，配制 20～25 倍的单氰胺溶液，然后直接用喷雾器喷洒或用刷子蘸取配制好的溶液，均匀涂抹在芽和枝干上，或戴两层手套（内层为胶皮手套，外层为线手套），蘸取配制好的溶液，用手捋葡萄枝蔓，使其芽眼浸入药液，可以使温室葡萄提前 25～30d 开花，果实成熟提早 20～25d。

（二）催芽期管理

1. 温度、湿度管理　第一周白天温度控制在 15～20℃，夜间温度保持 6～10℃，以后白天控制在 20～25℃，夜间保持在 10～15℃为宜。

升温催芽后，灌一次透水，增加土壤和空气湿度，使相对湿度保持在 80%～90%。

2. 其他管理　与其他果树基本相同，如喷施石硫合剂、覆地膜等。

（三）新梢生长期管理

1. 温度、湿度管理　为保证花芽分化的正常进行，控制新梢徒长，白天温度控制在 25～28℃，夜间温度保在 10～15℃。空气相对湿度控制在 60%。

2. 新梢管理　保护地葡萄常因高温、高湿、光弱等条件，使新梢徒长或生长不整齐，因此生长季修剪比露地更为重要，其方法与露地基本相似。

（1）抹芽定梢 篱架管理的葡萄，及时抹除距地面50cm以内的新梢。主蔓上每20cm左右留1个结果新梢，一个主蔓留5～6个结果新梢，即每株树留5～6个结果新梢。棚架管理的葡萄，水平架面主蔓上每20～25cm留1个结果新梢，即每平方米架面留8～10个结果新梢。

（2）引缚 篱架管理的葡萄及时将新梢均匀地向上引缚在架面上，避免新梢交叉，双篱架叶幕呈“v”形，保证通风透光，立体结果。棚架管理的葡萄将一部分新梢引向有空间的部位，一部分新梢直立生长，保证结果新梢均匀布满架面。

（3）摘心与副梢处理 结果枝摘心在开花前进行，一般在花序上留7～10片叶摘心。棚架管理的可适当少留叶片，篱架管理的宜适当多留叶片。结果枝上的副梢要及早抹除，只在顶端留一个副梢反复摘心。

3. 肥水管理 开花前一周，每株施50g左右氮磷钾复合肥，或腐熟的粪水每畦15kg左右，保证开花坐果对肥水的要求。追肥后灌一次水，促进新梢生长，保证花期需水。最好利用管道进行膜下灌水，避免温室内湿度过大，发生病害。

（四）开花期管理

1. 温度、湿度管理 葡萄的授粉受精对温度要求较高，据实验‘巨峰’葡萄花粉发芽在30℃时最好，低于25℃授粉不良。因此，花期白天温度控制在28℃，不低于25℃，夜间温度保持在16～18℃，不低于10℃。空气相对湿度控制在50%。

2. 花序管理 设施栽培条件下，篱架1个结果新梢留1穗果，弱枝不留果。棚架根据品种果穗大小每平方米有效架面留5～8穗果，最后将每667m^{2}产量控制在1500～2000kg。花序的整理可根据品种特性，参考露地管理技术进行，如在开花前去掉副穗、掐去穗尖等。

3. 提高坐果率 在开花前或开花初期喷0.1%的硼砂水溶液，可提高葡萄花粉发芽能力，提高坐果率。

（五）果实发育期管理

1. 温度、湿度管理 果实发育期，白天温度控制在25～28℃，夜间温度控制在16～18℃，不高于20℃，不低于13℃。果实着色期白天温度控制在28℃，夜间温度控制在18℃以下，增加昼夜温差，有利于着色。空气相对湿度控制在50%～60%，控制病害的发生。

2. 新梢管理 及早处理副梢、卷须。在果实上色前剪除不必要的枝叶，对结果新梢基部的老叶，可去掉3～4片，促进果实上色和成熟。采收后的结果枝及时剪掉，改善光照条件，促进其他果实的成熟。

3. 果穗管理 在果实发育期间，疏除过小的果粒，使果穗整齐。例如，‘巨峰’葡萄通常每穗留50～60粒。对无核‘白鸡心’等无核品种，采用赤霉素处理可明显增大果粒。赤霉素喷雾浓度为50mg/L，于花后20d左右，果粒长到小指甲盖大小（横径5～6mm）时进行。用小喷壶喷果穗，要避免重复喷雾。喷雾时间宜在早晚温度低时进行。葡萄套袋可提高果品质量，在保护地栽培中也提倡应用。

4. 肥水管理 幼果膨大期，追一次氮磷钾比例为2：1：1的复合肥，每株50g左右。也可随灌水追施发酵好的鸡粪水，每畦10kg左右。果实第二生长高峰（采收前30d）追一次以磷钾为主的复合肥，每株30～50g。有条件的可追施草木灰500～1000g。进入果实着色期后，要控制肥水，进入采收期后应停止灌水。

在果实发育期内，每10～15d喷1次叶面肥，如前期喷0.2%的尿素，后期喷0.2%～0.3%的磷酸二氢钾。

5. 果实采收与包装 葡萄果穗成熟期不一致，应分期分批采收。时间在早晚温度低时进行。用疏果剪去掉青粒、小粒，然后根据果穗大小、果粒整齐度和着色等进行分级包装。

（六）果实采收后管理

果实采收后，即可将棚膜去掉，实行露地管理。大多管理内容可参照露地管理。

1. 采收后修剪 篱架栽培的葡萄通常是上部葡萄先成熟，采收后应及时回缩，以利于下部葡萄成熟，待果实全部采收后及时将主蔓在距地面30～50cm处回缩，促使潜伏芽萌发，培养新的主蔓，即结果母枝。有预备枝的则应回缩到预备枝处。这项工作最好在6月上旬完成，最迟不能超过6月下旬。棚架葡萄修剪如采用长梢修剪，同样将结过果的主蔓部分回缩到棚架的转弯处，有预备枝最好，培养新的结果母枝。

2. 修剪后的新梢管理 主蔓回缩修剪后，大约20d潜伏芽萌发，对发出的新梢，选留1个，对其进行露地管理，副梢留一片叶摘心，及时去除卷须，当长到1.8m左右时或在8月上中旬进行摘心。‘美人指’等生长势强旺的品种回缩后可留2个新梢，以缓和生长势。

3. 采收后的肥水管理 葡萄修剪后每株施50g尿素或施复合肥100～150g，施肥后灌一次水。9月上中旬施一次有机肥，每667m^{2}施5000kg，即1株树5kg左右。在新梢生长过程中应进行叶面喷肥，促进新梢生长健壮，保证花芽分化的需要。

知识链接4——石灰氮打破葡萄休眠技术

（一）涂抹时间

一般在葡萄休眠进行到2/3时（约12月上旬）开始涂抹。

（二）药剂配制

石灰氮学名氰氨基化钙，其应用浓度以20%为佳，10%也有效果，超过20%时易发生药害，反而抑制萌芽。

其配制方法有两种，一是将1kg石灰氮倒入5kg 40～50℃的温水中，不停地搅拌，经1～2h使其均匀成糊状（防止结块）应用即可；二是称取石灰氮1份，水5份，将石灰氮倒入水中，立即搅拌，一般每隔20～30min搅拌1次，搅拌4～5次后静置6～12h，取上清液应用即可。

（三）涂抹葡萄芽眼

用小盆盛好上清液，用毛笔蘸上清液对葡萄冬芽进行涂抹。基部距地面30cm以内的芽和顶端的两个芽不涂抹，期间的芽也要隔一个或两个涂抹一个。

（四）注意事项

1）处理前葡萄园要修剪完毕，剪口呈干燥状态。

2）石灰氮处理后，切忌升温过快。

3）石灰氮属中等毒性物质，处理时要戴手套，防止接触皮肤，如接触皮肤应立即用肥皂水洗净。

4）药剂处理前土壤应灌水，增加湿度；涂抹后可将葡萄枝蔓顺行放贴到地面盖塑料薄膜保湿。药剂处理后 1 周，若枝条干燥还应向枝条喷水一次，促进石灰氮向枝条的吸收。

5）配好的药液应在当天使用。

除石灰氮外，像赤霉素（GA3）、玉米素、6-BA 二氯乙醇等都有打破休眠的作用，但作用往往不稳定，并易受环境条件的影响，还不能在生产中大量普遍使用。近期使用的单氰胺效果好，有取代石灰氮的趋势。

知识链接 5——设施葡萄的栽植制度与栽植方式

（一）栽植制度

设施内葡萄的栽植制度有两种，即一年一栽制和多年一栽制。

1. 一年一栽制　即‘巨峰’葡萄温室栽培时，采用一年生苗，第二年结果。果实采收后更新，重新定植培育好的一年生新苗。具有果实质量好、丰产等优点，但育苗成本大。随着‘巨峰’葡萄设施栽培量的减少，这种制度应用也在减少。

2. 多年一栽制　即苗木定植后，采用修剪方法更新植株，保持多年结果。目前生产中多采用这种栽植制度。

（二）栽植方式

目前，葡萄设施生产栽植方式多采用双行带状栽植，篱架和小棚架。

1. 双行带状栽植篱架管理　采用南北行向，双行带状栽植。即株距 0.5m，小行距 0.5m，大行距 2.0～2.5m。两行葡萄新梢向外倾斜搭架生长，下部宽即小行距 0.5m，上部宽 1.5～2.0m，双篱架结果。

2. 双行带状栽植小棚架管理　采用南北行向，双行带状栽植。株距 0.5m，小行距 1.0m，大行距 2.5m。根据棚室的高度，当植株直立生长到 1.5～1.8m 时，向两侧水平生长，棚架结果。

知识链接 6——葡萄对环境条件要求

1. 温度　温度是葡萄最重要的环境因素之一。春季昼夜平均气温达 10℃左右葡萄开始萌芽生长，而秋季降温至 10℃左右营养生长即停止。所以，葡萄栽培中把 10℃称为生物学零度，10℃以上的温度减去 10℃称为有效温度。葡萄不同品种从萌芽至浆果完全成熟要求的有效积温不同。所以，有效积温往往成为推断某品种在某地区能否进行经济栽培的关键性指标。各地引种葡萄首先要考虑葡萄对温度的要求。

欧亚种葡萄，根系耐低温极限 −5℃，枝芽耐低温极限 −18～−16℃；美洲种根系耐低温极限 −7℃，枝芽耐低温极限 −22～−20℃；山葡萄根系耐低温极限 −16℃，枝芽耐低温极限 −40℃。葡萄休眠期 0～7℃有利于通过休眠。生长日期达不到 170d 的地区，欧亚种、美洲种葡萄休眠期容易发生根系冻害，容易抽条，需要埋土进行越冬保护。

2. 光照　葡萄喜光照，葡萄进入硬核期光照太强易发生日灼病，可采取套袋或多留枝叶遮住葡萄的果实。葡萄日照不足时，植株徒长，节间长，成熟期着色差，糖度下降。

3. 水分　葡萄在生长初期需水量较多，葡萄在生长后期需水较少。葡萄忌雨水及露水，雨多年份日照不足，果实品质下降。空气湿度高，易引起各种病害。在开花期枝条长度 40～70cm 最理想；容易裂果地区结果期灌水量也应加以控制。缺水及易干旱地区要适当垫盖稻草，用以保持土壤湿度，同时也可控制草的生长。

4. 土壤条件 葡萄对土境条件的适应性很强，除极黏重的土壤、沼泽地、重盐碱地不宜栽培外，其余各类土壤均可栽培葡萄。一般葡萄要求土壤疏松、通气良好、肥力较好，土层厚度 1m 以上，地下水位 2m 以下，含盐量低于 0.2%，pH 在 5.5～7.5 为宜。

【考核评价】

本任务的具体考核评价见表 7-15。

表 7-15 露地与设施葡萄周年管理任务考核评价表

考核项目	分数
了解葡萄的结果习性，掌握各个时期的管理内容与方法	20
能够对设施葡萄进行正确管理，掌握设施葡萄关键技术	20
能够制订与实施露地葡萄周年管理工作历和管理技术规程	20
能够制订与实施设施葡萄周年管理工作历和管理技术规程	20
了解葡萄生产现状和效益	20
总分	100

任务 4 设施草莓周年管理

【任务目的】

1. 熟悉草莓的结果习性与物候期，掌握各个物候期的管理内容与方法。
2. 能够制订与实施草莓周年管理工作历和管理技术规程。
3. 能够对设施草莓进行正确管理，掌握其关键技术。
4. 了解草莓生产现状和效益。

【实践操作】

选择当地代表设施草莓园，进行设施草莓生产调查。调查内容如下。

相关调查见表 7-16～表 7-19。

表 7-16 设施内环境条件与调控方法的调查

调查地点	设施类型条件	品种

表 7-17 管理条件调查

时期	管理内容	管理方法
开始生长期		
开花结果期		
旺盛生长期		
花芽分化期		
休眠期		

表 7-18 物候期调查

物候期	时期	备注（调查标准）
开始生长期		
开花结果期		
旺盛生长期		
花芽分化期		
休眠期		

表 7-19 不同保护设施经济效益

品种	设施类型	产量	亩收入	生产成本	亩纯收入

【引导思考】

自行设计思维导图并利用思维导图引导有关问题的思考。

1．如何进行草莓的周年管理？有哪些关键技术？

2．如何进行草莓的设施栽培？有哪些关键技术？

3．你能够制订年生产计划吗？

【知识链接】

知识链接 1——设施草莓的栽培方式

1．促成栽培 不让草莓进入休眠期，在低温来临前开始保温，使其连续开花结果的一种栽培方式。

2．半促成栽培 草莓已完成花芽分化且进入自然休眠，并已完成低温积累，人为给予高温和长日照条件，使其解除被迫休眠，提早结果的栽培方式。

3．超促成栽培 人为创造低温短日照条件，使草莓提早进行花芽分化，提早定植，在当年 11 月提早上市的一种栽培方式。

4．抑制栽培 草莓已经通过自然休眠期，而人为地制造低温环境，抑制秧苗萌芽生长，使其处于被迫休眠状态。然后，根据收获期的需要再解除休眠使其相对延迟生长的栽培方式。

塑料大棚既可以进行半促成栽培，又可以进行促成栽培。但在北方寒冷地区，由于塑料大棚难于加覆盖物保温，只有躲过 1 月严寒后才能扣膜升温，因此，只能进行半促成栽培。日光温室的保温效果远远高于塑料大棚，因此，北方地区日光温室既可以进行半促成栽培，也可以进行促成栽培。

知识链接 2——草莓塑料大棚半促成栽培技术

（一）选择品种

草莓塑料大棚半促成栽培对品种要求不太严格，但以耐寒较强，需冷量较多，休眠较深，且果实个大、丰产优质、耐贮运的品种为宜。目前生产上常用的品种有：‘宝交早生’、‘全明星’、‘新明星’、‘达娜’、‘盛冈 16’等。

（二）选择秧苗

草莓塑料大棚半促成栽培时选择秧苗的标准是：成龄叶 4～7 片；叶柄短粗，长 15cm 左右，粗 0.2～0.3cm，新茎粗 1cm 以上；根系发达，须根多，一级根 20 条以上，根系长度 5～6cm；株形矮壮，苗重 20～30g，无病虫害。草莓弱苗壮苗的形态如图 7-7 所示。

图 7-7　草莓弱苗壮苗的形态

（三）定植及管理

1. 确定定植时期　草莓半促成栽培秧苗定植时期大致可分为两个时期：一是花芽分化前定植，即 8 月下旬以前；二是花芽分化以后定植，即 10 月上旬。一般北方地区于花芽分化前定植为好。具体定植时期要根据不同地区气候条件来考虑。纬度越高，定植的时期越早；纬度越低，定植的时期越晚。这是因为高纬度地区气温下降早，花芽分化早；低纬度地区气温下降时间相对延后，花芽分化时间也相对较迟。

2. 整地起垄　定植前，要对大棚内进行深翻和施基肥。一般每 667m^2 施入优质圈肥 4000～5000kg，磷酸二铵 30kg。为了防止地下害虫，深翻时可施入 3% 呋喃丹药液，每 667m^2 施入 2kg，将农药与土壤充分混匀。深翻深度为 20～30 cm。深翻后耙细、整平，准备作畦打垄。按塑料大棚走向作畦，畦长度 15～20m，宽度约为大棚宽度的一半，即中央留作业道，大棚两侧作畦；作畦后打垄，垄向与畦向一致，均为南北向。垄宽为 60cm；垄高 20cm；如图 7-8 所示。垄与垄中心距离为 80cm；垄沟宽 20cm。每垄栽两行，垄内行距 20cm。

图 7-8　高垄

3. 定植　定植前，在栽苗处用铲刀挖穴，注意栽植穴要挖大一些，以使根系舒展。栽植方法见图 7-9。每穴栽 1 株，株距为 15cm；每穴栽 2～3 株，穴距为 25～30cm。

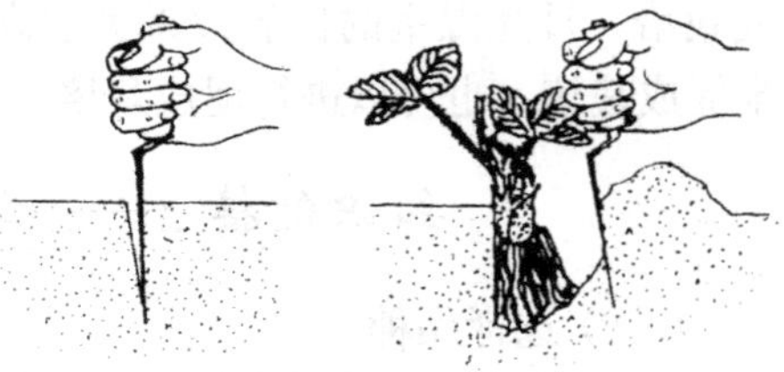

图 7-9　栽植方法

定植时，将大小苗分开，将苗放入穴中，并使根系在穴内舒展，再填入细土，用手将土压实，并轻轻提苗，从而使根系与土壤紧密结合。

定植要做到“深不埋心，浅不露根”，如图 7-10 所示。即苗心的基部与地面平齐。栽植过深，苗心容易被土埋住，造成秧苗烂心死亡；栽植过浅，易导致根茎外露，影响新根的发生，还会引起秧苗干枯死亡。此外，定植时还要注意将秧苗的弓背一侧均朝向垄外，让植株抽生的花序均朝向垄外（图 7-11），便于管理，有利于秧苗通风透光。

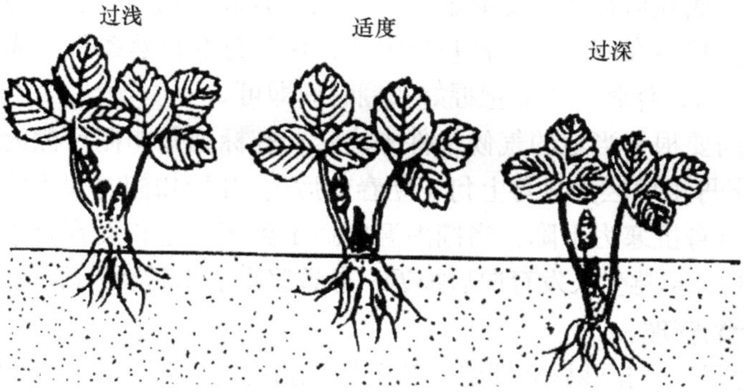

图 7-10 草莓的定植深度

图 7-11 秧苗的定向栽植

4. 定植后的管理 为保证定植成活率，栽完秧苗后立即灌水，一周内根据墒情再灌水 1～2 次。缓苗后追一次氮磷钾复合肥，每 667m^2 施 10kg，有利于生长和花芽分化。10 月上中旬施 1 次磷酸二铵，每 667m^2 施 10kg，以促进花芽发育。草莓施肥方法见图 7-12。施肥要结合灌水进行，以提高肥料利用率。新叶长出后及时摘除老叶，随时疏除新生匍匐茎。

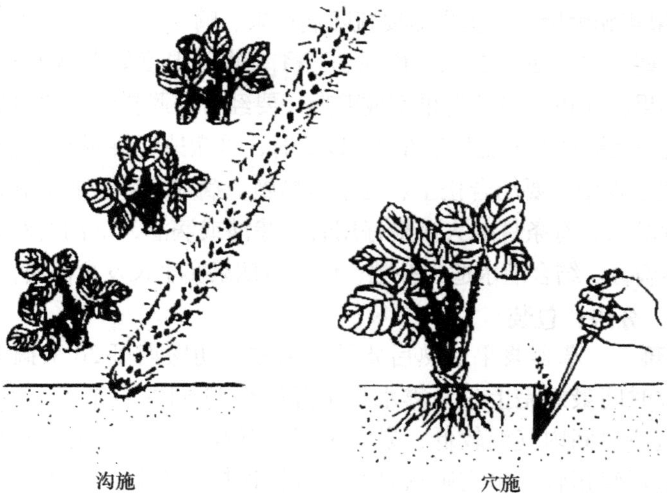

图 7-12 草莓施肥

扣棚前，当日平均气温下降到5℃时，草莓秧苗要覆盖地膜进行防寒。当日均温降到0℃以下，在地膜上再加盖草帘、棉被等防寒物进行越冬。

（四）扣棚保温

塑料大棚半促成栽培是在草莓通过自然休眠以后进行扣棚升温，使其提早生长发育的一种栽培方式。塑料大棚采用这种栽培方式，使草莓在自然条件下满足了对低温的需求，不再需要人工打破休眠，只要把握好扣棚时间即可。

扣棚具体时间要根据当地的气候条件来决定，其标准是扣棚后棚内夜间温度要保持在5℃以上。辽宁丹东地区为2月上旬（立春前后）。开始扣棚时期不能过早，过早草莓提前萌芽生长，自身抗寒力下降，当棚内温度达不到正常生长发育要求时，秧苗就会产生冻害；扣棚过晚，草莓生长发育向后推迟，导致浆果上市延后，降低经济效益。

（五）扣棚后的管理

1. 萌芽前管理　扣棚后立即清除覆盖物，扫清灰尘与杂物，以利于地膜透光，提高地温。

2. 萌芽后管理　一般扣棚2周后，草莓植株开始萌动，在秧苗萌发出1～2片新叶时，将地膜割小孔，把秧苗提到膜外。此时，大棚不需放风，要密闭保温，以提高地温，促进秧苗生长。

白天温度控制在28℃左右，夜间温度控制在5℃以上。如果夜间低于5℃，应在大棚内加设小拱棚。如果还不能保证温度，夜间在小拱棚的膜面上再加盖草帘保温。白天撤掉草帘，揭开小拱棚薄膜。

3. 花蕾显露期管理　白天温度控制在25℃左右，超过28℃时应放风降温；白天避免出现30℃以上高温，夜间温度应保持8～10℃为宜。

4. 开花期管理　开花期温度，白天以20～25℃，夜间以8～10℃为宜。当温度超过35℃，花粉授粉能力降低；夜间温度在0℃以下时，会使雌蕊遭受冷害，影响受精，所以，夜间注意保温防冻。有条件的地方，花期可在大棚内放蜂，提高坐果率，降低畸形果比率。一般335m^2大棚草莓放置一箱蜜蜂即可。值得注意的是给大棚通风时，通风口要用网罩或纱布封好，防止蜜蜂飞出大棚。同时在花期要疏掉过多的花蕾。

5. 坐果和果实膨大期　坐果后要疏除病虫果、畸形果，保证果品质量。果实膨大期棚内温度可稍低些，白天20～25℃，夜间5～6℃。夜间温度如果高于8℃，浆果虽然着色快，但易长成小果。所以，在接近果实成熟期，要经常揭膜扒缝，通过棚内外气体交换来调整温度。当夜间大棚外部气温稳定在8℃以上时，可撤掉塑料薄膜，进行露地方式管理。

在整个管理过程中，要结合松土、锄草等措施，摘除老叶、弱芽和匍匐茎，减少营养消耗。同时注意灌水，有条件的大棚最好用管道渗灌或滴灌，垄沟明水灌溉会加大棚内湿度，易引起草莓病害。结合灌水适当补肥，保证后期果实生长发育需要，提高果品质量。

（六）采收、分级、包装

1. 采收草莓　草莓浆果成熟后要及时采收。初熟期可2d采摘1次，盛果期每天采摘1次。采收时间最好是上午从露水稍干开始至11时左右结束，下午从17时以后开始进行，因为这段时间内气温较低，果实干爽，有利于果实贮藏。采摘时用手捏住果实下端，然后抬起轻轻扭转，果实则从萼片与果柄连接处断裂，严防生拉硬拽。采下的果实只带萼片，不带或带极短果梗，以免果梗刺破浆果，降低果实品质，引起果实腐烂。

采摘时尽量轻拿轻放，减少翻倒次数。盛装容器不能过深，一般用平底塑料盘为最好。对于烂果、病虫果、畸形果要单独存放，不能混装。

2. 分级 草莓果实按重量大小分为4级。5～9.9g为S级；10～14.9g为M级；15～19.9g为L级；20g以上为LL级；5g以下因其商品价值非常低，称为废果或无效果。生产上把L级、LL级统称大果，M级为中果，S级称为小果。

3. 包装 草莓包装应结合采收进行，随采收随分级包装，以避免多次倒手、倒箱碰伤浆果。生产上常用的包装容器有塑料箱、木箱、纸箱、塑料盒等。包装箱深度不超过20cm，容量不超过20kg。塑料盒容量在200～300g。外运的包装箱要有一定的坚硬度，摞起来摆放不变形。

知识链接3——草莓日光温室半促成栽培技术

（一）选择品种

草莓日光温室半促成栽培要根据地域来选择品种。北方寒冷地区则选择抗低温能力较强，休眠较深的品种，如‘宝交早生’、‘全明星’、‘哈尼’、‘达娜’等品种。

（二）选择秧苗

日光温室栽培对秧苗质量要求较高，一般要达到：有6片展开的叶片，新茎粗1.5cm，全株重30g以上，根白且多，已有1～2个花序分化完成。秧苗要经过假植培育。

（三）定植

南方地区在花芽分化以后定植；北方寒冷地区在花芽分化前定植。辽宁地区一般在9月上中旬至10月中下旬，最佳时期为9月中旬定植。

定植前深翻施肥，作畦打垄。畦、垄走向一般为南北向，每畦栽两行，行距25～28m，株距18～20cm。每667m^{2}栽6000～8000株。

定植缓苗后，草莓进入花芽分化阶段，但半促成栽培不需要过早地进行花芽分化。为了延缓花芽分化，促进秧苗健壮生长，缓苗后可追施一次氮肥，每667m^{2}施尿素10kg，10月下旬第二次追肥，每667m^{2}施氮磷钾复合肥或者磷酸二铵10kg。北方地区在11月下旬土壤封冻前灌1次封冻水，然后覆盖地膜防寒。

（四）扣棚保温

日光温室草莓半促成栽培确定扣棚保温时间很重要。扣棚保温过早，秧苗没有通过自然休眠阶段，虽然保温后秧苗也能开花结果，但秧苗矮小，叶片小而薄，果实个小，产量低，品质差；如果保温过晚，则会推迟浆果采收期，错过销售旺季，影响经济效益。一般北方草莓半促成栽培多在11月下旬至12月下旬扣棚保温。辽宁地区多在11月20日前后扣棚保温。

扣棚后，没有覆盖地膜防寒的应立即覆盖地膜，以迅速提高地温，避免出现气温高地温低的状况。覆膜时，有条件的温室应预先埋好滴灌管；没条件的温室在垄中央留一个小沟，上铺几根稻草，方便以后进行膜下灌水。覆盖后应立刻破膜提苗，防止灼伤叶片。

进入12月以后，北方地区的日光温室内晚间可能出现0℃以下低温，这时要开始注意保温。一般要求温室内夜间温度不低于5℃，确保草莓生长发育对温度的要求。每天上午8时揭帘升温，傍晚16时左右放帘保温。随着季节变化，可随着白天日照时数的变化随时调整揭、盖草帘的时间，充分延长日光温室的采光时间。

（五）扣棚后的管理

1. 温度、湿度管理 为了尽快打破休眠，促使秧苗生长，促使花蕾发育充实，扣棚后，白天温度控制在 26～30℃，夜间 9～10℃，这段时间可持续 10～14d。这期间要使室内保持较高湿度，防止主花序开花过早影响侧芽分化现象的发生。花蕾显露期，白天温度要求在 20～25℃，夜间 8～12℃，此期忌高温，当温度超过 28℃时，应及时放风降温，否则会影响花粉发育，进而影响授粉受精质量。开花期适宜温度，白天 23～25℃，夜间 8～10℃，地温保持在 18～22℃。开花期温室内的空气相对湿度控制在 60% 左右为宜，湿度过大，不利于花药开裂和授粉。果实膨大期，白天温度控制在 18～20℃，夜间温度控制在 5～8℃为宜。这段时期温度高，特别是夜间温度高，易出现果实成熟早，果个小的现象；温度低，果个虽然变大，但成熟期变晚，也会影响经济效益。

2. 人工补光和赤霉素处理 人工补光一般与扣棚保温同时进行，补光的时段有傍晚、半夜、凌晨等几个时期。但不论哪种时段补光，光照总时数，即太阳日照时数加上补光时数必须达到 13h 以上。通常在保温后 3～4d 喷一次浓度为 5～10mg/L 的赤霉素。使用赤霉素时，一般温度控制在 25～30℃；温度低时，易出现花朵数量增多，小果数量增加的现象。如果植株生长旺盛，叶片肥大、鲜绿，可以不喷施赤霉素。

3. 肥水管理 半促成栽培扣棚保温前，植株生长期长，在露地管理中已进行多次追肥与灌水，所以在草莓生长前期对肥水管理要求不严。如果秧苗生长弱，可在保温初期追施 1 次氮肥，促进秧苗生长。3 月以后，草莓进入开花和浆果膨大期，需要大量的肥水，也是肥水管理的关键时期。花前喷施 0.3% 的尿素和磷酸二铵，每隔 10～15d 喷一次。花后结合灌水进行土壤施肥，每 667m^2 施氮磷钾复合肥 10～15kg。

4. 植株管理 及时去除老叶、病叶。疏去过多的花蕾和病虫果、畸形果，减少营养消耗。花期采取人工授粉、室内放蜂等措施，提高授粉受精率，减少畸形果和小果数量，提高产量和品质。

知识链接 4——草莓日光温室促成栽培技术

（一）选择品种

日光温室草莓促成栽培可比半促成栽培浆果提早上市 1 个月以上，是草莓淡季的很好补充。在品种选择上，宜选用休眠浅、花芽容易分化、果个大、成熟期早、丰产稳产、花器耐寒性强的暖地型品种较为适宜。城郊经济发达地区以果实品质好的品种为主，如‘丰香’、‘红颜’、‘幸香’、‘枥乙女’、‘静香’、‘丽红’、‘甜查理’等。偏远的经济不发达地区，以栽培果实产量高、硬度大的品种为主，如‘弗吉尼亚’、‘童子 1 号’、‘吐德拉’等。

（二）选择秧苗

草莓促成栽培与半促成栽培相比，采收期早，产量高，花前生育期较短，所以对秧苗质量要求更高。一般半促成栽培只要秧苗壮，花芽分化好，分化多就行，而促成栽培不但要求花芽分化好，还要花芽分化早。促成栽培时，秧苗的选择标准：顶花芽已经开始分化，具有 5～7 片展开叶，新茎粗 1.2～1.5cm，苗重 30g 左右，叶柄短粗，根系发达，具有 4 条以上长达 5cm 的根系，没有明显的病虫害与机械伤。

（三）定植

采用假植苗定植时，开始定植时间为 70% 的植株完成顶花芽分化时，通常是在 9 月中旬，定植最迟不能晚于第一腋花芽开始分化期。假植苗若定植过晚，使得定植期正赶上第一腋花芽分化期，则会影响到第一腋花芽的正常分化，导致出现二茬果成熟过晚、采收期间隔拉长等现象；若定植过早，会推迟花芽的分化，从而影响前期的产量。定植时，以气温15～25℃，土壤温度15～17℃为宜。辽宁省丹东地区利用假植苗定植时间一般在9月20日至10月初定植完毕。若利用非假植苗定植，时间一般在进入顶花芽分化以前定植结束，使缓苗期正赶上顶花芽分化。这是因为正在缓苗的植株从土壤中吸收氮素的能力相对较差，所以有利于花芽的分化。北方地区多在8月中下旬至9月上旬定植。

从定植后到扣棚升温前，除了进行正常的除老叶、病叶和匍匐茎，松土除草，病虫害防治等管理外，为保证草莓植株继续进行花芽分化，要少施或不施氮肥，浇水只要保持地表湿润即可。

（四）扣棚保温

1. 扣棚保温 草莓温室促成栽培时，适时保温是技术的关键。在促成栽培的各级次花芽中，真正能形成产量并决定经济效益的，主要是顶花芽和第一腋花芽。因此，在顶花芽完成分化就开始保温。一般年份，北方寒冷地区扣棚保温适期在10月中下旬。保温过早，虽然有利于防止秧苗进入休眠，但影响花果质量，降低产量；保温过迟，秧苗容易进入休眠，草莓一旦进入休眠阶段再打破休眠，需要采取很多措施，造成一定的经济浪费。

2. 覆盖地膜 扣棚10d后覆盖地膜。覆膜过晚，容易在提苗时使花序和叶柄折断，从而影响植株的正常生长发育。覆膜后立即破膜提苗，并将秧苗周围用土压实，然后结合施肥进行膜下灌水，以减少覆膜操作对植株生长发育的影响。

（五）扣棚后管理

1. 抑制植株休眠 为了防止草莓进入休眠，扣棚后可采取人工补光和喷赤霉素等方法进行处理。赤霉素使用浓度为10mg/L，喷布全株，苗心上注意多喷。每株喷赤霉素液5mL共喷2次。

2. 温度、湿度管理 保温初期白天温度控制在25～30℃，白天夜间控制在12～15℃，白天超过30℃时要及时降温。植株现蕾后白天温度保持在25～28℃，夜间8～12℃，夜温不能高于13℃。湿度控制在60%～80%。开花期白天温度控制在22～25℃，夜间控制在8～10℃。开花期空气湿度应控制在40%～50%。果实膨大期白天温度控制在20～25℃，夜间控制在5～8℃。从果实着色到采收，温室内白天温度保持在20～22℃即可，夜间仍需保持在5～8℃，不能低于5℃。果实成熟期的室内湿度一般控制在60%～70%较为适宜。

3. 肥水管理 草莓促成栽培的主要灌水时期有：保温初期、果实膨大期、收获最旺盛期过后，收获中断期过后。

促成栽培草莓除了在定植前施入基肥外，在整个生长发育期，顶花序现蕾期、顶花序果实转白膨大期、顶花序果实采收期至腋花序果实发育期3个关键追肥时期，注意追肥。

4. 植株管理 日光温室草莓促成栽培中，植株管理的主要任务有：及时摘除侧芽、匍匐茎、老叶、黄叶，疏花疏果，放蜂授粉等。

知识链接5——草莓对环境条件要求

1. 温度 草莓春季在10cm土层内温度能稳定在1～2℃时，根系首先开始活动，比地上部开始生长早 10d。当土温升到 10℃时，根系开始活跃生长，其最适宜的生长温度是 18～20℃，秋季土温降到 7～8℃时，极系生长减弱。

春季在外界气温达到 5℃时，植株开始萌芽生长，此时抗寒力降低，遇到 −7℃的低温就会受冻，−10℃时，大多数植株死亡。在早春，早熟品种萌芽早，不如晚熬品种抗寒。草莓植株地上部分，适宜生长的温度为 20～26℃，30℃以上，植株生长受抑制，晚秋，草莓植株经过多次轻霜和低温锻炼后，抗寒力大大增强，一般能抗 −8℃的低温。在晚秋，晚熟品种进入休眠晚，故不如早熟品种抗寒。有覆盖物成积雪覆盖的植株能耐 −30℃的低温。草莓开花期的温度在 5℃以上，温适宜的温度 25～26℃。低于 0℃或高于 40℃，会影响授粉受精过程，影响种子发育致使产生畸形果。花芽分化最适宜的温度为 10～17℃，短日照 10～12h。秋末当温度降到 5℃以下时，花芽分化停止，植株开始进入休眠状态，大叶脱落只留上部几片小叶。整个植株呈现矮化状态。

2. 水分 草莓对水分反应非常敏感，喜潮湿又怕水涝。草莓的根系浅，叶片多而大。在生长期，新老叶片又不断更替，开花和浆果发育、抽生大量匍匐茎和分枝，因此需要较多的水分。苗期缺水影响茎、叶、根的正常生长；开花结果期水分不足，导致花期缩短和影响果实膨大，降低果实产量和品质；越冬期间缺水降低植株抗寒力；草莓繁殖期缺水，匍匐茎发生少，而且扎根困难，明显降低出苗数量和质量。草莓不耐水涝，低洼水涝地，土壤通气不良影响根系生长发育，降低抗寒力。

3. 光照 草莓原生长在林边或林中旷地，因此比较喜光，但又能耐轻度遮阴。例如，草莓的匍匐茎具有明显的向光性，抽生后向日照好的地方下垂和扎根。另外，冬季覆盖下的草莓叶片仍保持绿色，第二年春天还能正常进行光合作用，与其耐阴性强有关。在生产实践中应选光照好的地方栽植草莓，最好隔一定距离设防风帐子或种高秆作物，起到防风保水作用，又能减轻强烈的阳光照射，因而达到增产的目的。

4. 土壤 草莓对土壤适应性强，可以在多种类型土壤中生长。但最适于草莓生长的是疏松肥沃、通气良好、水分充足而又不积水的壤土。以轻沙壤土最好，pH 在 5.5～5.6 最适宜，pH 5～8 的土壤均可生长，pH 低于 4 或高于 8，就会出现生长发育障碍，要求地下水位不高于 80cm 为宜。

【考核评价】

本任务具体考核评价见表 7-20。

表 7-20　设施草莓周年管理任务考核评价表

考核项目	分数
了解草莓的结果习性，掌握各个时期的管理内容与方法	20
能够对设施草莓进行正确管理，掌握设施草莓关键技术	20
能够制订塑料大棚草莓周年管理工作历和技术规程	20
能够制订日光温室草莓周年管理工作历和技术规程	20
了解草莓生产现状和效益	20
总分	100

主要参考文献

卜庆雁，翟秋喜．2009．果树栽培技术［M］．沈阳：东北大学出版社．

董凤启．1998．中国果树实用新技术大全—落叶果树卷［M］．北京：中国农业科技出版社．

河北农业大学．1979．果树栽培学实验实践操作指导书［M］．北京：中国农业出版社．

姜远茂，彭福田，巨晓棠．2002．果树施肥新技术［M］．北京：中国农业出版社．

蒋锦标，卜庆雁．2014．果树生产技术（北方本）［M］．2 版．北京：中国农业大学出版社．

劳秀荣，杨守祥，韩燕来．2008．果园测土配方施肥技术［M］．北京：中国农业出版社．

李道德．2001．果树栽培［M］．北京：中国农业出版社．

辽宁省果树科学研究所．1994．苹果丰产优质栽培［M］．沈阳：辽宁科学技术出版社．

刘德先．1996．果树林木育苗大全［M］．北京：中国农业出版社．

刘凤之，汪景彦，王宝亮．2005．我国果树生产现状与果业发展趋势［J］．中国果树，（1）：51-53．

刘兴治．1994．果树整形修剪新技术［M］．沈阳：沈阳出版社．

刘振岩，李震三．2000．山东果树［M］．上海：上海科学技术出版社．

龙兴桂．2000．现代中国果树栽培［M］．北京：中国林业出版社．

马文哲．2006．绿色果品生产技术（北方本）［M］．北京：中国环境科学出版社．

孟林．2004．果园生草技术［M］．北京：化学工业出版社．

聂继云．2003．果品标准化生产手册［M］．北京：中国标准出版社．

全国农业技术推广中心．2003．无公害果品生产技术手册［M］．北京：中国农业出版社．

尚晓峰．2014．果树生产技术（北方本）［M］．重庆：重庆大学出版社．

汪景彦，2008．苹果树合理整形修剪图解（修订版）［M］．北京：金盾出版社．

汪景彦，孟艳玲．2004．我国果树生产结构现状及发展建议［J］．河北果树，（5）：1-3．

汪景彦．2003．苹果无公害生产技术［M］．北京：中国农业出版社．

王庆菊．2007．园林苗木繁育技术［M］．北京：中国农业大学出版社．

王跃进，杨晓盆．2001．北方果树整形修剪与异常树改造［M］．北京：中国农业出版社．

郗荣庭．2000．果树栽培学总论［M］．3 版．北京：中国农业出版社．

杨洪强．2003．绿色无公害果品生产全编［M］．北京：中国农业出版社．

于泽源．2010．果树栽培［M］．2 版．北京：高等教育出版社．

张安盛，王少敏．2005．安全优质果品的生产与加工［M］．北京：中国农业出版社．

张克俊．2000．果树整形修剪技术问答［M］．2 版．北京：中国农业出版社．

张力飞．2009．园艺苗木生产实用技术问答［M］．沈阳：辽宁教育出版社．

张玉星．2003．果树栽培学各论（北方本）［M］．3 版．北京：中国农业出版社．

张中印，安建东，罗术东，等．2008．蜜蜂授粉手册［M］．北京：中国农业出版社．

赵维峰．2014．果树生产技术（南方本）［M］．重庆：重庆大学出版社．

周伟儒．2007．果树壁蜂授粉新技术［M］．北京：金盾出版社．

附录 各任务考核与评价参考用表

附表 1　学生自评表

评价内容	很好（20 分）	好（15 分）	一般（10 分）
学习能力			
实践操作能力			
创新精神与能力			
合作精神与能力			

附表 2　小组互评表

组别	学习能力（20 分）	操作技能（20 分）	创新能力（20 分）	敬业精神（20 分）	合作精神（20 分）	总分（100 分）
第一组						
第二组						
第三组						
第四组						
第五组						

附表 3　老师评分表

组别	回答问题（40 分）	展示结果（40 分）	创新与质疑（20 分）	总评（100 分）
第一组				
第二组				
第三组				
第四组				
第五组				